COLEÇÃO

OAB

Doutrina

Direito Administrativo

GUSTAVO BARCHET

COLEÇÃO

OAB

Doutrina

Direito Administrativo

Fechamento desta edição: 31 de março de 2009

ELSEVIER

CAMPUS JURÍDICO

Editoração Eletrônica
SBNIGRI Artes e Textos Ltda.

Copidesque
Livia Maria Giorgio

Revisão Gráfica
Marcelo Dias Almada

Coordenação acadêmica
Marcia Dinamarco
Sylvio Motta
Thereza Nahas

Projeto Gráfico
Elsevier Editora Ltda.
A Qualidade da Informação
Rua Sete de Setembro, 111 – 16º andar
20050-006 – Rio de Janeiro – RJ – Brasil
Telefone: (21) 3970-9300 Fax (21) 2507-1991
E-mail: info@elsevier.com.br
Escritório São Paulo
Rua Quintana, 753 – 8º andar
04569-011 – Brooklin – São Paulo – SP
Telefone: (11) 5105-8555

ISBN: 978-85-352-2588-4

Central de Relacionamento
Tel: 0800 026 53 40
Rua Sete de Setembro, 111, 16º andar – Centro – Rio de Janeiro
CEP.: 20.050-006
e-mail: info@elsevier.com.br
site: www.elsevier.com.br

CIP-Brasil. Catalogação-na-fonte.
Sindicato Nacional dos Editores de Livros, RJ

B219d

Barchet, Gustavo
Direito administrativo / Gustavo Barchet. – Rio de Janeiro: Elsevier, 2009.
376 p. – (OAB doutrina)

Contém questões de provas anteriores da OAB
Inclui bibliografia
ISBN 978-85-352-2588-4

1. Direito administrativo – Brasil. 2. Ordem dos Advogados do Brasil – Exames – Guias de estudo. I. Título. II. Série.

09-1508. CDU: 342.9(81)

O autor

Gustavo Felkl Barchet é ex-Procurador Judicial do Município de Recife/PE. Exerceu até 2003 o cargo de Auditor Fiscal da Receita Federal, para o qual logrou aprovação em 1º lugar nacional, na Área de Tributação e Julgamento.

É autor, também pela Campus/Elsevier, dos livros:

- *Direito Administrativo* – Questões da ESAF com gabarito comentado
- *Direito Administrativo* – FCC – Questões de concursos com gabarito comentado
- *Direito Constitucional* – Questões do CESPE com gabarito comentado
- *Direito Constitucional* – Questões da ESAF com gabarito comentado
- *Direito Constitucional* – FCC – Questões de concursos com gabarito comentado
- *Resumo de Direito Administrativo*
- *Lei nº 8.112/1990 para Concursos*
- *Direito Administrativo*

É professor de Direito Administrativo em cursos preparatórios para concursos, em Recife/PE.

Apresentação

Este resumo foi norteado única e exclusivamente para a resolução das provas que o CESPE elabora para a OAB.

A partir do meu resumo, digamos, genérico, de Direito Administrativo, acrescentei todos os tópicos que vêm sendo exigidos nas provas para a Ordem, a exemplo da Lei nº 11.107 de 2005 e do mandado de segurança. Em prosseguimento, complementei os comentários dos tópicos já constantes do resumo, em especial no capítulo de Contratos Administrativos.

A seguir, a fim de reduzir o volume do material, retirei alguns trechos, até obter o texto agora apresentado a vocês, que traz como um todo o conteúdo de Direito Administrativo, no que é pertinente para seu objetivo, com a única ressalva da Lei nº 8.112 de 1990 (o regime jurídico dos servidores públicos federais). Como a Lei tem cerca de 50 páginas, entendi contraproducente ampliar o material com sua análise.

Encerrando o livro, constam questões dos exames da Ordem realizados pelo CESPE entre 2006 e 2008. Mantive até mesmo as poucas questões elaboradas sobre a Lei nº 8.112/1990, apenas acrescentando, ao lado do gabarito, algum comentário adicional ou a fonte legal necessária à sua resolução.

A todos, uma boa prova.

Gustavo Barchet.

Sumário

Capítulo 1

INTRODUÇÃO

1. Funções do Estado

O poder estatal, conquanto uno e indivisível, desmembra-se em três funções: a **legislativa**, a **jurisdicional** e a **administrativa**.

Numa perspectiva **objetiva material**, baseada nas **características intrínsecas da função**, a primeira consiste na expedição de **atos gerais e abstratos**; a segunda, na **solução de controvérsias jurídicas**; e a terceira, na **atividade concreta** por meio da qual se busca de modo **direto e imediato** a satisfação de determinada **necessidade ou utilidade pública**.

Num sentido **objetivo formal**, lastreado no **tratamento jurídico** conferido a cada função, nos **atributos** a cada uma delas outorgado pelo sistema jurídico, legislativa é a função por meio da qual se **inova na ordem jurídica**, com fundamento tão somente na Constituição; jurisdicional, a que resolve controvérsias jurídicas **com força de definitividade**; e administrativa, a que se desenvolve por meio de comandos **infralegais** ou mesmo infraconstitucionais, produzidos na intimidade de uma **estrutura hierárquica**.

Cada uma dessas funções é atribuída com precipuidade, mas não com exclusividade, a um dos Poderes do Estado. Desse modo, ao Poder Legislativo cabe predominantemente o desempenho da função legislativa; ao Judiciário, o da função jurisdicional; e ao Executivo, o da função administrativa.

Todavia, todos os Poderes exercem, secundariamente, funções que são atribuídas em caráter principal aos demais. Isso porque nosso sistema constitucional adotou o **princípio da especialização de funções**, e não a rígida atribuição de cada uma delas, com exclusividade, a um dos Poderes da República. Dessa forma, cada um dos Poderes especializa-se no desempenho de determinada função e, paralelamente, exerce atribuições que se enquadram na função típica dos outros dois Poderes.

Podemos, assim, dizer que o Poder Executivo tem como função **típica** a administrativa, mas ao lado dela detém atribuições de caráter legislativo (quando, por exemplo, edita medidas provisórias) e jurisdicional (quando decide litígios em âmbito administrativo).

Da mesma forma, o Legislativo precípua e tipicamente legisla e fiscaliza, mas também, de forma **atípica**, julga (o Senado, por exemplo, tem competência para julgar o Presidente da República nos crimes de responsabilidade) e administra (quando promove um concurso público para o preenchimento de seus cargos, ou uma licitação para a celebração de determinado contrato).

E o Judiciário, a exemplo dos demais Poderes, além de sua função típica – a jurisdicional –, também atipicamente exerce atribuições de caráter legislativo (quando os Tribunais elaboram seus respectivos regimentos internos, por exemplo) e administrativo (quando contrata seu pessoal e organiza os serviços de suas secretarias).

2. Administração em sentido amplo e em sentido estrito

Em sentido **amplo**, o vocábulo *Administração Pública* compreende em um primeiro patamar os **órgãos governamentais**, superiores, e suas respectivas funções, eminentemente **políticas**, de comando e direção, mediante as quais são fixadas as diretrizes e elaborados os planos de atuação do Estado. Em um segundo patamar, a expressão também abarca os **órgãos e entidades administrativos,** subalternos, bem como suas funções, basicamente de **execução dos planos governamentais**.

Em sentido **estrito**, por sua vez, a expressão tem sua abrangência limitada aos **órgãos e entidades administrativos**, que exercem apenas funções de caráter administrativo, em execução aos planos gerais de ação do Estado elaborados pelos órgãos governamentais. Ficam fora de seu alcance, portanto, os órgãos governamentais e as funções de cunho político que os mesmos exercem.

Será a partir desta segunda concepção de Administração Pública que desenvolveremos nosso trabalho, pois é para ela que se volta o Direito Administrativo. Os órgãos governamentais e suas funções de natureza política são objeto de estudo do Direito Constitucional.

3. Administração Pública em sentido subjetivo, formal ou orgânico

Em sentido subjetivo, quanto aos **sujeitos** que exercem a função administrativa, conceitua-se Administração Pública como o **conjunto de agentes, órgãos e pessoas jurídicas aos quais é atribuído o exercício da função administrativa**.

Nessa definição estão contidos todos os **agentes públicos**, as pessoas físicas que desenvolvem alguma função pública; as **entidades políticas** (União, Estados, Distrito Federal e Municípios) e os **órgãos públicos** que as integram (a chamada *Administração Direta*); bem como as **entidades administrativas**, pessoas jurídicas que desempenham função administrativa de maneira descentralizada (a denominada *Administração Indireta*, composta pelas autarquias, fundações públicas, empresas públicas e sociedades de economia mista, como veremos oportunamente).

Enfim, corresponde a Administração Pública, em sentido subjetivo, a todo o **aparelhamento** de que dispõe o Estado para a execução das atividades compreendidas na função administrativa.

4. Administração Pública em sentido objetivo, material ou funcional

Em sentido objetivo, a expressão *administração pública* corresponde ao conjunto de **atividades-fim** compreendidas na **função administrativa**.

Nessa acepção material, a administração pública engloba as atividades de **fomento, polícia administrativa, serviço público** e **intervenção administrativa**.

O **fomento** consiste na atividade de **incentivo à iniciativa privada de interesse público**, mediante repasse de recursos orçamentários, incentivos fiscais, auxílios financeiros e subvenções, entre outros instrumentos de estímulo.

A **polícia administrativa** consiste na atividade pela qual a Administração, a partir da lei, impõe **condicionamentos e restrições** ao gozo de bens e ao exercício de direitos e atividades individuais em prol do interesse coletivo.

Serviço público, por sua vez, é toda **atividade concreta que a Administração, diretamente ou por meio de terceiros**, exerce com a finalidade de satisfazer as mais variadas necessidades coletivas, sob regime exclusiva ou preponderantemente de Direito Público. Os serviços de fornecimento de água e energia elétrica e os serviços de telecomunicações são alguns exemplos de serviços públicos que podem ser citados.

A **intervenção administrativa**, por fim, compreende três espécies de atividades: **a regulamentação e a fiscalização da atividade econômica desenvolvida pela iniciativa privada**; a **atuação direta do Estado no domínio econômico**, em virtude de relevante interesse coletivo ou por imperativos de segurança nacional, nos termos do art. 173 da Constituição Federal; e a produção de **atos de intervenção na propriedade privada**, tais como a desapropriação e o tombamento.

Essas são as quatro atividades-fim compreendidas na função administrativa, e que, em seu conjunto, correspondem à administração pública em sentido objetivo. Além delas, **também compreendidas na função administrativa, mas excluídas deste conceito**, temos as **atividades-meio**, assim consideradas as atividades que devem ser desenvolvidas pelos órgãos e entidades públicas como **condição** para o exercício de sua atividade-fim.

Essencialmente, abrangem as atividades relacionadas **à composição e à manutenção do patrimônio público e à formação do quadro de pessoal da Administração.** A celebração de um contrato de compra e venda, a promoção de uma licitação para a aquisição de material de expediente, a realização de um concurso público são alguns exemplos de atividades-meio desenvolvidas pelos órgãos e entidades da Administração.

5. Direito Administrativo – conceito

A doutrina é rica em conceituações de Direito Administrativo. Sem nos perdermos em suas pormenorizações, trazemos a título ilustrativo algumas das definições apresentadas por nossos doutrinadores.

A professora Maria Sylvia Zanella di Pietro[1] entende que o Direito Administrativo

> é o ramo do direito público que tem por objeto os órgãos, agentes e pessoas jurídicas administrativas que integram a Administração Pública, a atividade jurídica não contenciosa que exerce e os bens de que se utiliza para a consecução de seus fins, de natureza pública.

O professor Celso Antônio Bandeira de Mello,[2] por sua vez, sinteticamente define Direito Administrativo como

> o ramo do Direito Público que disciplina a função administrativa e os órgãos que a exercem.

Por fim, o professor Hely Lopes Meirelles[3] considera que o Direito Administrativo consiste no

> conjunto harmônico de princípios jurídicos que regem os órgãos, os agentes e as atividades públicas tendentes a realizar concreta, direta e imediatamente os fins desejados pelo Estado.

1 Di Pietro, Maria Sylvia Zanella. *Direito Administrativo*, 2006.
2 Mello, Celso Antônio Bandeira de. *Curso de Direito Administrativo*, 2007.
3 Meirelles, Hely Lopes. *Direito Administrativo Brasileiro*, 2004.

6. Abrangência do Direito Administrativo

Um erro que deve ser evitado é entender o Direito Administrativo como aplicável apenas aos órgãos e entidades integrantes do Poder Executivo.

Todos os Poderes da República – Legislativo, Executivo e Judiciário – subordinam-se às normas de Direito Administrativo quando exercem atividades dessa natureza. Assim, atos como a realização de uma licitação, a promoção de um concurso público para o preenchimento de cargos vagos, a punição de um servidor pelo cometimento de determinada falta são todos regrados pelo Direito Administrativo, mesmo quando praticados no âmbito nos Poderes Legislativo e Judiciário.

Em verdade, como a maioria das atividades de caráter administrativo são exercidas pelo Poder Executivo, é a ele que se aplica com mais frequência o Direito Administrativo. Todavia, os demais Poderes, ao exercerem a função administrativa, também terão seus atos regrados pelas normas que compõem esse ramo do Direito.

Assim, modernamente entende-se que **qualquer autoridade ou agente público, independentemente do Poder a que pertença**, ao praticar atividades de natureza administrativa necessariamente terá seus atos regulados pelo Direito Administrativo.

7. Sistemas administrativos: sistema inglês e sistema francês

Sistema administrativo pode ser definido como o regime eleito para o controle da legalidade e legitimidade dos atos praticados pela Administração. Temos dois sistemas administrativos.

O primeiro é denominado sistema **inglês**, da **jurisdição única** ou do **controle jurisdicional**. Nesse regime, o Poder Judiciário goza de competência para processar e julgar as mais diversas espécies de conflitos jurídicos, **inclusive aqueles que envolvem a Administração**. Não se nega que a própria Administração exerça controle de legalidade sobre os atos que produz, no que se denomina poder-dever de autotutela. A característica básica desse regime é que somente o Poder Judiciário goza de competência para solucionar conflitos **de forma definitiva**, com força de coisa julgada e, dentre os conflitos que pode ser chamado a apreciar, estão aqueles em que um dos integrantes é a Administração.

O administrado, se pretender impugnar a validade de um ato da Administração, poderá fazê-lo perante seus próprios órgãos e entidades, ou poderá se socorrer diretamente do Poder Judiciário. Poderá, ainda, instaurar um processo em âmbito administrativo e, se insatisfeito com seu desenrolar, buscar a tutela jurisdicional. Enfim, no sistema inglês, a esfera administrativa é tão somente uma opção para o administrado, sendo o Judiciário o único apto a proferir decisões com força de coisa julgada.

Como segundo modelo, temos o sistema **francês** ou **do contencioso administrativo**. Aqui se promove uma divisão de competência, conforme o regime jurídico, de Direito Público ou Privado, sobre o qual atue a Administração. Os conflitos oriundos das relações jurídicas em que a Administração atua segundo as normas de Direito Público são solucionados na intimidade da própria Administração. Já o Judiciário é competente para solucionar os conflitos que envolvem somente particulares, ou a Administração atuando segundo regras e princípios de Direito Privado.

8. Sistema administrativo brasileiro

Apresentados em termos gerais os dois sistemas de controle dos atos da Administração, resta definir o sistema brasileiro.

A matéria é determinada no art. 5º, XXXV, da CF, segundo o qual *a lei não excluirá da apreciação do Poder Judiciário lesão ou ameaça a direito*. O dispositivo consagra o **princípio da inafastabilidade da jurisdição**, que insere o Brasil no **sistema inglês ou do controle jurisdicional**.

Desse modo, em nosso Estado é o Judiciário apto para resolver, **com força de definitividade, quaisquer espécies de litígios jurídicos, inclusive aqueles em que um dos integrantes é a Administração, atuando sob a égide do Direito Público ou do Direito Privado**.

Ressalvam-se, apenas, as hipóteses em que **a própria Constituição** exclui determinada matéria do âmbito da competência do Poder Judiciário. Isso se observa, por exemplo, no julgamento do Presidente da República por crime de responsabilidade próprio, que é de competência do Senado Federal, após a autorização para a instauração do processo conferida pela Câmara dos Deputados.

A doutrina entende que, numa análise sistemática da Constituição, o Judiciário também não goza de competência para a apreciação de atos **puramente políticos**, como a nomeação de Ministros de Estado, salvo quando, no caso em concreto, certo direito individual ou coletivo estiver sob ameaça de lesão.

De qualquer modo, nenhuma das ressalvas constitucionais à competência do Poder Judiciário alcança a Administração. Assim, singelamente, podemos declarar que no Brasil é o Judiciário competente para apreciar a legalidade e a legitimidade de todo e qualquer ato produzido pela Administração, seja sob o Direito Público, seja sob o Direito Privado.

Em fechamento, deve-se acrescentar que nossa jurisprudência não admite que a Administração, em decidindo um litígio favoravelmente ao administrado, busque a alteração de sua própria decisão perante o Poder Judiciário. Trata-se, no caso, de um limite imposto à Administração, sob o fundamento de que seria um contrassenso admitir que a Administração, tendo decidido um litígio de modo favorável ao administrado, buscasse alterar sua própria decisão no bojo de um processo judicial. Uma vez definida a questão na esfera administrativa, apenas o administrado goza de legitimidade para tentar sua reforma na esfera jurisdicional.

9. Interesse público – conceito

Bandeira de Mello diz que

> na verdade, o interesse público, o interesse do todo, nada mais é do que a dimensão pública dos interesses individuais, ou seja, os interesses de cada indivíduo enquanto partícipes da sociedade (entificada juridicamente no Estado).

O interesse público não é, pois, algo situado externamente aos indivíduos, que não lhes diga respeito, mas apenas ao Estado ou à sociedade genericamente considerada. Por outra via, também não corresponde ao simples somatório dos interesses particulares. Em verdade, o interesse público nada mais é do que **o conjunto de interesses de que cada administrado é titular enquanto membro da sociedade politicamente organizada**. Um meio ambiente ecologicamente equilibrado, um bom sistema de saneamento básico, um eficiente serviço de educação são exemplos de interesses que se enquadram com perfeição na definição.

A compreensão do conceito traz duas consequências imediatas:

1ª) destrói a equivocada suposição de que os interesses públicos (ou coletivos) seriam algo estranho aos interesses individuais e, portanto, insuscetíveis de defesa pelos particulares, **em seu próprio nome.** Sempre que o administrado for **individualmente** prejudicado em algum interesse reputado como público, poderá insurgir-se, também em termos **individuais**, contra a lesão de que foi vítima. Além disso, poderá defender o interesse público violado em termos **coletivos**, por meio dos instrumentos para tanto previstos no ordenamento jurídico;

2ª) alicerça a percepção de que **nem todos os interesses defendidos pelo Estado são interesses públicos**, como esclareceremos no próximo tópico.

10. Espécies de interesses do Estado

O Estado possui dois tipos de interesses: **primários** ou **públicos** (públicos **propriamente ditos**) e **secundários**.

Interesses **públicos ou primários são aqueles pertinentes aos membros da coletividade**. Tais interesses são aqueles que legitimam a própria existência do ente estatal, pois têm por conteúdo a satisfação das necessidades dos administrados, **individual ou coletivamente** considerados. É a Constituição de cada Estado que, soberanamente, qualifica determinado interesse como público ou primário, bem como a legislação ordinária com base nela elaborada.

Os interesses **secundários** são aqueles que o Estado possui **em virtude da sua condição de pessoa jurídica**. São interesses privados do Estado, que só podem ser defendidos quando em consonância com os interesses primários. Um volume considerável de recursos financeiros, a propriedade de bens imóveis, um número de agentes suficiente para o desempenho das atividades administrativas são exemplos de interesses secundários do Estado. Basicamente, tais interesses correspondem ao **aparelhamento e aos recursos financeiros** que o Estado deve possuir para bem cumprir suas finalidades (interesses primários), estando sua satisfação, pois, a elas subordinada.

11. Fontes do Direito Administrativo

Estudaremos no próximo capítulo o princípio da legalidade, o primado da lei no ordenamento jurídico, de central importância nos Estados democráticos de Direito, tais como o nosso, e que adquire uma conformação toda específica dentro do Direito Administrativo.

Não obstante tal princípio, que coloca a lei no centro do sistema jurídico, costuma-se elencar como fontes do Direito Administrativo, além da lei, a jurisprudência, a doutrina e os costumes. A lei é a fonte primária; as demais, secundárias.

Desse modo, a **lei**, em sentido, amplo, desde a Constituição até os demais atos normativos com aptidão para inovar na ordem jurídica (leis complementares, leis ordinárias, medidas provisórias etc.), é a fonte primeira desse ramo do Direito, como será visto quando do estudo do princípio da legalidade.

A **jurisprudência**, neste contexto compreendida como o conjunto de decisões de mesmo teor em relação a determinada matéria exaradas pelo Poder Judiciário, ou seja, as **decisões reiteradas** do Poder Judiciário em determinado assunto, influencia notavelmente o Direito Administrativo no Brasil, em vista da inexistência de um código de leis administrativas que permita melhor percepção sistemática deste ramo jurídico, o que é suprido, em grande parte, pelo trabalho de nossos magistrados.

A **doutrina**, as construções e reflexões teóricas dos estudiosos do Direito, também traz grandes contribuições ao Direito Administrativo, pois o trabalho dos estudiosos é levado em consideração por todos os operadores jurídicos, em especial pelos membros do Poder Legislativo, que elaboram as leis, e os membros do Poder Judiciário, que julgam os litígios oriundos da sua aplicação.

O **costume**, conjunto de regras informais observadas de maneira uniforme e constante pela consciência de sua obrigatoriedade, apesar de ainda constar no rol de fontes do Direito Administrativo, não exerce no Brasil grande influência. Costuma-se afirmar que ele serve como elemento informativo do trabalho do legislador e do estudioso do Direito, e é esta, precisamente, sua principal aplicação. Todavia, como veremos durante a análise do princípio da moralidade, no próximo capítulo, o costume pode eventualmente surgir como verdadeira fonte normativa de Direito Administrativo.

12. Órgãos públicos

12.1. Teorias sobre a natureza jurídica da relação entre o Estado e seus agentes

O Estado é uma pessoa jurídica, um ente abstrato, e, como tal, não pode, por si só, emitir declarações de vontade. Em função disso, atua ele por meio de **pessoas físicas**, cujas manifestações representam a sua vontade. Tais pessoas físicas são denominadas **agentes públicos**. Agentes públicos, portanto, são todas as pessoas físicas que exercem uma função pública em nome do Estado (ou de uma de suas entidades administrativas, como veremos oportunamente).

As teorias a seguir resumidamente descritas foram elaboradas com o objetivo de justificar a atuação estatal por meio de agentes públicos, ou seja, com o fito de explicar por que um ato, apesar de efetivamente praticado por uma pessoa física, deve ter sua autoria atribuída ao Estado.

12.1.1. Teoria do mandato

Essa primeira teoria tenta transpor um instituto de direito privado, de origem civilista, para a seara do direito público, tomando por base o contrato de mandato. Segundo ela, a relação entre o Estado e seus agentes teria no referido contrato sua fundamentação jurídica.

Mediante o contrato de mandato a pessoa física, quando e enquanto atuasse na condição de agente público, seria mandatária do Estado, agindo em nome e sob a responsabilidade deste, a quem seriam atribuídas as consequências dos atos por ela praticados.

Essa teoria sofreu várias críticas dos estudiosos, sendo a principal baseada no fato de que ela não explica como o Estado, ente abstrato, sem vontade própria, poderia auto-outorgar-se mandatário. O mandato é um contrato e, como tal, sua formação pressupõe a existência de duas pessoas com vontade própria, uma delegando determinadas atribuições e a outra aquiescendo em realizá-las em nome da primeira. Como o Estado não tem condições de, por si só, emitir manifestações de vontade, não teria como outorgar poderes para que alguém o fizesse por ele, já que a própria outorga de poderes requer uma manifestação de vontade, logicamente impossível de ser realizada pelo ente estatal.

Ademais, essa teoria não soluciona a questão da possibilidade de responsabilização do Estado quando seu mandatário ultrapassa os limites dos poderes a ele outorgados. Se fôssemos aplicar analogicamente as regras para esse instituto tal como delineadas no direito privado, o Estado ficaria livre de qualquer responsabilidade perante terceiros em virtude de excesso de poderes de seus mandatários.

Em virtude dessas críticas, entre outras, a teoria do mandato atualmente possui apenas valor histórico.

12.1.2. Teoria da representação

A teoria da representação equipara o agente público ao tutor ou curador de incapazes, a quem incumbiria realizar em nome do Estado os atos que este precisa praticar e não possui condições para fazê-lo sem essa representação.

Essa teoria também foi rechaçada pela doutrina, em virtude, principalmente, das seguintes conclusões a seu respeito:

1ª) equiparou o Estado ao incapaz, a exemplo do menor de idade ou do demente;

2ª) fracassa ao tentar explicar quem investiria o agente público em suas funções. Na representação, é um terceiro em relação às partes – representante e representado – que outorga à primeira poderes para atuar em nome da segunda, não tendo a teoria solucionado adequadamente essa questão;

3ª) também não soluciona a questão da responsabilização do Estado quando o agente público ultrapassa os limites das suas atribuições.

12.1.3. Teoria do órgão

É a teoria adotada entre nós. Tem por elemento-chave uma presunção, a presunção de que o Estado atua por meio de seus órgãos, partes componentes de sua estrutura. Os agentes públicos desenvolvem suas tarefas em um desses órgãos. Ocorre que, como os órgãos são apenas **partes da estrutura do Estado**, considera-se que os atos produzidos em seu âmbito devem ter sua autoria atribuída ao Estado. Enfim, como os agentes atuam nos órgãos púbicos, e os atos em seu âmbito produzidos devem ser tidos como de autoria do Estado, presume-se que o agente, ao praticar um ato no exercício de suas funções, está, afinal, manifestando a vontade do Estado, atuando em seu nome.

Denomina-se **imputação volitiva** o fenômeno pelo qual a vontade manifestada no órgão, pelos agentes que nele atuam, deve ser atribuída ao Estado. Lembrando que o Estado brasileiro é composto por quatro espécies de entidades políticas – União, Estados-membros, Distrito Federal e Municípios –, e que cada uma delas tem competência para instituir entidades administrativas – autarquias, fundações públicas, empresas públicas e sociedades de economia mista –, o fenômeno da imputação volitiva incide em toda esta amplitude. Enfim, alcança os órgãos de todas as entidades que exercem função administrativa.

Essa teoria é sobremaneira útil para explicarmos a validade dos atos praticados por **agentes públicos de fato** (ou seja, pessoas físicas que não são efetivamente agentes públicos, porque não foram regularmente investidas em funções públicas, ou que, apesar de regularmente investidas, exorbitam de suas competências), a partir do entendimento de que o ato do agente, porque produzido no âmbito do órgão, deve ser considerado como praticado pelo Estado, e não pela pessoa física que materialmente o produziu.

Dessa forma, se essa pessoa não está exercendo de forma regular a função pública com base na qual o ato foi praticado, ou se, apesar de ser efetivamente um agente público, pratica um ato para o qual não tem competência, devem ser respeitados os efeitos jurídicos dele decorrentes, desde que a situação em que o ato foi praticado dê a aparência de regularidade e esteja o terceiro atingido por seus efeitos de **boa-fé**. Enfim, é indispensável que o ato **aparentemente seja legítimo** e que o terceiro **desconheça o vício** nele existente. Do contrário, o Estado não pode ser responsabilizado. É a denominada **teoria da aparência**.

12.2. Conceito de órgão público

Maria Sylvia Zanella di Pietro conceitua **órgão público** como "uma unidade que congrega atribuições exercidas pelos agentes públicos que o integram com o objetivo de expressar a vontade do Estado".

O professor Hely Lopes Meirelles, por sua vez, define órgãos como "centros de competência instituídos para o desempenho de funções estatais, através de seus agentes, cuja atuação é imputada à pessoa jurídica a que pertencem".

Os órgãos são elementos integrantes, **partes** da estrutura de uma determinada entidade, política ou administrativa. Apenas esta possui personalidade jurídica, não passando os órgãos de **centros de competência sem personalidade jurídica**, cuja atividade, por meio dos agentes neles lotados, é imputada à entidade que integram. Em vista da ausência de personalidade jurídica, da impossibilidade de adquirirem direitos e contraírem obrigações em nome próprio, os órgãos públicos não possuem recursos próprios, patrimônio próprio. Os recursos que aplicam, os bens imóveis que ocupam, os recursos materiais e equipamentos que utilizam, nada disso lhes pertence, e sim à entidade que integram.

Nesse ponto, é fundamental frisarmos a diferença entre **órgão público** e entidade administrativa, ou simplesmente **entidade**. A Lei nº 9.784/1999, que regula o processo administrativo em âmbito federal, diferencia as duas figuras jurídicas, ao definir órgão como "a unidade de atuação integrante da estrutura da Administração direta e da Administração indireta", e entidade como "unidade de atuação dotada de personalidade jurídica".

Órgãos públicos, portanto, como já afirmado, constituem meros centros de competência despersonalizados, partes componentes de uma entidade política (União, Estados, Distrito Federal e Municípios) ou administrativa (autarquias, fundações públicas, sociedades de economia mista e empresas públicas). Entidade, por sua vez, é uma **pessoa jurídica**, logo, ente **com personalidade própria**, pela qual adquire direitos e contrai obrigações **em nome próprio**. Embora não especificado no conceito legal, o conjunto de entidades administrativas forma a Administração Indireta.

12.3. Capacidade processual

Os órgãos públicos, como decorrência da inexistência de personalidade jurídica, não possuem capacidade para compor uma relação jurídico-processual, seja na condição de autores, seja na de réus. Essa é a regra geral na matéria.

Todavia, alguns órgãos públicos gozam de **capacidade processual** para defender, na esfera judicial, **o exercício das competências** que lhes foram outorgadas por lei.

Trata-se de prerrogativa conferida exclusivamente aos órgãos **independentes** (conforme a classificação que apresentaremos a seguir), a quem é reconhecida a capacidade para, em sede de **mandado de segurança**, defender em juízo suas competências, quando forem violadas por outro órgão ou entidade.

12.4. Classificação

Dentre as diversas classificações oferecidas pela doutrina, apresentaremos inicialmente a elaborada por Hely Lopes Meirelles. Ao final do tópico, traremos uma classificação dos órgãos quanto às suas funções, proposta pelo professor Bandeira de Mello.

O professor Hely classifica os órgãos públicos, quanto à estrutura, em simples e compostos; quanto à atuação funcional, em singulares e colegiados; e quanto à posição estatal, em independentes, autônomos, superiores e subalternos.

12.4.1. Órgãos simples e compostos

Órgãos **simples** são aqueles **constituídos por um único centro de competência**. São órgãos que atuam de forma **concentrada**, sem divisões em sua estrutura formal. Para enquadrar um órgão nessa classificação é irrelevante o número de agentes lotados no órgão, o quantitativo de cargos, empregos ou funções públicas a ele vinculado. Desde que não exista subdivisão de suas atribuições, estaremos perante um órgão concentrado.

Os órgãos **compostos**, por sua vez, são aqueles em cuja estrutura ocorre o fenômeno da **desconcentração** administrativa, ou seja, que têm sua estrutura formada por diversos órgãos.

É o caso, por exemplo, de um Ministério, órgão integrante da Administração Federal, que se desmembra em diversos órgãos menores (coordenadorias, agências, departamentos etc.). O conjunto destes órgãos compõe o Ministério, que constitui, desse modo, um órgão composto.

12.4.2. Órgãos singulares e colegiados

Órgãos **singulares**, também denominados **unipessoais**, são os que têm sua atuação concentrada nas mãos de um **único agente público**. Não queremos com isso afirmar que em tais órgãos há apenas um agente público, mas que há um agente público que **prevalece** em termos de atribuições funcionais sobre os demais. Dessa forma, a existência de diversos agentes subordinados ao agente principal em nada desnatura o enquadramento de um órgão nesta categoria, desde que apenas um agente detenha o poder decisório final.

É exemplo de órgão singular a Presidência da República, na qual apenas o próprio Presidente detém o poder decisório final.

Os órgãos **colegiados** ou **pluripessoais** são aqueles que atuam mediante a manifestação obrigatória e **conjunta** de seus agentes principais. Há agentes de menor escalão que desempenham as atribuições-meio do órgão, como condição para que os agentes principais possam deliberar e decidir em conjunto, sendo ineficaz, em regra, a manifestação isolada de um dos seus membros, salvo quanto a questões específicas estabelecidas no diploma normativo que rege o funcionamento do órgão.

As turmas e câmaras dos Tribunais e as comissões do Congresso Nacional, bem como seus respectivos plenários, são exemplos típicos de órgãos colegiados.

12.4.3. Órgãos independentes, autônomos, superiores e subalternos

Os órgãos **independentes** são aqueles cujas competências são previstas **diretamente na Constituição**, sendo exercidas por **agentes políticos**, que gozam de **independência funcional** para tanto. São, em linhas gerais, os órgãos representativos dos Três Poderes, correspondendo, na esfera federal, à Presidência da República, à Câmara dos Deputados e ao Senado Federal, ao Supremo Tribunal Federal, aos Tribunais Superiores e aos demais Tribunais e órgãos judiciários federais. Apesar de não serem órgãos "representativos de Poder", o Ministério Público e os Tribunais de Contas também são incluídos entre os órgãos independentes, pois suas competências são outorgadas pela própria Constituição e desempenhadas por seus membros com independência funcional.

Os órgãos **autônomos** são aqueles localizados **no ápice da estrutura administrativa**. São subordinados aos órgãos independentes, mas detêm **autonomia técnica, administrativa e financeira**. Como exemplo, podemos citar as Secretarias estaduais e a Advocacia-Geral da União.

Os órgãos **superiores** são aqueles que exercem funções de **planejamento, direção e controle**. Possuem autonomia **técnica**, quanto às suas atribuições específicas, mas são despidos de autonomia administrativa e financeira. Estão sempre subordinados a um órgão independente e, conforme o caso, a um ou mais órgãos autônomos. Nessa categoria se incluem as Procuradorias, as Gerências, as Coordenadorias etc.

Os órgãos **subalternos** são os que têm funções **meramente executivas**, com reduzido poder decisório, estando subordinados a diversos níveis de controle e direção. Podemos citar aqui, exemplificativamente, uma portaria, uma seção de xerox, um setor de pessoal.

12.4.4. Órgãos ativos, de controle e consultivos

Quanto à **função**, o professor Bandeira de Mello classifica os órgãos públicos em:

1º) **ativos**: são os que expressam decisões estatais para o cumprimento das finalidades da pessoa jurídica;

2º) **de controle**: aqueles que têm por objetivo fiscalizar e controlar a atividade exercida por outros órgãos públicos, a exemplo das corregedorias;

3º) **consultivos**: são os que atuam de forma vinculada aos órgãos ativos, fornecendo-lhes aconselhamentos ou respondendo às suas consultas, geralmente por meio de pareceres.

Capítulo 2

PRINCÍPIOS ADMINISTRATIVOS

1. Princípios administrativos

Princípios representam as diretrizes mestras de determinado sistema, os valores e idéias nucleares que lhe conferem um sentido lógico e racional, condicionando todas as suas estruturações subsequentes. Os princípios, no ordenamento jurídico, podem estar previstos de forma **explícita**, quando previstos expressamente em certa norma jurídica de caráter nacional; ou **implícita**, quando decorrem de princípios expressos ou têm somente suas aplicações previstas taxativamente em norma jurídica.

O professor Bandeira de Mello considera basilares do **regime jurídico-administrativo** (em outra unidade analisaremos esse conceito) os princípios da supremacia do interesse público sobre o privado e da indisponibilidade do interesse público. A professora Di Pietro, de forma diversa, coloca no ápice do nosso sistema administrativo os princípios da legalidade e da supremacia do interesse público sobre o privado. Tais colocações apontam apenas para uma diferença na forma de tratamento da matéria existente na obra de dois de nossos maiores doutrinadores. O que importa efetivamente é o estudo de cada um dos princípios administrativos e a percepção de que sua leitura deve ser feita de uma forma conjunta, sob uma perspectiva sistemática, vislumbrando-os como idéias mestras que informam nosso regime administrativo.

Iniciaremos o estudo pelos princípios elencados no *caput* do art. 37 da Constituição, passando a seguir à análise de alguns dos demais princípios norteadores da função administrativa. Todos eles se aplicam a todos os Poderes da República e a todas as esferas de Governo, quando no desempenho desta função.

2. Princípio da legalidade

O **princípio da legalidade**, primeiro dos princípios expressos do art. 37 da Constituição Federal, é princípio basilar do Estado de Direito e, como tal, vincula toda a conduta da Administração, adquirindo em seu âmbito um sentido peculiar. Ao contrário do princípio da supremacia do interesse público sobre o privado, que vigora e vigorou em todos os Estados e em todas as épocas, o princípio da legalidade é peculiar ao denominado Estado de Direito, erigido no século XIX, constituindo a própria substância dessa forma de organização política e racionalização da vida societária. Um Estado é assim qualificado precisamente porque nele vigora a lei como dogma básico, regulando a conduta de todos, também e principalmente do próprio Estado e de seus órgãos e entidades.

A dicção mais genérica desse princípio vem inscrita no art. 5º, II, da Constituição, vazado nos seguintes termos: "*ninguém será obrigado a fazer ou deixar de fazer alguma coisa senão em virtude de lei*". Não há dispositivo constitucional específico que estabeleça a fisionomia de tal princípio quando aplicável à Administração Pública, mas nesse âmbito ele adquire uma conotação peculiar, mais densa, diferente daquela com que ele é interpretado quando dirigido aos particulares.

Para os **particulares,** o princípio deve se compreendido em uma acepção **negativa**, no sentido de que lhe são autorizados todos os comportamentos **para os quais não exista expressa norma proibitiva**. Dessa forma, os administrados em geral não têm certa conduta impedida em virtude da inexistência de norma legal permissiva ou autorizante, basta que não exista norma expressa que a proíba. Atuam em suas relações privadas segundo o **princípio da autonomia da vontade**.

Para a Administração, ao contrário, o princípio deve ser compreendido numa perspectiva **positiva**, no sentido de que ele só pode agir mediante **expressa previsão legal**. Assim, a Administração está **impedida de agir** em determinada situação quando **não há norma** que lhe outorgue competência para tanto. Isso se deve ao fato de que a Administração não tem vontade própria, autônoma e desvinculada da lei, constituindo a norma requisito indispensável para que os órgãos e entidades administrativas, por meio de seus agentes, possam praticar qualquer ato com consequências jurídicas.

Tal conclusão embasa o posicionamento doutrinário unânime que considera a atividade administrativa, dentro da sistemática adotada em nosso ordenamento jurídico, necessariamente **infralegal**, consistente em manifestações complementares à lei, e que, portanto, necessariamente a pressupõem. Diz-se, assim, que a Administração, afora o fato de não poder atuar contra a lei ou além de seus dispositivos, está adstrita a atuar nos seus exatos termos, ou, de outra forma, que a atividade administrativa não pode ser *contra legem* (contra a lei) ou *praeter legem* (além da lei), mas apenas *secundum legem* (segundo a lei). Os particulares, apesar de não poderem se conduzir *contra legem*, podem fazê-lo *praeter legem*, já que, como antes afirmamos, as condutas que não lhes sejam expressamente proibidas consideram-se implicitamente permitidas.

É importante observar que podemos utilizar o vocábulo "lei" em dois sentidos. Em sentido **formal**, lei é todo ato produzido ou aprovado pelo Poder Legislativo, no uso de sua competência constitucional, qualquer que seja seu conteúdo. Em sentido **material**, lei é todo conjunto de normas, ou seja, atos gerais (aplicáveis a um número indefinido e indefinível de pessoas) e abstratos (que contemplam uma previsão hipotética, sendo aplicáveis a um número indeterminado e indeterminável de situações futuras, enquadráveis na referida hipótese), qualquer que seja o órgão ou Poder do qual eles emanem e seu nível hierárquico. Um decreto, ato inferior à lei em sentido formal, desde que aplicável a todos os indivíduos cuja conduta se enquadre na situação abstrata nele prevista, será lei em sentido material.

Uma lei em sentido formal, porque produzida ou aprovada pelo Poder Legislativo, nos termos da Constituição, poderá ser também uma lei em sentido material, quando veicular normas (disposições gerais e abstratas), ou não, quando incidir sobre situações e destinatários especificados. O Princípio da Legalidade reporta-se, em um primeiro momento e principalmente, às leis em sentido formal e material, ou seja, aos atos que têm forma e conteúdo de lei. Há entendimento de que ele alcança as leis em sentido material, e não em sentido formal, como os decretos e demais atos normativos editados pela Administração. Podemos considerar correta essa posição, desde que vislumbremos que este ato, que constitui lei apenas em sentido material, tem de ser editado a partir de um ato que é simultaneamente lei em sentido formal (porque produzido ou aprovado pelo Poder Legislativo) e material (porque contém um conjunto de normas, de disposições gerais e abstratas)

3. Princípio da impessoalidade

O princípio da impessoalidade pode ser compreendido em três principais sentidos.

No primeiro, o princípio relaciona-se com a obrigatoriedade de que todo ato produzido pela Administração o seja visando ao **interesse público** (finalidade em sentido amplo) e à sua **finalidade específica** (finalidade em sentido estrito). Tal finalidade – específica – vem expressa **explícita ou implicitamente na lei**, e impede que o agente público pratique o ato com fim diverso, mesmo que também pertinente ao interesse público. Com relação à finalidade, a atividade administrativa é sempre estritamente vinculada aos termos da lei, não cabendo qualquer discricionariedade ao agente público nesse aspecto. Desse modo, todo e qualquer ato da Administração deve visar ao interesse público e à finalidade para ele especificamente prevista em lei.

Não significa que o agente esteja impedido de praticar um ato que beneficie ou prejudique um interesse particular. Ele obviamente poderá se conduzir dessa forma, desde que exista previsão legal nesse sentido. O que se veda em termos absolutos é a prática de atos com fim diverso do interesse público ou da finalidade especificamente prescrita para o ato em lei.

Costuma-se afirmar que o princípio da impessoalidade (ou **princípio da finalidade**, nesta acepção) decorre do princípio da legalidade, uma vez que é a lei que determina o fim da atuação do agente público no uso de determinada competência. O professor Bandeira de Mello aprofunda esse entendimento, com a seguinte assertiva:

> O fim da lei é o mesmo que seu espírito e o fim da lei é parte da lei mesma. Em rigor, o princípio da finalidade não é uma decorrência do princípio da legalidade. É mais do que isso: é uma inerência dele; está nele contido, pois corresponde à aplicação da lei tal qual é; ou seja, na conformidade de sua razão de ser, do objetivo em vista da qual foi editada.

Na segunda acepção, significa o princípio da impessoalidade que os atos praticados pelos agentes públicos devem ser considerados **como realizados não pelo próprio agente, mas pela entidade política ou administrativa em nome da qual ele atua**. Apesar de materialmente praticado por um agente público, o ato tem sua autoria atribuída à entidade política ou administrativa em nome da qual ele atua.

Desse modo, veda-se que o agente público obtenha qualquer espécie de **promoção pessoal** à custa dos atos produzidos no exercício de suas funções. Como pondera o professor Vicente Paulo,

> observa-se que o outro desdobramento do princípio da impessoalidade tem por escopo proibir a vinculação de atividades da Administração à pessoa dos administradores, evitando que estes utilizem a propaganda oficial para sua promoção pessoal.

A Constituição, em seu art. 37, § 1º, consagra tal entendimento, nos seguintes termos:

> § 1º. A publicidade dos atos, programas, obras, serviços e campanhas dos órgãos públicos deverá ter caráter educativo, informativo ou de orientação

social, dela não podendo constar nomes, símbolos ou imagens que caracterizem promoção pessoal de autoridades ou servidores públicos.

Por exemplo, em um cartaz mostrando uma obra pública não poderá constar o nome de algum agente público ou algum símbolo com vinculação pessoal, mas somente referências genéricas, impessoais, à própria Administração responsável pela execução da obra. Assim, expressões como "obra realizada pelo Governo do Estado" ou "realização da Administração municipal" são admitidas, nunca o nome do Governador ou do Prefeito.

Numa terceira acepção, impessoalidade significa **isonomia**, o dever imposto à Administração de tratar de forma igualitária todos os administrados, sem impor-lhes restrições ou conceder-lhes benefícios discriminatórios. A lei é o instrumento apto ao estabelecimento de tratamento diferenciado. E apenas ela, vedando-se à Administração em termos absolutos a instituição desse tratamento por ato próprio.

Como aplicação do princípio da impessoalidade, enquanto **princípio da isonomia**, podemos citar os institutos do concurso público e da licitação.

4. Princípio da moralidade

O princípio da moralidade, requisito indeclinável de validade dos atos da Administração, deve ser interpretado em três acepções distintas.

Numa primeira acepção, o princípio impõe à Administração o **dever de atuação ética, proba** perante os administrados, sendo-lhe vedados quaisquer comportamentos maliciosos ou astuciosos que impliquem ou possam implicar prejuízo aos seus legítimos interesses. Nesse contexto, o princípio da moralidade é também denominado **princípio da probidade** e proíbe, por exemplo, que a Administração recuse pedidos dos administrados sem a devida e suficiente fundamentação, pois tal conduta dificultaria extremamente ou mesmo impediria eventual tentativa de alteração da decisão denegatória perante a própria Administração ou junto às instâncias do Poder Judiciário.

Numa segunda perspectiva, o princípio impõe aos agentes públicos o dever de, **ao aplicar quaisquer leis** no exercício de suas funções, fazerem-no de forma a consagrar, principalmente, os **valores** nelas prescritos, enfim, os **princípios** que tais diplomas legais buscam, em um primeiro plano, contemplar.

Por exemplo, temos em nosso ordenamento jurídico a Lei nº 8.666/1993, que contém as normas gerais sobre licitações e contratos da Administração Pública. Um dos valores fundamentais dessa Lei é a isonomia, que obriga os agentes públicos a tratar todos os licitantes segundo os mesmos critérios e condições. Pois bem, o princípio da moralidade impõe que o agente público, ao aplicar tal Lei, o faça de modo a satisfazer este valor, a isonomia, tratando sob idênticos termos os participantes do certame.

Por fim, o princípio também impõe à Administração a obrigatoriedade de respeitar os **costumes administrativos, as regras informais que surgem no cotidiano administrativo em função da adoção reiterada de certas condutas pela Administração.** Tais costumes, em seu conjunto, compõem a denominada **moral administrativa.**

Essa última aplicação do princípio da moralidade deve ser compatibilizada com o princípio da legalidade. Por esse princípio, a Administração só pode atuar a partir de expressa previsão legal. Como, então, podem ter força jurídica os costumes, que surgem da adoção reiterada de práticas sem previsão legal?

Bem, a posição que predomina é a de que os costumes têm peso jurídico, adquirindo o valor de fonte de Direito, nas situações de **lacuna legislativa**, quando não há lei (em sentido formal e material) disciplinando a matéria. Tal posição se justifica pela finalidade desta terceira aplicação do princípio da moralidade, que é proteger os administrados, nas situações em que sempre foram tratados de determinada forma pela Administração. Assim, têm eles direito à continuidade desse tratamento, à observância do costume pela Administração, até que a matéria que constitui seu objeto seja disciplinada por lei (no duplo sentido), quando, então, cessa sua força jurídica.

Em quaisquer dessas acepções, o princípio da moralidade permite, por si só, o controle da atividade administrativa. Ilustrativamente, é nesta perspectiva que deve ser interpretado o art. 5º, LXXIII, da Constituição, que prevê o cabimento de ação popular contra atos lesivos à moralidade administrativa.

5. Princípio da publicidade

O princípio da publicidade pode ser compreendido em dois sentidos diversos.

Em um primeiro vislumbre, significa o princípio que a **divulgação oficial** é condição de **eficácia** (de produção de efeitos jurídicos) de todos os atos **gerais e de efeitos externos** produzidos pela Administração, bem como daqueles que **onerem ou possam onerar** o patrimônio público.

De pronto devemos atentar para o fato de que a divulgação oficial não está relacionada à validade, mas à eficácia do ato da Administração, constituindo a mesma condição para o início da produção de seus efeitos jurídicos. Um concurso público, por exemplo, só considera-se aberto após a divulgação oficial do respectivo edital, antes do que não se admitem inscrições pelos interessados em participar do certame.

Os atos administrativos da União, dos Estados e do Distrito Federal consideram-se oficialmente divulgados quando **publicados** nos seus respectivos **Diários Oficiais**; e os dos Municípios, quando **publicados** em seus **Diários Oficiais** ou **afixados** na sede da Prefeitura ou da Câmara de Vereadores, quanto aos Municípios que não possuem veículo oficial de divulgação.

Como anteriormente salientamos, nem todos os atos da Administração têm sua eficácia condicionada à divulgação oficial. Numa primeira categoria, estão sujeitos a tal exigência os atos **gerais** e **de efeitos externos**, assim considerados os atos da Administração que não têm destinatários especificados (gerais) e que produzem efeitos fora da Administração, atingindo os administrados (de efeitos externos).

É o caso de uma ordem para o fechamento de uma praça pública: não se pode identificar precisamente quem são seus destinatários (serão todos aqueles que pudessem pretender fazer uso da praça), com que o ato é geral; e o ato atinge os administrados (os possíveis usuários da praça), com o que é de efeitos externos.

Também exigem divulgação oficial todos os atos **oneratórios do patrimônio público**, assim considerados aqueles que têm aptidão para criar obrigações de pagamento para a Administração ou que permitem a um terceiro o uso exclusivo de certo bem público.

Por fim, numa segunda aplicação, vincula-se o princípio da publicidade à obrigatoriedade de **transparência** da atividade administrativa, requisito indispensável para seu efetivo controle por parte dos administrados. Essa segunda aplicação do princípio se consubstancia no direito que têm os administrados de obter do Poder Público **informações** que sejam de seu interesse pessoal, ou de interesse coletivo ou geral.

Nesse sentido, dispõe o inciso XXXIII do art. 5º da CF:

> Todos têm direito a receber dos órgãos públicos informações de seu interesse particular, ou de interesse coletivo ou geral, que serão prestadas no prazo da lei, sob pena de responsabilidade, ressalvadas aquelas cujo sigilo seja imprescindível à segurança da sociedade ou do Estado.

Em caso de **negativa injustificada**, pela Administração, de uma informação **de interesse pessoal relativa à própria pessoa do requerente**, o instrumento adequado para sanar a lesão é o *habeas data*. Se a negativa referir-se a informações de interesse pessoal, mas relativa **a terceiro**, ou a informações de interesse **coletivo ou geral**, a lesão deve ser sanada mediante a interposição de mandado de segurança.

6. Princípio da eficiência

A Emenda nº 19/1998 alçou ao plano constitucional algumas das diretrizes presentes no Plano Diretor de Reforma do Estado, elaborado na Administração federal em 1995. Entre as alterações promovidas no texto constitucional encontra-se a inserção no *caput* do art. 37 do princípio da eficiência, denominado de "qualidade do serviço prestado" no projeto de emenda.

Tal princípio liga-se diretamente à **administração gerencial**, alcançando tanto os serviços administrativos prestados diretamente à coletividade como os serviços internos dos órgãos e entidades administrativos. Pode-se considerá-lo sob dois enfoques, a partir da lição da professora Maria Sylvia Zanella di Pietro:

– quanto à **forma de estruturação e organização dos órgãos e entidades administrativos**, que deve ser concebida com vistas à obtenção dos melhores resultados na prestação do serviço, de um ponto de vista pragmático; e
– com relação **à forma de atuação do agente público**, a qual deve ser eficaz, tanto de um ponto de vista qualitativo como quantitativo.

Como institutos que representam aplicação do princípio, na primeira perspectiva, podemos citar a descentralização, a desconcentração e o contrato de gestão. Na segunda perspectiva, o estágio probatório, o concurso público e as avaliações – periódica e especial – de desempenho.

Esta busca de uma otimização na eficiência administrativa deve ser compreendida nos seus devidos termos: jamais poderá ser feita à revelia do princípio da legalidade. Exige-se uma maior eficiência, nos termos e limites da lei, não estando a Administração, escorada nesse princípio, autorizada a produzir qualquer ato sem base legal ou de forma diversa à prescrita em lei. É esta, entre outros, a posição de Maria Sylvia Zanella di Pietro, quando esclarece que

> a eficiência é princípio que se soma aos demais princípios impostos pela Administração, não podendo sobrepor-se a nenhum deles, especialmente ao da legalidade, sob pena de sérios riscos à segurança jurídica e ao próprio Estado de Direito.

Em fechamento, o princípio da eficiência contém o **princípio da economicidade**, pelo qual a Administração deve atuar sob uma adequada relação custo/benefício, visando à obtenção de um máximo de resultados com um mínimo de recursos.

7. Princípios da razoabilidade e da proporcionalidade

Os princípios da razoabilidade e da proporcionalidade não têm previsão expressa em nosso ordenamento jurídico, sendo fruto de construção doutrinária e jurisprudencial. Tais princípios têm lugar no contexto de uma relação meio-fim, frente a uma situação concreta ocorrida no seio da Administração Pública, e aplicam-se **precipuamente** na **aferição da legitimidade de atos discricionários que** (a) **restrinjam o exercício de direitos ou atividades pelos administrados**, (b) **imponham-lhes obrigações** ou (c) **apliquem-lhes sanções**. Enfim, atos que, de qualquer forma, **restrinjam sua esfera jurídica**.

São unanimemente considerados as mais severas limitações ao **mérito administrativo**, à **margem de liberdade** outorgada pela lei à Administração nas **competências discricionárias**, possibilitando que o **Poder Judiciário** determine a **anulação** dos atos que o afrontem.

Como já se pronunciou reiteradamente o Supremo Tribunal Federal, a fonte do princípio da razoabilidade é **o princípio do devido processo legal**, considerado numa acepção substantiva. Trata-se, portanto, de princípio **implícito**, decorrente do princípio do devido processo legal, este expressamente previsto na Constituição. Destacamos este ponto porque a EC nº 45, de 2004 inseriu o inc. LXXVIII ao art. 5º da Constituição, segundo o qual *a todos, no âmbito judicial e administrativo, são assegurados a razoável duração do processo e os meios que garantam a celeridade de sua tramitação.* Esta prescrição não pode levar-nos à conclusão de que o princípio da razoabilidade tornou-se expresso, uma vez que representa apenas uma de suas aplicações. Permanece, pois, como princípio implícito na Constituição.

Em continuidade, o princípio da razoabilidade compreende três critérios de análise: **necessidade, adequação** e **proporcionalidade**. Assim, impugnado um ato da Administração pelo interessado, caberá ao magistrado analisar se ele conforma-se ou não a tais critérios (os critérios de razoabilidade). Se decidir em caso contrário, determinará a anulação do ato da Administração.

Para ilustrarmos a aplicação do princípio da razoabilidade, pensemos em um ato da Administração que impõe uma obrigação a certo administrado, o qual, inconformado com a imposição, impugna-a perante o Poder Judiciário.

Frente à impugnação, o magistrado, em um primeiro momento, analisará a necessidade da imposição (a obrigação), ou seja, **se a mesma é justificada por algum interesse público**. Se entendê-la necessária, passa a verificar sua adequação, ou seja, **sua aptidão para atingir o interesse público que justificou sua imposição**. Por fim, se entender que a imposição é adequada para tanto, verifica se ela é proporcional a tal interesse, ou seja, se ela, **não obstante visar ao interesse público, não acarreta restrição exagerada para o particular**. Se o magistrado considerar que o ato da Administração suporta também essa análise, reconhecerá que o ato está em conformidade com o princípio da razoabilidade.

Como visto, a proporcionalidade está contida no princípio da razoabilidade. Todavia, é usual que a proporcionalidade seja tratada como um princípio à parte – o princípio da proporcionalidade. Nas duas perspectivas, seu conteúdo não se altera, nos termos acima explicitados.

8. Princípio da supremacia do interesse público sobre o privado

O **princípio da supremacia do interesse público sobre o privado**, a exemplo dos princípios da razoabilidade e da proporcionalidade, não é objeto de nenhuma norma expressa de caráter geral (ele atualmente é citado no art. 2º da Lei nº 9.784/1999, aplicável na esfera federal). Trata-se, pois, de um princípio **implícito**, que tem suas **aplicações** explicitamente previstas em norma jurídica (as **prerrogativas administrativas**, como veremos oportunamente).

A própria razão de existir da Administração é a busca dos interesses públicos, e, para cumprir a contento sua missão, é necessário assegurar que esses interesses, porque pertinentes a toda a coletividade, prevaleçam sobre os interesses privados de seus membros. É justamente essa a essência do princípio: a Administração atua voltada aos interesses da coletividade, aos interesses mais básicos e relevantes do corpo social; logo, deve gozar de superioridade perante os administrados, como medida indispensável para assegurar a prevalência desses interesses, os interesses públicos, sobre os interesses privados dos administrados. Tais considerações fazem com que nossa doutrina amplamente majoritária tenha esse princípio como **o princípio fundamental do regime jurídico-administrativo**.

Obviamente, essa posição de supremacia da Administração frente aos particulares deve ser compreendida nos seus devidos termos. Em um primeiro momento, cabe destacar a necessidade de conformação da atuação da Administração Pública ao princípio da impessoalidade enquanto finalidade, pois sua prevalência perante os administrados só se justifica em função dos interesses superiores que lhe cabe atender, só tendo lugar enquanto tal intento for a sua razão de agir. Dito de outro modo, quando a Administração, **eventualmente, não atuar voltada diretamente à consecução de interesses públicos, não lhe cabe invocar o princípio da supremacia**, a fim de gozar de superioridade perante os administrados.

Em um segundo momento, cumpre notar que nosso ordenamento jurídico contempla diversos princípios de observância cogente para a Administração, devendo todos ser aplicados sob uma perspectiva sistemática. Assim, por exemplo, eivada de vícios, e, portanto, nula, será a atuação administrativa que, sob a alegação de que o interesse público prepondera sobre o particular, estabeleça restrições de forma desarrazoada ou sem a observância dos princípios do devido processo legal ou do contraditório e da ampla defesa. O princípio em análise efetivamente assegura a prevalência dos interesses coletivos sobre os particulares, mas respeitados todos os demais princípios norteadores da função administrativa.

Tais considerações conferem o correto enquadramento do princípio dentre os demais princípios administrativos, mas não afastam sua consequência imediata, qual seja: servir de fundamento para todas as **prerrogativas administrativas**, os **poderes conferidos pelo ordenamento jurídico à Administração** que lhe asseguram uma posição de **superioridade** perante o administrado, quando e enquanto age na busca do interesse público. Não há como a Administração cumprir eficazmente sua tarefa sem possuir um conjunto de poderes passíveis de exercício na medida e intensidade requeridas para a consecução do interesse público. Esses poderes, em seu conjunto, são denominados **prerrogativas administrativas**.

Entre as principais prerrogativas administrativas, podemos citar (a) os atributos dos atos administrativos (autoexecutoriedade, imperatividade etc.); (b) as cláusulas exorbitantes dos contratos administrativos (como o poder de rescisão unilateral do contrato); (c) as diversas formas de intervenção do Estado na propriedade privada, como a desapropriação e a servidão administrativa.

Vamos ilustrar a lógica de aplicação do princípio em comento mediante a análise sumária de uma das prerrogativas anteriormente elencadas, a alteração unilateral dos contratos administrativos.

Imaginemos que uma Secretaria Estadual de Educação firmou com uma empresa particular um contrato de fornecimento de merenda escolar, o qual foi precedido do devido procedimento de licitação, ao final do qual a empresa em questão teve sua proposta selecionada. A licitação foi aberta visando ao fornecimento de 10.000 merendas por mês, pelo período de um ano. No decorrer da execução do contrato, entretanto, a Secretaria constatou que houve um repentino e considerável aumento da demanda, em virtude da ampliação do número de alunos da rede pública de ensino. Em face disso, unilateralmente alterou o contrato, impondo um aumento de 1.500 merendas a serem disponibilizadas por mês.

Perceba-se: a empresa ingressou na licitação e celebrou o contrato partindo da perspectiva de que ele envolveria o fornecimento de 10.000 merendas mensais. Pode a Administração, independentemente de sua concordância, obrigá-lo a aumentar em

15% a quantidade inicialmente acordada, a qual passará a ser fixada em 11.500 merendas/mês? A resposta é positiva, pois tal prerrogativa lhe é assegurada pela Lei nº 8.666/1993, dentro de um limite, para mais ou para menos, de 25% do objeto inicialmente acordado.

Por que tal prerrogativa é prevista? Para assegurar que o interesse público resguardado no contrato (o fornecimento de merenda escolar) possa ser adequadamente satisfeito durante toda sua execução. E em que ela, bem como qualquer outra prerrogativa administrativa, consiste? Em um poder que assegura à Administração superioridade nas relações jurídicas mantidas com os particulares, quando atua voltada à consecução de interesses públicos, de modo a assegurar a prevalência desses interesses sobre interesses de natureza privada.

9. Princípio da indisponibilidade do interesse público

O princípio (implícito) da **indisponibilidade do interesse público** pode ser interpretado de diferentes formas, todas de importância nuclear para o Direito Administrativo.

Em uma primeira interpretação, o princípio é a justificativa para todas as **sujeições administrativas**, as **limitações e restrições impostas por lei à Administração com o intuito de evitar que ela atue de forma lesiva aos interesses públicos ou de modo ofensivo aos direitos fundamentais dos administrados**. Sempre que estivermos perante uma regra imposta à Administração e que limita seu comportamento, comparativamente ao dos particulares, estaremos perante uma sujeição administrativa, a qual tem como seu fundamento o princípio da indisponibilidade do interesse público.

Por exemplo, se uma empresa privada decidir contratar empregados, não está adstrita a nenhum procedimento especial. Não precisará organizar qualquer processo de seleção, simplesmente contratará os profissionais que entender mais adequados para o suprimento de suas necessidades. Já a Administração, ao contrário, tem de adotar obrigatoriamente um procedimento, previsto na Constituição Federal e detalhado na legislação ordinária, permitindo a todos os interessados em ingressar nos quadros administrativos a oportunidade de disputar seu ingresso sob as mesmas condições. É o **concurso público**, procedimento prescrito no art. 37, II, da Constituição Federal como obrigatório para o preenchimento de empregos públicos e cargos públicos efetivos.

Da mesma forma, uma empresa privada, se desejar celebrar um contrato, também não se encontra limitada por nenhuma restrição formal. Pode celebrar o acordo com qualquer um, sob as condições consensualmente acordadas. Já a Administração está, como regra geral, vinculada à instauração de uma **licitação**, um procedimento no qual oportuniza a todos, sob as mesmas condições, a apresentação de propostas relativas a certo objeto, e ao final do qual seleciona, dentre elas, a que seja mais vantajosa ao interesse público. A licitação é, portanto, mais um exemplo de sujeição administrativa.

Enfim, sempre que tivermos em nosso ordenamento uma regra que limite a conduta da Administração, tomando por parâmetro as relações entre particulares, essa regra será um exemplo de sujeição administrativa, constituindo aplicação direta do princípio da indisponibilidade do interesse público.

Em um segundo sentido, o princípio é o fundamento do que se denomina **poder-dever de agir**, **aspecto dúplice dos poderes administrativos** ou **caráter instrumental dos poderes administrativos**.

Sempre que a ordem jurídica prevê um "poder" para os particulares, tal poder deve, em regra, ser interpretado como mera **faculdade**, como um poder de que o particular se utilizará somente se assim o desejar e para atingir os interesses que melhor lhe convierem, desde que não haja vedação expressa no ordenamento. Por exemplo, quando o Código Civil autoriza aos particulares a celebração de contratos em geral, os particulares valer-se-ão de tal autorização apenas se assim o desejarem e para a satisfação de seus próprios interesses.

Para a Administração, a conclusão é absolutamente oposta. Sempre que a ordem jurídica confere à Administração um **poder** (uma **competência**), o faz para que determinado interesse público seja satisfeito. Logo, tal poder é de **exercício obrigatório** sempre que o requerer a satisfação de tal interesse. A Administração não escolhe se exerce ou não seus poderes, quando o faz ou deixa de fazê-lo, em que medida, em que extensão ou intensidade isso deve ou não ser feito. Tudo é definido pelo que, no caso em concreto, é requerido pelo interesse público previsto na norma.

Imaginemos um interesse público: assegurar o cumprimento da legislação de trânsito. Imaginemos um poder outorgado por lei a agentes públicos, vinculado a tal interesse: emitir multas por descumprimento da sobredita legislação. Quando o agente público a quem a lei conferiu tal poder o desempenhará, e em que medida o fará? Sempre e na exata medida em que o requisitar o interesse consagrado na lei, o cumprimento da legislação de trânsito.

Em prosseguimento, podemos afirmar que um superior jamais poderá deixar de punir um subordinado, uma vez que constate o cometimento de um ilícito administrativo; um agente policial está obrigado a apreender um veículo que está transitando sem os equipamentos obrigatórios de segurança; um agente fiscal tem o dever de interditar um estabelecimento comercial quando as normas de salubridade pública não estão sendo observadas; enfim, todo agente público está obrigado a se valer das competências, dos poderes que lhe foram outorgados por lei, quando isso se fizer necessário para assegurar a realização dos interesses públicos que justificaram a outorga.

É isso que se denomina poder-dever de agir (todo poder conferido por lei à Administração é antes de tudo um dever de atuação); aspecto dúplice dos poderes administrativos (mais uma vez, o binômio poder/dever) ou caráter instrumental dos poderes administrativos (todo poder nada mais é que o instrumento para garantir a satisfação de dado interesse público). Essa é a segunda acepção do princípio da indisponibilidade do interesse público.

Uma terceira interpretação do princípio é o impedimento imposto à Administração de transferir aos particulares os **direitos** relacionados aos interesses públicos que a lei lhe encarregou de defender (Bandeira de Mello inclusive trata a matéria como um princípio à parte, o *princípio da inalienabilidade dos direitos concernentes a interesses públicos*).

É a lei que outorga à Administração os direitos relacionados aos interesses públicos. Ora, se a função administrativa é essencialmente sublegal, porque respeitosa da lei e por ela limitada, jamais poderá a Administração transferir a terceiro, por ato seu, aquilo que lhe foi concedido por lei.

Isso explica por que nas concessões e permissões de serviços públicos (como estudaremos com mais vagar adiante) não há transferência da própria atividade (o serviço público), mas apenas do seu **exercício**, o que permite à Administração (que permanece com o **direito** sobre a atividade, portanto), nos limites da lei, alterar unilateralmente as condições de prestação do serviço, intervir nessa prestação ou mesmo retomar o exercício da atividade.

A inalienabilidade dos bens públicos, enquanto utilizados para a satisfação de certo interesse coletivo, também pode aqui ser lembrada.

10. Princípio da continuidade dos serviços públicos

Os serviços públicos representam atividade indispensável à vida em sociedade. Logo, **devem ser prestados ininterruptamente, sem paralisações**. Esse é, pois, o conteúdo do princípio em apreço.

Vários são os dispositivos e institutos legais que representam aplicações desse princípio.

Ilustrativamente, podemos citar a reversão, instituto aplicável aos delegatários de serviços públicos, que impõe, ao final da delegação, a transferência para o patrimônio público de todos os bens por eles adquiridos e que permanecem úteis ou necessários para a continuidade da prestação. Em contrapartida, terá o delegatário direito ao pagamento de justa indenização, nos termos da legislação aplicável.

No mesmo contexto, podemos citar a prerrogativa de que goza o Poder Público de, durante a delegação, proceder à ocupação de bens, pessoal, instalações e equipamentos dos concessionários e permissionários de serviços públicos, a fim de assegurar o adequado desempenho da atividade.

Por fim, vale citarmos a impossibilidade de os concessionários e permissionários de serviços públicos se valerem da **exceção do contrato não cumprido** para suspenderem a prestação do serviço. Como analisaremos com mais calma em outra oportunidade, os particulares que firmam os demais contratos administrativos podem paralisar o cumprimento de suas obrigações quando a Administração atrasa por mais de 90 dias os pagamentos que lhe são devidos pela parcela já executada do contrato. Já os concessionários e permissionários de serviços públicos, mesmo perante uma falta dessa natureza (por exemplo, o não pagamento de um subsídio pela Administração), não podem optar pela paralisação. A legislação que regula a matéria só lhes confere essa faculdade após o trânsito em julgado de decisão condenatória reconhecendo a falta do Poder Público.

11. Princípio da autotutela

O princípio da inafastabilidade da jurisdição, previsto no art. 5º, XXXV, da CF, não afasta o poder-dever de a própria Administração controlar os atos que produz, no que denominamos **princípio da autotutela**.

A Súmula nº 473 do STF consagra o princípio nos seguintes termos:

> A Administração pode anular seus próprios atos quando eivados de vícios que os tornem ilegais, porque deles não se originam direitos; ou revogá-los, por motivo de conveniência ou oportunidade, respeitados os direitos adquiridos, e ressalvada, em qualquer caso, a apreciação judicial.

Desse modo, pelo referido princípio, a Administração, atuando **a pedido do administrado ou de ofício** (independentemente de provocação do particular), promove a fiscalização dos atos produzidos em seu âmbito, avaliando-os quanto ao seu **mérito** e **legalidade**.

A análise do mérito envolve a apreciação da conveniência e da oportunidade do ato administrativo. Se a Administração, após produzir certo ato, entende que o mesmo não se mostra mais adequado ao interesse público, cabe promover sua revogação.

Já a análise da legalidade envolve a apreciação da conformidade do ato com as leis, os princípios administrativos e os atos normativos editados pela própria Administração. Nesse caso, nos termos da súmula anteriormente transcrita, verificando a Administração que o ato apresenta algum defeito dessa natureza, deve promover sua anulação (salvo quando, por ser menos grave o vício, é possível a correção da ilegalidade).

Após essa rápida exposição, já podemos perceber as duas diferenças centrais entre o princípio da inafastabilidade da jurisdição e o princípio da autotutela: o Judiciário, atuando a partir daquele princípio, **só age por provocação do interessado**, mediante a interposição da cabível ação judicial, e só tem competência para analisar a **legalidade** dos atos da Administração; esta, atuando com base no poder-dever de autotutela, pode atuar tanto mediante provocação **como de ofício** e, ademais, analisar não só a legalidade, mas também o **mérito** dos atos que produziu.

Por fim, vale destacar o magistério de Maria Sylvia Zanella di Pietro, que confere um segundo sentido ao princípio em apreço. São suas as seguintes considerações:

> Também se fala em autotutela para designar o poder que tem a Administração Pública de zelar pelos bens que integram seu patrimônio, sem necessitar de título fornecido pelo Poder Judiciário. Ela pode, por meio de medidas de polícia administrativa, impedir quaisquer atos que ponham em risco a conservação desses bens.

Capítulo 3

ADMINISTRAÇÃO PÚBLICA

1. Entidades políticas e entidades administrativas

Entidades políticas são pessoas jurídicas de direito público cujas competências advêm diretamente de outorga constitucional, sendo exercidas, respeitados os limites postos no Texto Maior, com plena autonomia, sem subordinação de qualquer espécie. Tais entidades detêm **capacidade política e administrativa**, daquela decorrendo sua **competência para legislar**. No Brasil, são entidades políticas a União, os Estados, o Distrito Federal e os Municípios, todas autônomas, nos termos da Constituição.

Entidades administrativas são pessoas jurídicas, de direito público ou privado, criadas por determinada entidade política para exercer uma parcela de sua **capacidade de autoadministração**. Em outros termos, as entidades administrativas são criadas por uma de nossas entidades políticas para exercer uma das atividades administrativas que lhes foram outorgadas pela Constituição (e, em algumas hipóteses, atividades de natureza econômica, nos termos do art. 173 da Constituição).

As entidades administrativas possuem somente capacidade de **autoadministração**, segundo a qual exercem **com autonomia** a atividade que lhes foi transferida pela entidade política, nos termos e limites da lei. Não possuem capacidade para editar atos **legislativos** que inovem na ordem jurídica, instituindo Direito novo. As entidades administrativas possuem competência para editar atos **normativos**, como portarias e instruções, mas tais atos não possuem aptidão para inovar na ordem jurídica, criando diretamente direitos e obrigações para os administrados. São atos subordinados à lei, portanto, de natureza infralegal.

No Brasil, são entidades administrativas as **autarquias**, as **fundações públicas**, as **empresas públicas** e as sociedades de **economia mista**.

2. Formas de organização administrativa

São duas as formas básicas de organização da atividade administrativa: a descentralização administrativa e a desconcentração, nosso objeto de estudo nos dois próximos tópicos.

2.1. Descentralização administrativa

A definição constitucional de competências sempre tem por destinatárias as entidades políticas. A entidade política, todavia, pode transferir a outrem a competência para certa atividade e, como veremos, poderemos ter uma segunda transferência, a partir daquela feita pela entidade política. Tais situações têm lugar no âmbito das diversas modalidades de **descentralização administrativa**. Quando a própria entidade política exerce a atividade, por meio de seus órgãos, dizemos que há atuação administrativa **centralizada**; quando é outrem que atua em seu lugar, afirmamos que há atuação administrativa **descentralizada**.

Como conceito inicial, **descentralização** nada mais é do que a transferência da **titularidade** de certa competência, ou apenas de seu **exercício**, feita por uma pessoa **jurídica** a outra pessoa, **física ou jurídica**. O fenômeno envolve sempre **duas pessoas** distintas (dois sujeitos aptos a adquirir direitos e contrair obrigação em nome próprio); no polo que faz a transferência, haverá sempre uma pessoa jurídica; no polo que recebe; poderá haver uma pessoa física ou jurídica.

São três as modalidades de descentralização:

1ª) **outorga**, também denominada **descentralização por serviços, funcional ou técnica**;

2ª) **delegação**, também denominada **descentralização por colaboração**;

3ª) **descentralização territorial ou geográfica**.

A **outorga** (ou **descentralização por serviços, funcional ou técnica**) é a modalidade de descentralização pela qual uma **entidade política**, por **lei específica**, transfere a **titularidade** de certa competência a uma **entidade administrativa** por ela criada precisamente com essa finalidade, em regra por **prazo indeterminado**.

Dessa forma de descentralização origina-se a **Administração Indireta**, composta pelas autarquias, fundações públicas, empresas públicas e sociedades de economia mista. Enfim, podemos, de outro modo, definir a outorga como o fenômeno pelo qual são criadas as entidades administrativas que, em seu conjunto, formam a Administração Indireta.

Podemos elencar como características da outorga:

1ª) ter em um polo sempre uma entidade política (União, Estados, Distrito Federal e Municípios) e, no outro, sempre uma entidade administrativa, criada pela entidade política precisamente para desempenhar a atividade objeto da outorga (e aqui poderemos ter as autarquias, fundações públicas, empresas públicas ou sociedades de economia mista). Deve-se observar que a doutrina mais tradicional percebia esse fenômeno apenas na criação de autarquias. Modernamente, entende-se que ele abarca todas as entidades administrativas;

2ª) ser feita por lei (e **lei específica**, que só trate das regras de atuação da entidade e da própria área em que ela deverá atuar);

3ª) envolver a transferência da própria **titularidade** da competência: isso decorre do fato de a outorga ser feita por lei. A entidade política recebe determinada atribuição (competência) da Constituição Federal, e, por lei, transfere a titularidade dessa atribuição a uma entidade administrativa por ela própria criada. O fato de a entidade administrativa receber a própria titularidade da competência significa que ela adquire o **direito** para exercer com **autonomia** a atividade (capacidade de autoadministração), nos termos e limites da lei, podendo opor-se a interferências indevidas da entidade política que o transmitiu. Ademais, como a outorga é feita por lei, apenas por lei pode ser desfeita, sendo tal instrumento necessário, também, para a alteração de qualquer aspecto da atividade transferida;

4ª) ser, em regra, por prazo indeterminado: a lei que faz a transferência geralmente não fixa um prazo para a atuação da entidade administrativa. Poderá, entretanto, fazê-lo (embora na prática isso seja muito difícil), quando então teremos uma outorga por prazo determinado.

Como exemplo de outorga, podemos citar a feita pela União à Anatel (Agência Nacional de Telecomunicações, autarquia federal). A CF, no art. 21, XI, conferiu à União a competência para regular o setor de telecomunicações. A União, pela Lei nº 9.472/1997, fez a outorga da titularidade dessa competência à Anatel.

A **delegação** ou **descentralização por colaboração** é a modalidade de descentralização pela qual uma entidade **política ou administrativa**, por **contrato administrativo ou ato unilateral**, transfere o **exercício** de certa competência (mais precisamente, a prestação de certo **serviço público**) a uma pessoa **física** ou a uma pessoa **jurídica preexistente**, em regra por prazo **determinado** e mediante prévia **licitação**.

Dessa forma de descentralização originam-se os **delegatários de serviços públicos por concessão, permissão ou autorização**.

Podemos relacionar como características da delegação:

1ª) poder ser feita não só por uma entidade política (caso da outorga), mas também por uma entidade administrativa. E, ainda, poder ter por destinatário não apenas uma pessoa jurídica, mas também uma pessoa física, como detalharemos adiante;

2ª) ser feita por contrato administrativo ou por ato unilateral (e não por lei, como na outorga);

3ª) abranger a transferência somente do **exercício** da competência, e não da própria titularidade, a qual permanece nas mãos da entidade política ou administrativa responsável pela delegação. Como expõe Maria Sylvia Z. di Pietro, "o controle é muito mais amplo do que aquele que se exerce na descentralização por serviço, porque o Poder Público é que detém a titularidade do serviço, o que não ocorre nesta última". O controle mais abrangente decorre do fato de a delegação não ser feita por lei, o que permite ao Poder Público, entre outras prerrogativas, alterar **unilateralmente**, por **ato administrativo** (e não por lei), as condições de execução do serviço ou retomá-lo antes do prazo fixado. Isso significa que o delegatário, no que toca à atividade administrativa, goza de **menor liberdade** para atuar do que uma entidade administrativa que age por outorga;

4ª) ser, em regra, por prazo determinado e precedida de licitação.

Exemplo de delegação é a realizada pela Anatel, autarquia federal, aos prestadores do serviço de telecomunicações. A entidade permanece com a titularidade do serviço de telecomunicações e repassa a terceiros a execução do serviço público.

A delegação admite subdivisão em três espécies: **a concessão, a permissão e a autorização de serviços públicos**. Apesar de tratarmos da matéria com mais detalhes na unidade própria, desejamos desde já apresentar as principais características das três espécies de delegação (a qual, relembrando, é uma das modalidades de descentralização), a fim de diferenciá-las:

1ª) **concessão** de serviços públicos: é feita por **contrato**, sempre por **prazo determinado**, após licitação na modalidade de **concorrência**, a uma **pessoa jurídica** ou a um **consórcio de empresas**;

2ª) **permissão** de serviços públicos: é feita por **contrato de adesão**, sempre por **prazo determinado**, após **licitação** (não necessariamente na modalidade concorrência), a pessoa **física** ou **jurídica**. A diferença da permissão para a concessão é, pois, que a permissão exige licitação, mas não necessariamente na modalidade concorrência, e pode ser feita não só a pessoas jurídicas, mas também a pessoas físicas (o que não é possível na concessão);

3ª) **autorização** de serviços públicos: é feita por **ato unilateral**, por **prazo determinado ou indeterminado, sem necessidade de licitação**, a pessoas **físicas** ou **jurídicas**. Temos de esclarecer que a autorização é um ato de caráter **precário, revogável a qualquer tempo, sem direito a indenização**.

Com relação às características das diferentes modalidades de delegação de serviços públicos, podemos estabelecer as seguintes relações: sempre que a delegação é feita por contrato, tem prazo determinado e exige licitação (caso da concessão e da permissão); sempre que a delegação é feita por ato unilateral, pode ser por prazo determinado ou indeterminado e não exige licitação (é o caso da autorização).

Originariamente, a descentralização por colaboração era feita a pessoas jurídicas com **capital integralmente privado**, o que possibilitava ao Poder Público a prestação indireta do serviço sem dispêndio de capital. Modernamente, também se delega por colaboração a empresas **sob controle acionário do Estado**, que não compõem sua estrutura formal.

Temos, por fim, a **descentralização territorial ou geográfica**, que pode ser definida como a modalidade de descentralização pela qual uma **entidade política** (mais precisamente, a União), por lei, transfere a uma pessoa jurídica de **direito público**, **territorialmente** delimitada, **capacidade administrativa genérica**, em regra por prazo **indeterminado**. Essa modalidade de descentralização dá origem aos **territórios federais** (também chamados de **autarquias territoriais** ou **geográficas**), atualmente inexistentes no Brasil.

Como características da descentralização territorial ou geográfica, podemos relacionar:

1ª) ser feita sempre por uma entidade política (a União) a uma pessoa jurídica de direito público geograficamente delimitada (os territórios federais);

2ª) ser feita por lei (ordinária), sendo necessária a edição da lei complementar para regular a matéria, a teor do art. 18, § 2º, da CF;

3ª) envolver a transferência da titularidade não somente de determinada competência, mas de **diversas competências** que a Constituição conferiu à União, o que faz com que o ente que as receba goze de **capacidade administrativa genérica**, para atuar em **diversas** áreas. É o que ocorrerá se a União, ao criar um território federal, transferir-lhe a competência para os serviços de telecomunicações, radiodifusão sonora de sons e imagens, água, luz, transporte marítimo etc. As entidades que atuam por outorga gozam somente de **capacidade administrativa específica**, para atuar numa área **determinada** (telecomunicações **ou** transporte marítimo **ou** radiodifusão sonora de sons e imagens etc.);

4ª) ser, em regra, por prazo indeterminado: a lei em geral não definirá o prazo de existência do território. Poderá, todavia, em termos teóricos, fazê-lo, quando, então, teremos uma descentralização por prazo determinado.

2.2. Desconcentração administrativa

Vimos anteriormente que a característica essencial da descentralização administrativa é a existência de **duas pessoas**, uma transferindo certa competência ou seu exercício à outra.

Já a **desconcentração** administrativa é mera divisão de competências efetivada **na intimidade de uma mesma pessoa jurídica, sem quebra da estrutura hierárquica**. Não há, no caso, criação de pessoa jurídica ou transferência de atribuições a uma já existente, mas apenas divisão de tarefas entre os **órgãos** da própria pessoa jurídica, seja esta um ente político ou administrativo. Quando não há essa divisão de atribuições entre órgãos (suposição meramente hipotética), dizemos que há atuação administrativa **concentrada;** quando há, dizemos que é **desconcentrada**.

Como é sabido, a Administração Pública é estruturada hierarquicamente, tendo em seu cume o chefe do Poder Executivo. Como são imensamente variadas suas atribuições, elas são distribuídas entre os diversos órgãos que compõem a estrutura administrativa, estabelecendo-se uma relação de coordenação e subordinação entre eles. A desconcentração, assim, tem por objetivo, **sem quebra do vínculo hierárquico**, permitir que a entidade **política ou administrativa** distribua suas competências entre seus órgãos, partes integrantes da sua estrutura, com o que essas competências, racionalmente distribuídas, são mais eficientemente desempenhadas.

A desconcentração, dessa forma, poderá dar-se no interior de uma pessoa política, como, por exemplo, na União, que faz uma primeira distribuição de competências entre seus Ministérios. Estes, por sua vez, têm parcela de suas competências distribuídas entre órgãos inferiores, integrantes de sua estrutura, até chegarmos aos menores órgãos que compõem a estrutura administrativa. É o caso da Secretaria da Receita Federal do Brasil, órgão da União integrante do Ministério da Fazenda, que atua de forma desconcentrada, tendo suas competências distribuídas em uma série de outros órgãos hierarquicamente inferiores (superintendências, delegacias, inspetorias e agências).

Temos o fenômeno da desconcentração também no interior das entidades administrativas. O INSS, por exemplo, é uma autarquia federal e tem suas competências distribuídas entre seus órgãos centrais, em Brasília, entre seus órgãos regionais, as superintendências, e entre os órgãos locais, as agências.

Como se percebe, descentralização e desconcentração são dois conceitos inconfundíveis, pois a primeira pressupõe a existência de **duas pessoas**, uma das quais receberá determinada competência (ou seu exercício) de outra; ao passo que na desconcentração existe apenas **uma pessoa**, e sempre uma pessoa jurídica, que distribui suas competências entre os diversos órgãos que a integram.

A fim de afastar quaisquer dúvidas, é fundamental destacarmos novamente a diferença entre **órgão público** e **entidade.**

Órgãos públicos, como já afirmado, constituem meros centros de competência despersonalizados, partes componentes de uma entidade política (União, Estados, Distrito Federal e Municípios) ou administrativa (autarquias, fundações públicas, sociedades de economia mista e empresas públicas). Entidade (política ou administrativa), por sua vez, é uma pessoa jurídica, logo, ente com personalidade própria.

Um contrato celebrado pelo Ministério da Fazenda com um particular não gera direitos e obrigações para o próprio Ministério, mas para a União, a entidade política em nome da qual o Ministério atua. Se o mesmo contrato fosse celebrado por uma autarquia, uma entidade administrativa, geraria direitos e obrigações para a própria autarquia, que é dotada de personalidade jurídica. Em caso de descumprimento do contrato, seria ela a ocupante do polo passivo de uma eventual ação judicial movida pelo prejudicado (e não a entidade política que a criou).

3. Administração Pública: direta e indireta

Segundo Vicente Paulo e Marcelo Alexandrino,

> Administração Direta é o conjunto de órgãos que integram as pessoas políticas do Estado (União, Estados, Distrito Federal e Municípios), aos quais foi atribuída a competência para o exercício, de forma centralizada, de atividades administrativas.

Ainda segundo os autores, a "Administração Indireta é o conjunto de pessoas administrativas que, **vinculadas** à Administração Direta, têm a competência para o exercício, de forma **descentralizada**, de atividades administrativas" (grifado no original).

O Decreto-lei nº 200/1967 dispõe acerca da composição da Administração Pública Federal, asseverando que esta compreende:

1º) a Administração Direta, que se forma dos serviços integrados na estrutura administrativa da Presidência da República e dos Ministérios;

2º) a Administração Indireta, que compreende as seguintes espécies de entidades: autarquias, fundações públicas, empresas públicas e sociedades de economia mista.

Atualmente a composição da Administração Direta Federal está disciplinada na Lei nº 10.683/2003. De acordo com o art. 1º do referido diploma, a Presidência da República é composta, essencialmente, pela Casa Civil, pela Secretaria-Geral, pela Secretaria de Comunicação de Governo e Gestão Estratégica, pela Secretária de Coordenação Política e Assuntos Institucionais, pelo Gabinete Pessoal e pelo Gabinete de Segurança Institucional.

Nas esferas estadual e municipal, em função do disposto no art. 37, XIX, da CF, a estruturação da Administração Pública é análoga: a Administração Direta será composta, em nível estadual, pelo Governo do Estado, os órgãos de assessoramento direto do Governador e as Secretarias Estaduais; em nível municipal, pela Prefeitura, os órgãos de apoio direto ao Prefeito e as Secretarias Municipais. Já a Administração Indireta dos Estados e Municípios, a exemplo da União, será formada pelas autarquias, fundações públicas, empresas públicas e sociedades de economia mista estaduais e municipais. O Distrito Federal tem sua estrutura administrativa semelhante à dos Estados.

É importante, neste ponto, trazer à colação os comentários de José dos Santos Carvalho Filho.[1] O autor afirma que o Estado tem três funções fundamentais – a legislativa, a jurisdicional e a administrativa –, cada uma delas atribuída com precipuidade a um dos Poderes da República: o Legislativo, o Judiciário e o Executivo. Apesar de a imensa maioria das atividades administrativas ficar a cargo do Executivo, os Poderes Legislativo e Judiciário também executam atividades dessa natureza, necessárias ao desempenho de suas funções típicas, a legislativa e a jurisdicional.

Logo, o conceito legal da Administração Direta federal, acima apresentado, mostra-se **lacunoso**, pois abrange apenas aos órgãos do Poder Executivo, devendo-se adotar, na matéria, a lição do autor, pela qual a Administração Direta "abrange todos os órgãos dos Poderes políticos das pessoas federativas cuja competência seja a de exercer a atividade administrativa".

A mesma observação pode ser feita com relação à Administração Indireta. O art. 37 da Constituição menciona a "administração pública **direta e indireta** de **qualquer dos Poderes** (...)", o que autoriza a conclusão de que pode haver entidades da Administração Indireta vinculadas não só ao Poder Executivo, o que é indiscutivel-

1 Carvalho Filho, José dos Santos. *Manual de Direito Administrativo*, 2006.

mente o mais comum, mas também aos Poderes Legislativo e Judiciário. Seria o caso, por exemplo, de uma fundação pública estadual criada para efetuar pesquisas na área jurídica, atuando vinculada ao Tribunal de Justiça do Estado.

4. Entidades não integrantes da Administração Pública

Neste tópico, vale destacar três espécies de entidades que, apesar de certa proximidade, não integram a estrutura formal da Administração.

Em primeiro lugar, as **entidades sob controle direto ou indireto do Poder Público**. Tais entidades estão sob controle de certa entidade política ou administrativa, mas não têm a natureza jurídica de empresa pública, sociedade de economia mista, autarquia ou fundação pública (as entidades que, efetivamente, integram a Administração).

Como analisaremos a seguir, para a criação de qualquer dessas quatro entidades faz-se necessário lei específica, e este é o critério a ser adotado na definição acerca do enquadramento de certa entidade na estrutura formal da Administração: integra-a, se for necessário lei específica para sua instituição, caso contrário, está dela excluída.

Também não integram a Administração as **entidades paraestatais**, assim consideradas as pessoas jurídicas de direito privado instituídas por particulares para, sem fins lucrativos, exercer alguma tarefa de interesse coletivo, recebendo, em regra, algum incentivo do Poder Público para tanto, no contexto da atividade de fomento. Aqui podem ser elencados, em especial, os serviços sociais autônomos, as organizações sociais e as organizações da sociedade civil de interesse coletivo, que serão analisados no próximo capítulo.

Por fim, também não fazem parte da estrutura formal administrativa os **delegatários de serviços públicos** sob os regimes de concessão, permissão ou autorização. Essas pessoas jurídicas exercem uma atividade inserida dentre as atividades-fim administrativas (o serviço público), mas não integram a Administração.

5. Criação e extinção de entidades da Administração Indireta

O art. 37, XIX, da Constituição define o **modo de criação das entidades administrativas**. Desde já, vale salientar que é com base nesse critério que determinamos a **personalidade ou natureza jurídica** de uma entidade integrante da Administração Indireta: entidades de **direito público** são criadas **diretamente** por lei, entidades de **direito privado** são criadas mediante o **registro de seus atos constitutivos**, após autorização em lei específica.

Isso posto, passemos à análise do inciso XIX do art. 37 da CF, na redação dada pela EC nº 19/1998:

> XIX – somente por lei específica poderá ser criada autarquia e autorizada a instituição de empresa pública, sociedade de economia mista e de fundação, cabendo à lei complementar, neste último caso, definir as áreas de sua atuação;

A EC nº 19/1998 originou uma discussão a respeito das fundações públicas, pois, na redação original do dispositivo, tais entidades eram criadas diretamente por lei. Como podemos notar, a norma constitucional determina, em seu texto atual, que caberá à lei apenas autorizar a criação das fundações públicas.

O STF, analisando a questão, decidiu que, a partir da EC nº 19/1998, **existem duas modalidades de fundação pública, as de direito público e as de direito privado**.

Com isso, podemos apresentar as regras do inciso XIX do art. 37 nos seguintes termos:

a) **as autarquias e as fundações públicas de direito público são instituídas diretamente por lei específica**, uma lei ordinária que, além de instituir a entidade, defina suas regras de atuação, podendo conter, ainda, regras relativas ao seu setor de atuação. O início da vigência da lei específica marca a aquisição da personalidade jurídica dessas entidades, independentemente de qualquer ato complementar. A partir daí, podemos concluir que fundações públicas de direito público e autarquias possuem personalidade ou natureza jurídica de direito público;
b) por sua vez, as **fundações públicas de direito privado, empresas públicas e sociedades de economia mista** são criadas **pelo registro de seus atos constitutivos** (no Registro Civil de Pessoas Jurídicas ou na Junta Comercial, conforme o caso), **após autorização em lei específica**. Como podemos notar, o processo de instituição dessas entidades é mais extenso: será editada uma lei específica autorizando a instituição da entidade e definindo suas regras de atuação (eventualmente, também do setor em que atuará); o Poder Executivo (em regra), sob a forma de decreto, elaborará o ato constitutivo; com o registro desse ato, a entidade adquire personalidade jurídica, passando a ter aptidão para, em nome próprio, adquirir direitos e contrair obrigações. Pela sua forma de criação, podemos concluir que a personalidade ou natureza jurídica dessas entidades administrativas é de direito privado.

Para a **extinção** das entidades administrativas, pela aplicação do princípio da simetria, segue-se procedimento inverso: para as autarquias e fundações públicas de direito público, é necessário lei específica revogando a lei de instituição da entidade, extinguindo-se a mesma. Para as fundações públicas de direito privado, empresas públicas e sociedades de economia mista a lei específica caberá autorizar a extinção, que será efetivada pela baixa do registro dos atos constitutivos da entidade. Com o desfazimento do registro, cessa a existência da entidade.

Definidas as regras de criação e extinção das entidades administrativas, é oportuno analisarmos o inciso XX do art. 37 da CF, que regula a **criação de subsidiárias** de entidades administrativas e a sua **participação em empresas privadas**.

A matéria é disciplinada nestes termos:

> XX – depende de autorização legislativa, em cada caso, a criação de subsidiárias das entidades mencionadas no inciso anterior, assim como a participação de qualquer delas em empresa privada;

Desde já podemos notar que, seja para a criação de subsidiárias, seja para a participação em empresas privadas, a Constituição **não exige lei específica**, mas tão só **autorização legislativa**, a qual pode vir contida em uma lei específica (assim considerada a lei que só traga a autorização, ou a própria lei que cria ou autoriza a criação da entidade administrativa) ou em uma lei **genérica** (que trate de assuntos diversos, e em um de seus dispositivos contenha a autorização).

Se a autorização não precisa vir contida em lei específica (e, efetivamente, não precisa), ela, em si mesma, deve ser específica, pelo que determina a Constituição (*em cada caso*). O texto constitucional exige, assim, uma autorização para a criação de cada subsidiária, ou para a participação no capital de dada empresa privada. Exige, dessa forma, autorização específica (que não precisa vir contida em lei específica).

Ocorre que o STF, em 2004, decidiu pela constitucionalidade do art. 64 da Lei nº 9.478/1997, assim redigido: "A Petrobras está autorizada a criar subsidiárias". Trata-se, pois, de uma autorização legislativa **genérica**, para a criação de um número indeterminado de subsidiárias. É evidente que a decisão da Corte afrontou a literalidade da Constituição, que exige autorização específica. Mas, como se trata de uma decisão de nosso Tribunal Constitucional, devemos acatá-la. Vale destacar que a decisão não se referiu à participação de entidades administrativas no capital de empresas privadas.

A partir de tais considerações, podemos sintetizar a matéria da forma que segue:

1ª) para a **criação de subsidiárias**, de forma inegavelmente contraditória, tanto está correto afirmar que a autorização legislativa pode ser **genérica** (pois é essa a posição do STF), como que deve ser conferida **"em cada caso"**, pois é o que está expressamente previsto na Constituição;

2ª) para a **participação em empresas privadas**, basta aplicarmos a Constituição: assim, exige-se aqui, efetivamente, autorização legislativa **"em cada caso"**, autorização **específica** (ou seja, para a participação em certa empresa privada).

Por fim, vale ressaltar que as subsidiárias de entidades administrativas são o melhor exemplo de *entidade sob controle indireto do Poder Público* (interpretando-se a expressão *Poder Público*, nesse contexto, como significando *entidade política*). Por exemplo, uma subsidiária de empresa pública está, diretamente, sob controle da entidade administrativa. E, como esta está sob controle direto da entidade política, podemos concluir que, indiretamente, a entidade política controla a subsidiária da empresa pública.

6. Tutela ou controle finalístico

Tutela ou **controle finalístico** é **o controle exercido pelos órgãos centrais da Administração Direta, em nome das respectivas entidades políticas, sobre as entidades da Administração Indireta que lhe são vinculadas, nas hipóteses e na forma expressamente previstas em lei**. Como órgãos centrais, responsáveis pela tutela, temos basicamente, na esfera federal, os Ministérios e a Presidência da República; nas esferas estadual e distrital, as Secretarias e o Governo; na esfera municipal, as Secretarias e a Prefeitura.

A essência da tutela reside na expressão *vinculação*. Entre a Administração Direta e a Administração Indireta **não há relação de hierarquia** (como veremos na unidade própria, a hierarquia só existe na intimidade de uma mesma pessoa jurídica), mas de **vinculação**, termos que contêm dois significados complementares:

1º) o órgão central responsável pela tutela é aquele que atua **na mesma área** da entidade controlada: assim, por exemplo, uma universidade federal com natureza de fundação pública está sujeita a controle finalístico do Ministério da Educação;

2º) só se admitem na tutela os controles **expressamente previstos em lei**, e na forma pela lei prescrita: é essa a principal diferença entre a tutela e o controle hierárquico (que não exige previsão em lei).

A indispensabilidade da previsão legal não pode nos levar à errônea conclusão de que na tutela só são admissíveis controles de legalidade. Os controles podem ser, também, **de mérito**, tudo vai depender do que estiver previsto em lei.

O art. 26 do Decreto-lei nº 200/1967, que trata da tutela na esfera federal (âmbito em que é também denominada *supervisão ministerial*), determina como seus objetivos:

1º) verificar se a entidade atua apenas visando à finalidade que presidiu sua instituição, sendo vedada sua atuação em áreas estranhas às previstas na lei: é deste primeiro objetivo que advém a expressão *controle finalístico*;

2º) verificar se a entidade administrativa atua em consonância com a programação geral de Governo, tal como definida em lei;

3º) verificar se a entidade atua com eficiência;

4º) assegurar a autonomia administrativa, operacional e financeira da entidade.

Encerrando o ponto, duas considerações: eventualmente, é previsto, como instrumento de tutela, recurso contra as decisões da entidade para o órgão central supervisor. Nesse caso, denomina-se esse instrumento, de modo meio infeliz, de **recurso hierárquico impróprio** (a expressão *impróprio* deve-se ao fato de que não há hierarquia entre o órgão controlador e a entidade controlada).

O professor Celso Antônio Bandeira de Mello subdivide a tutela em duas modalidades: a ordinária, que exige previsão legal dos controles, e a extraordinária, cabível em situações de descalabro administrativo, que não exige previsão legal dos controles. Em nossa opinião, embora seja válido conhecer essa perspectiva da matéria, pelo renome do autor, devemos trabalhá-la tal como especificado no início da exposição: na tutela só se admitem os controles expressamente previstos em lei.

7. Regimes jurídicos da Administração Pública

Regime jurídico, genericamente falando, corresponde ao **conjunto de regras e princípios que regula determinada relação jurídica**. Quando a Administração e uma empresa privada celebram um contrato, forma-se uma relação jurídica, a qual será regida por uma série de regras e princípios. O conjunto dessas normas e princípios corresponde ao regime jurídico aplicável ao contrato, à relação jurídica oriunda da sua celebração. Quando a Administração lavra uma multa contra um particular por descumprimento da legislação urbanística, está formada outra relação jurídica, a qual será disciplinada por certas regras e princípios, enfim, por certo regime jurídico.

A expressão *regimes jurídicos da Administração Pública* compreende dois regimes jurídicos diferenciados, o **regime jurídico de Direito Público**, mais conhecido como **regime jurídico-administrativo**, e o **regime de Direito Privado**.

O primeiro e mais importante desses regimes jurídicos, o **regime jurídico-administrativo**, pode ser definido como **o conjunto de regras e princípios que regula a atuação da Administração voltada à consecução de interesses públicos propriamente ditos, aos interesses públicos primários, sendo caracterizado, essencialmente, pelas prerrogativas e sujeições administrativas**. De forma mais simples, podemos dizer que o regime jurídico-administrativo nada mais é do que o complexo de normas e princípios que compõem o **Direito Administrativo**. Assim, afirmar que uma relação está sujeita a tal regime é afirmar, em outros termos, que ela será disciplinada pelo Direito Administrativo.

Na sua essência, como exposto, o regime jurídico-administrativo pode ser resumido em duas palavras: **prerrogativas e sujeições**.

O Direito Administrativo desenvolveu-se a partir de duas noções básicas: de um lado, a Administração tem de se situar em **posição de superioridade** perante o indivíduo, como condição inafastável para o pleno sucesso de sua missão, qual seja, a satisfação dos interesses públicos. Em função disso, o ordenamento jurídico lhe outorga **prerrogativas e privilégios exclusivos**, sem paralelo no direito privado e exercidos legitimamente pela Administração apenas quando e enquanto por seu intermédio ela estiver buscando a satisfação de algum interesse coletivo; de outro, para evitar que a Administração viole esses interesses que lhe cabe defender, e para impedir que ela ofenda os direitos fundamentais dos administrados, está ela sujeita a inúmeras **restrições ou sujeições**, também sem correspondência no direito privado.

Em outros termos, isso quer dizer que a Administração detém prerrogativas ou privilégios desconhecidos na esfera privada, dentre os quais podemos citar o poder de criar obrigações para o administrado por ato unilateral, a autoexecutoriedade de diversos dos seus atos, o poder de expropriar, o de requisitar bens e serviços, o de ocupar temporariamente o imóvel alheio, o de ter seus atos praticados sob a égide da presunção de legitimidade e veracidade; porém, paralelamente a tais prerrogativas, a Administração Pública tem sua conduta balizada por inúmeras sujeições ou restrições, dentre elas os princípios da legalidade e da finalidade, a obrigatoriedade de dar publicidade de seus atos, de realizar concorrência pública para proceder às suas contratações, entre tantas outras.

Tais prerrogativas e sujeições, em seu conjunto, são a nota principal do regime jurídico-administrativo.

Por sua vez, o **regime jurídico de Direito Privado** pode ser conceituado como o complexo de normas e princípios jurídicos que disciplina as relações jurídicas entre a Administração e os administrados marcadas, em linhas gerais, pela **isonomia**.

Quando a Administração Pública sujeita-se a regime de Direito Privado, aplica-se a ela, grosso modo, as regras jurídicas válidas para os particulares em geral. É o caso, por exemplo, das empresas públicas e sociedades de economia mista exploradoras de atividade econômica, as quais, segundo o art. 173, § 1º, da CF, serão reguladas, quanto à sua atividade-fim, pelas mesmas normas aplicáveis às empresas privadas, inclusive quanto a direitos e obrigações civis, comerciais, trabalhistas e tributários.

Trata-se, no caso, de uma determinação constitucional no sentido da aplicação do regime de Direito Privado a duas entidades integrantes da Administração, justificando-se pela sua área de atuação.

Todavia, essa sujeição ao regime de Direito Privado deve ser feita com ressalvas. Como afirma a professora Di Pietro,

> (...) o que é importante salientar é que, quando a Administração emprega modelos privatísticos, nunca é integral sua submissão ao direito privado; às vezes, ela se nivela ao particular, no sentido de que não exerce sobre ele qualquer prerrogativa de Poder Público; mas nunca se despe de determinados **privilégios**, como o juízo privativo, a prescrição qüinqüenal, o processo especial de execução, a impenhorabilidade de seus bens; e sempre se submete a **restrições** concernentes a competência, finalidade, motivo, forma, procedimento, publicidade. Outras vezes, mesmo utilizando o direito privado, a Administração conserva alguma de suas prerrogativas, que derrogam parcialmente o direito comum, na medida necessária para adequar o **meio** utilizado ao **fim** público a cuja consecução se vincula a lei. Por outras palavras, a norma de direito público sempre impõe desvios ao direito comum, para permitir à Administração Pública, quando dele se utiliza, alcançar os fins que o ordenamento lhe atribui e, ao mesmo tempo, preservar os direitos dos administrados, criando limitações à atuação do Poder Público.

Podemos sintetizar a matéria desta forma: sempre que a Administração atuar sob a égide do regime jurídico-administrativo, ela gozará das prerrogativas indispensáveis à consecução do interesse público em vista do qual atua, gozando, então, de superioridade nas relações mantidas com os particulares; por outro lado, sempre estará limitada pelas sujeições administrativas, as limitações instituídas pelo ordenamento para evitar que a Administração viole esses interesses que lhe cabe buscar ou atente contra os direitos fundamentais dos administrados.

Por sua vez, quando a Administração atuar sob a égide do regime jurídico de Direito Privado, em regra estará juridicamente equiparada ao particular, não gozando de prerrogativas, embora, em certas situações, possa se valer de algumas delas. Porém, mesmo ao atuar sob esse regime, estará também limitada pelas sujeições administrativas.

Para ressaltar a posição de superioridade da Administração, no primeiro caso, e a isonomia, como regra geral, no segundo, a doutrina afirma que o regime jurídico-administrativo é caracterizado pela **verticalidade** e pela **unilateralidade**; e o regime jurídico de Direito Privado, por seu turno, pela **horizontalidade** e pela **bilateralidade**.

Por fim, embora seja tradicional a análise do regime jurídico-administrativo com base no binômio Administração/administrado, não devem restar dúvidas de que ele se aplica também às relações formadas no seio da própria Administração, seja entre a Administração Direta, atuando pela entidade política e as entidades da Administração Indireta, seja nas relações formadas entre entidades da Administração Indireta. Os controles da tutela, por exemplo, são integralmente regulados pelo regime jurídico-administrativo.

8. Entidades administrativas em espécie

8.1. Autarquias

As autarquias são pessoas jurídicas de **direito público** da Administração Pública Indireta, instituídas **diretamente por lei específica** para o desempenho de atividades **típicas de Estado, gozando de todas as prerrogativas e sujeitando-se a todas as restrições** estabelecidas para a Administração Pública Direta. Como exercem atividades típicas de Estado, seu regime preponderante é o **regime jurídico-administrativo**.

Não há uma definição legal de autarquia válida para todas as esferas administrativas. Na esfera federal o Decreto-lei nº 200/1967 assim as conceitua:

> Autarquia – o serviço autônomo, criado por lei, com personalidade jurídica, patrimônio e receita próprios, para executar atividades típicas da Administração Pública, que requeiram, para seu melhor funcionamento, gestão administrativa e financeira descentralizada.

As autarquias possuem natureza jurídica de **direito público**. Em virtude disto são criadas diretamente pela lei instituidora, sem necessidade de registro. Na esfera federal, o projeto de lei específica para a criação de autarquias é de competência exclusiva do Presidente da República (CF, art. 61, § 1º, II, *e*); nas demais esferas de Governo, por analogia, dos respectivos chefes de Poder Executivo. Ressalvam-se apenas as autarquias vinculadas aos Poderes Legislativo ou Judiciário, cuja criação depende de lei específica de iniciativa privativa do próprio Poder ao qual será vinculada a entidade. Estas regras aplicam-se a todas as entidades administrativas.

Como sabemos, as autarquias, bem como as demais entidades administrativas, detêm **poder de autoadministração, mas não de autolegislação**: em outras palavras, possuem capacidade de gerir a si próprias, mas dentro dos parâmetros estabelecidos pela lei instituidora, os quais não detêm competência para alterar.

É sua natureza meramente administrativa que distingue as autarquias das pessoas políticas (União, Estados, Distrito Federal, Municípios), que, além da capacidade de autoadministração, podem também criar seu próprio Direito (autolegislação), nos termos e limites da Constituição. Por sua vez, é o fato de atuarem em áreas típicas de

Estado (regulação, polícia administrativa, área orçamentário-financeira etc.) que as diferencia das demais entidades integrantes da Administração Indireta.

Além disso, como expõe a professora Di Pietro,

> (...) perante a Administração Pública centralizada, a autarquia dispõe de direitos e obrigações; isso porque, instituída por lei para desempenhar determinado serviço público, do qual passa a ser titular, ela pode fazer valer perante a Administração o direito de exercer aquela função, podendo opor-se às interferências indevidas; vale dizer que ela tem direito ao desempenho do serviço nos limites definidos em lei. Paralelamente, ela tem a obrigação de desempenhar suas funções (...).

As autarquias são consideradas um **serviço público personalizado**, expressão que indica a natureza de sua atividade (sempre prestação de serviços tipicamente estatais, a exemplo das atividades de regulação e polícia administrativa) e o fato de constituírem uma pessoa jurídica, com capacidade de adquirirem direitos e contraírem obrigações em nome próprio.

Há algumas entidades dessa natureza que são definidas pela doutrina como *autarquias de regime especial*. Não se trata, aqui, de uma nova espécie de entidade administrativa, mas tão somente de uma autarquia que goza de **maior autonomia administrativa**, comparativamente às demais autarquias, nos termos das respectivas leis instituidoras. As agências reguladoras, o último assunto desta unidade, são, na atualidade, o melhor exemplo de autarquias de regime especial.

Neste ponto, é necessária uma especificação na matéria. Dentre as autarquias de regime especial, era comum citar-se a **Ordem dos Advogados do Brasil** (OAB). Afirmava-se de forma pacífica, até meados de 2006, que a OAB era uma entidade integrante da Administração Indireta Federal, na condição de autarquia de regime especial.

Porém, o Pleno do STF, no julgamento da ADIn 3026/DF (dec. de 08/06/2006), decidiu que a OAB é um **serviço público independente, não integrante da estrutura formal da Administração**, pelo que, entre outras consequências, não está sujeita à tutela administrativa, bem como ao art. 37, II, da Constituição, que contém a exigência de concurso público para o preenchimento dos quadros administrativos de pessoal.

Deste modo, **atualmente é indevido o enquadramento da OAB como autarquia de regime especial**. A entidade, apesar de exercer função pública, inclusive com atribuições típicas de poder de polícia, nem mesmo integra a Administração. Nas palavras do STF, é um *serviço público independente*.

8.2. Fundações públicas

Com relação à natureza jurídica das fundações públicas, embora ainda existam divergências doutrinárias sobre o tema, ao menos em nível jurisprudencial não há base para questionamentos, em face da posição do STF e do STJ na matéria, qual seja: desde a EC nº 19/1998, existem **duas modalidades** de fundação pública, as de **direito privado** e de **direito público**.

Em comum, as fundações públicas sempre atuam em áreas de interesse social, na prestação de serviços de interesse público. De acordo com a nova redação do art. 37, XIX, da CF, tais áreas serão estabelecidas em lei complementar. Tradicionalmente, na falta da lei complementar, considera-se que as fundações públicas devem atuar principalmente nas áreas de educação e cultura, assistência médico-hospitalar, assistência social e pesquisa.

As fundações públicas de direito privado são criadas nos moldes do art. 37, XIX, da CF: por **decreto** do Poder Executivo autorizado em lei específica, o qual deverá ser levado a registro, para que se tenha por instituída a entidade.

Já as fundações públicas de direito público são criadas **diretamente por lei específica**, sem necessidade de qualquer registro para a aquisição da sua personalidade jurídica. Segundo o STF, as fundações públicas de direito público nada mais são do que uma **modalidade de autarquia**, com **idêntico regime jurídico**, sendo por isso denominadas *fundações autárquicas* ou *autarquias fundacionais*.

Às fundações públicas desta última espécie aplica-se, em caráter **predominante**, o regime jurídico de direito **público**, com todos os direitos, privilégios ou restrições dele decorrentes. Em termos mais simples, seu regime jurídico é o mesmo das autarquias.

No que se refere às fundações públicas de direito privado, são elas regidas por um regime jurídico **híbrido**, em parte público e em parte privado. Segundo Maria Sylvia Zanella di Pietro, "quando a Administração Pública cria fundação de direito privado, ela se submete ao direito comum em tudo aquilo que não for expressamente derrogado por normas de direito público". O regime jurídico **preponderante**, no caso, é o de direito **privado**. Esta é a posição do STF na matéria.

Não, devemos, entretanto, conferir uma amplitude indevida a esta última afirmação, pois todas as normas prescritas na Constituição ou em leis administrativas – normas de direito público, portanto – que mencionam genericamente "fundação pública" aplicam-se indistintamente **às duas modalidades**. Por exemplo, as fundações públicas de direito privado gozam de imunidade tributária recíproca, já que o § 2º do art. 150 da CF, ao conferir esse privilégio, menciona genericamente "fundações públicas".

Já as normas que mencionam *autarquias* (ou *Fazenda Pública*), mas não contêm referência às fundações públicas, aplicam-se somente às fundações públicas de direito público (em virtude da identidade de regime jurídico).

Por exemplo, o art. 100 da Constituição, que trata do regime de precatórios, refere-se à Fazenda Pública. Deste modo, aplicando-se as considerações apresentadas acima, concluímos que apenas as fundações públicas de direito público enquadram-se no regime especial de precatórios, estando as fundações públicas sujeitas ao processo normal de execução (do qual poderá resultar, entre outras consequências, a penhora de seus bens).

Por fim, a expressão "patrimônio personificado", utilizada para designar as fundações privadas, também é considerada adequada quando utilizada para definir as fundações públicas, de direito público ou privado.

8.3. Empresas públicas e sociedades de economia mista

Sociedades de economia mista são pessoas jurídicas de **direito privado**, integrantes da Administração Indireta, instituídas mediante autorização em lei específica, **sempre sob a forma de sociedade anônima** e com capital **majoritariamente** público, para o desempenho de atividade econômica de produção ou comercialização de bens ou para a prestação de serviços públicos.

Empresas públicas são pessoas jurídicas de **direito privado**, integrantes da Administração Indireta, criadas mediante autorização em lei específica, para o desempenho de atividade econômica de produção ou comercialização de bens, ou para a prestação de serviços públicos, **podendo adotar qualquer forma jurídica** e tendo seu capital formado **exclusivamente** por recursos públicos.

A doutrina denomina **empresas estatais ou governamentais** o conjunto formado pelas empresas públicas, sociedades de economia mista **e suas subsidiárias**.

As empresas públicas e as sociedades de economia mista são entidades com personalidade jurídica de direito **privado**, uma vez que, independentemente da atividade desempenhada, são sempre criadas mediante o registro de seus atos constitutivos, da mesma forma que as entidades da iniciativa privada.

Todavia, a personalidade de direito privado dessas entidades deve ser compreendida em seus devidos termos. Acerca desse ponto, faz-se relevante transcrever a arguta observação do professor Bandeira de Mello:

> Empresas públicas e sociedades de economia mista são, fundamentalmente e acima de tudo, instrumentos de ação do Estado. O traço essencial caracterizador dessas

pessoas é o de se constituírem em auxiliares do Poder Público; logo, são entidades voltadas, por definição, à busca de interesses transcendentes aos meramente privados. Sua personalidade de direito privado não desnatura essa evidência. O principal, sua finalidade, não pode ser relegada em função do acidental, sua natureza jurídica. Jamais poderemos confundi-las com as empresas em geral.

Geralmente, as empresas públicas e sociedades de economia mista são instituídas com a finalidade de explorar uma atividade de natureza econômica, seja ela industrial ou comercial.

Contudo, a possibilidade de criação de uma entidade da Administração Indireta com esse objetivo (lucro) é consideravelmente mitigada pela Constituição. A Carta, em seu art. 173, é taxativa ao admitir que o Estado explore diretamente atividade econômica somente quando tal medida for necessária em virtude de **imperativos de segurança nacional ou de relevante interesse coletivo**. Fora desses permissivos constitucionais, é ilegítima a intervenção direta do Estado no domínio econômico.

Como segunda possível área de atuação, a Constituição autoriza a instituição destas entidades administrativas para atuarem como prestadoras de serviços públicos propriamente dito (transporte urbano, fornecimento de água, serviços de telefonia etc.).

O regime jurídico preponderante, em um caso e em outro, é diferente. Empresas públicas e sociedades de economia mista exploradoras de **atividade econômica** sujeitam-se **precipuamente** ao regime jurídico de **direito privado**, nos termos do art. 173 da CF, que, em seus §§ 1º e 2º, assevera:

> § 1º. A lei estabelecerá o estatuto jurídico da empresa pública, da sociedade de economia mista e de suas subsidiárias que explorem atividade econômica de produção ou comercialização de bens ou prestação de serviços, dispondo sobre:
>
> I – sua função social e formas de fiscalização pelo Estado e pela sociedade;
>
> II – a sujeição ao regime jurídico próprio das empresas privadas, inclusive quanto aos direitos e obrigações civis, comerciais, trabalhistas e tributários;
>
> III – licitação e contratação de obras, serviços, compras e alienações, observados os princípios da Administração Pública;
>
> IV – a constituição e o funcionamento dos conselhos de administração e fiscal com a participação de acionistas minoritários;
>
> V – os mandatos, a avaliação de desempenho e a responsabilidade dos administradores.
>
> § 2º As empresas públicas e as sociedades de economia mista não poderão gozar de privilégios fiscais não extensivos às do setor privado.

Por outro lado, se atuarem na condição de prestadoras de **serviços públicos**, serão regidas preponderantemente pelo regime **jurídico-administrativo**, nos termos do art. 175 da Constituição.

Podemos considerar que essas entidades governamentais sempre estarão sujeitas a **regime jurídico híbrido**: na hipótese de atuarem como **exploradoras de atividades econômicas**, o regime **predominante** é o de direito **privado**; em se tratando de **prestadoras de serviços públicos**, o regime **jurídico-administrativo**.

Por exemplo, o art. 173, § 1º, II, da CF (acima transcrito) que impõe, grosso modo, isonomia de regime jurídico para com as empresas privadas, é aplicável tão só às empresas estatais exploradoras de atividade econômica. Por outro lado, tais entidades gozam de legitimidade ativa para a propositura de ação civil pública, nos termos da Lei nº 7.347/1985, em seu art. 5º (norma tipicamente pública).

Por sua vez, as empresas estatais prestadoras de serviço público gozam de diversas prerrogativas publicísticas, em virtude da área em que atuam, mas só podem compor seu quadro de pessoal sob o regime celetista (regime de pessoal típico da iniciativa privada).

9. Diferenças entre empresas públicas e sociedade de economia mista

As sociedades de economia mista e empresas públicas diferenciam-se principalmente em três aspectos: **justiça competente**, na esfera federal; **forma jurídica** e **composição do capital**.

a) Justiça competente, na esfera federal

A teor do art. 109, I, da CF, excepcionadas as causas relativas à falência, acidente de trabalho, ou de competência da Justiça Eleitoral ou do Trabalho, as demais causas envolvendo as **empresas públicas federais** serão processadas e julgadas pela **Justiça Federal**.

As **sociedades de economia mista federais**, por sua vez, estão sujeitas a processo e julgamento perante a **Justiça Estadual**, ressalvada a hipótese de a União intervir no processo, caso em que sua presença atrai a competência da Justiça Federal (STF, Súmula nº 517).

Nas demais esferas administrativas, não há diferença quanto à Justiça competente. Empresas públicas e sociedades de economia mista estaduais, distritais e municipais estão sob a competência da Justiça Estadual.

b) Forma jurídica

As sociedades de economia mista devem adotar obrigatoriamente a forma jurídica de **Sociedade Anônima** (S/A). Em vista disso, seu diploma legislativo básico é a Lei nº 6.404/1976 (Lei das Sociedades por Ações). O registro dos atos constitutivos dessa espécie de entidade, em virtude de sua forma jurídica, sempre é feito na Junta Comercial.

As **empresas públicas** podem adotar **qualquer forma admitida em direito** (S/A, Ltda., em comandita por ações etc.), inclusive a forma de sociedade **unipessoal**, que se configura quando a entidade política instituidora detém a integralidade de seu capital social.

As empresas públicas **federais** podem, ainda, adotar uma forma jurídica **inédita**, assim considerada aquela prevista apenas para certa empresa pública, na lei específica que autoriza sua criação. Tal regra, como destacado acima, aplica-se apenas na esfera federal, em vista da competência legislativa privativa da União para legislar sobre Direito Comercial, a teor do art. 22, I, da Constituição Federal.

Os atos constitutivos das empresas públicas serão registrados na Junta Comercial ou no Registro de Pessoas Jurídicas, conforme a forma jurídica eleita.

c) Composição do capital

As empresas públicas têm capital **exclusivamente** público, formado sob duas regras (na esfera federal). Pela primeira, o **controle acionário** da entidade (a maioria do capital com direito a voto) deve pertencer à **entidade política** que instituiu a empresa pública; pela segunda, o restante do capital da empresa pública pode estar distribuído entre entidades **políticas e administrativas, de qualquer esfera de Governo**.

Já as sociedades de economia mista, cujo capital é **majoritariamente** público, têm na esfera federal apenas uma regra de composição: o controle acionário da entidade deve pertencer à entidade política que a criou **ou a uma de suas entidades administrativas**. Observada essa regra, o restante de seu capital pode estar distribuído entre entidades políticas ou administrativas, de qualquer esfera de Governo, bem como entre **pessoas físicas e pessoas jurídicas da iniciativa privada**.

Um ponto interessante a ser ressaltado é o fato de que nas empresas públicas pode haver participação minoritária de pessoas jurídicas **de direito privado, mas apenas se integrantes da Administração Indireta** (uma sociedade de economia mista, por exemplo), jamais de pessoas jurídicas provenientes da iniciativa privada. Numa sociedade de economia mista, diversamente, poderemos ter a participação – minoritária – de pessoas jurídicas **da iniciativa privada**, bem como de pessoas físicas.

10. Tópicos do regime jurídico aplicável à Administração Pública

Apresentaremos a seguir alguns tópicos específicos do regime jurídico aplicável à Administração, os quais não serão abordados novamente neste material, deixando para tratar das matérias mais amplas (responsabilidade, controle, atos e contratos etc.) ao longo da exposição.

10.1. Justiça competente

A União, suas autarquias, fundações públicas e empresas públicas têm suas lides decididas pela **Justiça Federal**, ressalvadas as causas de falência, acidente do trabalho ou de competência da Justiça Eleitoral ou do Trabalho (CF, art. 109, I).

Por outro lado, compete à Justiça **Estadual** julgar as causas envolvendo as sociedades de economia mista federais.

Já os Estados, o Distrito Federal, os Municípios, bem como todas suas entidades administrativas, têm suas causas julgadas pela **Justiça Estadual**.

Quanto aos litígios trabalhistas, envolvendo os agentes administrativos e as entidades políticas ou administrativas em nome das quais atuam, a competência é da **Justiça do Trabalho**, quando o vínculo for **celetista**, independentemente de quaisquer outras considerações. Quando o vínculo for **estatutário** a União, suas autarquias e fundações públicas estão sujeitas à competência da **Justiça Federal**, ao passo que os Estados, o Distrito Federal, os Municípios, suas autarquias e fundações públicas sujeitam-se à **Justiça Estadual**.

Em se tratando de **mandado de segurança**, quando a autoridade coatora for federal, ou seja, um dirigente da Administração direta ou indireta federal, a competência para Julgamento é da Justiça Federal (CF, art. 109, VIII). Quando se tratar de dirigentes da Administração estadual, distrital ou municipal, o julgamento compete à Justiça Estadual (ou do Distrito Federal e Territórios).

10.2. Regime tributário

O art. 173, § 2º, da CF **veda que as empresas públicas e sociedades de economia mista gozem de benefícios ou privilégios fiscais não extensíveis à iniciativa privada**. Assim, isenções, remissões, moratórias, entre outros favores fiscais, só são passíveis de fruição por tais empresas estatais se forem de caráter **geral**, ou seja, também passíveis de gozo pelas empresas privadas.

A finalidade da norma é impedir que uma dessas entidades administrativas, atuando em área idêntica a empresas privadas, imponha-lhes uma **concorrência des-**

leal, pela maior facilidade de barateamento de seus bens e serviços, em virtude de favores fiscais exclusivos. Como a Constituição proíbe tal exclusividade, afasta essa possibilidade.

Com relação à incidência da regra constitucional, o STF entende que esta somente se aplica às empresas públicas e sociedades de economia **exploradoras de atividade econômica**, não atingindo, desse modo, as prestadoras de serviços públicos, que podem, portanto, gozar de privilégios fiscais exclusivos.

10.3. Imunidade tributária

As entidades **políticas** gozam de **imunidade tributária recíproca**, nos termos do art. 150, VI, *a*, da Constituição, que proíbe a União, os Estados, o Distrito Federal e os Municípios de instituírem **impostos** sobre patrimônio, renda ou serviço, uns dos outros.

Disposição semelhante é prevista no art. 150, § 2º, da Constituição para as autarquias e fundações públicas. O dispositivo em questão proíbe que a União, os Estados, o Distrito Federal e os Municípios instituam **impostos** sobre o **patrimônio, a renda ou os serviços dessas entidades, quando vinculados às suas finalidades essenciais ou delas decorrentes.**

Da análise comparativa dessas duas disposições, dois pontos devem ser destacados.

O primeiro, que a imunidade em apreço restringe-se aos **impostos**, não alcançando as demais modalidades de tributos (taxas, contribuições de melhoria etc).

O segundo, que a imunidade recíproca é mais ampla para os entes políticos, pois abrange todos os impostos passíveis de incidência sobre seu patrimônio, renda e serviços, **vinculados ou não às suas finalidades próprias.** Para as autarquias e fundações públicas, como destacado acima, a Constituição limita a imunidade ao patrimônio, à renda e aos serviços vinculados às finalidades essenciais dessas entidades administrativas, ou que sejam dela decorrentes.

O texto constitucional não estende a imunidade para as empresas públicas e sociedades de economia mista. Mas o STF tem decidido, em diversas oportunidades, que a imunidade aplica-se a empresas públicas e sociedades de economia mista **prestadoras de serviços públicos obrigatórios** do respectivo ente político (não há dúvida de que tais entidades, quando exploradoras de atividade econômica, não gozam da imunidade).

Nessa perspectiva, o STF decidiu que a Empresa Brasileira de Correios e Telégrafos (2004), empresa pública federal, a Companhia de Águas e Esgotos de Rondônia (2007), sociedade de economia mista estadual (2007), e a Empresa Brasileira de Infraestrutura Aeroportuária (2007), empresa pública federal, fazem jus à imunidade tributária recíproca.

10.4. Prerrogativas processuais

O ordenamento jurídico outorga diversos privilégios de caráter **processual** às **pessoas jurídicas de direito público** (entidades políticas, autarquias e fundações públicas de direito público), entre os quais podemos citar:

a) pagamento dos débitos decorrentes de decisão judicial transitada em julgado pelo **regime de precatórios** (CF, art. 100), ressalvadas as obrigações definidas em lei como de pequeno valor;
b) **dispensa de apresentação do instrumento de mandato**, por parte dos procuradores da entidade, para sua representação judicial;
c) **não-sujeição a concurso de credores ou a habilitação de crédito em falência, concordata ou inventário**, para cobrança de seus créditos, salvo para definição da preferência de pagamento entre as diversas Fazendas Públicas;
d) **duplo grau de jurisdição obrigatório**, como regra geral (CPC, art. 475);
e) **pagamento de custas judiciais apenas ao final da ação, quando vencida a entidade**;
f) **prazo em quádruplo para contestar** e **em dobro para recorrer**.

As entidades administrativas de direito privado (empresas públicas, sociedades de economia mista e fundações públicas de direito privado) não gozam de qualquer desses privilégios, devendo-se ressaltar somente a Empresa Brasileira de Correios e Telégrafos, que, segundo o STF, goza do privilégio de quitar seus débitos judiciais pelo regime de precatórios.

10.5. Participação do Poder Legislativo no processo de nomeação ou exoneração de dirigentes de entidades administrativas

O STF analisou a constitucionalidade de leis que estabeleceram a necessidade de prévia aprovação do Poder Legislativo no processo de nomeação e exoneração, pelos chefes de Poder Executivo, de dirigentes de entidades administrativas.

Com base nas decisões da Corte, a matéria pode ser assim definida:

1º) por afronta ao princípio da separação dos Poderes, é **inconstitucional** que lei condicione a **exoneração** dos dirigentes **das entidades administrativas em geral**, pelo chefe do Poder Executivo, à prévia aprovação do Poder Legislativo;

2º) pelo mesmo fundamento, é **inconstitucional** lei que condicione a **nomeação** de **dirigentes de empresas públicas e sociedades de economia** mista, pelo chefe do Poder Executivo, à prévia aprovação do Poder Legislativo;

3º) por outro lado, com base no art. 52, III, *f*, da Constituição, é **constitucional** lei que condicione a **nomeação** de dirigentes de **autarquias** e **fundações públicas**, pelo chefe do Poder Executivo, à prévia aprovação do Poder Legislativo.

10.6. Falência

Nunca houve dúvidas de que as entidades políticas, as autarquias e as fundações públicas não estão sujeitas ao processo falimentar. Em termos mais simples, **tais entidades não podem falir**.

Quanto às empresas públicas e sociedades de economia mista, a matéria sempre foi controvertida. Alguns doutrinadores entendem que todas as empresas públicas e sociedades de economia mista, sejam exploradoras de atividade econômica ou prestadoras de serviços públicos, estão sujeitas à falência, ressalvando-se, no caso das prestadoras de serviço público, os bens diretamente utilizados na prestação do serviço, os quais, pelo princípio da continuidade do serviço público, estão excluídos do processo falencial.

Outros, em posição doutrinariamente predominante, entendem que a falência pode alcançar apenas as empresas públicas e sociedades de economia exploradoras de atividade econômica, por força do art. 173, § 1º, da CF, inaplicável quando a atividade é de prestação de serviços públicos.

A Lei nº 11.101/2005, todavia, adotou uma posição rigorosa na questão, asseverando, em seu art. 2º, I, de forma peremptória: "Esta Lei não aplica à empresa pública e à sociedade de economia mista". Embora tal prescrição seja objeto de profundas críticas doutrinárias, por abranger todas as empresas públicas e as sociedades de economia mista, mesmo **quando exploradoras de atividade econômica**, não houve, e talvez não haja, decisão judicial com efeito *erga omnes* reconhecendo sua inconstitucionalidade, por afronta ao art. 173, § 1º, da CF. Logo, apesar do dissenso doutrinário, é o mandamento legal que deve ser adotado e, em seus termos, **nenhuma empresa pública ou sociedade de economia mista, seja qual for seu objeto, está sujeita à falência**.

11. Reforma do Estado

Na década de 1990, assistimos a uma significativa **reforma administrativa**. Seu instrumento legislativo principal, na esfera federal, foi a EC nº 19/1998, que deu margem à edição de diversas leis administrativas.

Dentro de nossos objetivos, essencialmente foram três as principais diretrizes que nortearam a reforma, cada uma delas dando origem ao surgimento de alguma nova figura administrativa. Tais diretrizes podem ser assim sintetizadas:

1º) **afastamento do Estado da prestação direta de serviços públicos propriamente ditos** (água, luz, telefonia etc.), mediante sua delegação à iniciativa privada, com o concomitante **fortalecimento de sua atuação reguladora** nas respectivas áreas. Esta diretriz originou a criação das **agências reguladoras**;

2º) **redução da atuação direta do Estado em diversas áreas de interesse coletivo** (saúde, educação, cultura etc.), com o concomitante **fortalecimento da atividade de fomento** à iniciativa privada sem fins lucrativos que presta serviços em tais áreas. Esta diretriz norteou a instituição das **organizações sociais** e **das organizações das sociedades civis de interesse público**;

3º) **parcial substituição dos controles de procedimento** (ou controles-meio), que incidem sobre o processo de produção do ato jurídico, tornando vagarosa e ineficiente a atuação administrativa, por **controles de resultado** (ou controles-fim), que recaem sobre os efeitos oriundos do ato. Esta terceira diretriz busca uma substituição parcial dum modelo organizacional denominado **administração burocrática**, que tem nos princípios da legalidade e da moralidade seu principal fundamento, por um novo modelo, denominado **administração gerencial**, que tem no princípio da eficiência seu lastro principal, e deu origem a duas figuras administrativas, os **contratos de gestão** e as **agências executivas**.

As organizações sociais e as organizações da sociedade civil de interesse público serão analisadas na próxima unidade. Nesse momento trataremos do contrato de gestão, na sua primeira modalidade de aplicação, das agências executivas e das agências reguladoras.

12. Contrato de gestão

O **contrato de gestão**, ou **acordo-programa**, é instituto diretamente relacionado ao **princípio da eficiência**, o qual, pela nova redação do *caput* do art. 37 da CF, deve nortear a função administrativa em todos os níveis da Federação, constituindo um dos mais importantes postulados da denominada **administração gerencial**.

Esse instituto jurídico admite utilização em duas hipóteses bastante diversas.

Na primeira, é o contrato de gestão firmado entre a **Administração Direta Centralizada e entidades da Administração Indireta ou mesmo órgãos da Administração Direta**. Pela assinatura do contrato estes órgãos ou entidades obrigam-se a atingir determinadas **metas de desempenho**, nele estabelecidas detalhadamente e, em contrapartida, ganham **maior autonomia administrativa**, passando a sujeitar-se, basicamente, ao controle sobre o alcance das metas acordadas.

Como exemplo, podemos citar um acordo celebrado entre o Ministério da Fazenda e a Secretaria da Receita Federal, mediante o qual esta assume o compromisso de atingir certas metas de arrecadação e, em troca, o Ministério a libera de parte dos controles tradicionais a que até então estava sujeita, passando o órgão central a controlar basicamente o alcance dos níveis de arrecadação acordados.

O art. 37, § 8º, da CF constitui a base normativa para a previsão pelo legislador ordinário de tais ajustes, vigorando com a seguinte redação:

> § 8º. A autonomia gerencial, orçamentária e financeira dos órgãos e entidades da administração direta e indireta poderá ser ampliada mediante contrato de gestão, a ser firmado entre seus administradores e o poder público, que tenha por objeto a fixação de metas de desempenho para o órgão ou entidade, cabendo à lei dispor sobre:
>
> I – o prazo de duração do contrato;
>
> II – os controles e critérios de avaliação de desempenho, direitos, obrigações e responsabilidades dos dirigentes;
>
> III – a remuneração do pessoal.

Na sua segunda hipótese de utilização a celebração do contrato de gestão permite que certas entidades paraestatais passem a ser qualificadas como organizações sociais. Na próxima unidade trataremos desta matéria.

13. Agências executivas

Podemos definir **agência executiva** como uma **autarquia ou fundação pública** preexistente, a quem é outorgada uma **especial qualificação** (*agência executiva*) ao celebrar um **contrato de gestão** com o órgão central supervisor.

Trata-se esta figura, pois, de uma aplicação específica do contrato de gestão. Visa, assim, à ampliação da autonomia administrativa da entidade, pela assunção por esta da obrigação de atingir certas metas de resultado. Ao se vincular dessa forma, reduzem-se os controles em geral a que a entidade está sujeita, durante o prazo de vigência do contrato de gestão.

Na esfera **federal** as agências executivas são tratadas na Lei nº 9.649/1998 (arts. 51 e 52), e nos Decretos nºs 2.487/1998 e 2.488/1998. A seguir tratamos de algumas de suas disposições.

O processo de qualificação como agência executiva pode ser assim sintetizado:

a) a autarquia ou fundação pública deve possuir um **plano estratégico de reestruturação e de desenvolvimento institucional**, voltado para a melhoria da qualidade de gestão e para a redução de custos, **já concluído ou em andamento**.
b) preenchido o primeiro requisito, a **celebração do contrato de** gestão se dá entre a entidade administrativa e o respectivo Ministério Supervisor, sendo necessária, em complemento, a anuência do Ministério do Planejamento, Orçamento e Gestão;
c) uma vez celebrado o contrato, a qualificação é conferida por **decreto**.

Segundo o § 1º do art. 52 da Lei nº 9.649/1998, os contratos de gestão terão a **duração mínima de um ano**, e deverão definir os objetivos, as metas e os critérios de avaliação da entidade, bem como os recursos financeiros que serão necessários para o alcance das metas de desempenho. Ainda, deverão definir as condições para a renovação e a revisão do acordo, a forma como se dará a ampliação da autonomia administrativa da entidade, bem como as punições passíveis de aplicação aos dirigentes da entidade, em caso de insucesso no alcance das metas, entre outras matérias de menção obrigatória.

Até aqui, todas as considerações são válidas apenas para a esfera federal. Neste ponto, devemos destacar um benefício de caráter **nacional**, aplicável a qualquer autarquia ou fundação pública qualificada como agência executiva: trata-se do **limite duplicado para a dispensa de licitação**, comparativamente às autarquias e fundações que não tenham tal denominação, nos termos do art. 24, parágrafo único, da Lei nº 8.666/1993.

14. Agências reguladoras

O nascimento das agências reguladoras decorreu do processo de **privatização de serviços públicos** promovido no Brasil em época recente, principalmente na década passada. O Estado transferiu ao setor privado determinadas atividades até então por ele diretamente exercidas, tais como os serviços de telecomunicações e de fornecimento de energia elétrica. Entretanto, à evidência, apesar da sua retirada da prestação direta desses serviços, não teria o Estado como se furtar a continuar neles intervindo, por meio de sua **regulação e fiscalização**. Para tanto, instituiu as **agências reguladoras**.

Face à sua recente inserção em nosso ordenamento jurídico, a doutrina pátria não chegou ainda a uma definição consensual das agências reguladoras brasileiras. O professor Marcelo Alexandrino, mesmo presente tal dificuldade, nos oferece o seguinte conceito:

Trata-se de entidades administrativas com alto grau de especialização técnica, integrantes da estrutura formal da Administração Pública, no mais das vezes instituídas sob a forma de autarquias de regime especial, com a função de regular um setor específico de atividade econômica, ou de intervir de forma geral sobre relações jurídicas decorrentes destas atividades, que devem atuar com a maior independência possível perante o Poder Executivo e com imparcialidade com relação às partes interessadas (Estado, setores regulados e sociedade).

De forma mais sintética, na sistemática até então adotada no Brasil, podemos definir as agências reguladoras como **autarquias de regime especial** incumbidas de **regular** certo setor da atividade econômica ou administrativa. Cabe ressaltar que a Anatel (Agência Nacional de Telecomunicações) e a ANP (Agência Nacional de Petróleo) são as duas únicas agências com previsão expressa na Constituição Federal, a saber, respectivamente, no art. 21, XI, e no art. 177, § 2º. As demais agências são previstas diretamente na legislação ordinária, ou nos diplomas constitucionais dos Estados, Distrito Federal e Municípios.

São amplas as áreas de atuação das agências reguladoras (serviços públicos, uso de bens públicos, indústria do petróleo etc.), e extremamente diversificadas as prerrogativas e atribuições de cada uma delas. Na verdade, a lei que institui determinada agência reguladora estabelece um perfil específico para a entidade, considerando todas as variáveis do setor em que aquela atuará e a forma e o grau de intervenção que sobre este incidirá.

Todavia, a partir da análise das leis que criaram as principais agências reguladoras brasileiras, podemos identificar um núcleo de características comuns a tais entidades, o que nos leva a considerar como seus traços mais relevantes:

1º) têm como função **regular e fiscalizar determinado setor da atividade econômica ou relações jurídicas decorrentes das atividades econômicas em geral**: no exercício dessa função as agências reguladoras **editam atos normativos** relacionados ao setor que regulam, **solucionam os conflitos** surgidos entre seus diversos participantes (Estado, setor econômico regulado, usuários dos serviços e a sociedade em geral), **fiscalizam** o cumprimento de suas determinações normativas e das leis, **aplicam sanções** aos seus infratores, entre outras atribuições;

2º) **gozam de significativa independência do Poder Executivo**: as leis específicas que instituíram as agências reguladoras conferiram-lhes **prerrogativas especiais**, a fim de assegurar-lhes uma **relativa autonomia decisória frente ao Poder Executivo** (por outro lado, nada há de inédito no controle parlamentar e jurisdicional passível de incidência sobre as agências). Entre as prerrogativas, podemos citar a

estabilidade de seus dirigentes (investidos em mandato de duração determinada, só podendo ser afastados antes de seu término pelo cometimento de ilícitos, por descumprimento da política legalmente definida para o setor ou quando se encerra o mandato do Chefe do Executivo responsável por sua nomeação); a estipulação, quando possível, de **fontes próprias de recursos**, decorrentes do próprio exercício de sua função regulatória e fiscalizatória; a escolha de seus dirigentes por critérios **técnicos**, com a participação do Poder **Legislativo**; a previsão de fontes próprias de recursos financeiros, oriundos do exercício da atividade de fiscalização etc.;

3º) possuem abrangente competência normativa sobre as áreas nas quais atuam: sem adentrar nos pormenores das inúmeras discussões acerca deste aspecto do regime jurídico das agências, apenas destacaremos que, em síntese, há três posições na matéria, quais sejam: (a) há aqueles que reconhecem às agências poder para efetivamente criar Direito novo, desde que observados os seguintes requisitos: (1º) existência de lei que expressamente delegue tal competência normativa ao Poder Executivo; (2º) fixação na lei dos parâmetros a partir dos quais o ato normativo será editado pela agência; (3º) delimitação do conteúdo possível do ato normativo às áreas técnicas de atuação de agência (o ato editado pela agência reguladora com atenção a esses requisitos é denominado *regulamento autorizado*; (b) numa segunda posição, há aqueles que reconhecem às agência reguladoras competência para o exercício do poder regulamentar, pelo qual, em seu setor de atuação, produziriam atos normativos diretamente a partir de lei (sem participação do chefe do Poder Executivo), mas sem aptidão para inovar na ordem jurídica; (c) numa terceira posição, nossa doutrina mais tradicional considera que nada há de inédito na competência normativa das agências reguladoras.

Por fim, vale destacar que a Lei nº 9.986/2000, em seu art. 37, criou uma modalidade de licitação inédita para as agências reguladoras **federais**, a **consulta**, a ser disciplinada em atos normativos editados pelas próprias agências, e a ser utilizada quando não se tratar de bens e serviços comuns (caso em que a modalidade de licitação a ser adotada deve ser o pregão), ou obras e serviços de engenharia (caso em que incide regularmente a Lei nº 8.666/1993, nas modalidades de licitação nela prescritas).

Capítulo 4

TERCEIRO SETOR: AS ENTIDADES PARAESTATAIS

1. Introdução

Podemos conceituar **entidades paraestatais** como **pessoas jurídicas de direito privado, instituídas por particulares para o desenvolvimento, sem fins lucrativos, de atividades de interesse público, em função do que geralmente recebem do Estado alguma forma de incentivo** para atuar.

Trata-se de entidades instituídas por particulares para o desempenho de alguma atividade não exclusiva do Poder Público, mas de interesse coletivo, que em função disso a incentiva. Como poderá haver repasse de recursos públicos ou permissão de uso gratuito de bens públicos, entre outras formas de fomento, a entidade paraestatal fica sujeita ao controle efetuado pela Administração, bem como pelo Tribunal de Contas, além de ter seu regime jurídico preponderante, de direito privado, parcialmente derrogado por disposições de direito público.

É fundamental ressaltar que **não** devemos considerar essas entidades como **delegatárias** de serviços públicos, pois, apesar de desenvolverem atividades de interesse social, tais atividades **não são exclusivas do Estado**. Trata-se de entidades que desenvolvem alguma atividade de interesse coletivo, mas que não corresponde a um serviço público em sentido próprio. Como não são delegatárias de serviços públicos, as entidades paraestatais respondem **subjetivamente** pelos atos lesivos de seus agentes, e **não** possuem legitimidade passiva para responder em **mandado de segurança**.

As entidades paraestatais compõem o denominado **Terceiro Setor**, formado por entidades externas à Administração que atuam em áreas de interesse público e não têm como finalidade a busca do lucro. Ele coexiste com o **Primeiro Setor**, que corresponde ao próprio Estado, às suas entidades administrativas e demais entidades sob seu controle; e com o **Segundo Setor**, que é formado pela iniciativa privada com interesse lucrativo (o mercado).

Uma das consequências imediatas da redução das áreas de atuação direta do Estado, no contexto da Reforma Administrativa, foi o significativo incremento das entidades paraestatais, tanto em termos quantitativos como qualitativos. Além se serem criadas inúmeras entidades dessa natureza em nossa história recente, foi ampliado em muito seu leque de atuação. Esse resultado não é inesperado, desenvolvendo-se dentro de um processo de **privatização** de determinadas atividades de interesse coletivo, um dos objetivos da Reforma.

Dentro do gênero entidades paraestatais, compondo o Terceiro Setor, enquadram-se os **serviços sociais autônomos**, as **organizações sociais** (OS) e as **organizações da sociedade civil de interesse coletivo** (Oscip). Maria Sylvia Zanella di Pietro acresce ao rol as entidades declaradas de utilidade pública as que recebem certificados de fins filantrópicos e as entidades de apoio.

Em nosso estudo, analisaremos apenas os serviços sociais autônomos, as organizações sociais e as organizações da sociedade civil de interesse coletivo.

2. Serviços sociais autônomos

Serviços sociais autônomos são entidades de caráter privado e com objeto não lucrativo, criadas por lei para atuar nas áreas de **ensino ou assistência a determinadas categorias sociais ou profissionais**, sendo incentivadas pelo Estado por meio de recursos orçamentários ou de contribuições parafiscais, entre outras formas de fomento.

Tais entidades são disciplinadas preponderantemente pelo direito privado, embora, como afirma a professora Di Pietro,

> pelo fato de administrarem verbas decorrentes de contribuições parafiscais e gozarem de uma série de privilégios próprios dos entes públicos, estão sujeitas a normas semelhantes às da Administração Pública, sob vários aspectos, em especial no que diz respeito à observância dos princípios da licitação, à exigência de processo seletivo para seleção de pessoal, à prestação de contas, à equiparação de seus empregados aos servidores públicos para fins criminais (art. 327 do Código Penal) e para fins de improbidade administrativa (Lei nº 8.429, de 02/06/1992).

Como exemplos de serviços sociais autônomos, podemos elencar o Serviço Nacional de Aprendizagem Comercial (Senac), o Serviço Brasileiro de Apoio às Micro e Pequenas Empresas (Sebrae), o Serviço Social da Indústria (Sesi), o Serviço Social do Comércio (Sesc) entre outros. No conjunto, essas entidades compõem o denominado "Sistema S".

Deve-se ressaltar, ainda, que, segundo decisão do Tribunal de Contas da União, os serviços sociais autônomos **não estão sujeitos às normas da Lei nº 8.666/1993**. Segundo o TCU, devem essas entidades **adotar um procedimento** para efetuar suas contratações, disciplinado em **regulamento próprio**, o qual deve observar **os princípios que regem as licitações** realizadas pela Administração e que se encontram prescritos principalmente no art. 3º da Lei nº 8.666/1993. Enfim, **os serviços sociais autônomos estão sujeitos ao dever de licitar, mas não à Lei de Licitações**.

Quanto à criação dessas entidades, elas não foram criadas diretamente por lei, nem por meio de ato do Poder Executivo, editado após autorização legal. As leis que originaram o surgimento dos primeiros serviços sociais autônomos delegaram às Confederações Nacionais a competência para sua instituição. O Decreto-lei nº 9.403/1946 (recepcionado pela CF/1988 com o *status* de lei ordinária), por exemplo, atribuiu à Confederação Nacional da Indústria a competência para criar o Serviço Social da Indústria (Sesi). A efetiva criação do serviço, bem como de qualquer outro serviço social autônomo, só se iniciou com o registro de seus atos constitutivos no Registro Competente.

Pelo fato de desempenharem atividades de interesse coletivo, os serviços sociais autônomos podem gozar de diversos incentivos públicos, inclusive a condição de destinatários do produto oriundo do recolhimento de **contribuições parafiscais** (CF, art. 149). As contribuições parafiscais são uma das modalidades de **tributo** previstas na Constituição, e somente os serviços sociais autônomos, dentre as entidades paraestatais, podem gozar desta modalidade de fomento.

3. Organizações sociais

3.1. Noções gerais

As **organizações sociais** (OS) são entidades paraestatais que adquirem uma especial qualificação ao celebrarem um **contrato de gestão** com o Poder Público. Trata-se, pois, de uma entidade da iniciativa privada, instituída mediante o registro de seu ato constitutivo, para o exercício de atividades de caráter social, sem fins lucrativos, que passa a ser designada como organização social ao celebrar o contrato de gestão.

Mediante a celebração do contrato a entidade obriga-se a atingir certas **metas de resultado**, e o Poder Público, em contrapartida, **incentiva** sua atuação, por meio das diversas modalidades de **fomento** previstas na legislação.

Mais uma vez reforçando, as entidades qualificadas como OS, a exemplo das demais entidades paraestatais, não atuam na condição de delegatárias de serviços públicos. Exercem, inegavelmente, atividades de interesse da coletividade, mas atuam independentemente de qualquer delegação de poderes pela Administração.

Em âmbito federal, as organizações sociais são disciplinadas pela Lei nº 9.637/1998. Embora a lei, até de modo irônico, fale em Programa Nacional de Publicização, temos de ter claro que as organizações sociais são entidades da iniciativa privada não integrantes da Administração, que virão substituir órgãos e entidades da Administração no desempenho de atividades de interesse coletivo que não correspondam a serviços públicos propriamente ditos.

O objetivo da Lei nº 9.637/1998 é, pois, a extinção de órgãos e entidades públicas que exerçam atividades dessa natureza, que serão substituídos, em suas respectivas áreas de atuação, por entidades qualificadas como OS. Enfim, o Poder Público se afastará do desempenho direto da atividade, e, em contrapartida, ampliará sua intervenção na modalidade fomento, auxiliando materialmente a iniciativa privada sem fins lucrativos agraciada com essa especial qualificação.

3.2. Requisitos

Os requisitos para que uma entidade paraestatal possa ser qualificada como OS estão prescritos nos arts. 1º e 2º da Lei nº 9.637/1998, podendo-se sintetizá-los nos seguintes termos:

1º) inexistência de fins lucrativos, sendo vedada a distribuição da receita ou do patrimônio da entidade a qualquer título;

2º) personalidade jurídica de direito privado;

3º) atuação nas seguintes áreas: ensino, saúde, cultura, pesquisa científica, preservação do meio ambiente e desenvolvimento tecnológico;

4º) órgão colegiado de deliberação superior da entidade composto, em sua maioria, por membros do Poder Público e representantes de entidades da sociedade civil, de notória capacidade profissional e idoneidade moral.

3.3. Aprovação da qualificação

Uma vez preenchidos os requisitos arrolados no tópico anterior, é competência do Ministro ou titular de órgão supervisor ou regulador da área em que atua a entidade decidir acerca da outorga da qualificação, mediante a celebração de um contrato de gestão. Caso acordarem o órgão e a entidade paraestatal, faz-se necessária, ainda, a anuência do Ministro de Estado do Planejamento, Orçamento e Gestão, quanto aos termos do contrato administrativo.

É bem clara a sistemática da Lei, no sentido de que o Ministério ou titular de órgão supervisor ou regulador goza de discricionariedade para decidir acerca da outorga da qualificação. O preenchimento dos requisitos legais, assim, **não confere à entidade paraestatal direito subjetivo à qualificação como OS**.

3.4. Formas de incentivo

A Lei estabelece diversas modalidades de fomento passíveis de concessão à entidade qualificada como OS, quais sejam:

1ª) **cessão especial de servidor público, mantido o ônus remuneratório para o órgão ou entidade de origem do servidor**;

2ª) **permissão de uso gratuito de bens públicos, com dispensa de licitação**;

3ª) **dispensa de licitação para a celebração de contratos de prestação de serviços referentes a atividades contempladas no contrato de gestão**, na esfera administrativa em que foi obtida a qualificação.

Além dessas espécies de fomento, especificamente previstas na Lei nº 9.637/1998, às OS são aplicáveis as modalidades ordinárias de fomento, como o repasse de recursos orçamentários e a concessão de benefícios fiscais ou creditícios.

3.5. O contrato de gestão

É com a celebração do **contrato de gestão** que a entidade passa a se qualificar como OS. O art. 5º da Lei assim define esse instrumento de ajuste:

> Art. 5º. Para os efeitos desta Lei, entende-se por contrato de gestão o instrumento firmado entre o Poder Público e a entidade qualificada como organização social, com vistas à formação de parceria entre as partes para fomento e execução de atividades relativas às áreas relacionadas no art. 1º.

Em complemento, o dispositivo determina que o contrato de gestão deve observar os princípios da legalidade, impessoalidade, moralidade, publicidade e economicidade.

O contrato de gestão é o instrumento que forma o vínculo entre o Poder Público federal e a entidade pararestatal, especificando os direitos e obrigações de cada qual. Conforme o *caput* do art. 7º da Lei, o contrato deve conter:

> I – especialização do programa de trabalho proposto pela organização social, a estipulação das metas a serem atingidas e os respectivos pra-

zos de execução, bem como previsão expressa dos critérios objetivos de avaliação de desempenho a serem utilizados, mediante indicadores de qualidade e produtividade;
II – a estipulação dos limites e critérios para despesas com remuneração e vantagens de qualquer natureza a serem percebidas pelos dirigentes e empregados das organizações sociais, no exercício de suas funções.

Em fechamento, o parágrafo único do artigo assevera que os Ministros de Estado ou as autoridades supervisoras da área de atuação da entidade paraestatal devem definir as demais cláusulas do contrato.

3.6. Controle da execução do contrato de gestão

A matéria é regulada nos arts. 8º, 9º e 10 da Lei nº 9.637/1998. Os comentários que seguem nada mais são que o teor desses dispositivos.

A fiscalização do contrato incumbe ao órgão ou entidade responsável pela supervisão da área concernente à atividade fomentada.

A organização social apresentará ao órgão ou entidade supervisora do contrato, ao término de cada exercício ou quando o exigir o interesse público, um **relatório** sobre a execução do contrato de gestão, contendo comparativo das metas propostas com os resultados efetivamente obtidos, além da **prestação de contas** relativa ao exercício financeiro.

Os resultados devem ser analisados, periodicamente, por **comissão de avaliação, nomeada pela autoridade supervisora da área** correspondente, dentre especialistas de notória capacidade e adequada qualificação. Essa comissão, por sua vez, deverá encaminhar à autoridade supervisora **relatório conclusivo** sobre a avaliação realizada.

Os responsáveis pela fiscalização da execução do contrato de gestão, ao tomarem conhecimento de qualquer irregularidade ou ilegalidade na utilização de recursos ou bens de origem pública pela organização social, dela darão **ciência ao Tribunal de Contas da União**, sob pena de responsabilidade solidária.

Além disso, devem os responsáveis pela fiscalização, quando houver indícios de má utilização dos bens e recursos públicos, **representar** ao Ministério Público, à Advocacia-Geral da União ou à Procuradoria da entidade, para que seja requerida a **indisponibilidade dos bens da entidade e o sequestro dos bens de seus dirigentes**, bem como de qualquer outro que possa ter se locupletado ilicitamente ou causado dano ao erário.

3.7. Desqualificação

Nos termos do art. 16 da Lei, cabe ao Poder Executivo proceder à desqualificação da entidade quando verificar descumprimento das disposições do contrato de gestão. A sanção só poderá ser imposta após a instauração de processo administrativo, no qual será assegurado o direito de ampla defesa aos acusados.

Os dirigentes da organização social, **individual e solidariamente**, responderão pelos prejuízos decorrentes de sua ação ou omissão.

Se ocorrer a desqualificação da entidade, ocorrerá a **reversão** dos bens e recursos públicos a ela entregues, sem prejuízo de outras sanções cabíveis.

4. Organizações da Sociedade Civil de Interesse Coletivo (Oscip)

4.1. Considerações gerais

As organizações da sociedade civil de interesse coletivo (Oscip), da mesma forma que as organizações sociais, são entidades paraestatais a quem é conferida uma especial qualificação.

Desse modo, estamos novamente perante uma entidade da iniciativa privada instituída, sem fins lucrativos, para o desempenho de alguma atividade de interesse público. Como diferença, a entidade qualifica-se como OS quando celebra com o Poder Público um instrumento denominado *contrato de gestão*, ao passo que a entidade qualificada como Oscip passa a ter aptidão para celebrar com o Poder Público um instrumento chamado *termo de parceria*.

Apesar da diversidade de expressões, trata-se, em ambos os casos, de instrumentos de colaboração entre o Poder Público e a iniciativa privada sem fins lucrativos. Esta atuará em certa área de interesse da coletividade e, em contrapartida, aquele a auxiliará materialmente a tanto, por meio de diversas modalidades de fomento.

Na esfera **federal**, as Oscip são reguladas pela **Lei nº 9.790/1999**, cujas principais disposições passamos a analisar.

4.2. Áreas de atuação

Falamos, em termos genéricos, que as entidades paraestatais atuam em áreas de interesse coletivo. Todavia, nem toda área de interesse da coletividade permite que a entidade paraestatal que nela atue obtenha a qualificação como Oscip.

O art. 3º, em rol taxativo, estatui que se consideram de interesse coletivo, para fins de outorga da qualificação, as seguintes atividades: (a) assistência social; (b) promoção da cultura, defesa e conservação do patrimônio histórico e artístico; (c) promoção gratuita da educação ou da saúde; (d) promoção da segurança alimentar e nutricional; (e) defesa, preservação e conservação do meio ambiente e promoção do desenvolvimento sustentável; (f) promoção do voluntariado; (g) promoção do desenvolvimento econômico e social e combate à pobreza; (h) experimentação, não lucrativa, de novos modelos socioprodutivos e de sistemas alternativos de produção, comércio, emprego e crédito; (i) promoção de direitos estabelecidos, construção de novos direitos e assessoria jurídica gratuita de interesse suplementar; (j) promoção da ética, da paz, da cidadania, dos direitos humanos, da democracia e de outros valores universais; (k) estudos e pesquisas, desenvolvimento de tecnologias alternativas, produção e divulgação de informações e conhecimentos técnicos e científicos.

4.3. Pessoas jurídicas que não podem obter a qualificação como Oscip

O art. 2º da Lei contém o rol de entidades que, mesmo que atuem em áreas de interesse coletivo, sem fins lucrativos, não podem obter a qualificação. Assim, **não podem qualificar-se como Oscip**: (a) as sociedades comerciais, os sindicatos, associações de classe ou de representação de categoria profissional; (b) as instituições religiosas ou voltadas para a disseminação de credos, cultos, práticas e visões devocionais e confessionais; (c) as organizações partidárias e assemelhadas, inclusive suas fundações; (d) as entidades de benefício mútuo destinadas a proporcionar bens ou serviços a um círculo restrito de associados ou sócios; (e) as entidades e empresas que comercializam planos de saúde e assemelhados; (f) as instituições hospitalares privadas não gratuitas e suas mantenedoras; (g) as escolas privadas dedicadas ao ensino formal não-gratuito e suas mantenedoras; (h) as organizações sociais; (i) as cooperativas; (j) as fundações públicas; (k) as fundações, sociedades civis ou associações de direito privado criadas por órgão público ou por fundações públicas; (l) as organizações creditícias que tenham quaisquer tipos de vinculação com o Sistema Financeiro Nacional a que se refere o art. 192 da Constituição Federal.

4.4. Aprovação da qualificação

A sistemática para a aprovação da qualificação das Oscip é bastante diferente daquela prevista para as OS. Nos termos dos arts. 5º e 6º da Lei, a entidade interessada na qualificação deverá instaurar um procedimento perante o **Ministério da Justiça**, que, verificando o preenchimento dos requisitos legais, deverá deferir o pedido e expedir o certificado de qualificação como Oscip.

Podemos notar que, além de não haver, no caso, atuação do Ministério ou órgão competente na área, mas do Ministério da Justiça, estamos aqui perante uma competência **vinculada**. A Lei é clara ao determinar que só cabe o indeferimento do pedido de qualificação quando:

1º) a entidade não atuar em algumas das áreas arroladas no art. 3º da Lei;

2º) a entidade não satisfizer algumas das condições prescritas no art. 4º da Lei;

3º) a entidade corresponder a alguma das pessoas jurídicas a quem é vedada a outorga;

4º) a entidade fornecer documentação incompleta.

Preenchidos esses requisitos, a entidade tem direito subjetivo à designação como Oscip.

4.5. Desqualificação

Na hipótese de a entidade descumprir as condições impostas para a qualificação, sujeita-se à perda da mesma, no transcurso de um processo administrativo instaurado de ofício, a requerimento do Ministério Público ou a pedido de qualquer cidadão, assegurados, sempre, o contraditório e a ampla defesa.

4.6. O termo de parceria

Como sabemos, o instrumento que aperfeiçoa o vínculo entre a entidade paraestatal e a Administração Federal foi denominado pela Lei nº 9.790/1999 **termo de parceria**. Entre outras cláusulas, no termo deverão ser especificados direitos e obrigações do Poder Público e da entidade, as metas de desempenho a serem atingidas e o prazo para tanto, bem como os critérios objetivos de avaliação.

4.7. Fiscalização

Segundo o art. 11, a execução do termo de parceria será supervisionada pelo órgão do Poder Público da área de atuação da atividade fomentada e pelos **Conselhos de Políticas Públicas** das áreas correspondentes de atuação existentes, em cada nível de governo.

Os resultados atingidos deverão ser analisados por uma comissão de avaliação, composta **de comum acordo** entre o órgão parceiro e a entidade. A comissão elaborará relatório conclusivo sobre os resultados obtidos.

O art. 12 estabelece para os responsáveis pela fiscalização do cumprimento do termo de parceria, sob pena de responsabilidade solidária, a obrigação de dar ciência de qualquer irregularidade quanto à utilização de recursos e bens públicos ao Tribunal de Contas e ao Ministério Público.

Já o art. 13, *caput*, reza que, caso ocorra malversação de bens ou recursos de origem pública, os responsáveis pela fiscalização representarão ao Ministério Público, à Advocacia-Geral da União ou à Procuradoria da entidade, para que seja requerida ao juízo competente a decretação da indisponibilidade dos bens da entidade e o sequestro dos bens de seus dirigentes, bem assim de agente público ou terceiro que possam ter enriquecido ilicitamente ou causado dano ao patrimônio público. Conforme o caso, o pedido incluirá a investigação, o exame e o bloqueio de bens, contas bancárias e aplicações financeiras mantidas pelo demandado no País e no exterior (art. 13, § 2º).

5. Diferenças entre Os e Oscip

Apesar de as OS e as Oscip terem diversos pontos em comum, apresentam algumas **diferenças** no seu regime jurídico, entre as quais podemos citar:

a) o instrumento pelo qual a entidade paraestatal se qualifica como organização social é denominado **contrato de gestão**; já as entidades qualificadas como Oscip podem celebrar com a Administração Federal um instrumento denominado **termo de parceria**;
b) no processo de qualificação das OS atuam o Ministro ou titular de órgão fiscalizador ou regulador da área de atividade correspondente à da entidade, e o Ministro do Planejamento, Orçamento e Gestão. No caso das Oscip atua o Ministério da Justiça;
c) é **discricionária** a outorga da qualificação como OS, ao passo que é **vinculada** a outorga da qualificação como Oscip;
d) a designação como Oscip depende, entre outros requisitos, da apresentação do balanço patrimonial, do demonstrativo de resultados do exercício e da declaração de isenção do imposto de renda, exigências não previstas para as OS;
e) nas OS, o órgão colegiado de deliberação superior tem de ser formado, na maioria das vezes, por membros do Poder Público e por representantes de entidades da sociedade civil, exigências não prescritas para as Oscip;
f) o objetivo do legislador, ao prever a qualificação como OS, é que a entidade paraestatal qualificada venha substituir órgãos ou entidades administrativas federais que atuam na mesma área, resultando na sua extinção. No caso das Oscip não se vislumbra qualquer finalidade dessa natureza;
g) a Lei nº 9.637/1998 estabeleceu diversas modalidades de fomento para as OS. Não há previsão similar na Lei nº 9.790/1999 para as OSCIP.

Capítulo 5

PODERES ADMINISTRATIVOS

1. Introdução

Para que os agentes públicos possam desempenhar a contento suas atribuições, de forma a satisfazer as necessidades públicas, a ordem jurídica outorga-lhes diversos poderes.

Tais poderes possuem natureza dúplice, sendo na essência **poderes-deveres**, prerrogativas de utilização obrigatória para o agente, sempre que o exigir o interesse público. É o que se denomina **poder-dever de agir**, **aspecto dúplice dos poderes administrativos** ou **caráter instrumental dos poderes administrativos**.

Os principais poderes conferidos aos agentes públicos são a seguir apresentados.

2. Poder vinculado

O poder **vinculado ou regrado** se verifica quando a lei, ao outorgar certa competência à Administração, o faz de modo a **não lhe conferir qualquer margem de liberdade em seu exercício,** cabendo à Administração, no caso em concreto, somente verificar se os pressupostos legais se configuraram e, em caso positivo, produzir o ato nos **exatos termos prescritos** na lei.

Como analisaremos oportunamente, todos os atos administrativos possuem cinco elementos ou requisitos de validade: competência, finalidade, forma, motivo e objeto. No poder vinculado, todos esses elementos encontram-se **detalhadamente** prescritos em lei, e daí decorre a inexistência de qualquer margem de liberdade na atuação administrativa.

Ilustrando o ponto, basta pensarmos em um servidor que solicita a concessão de aposentadoria voluntária por tempo de contribuição, prevista no art. 40 da CF. O agente competente, ao analisar o pedido, limitar-se-á a verificar se o servidor preenche os requisitos dessa modalidade de aposentadoria, a saber, 10 anos de serviço público, 5 de exercício no cargo efetivo, 60 de idade e 35 de contribuição.

Uma vez tendo o agente constatado o preenchimento desses requisitos, **obrigatoriamente** produzirá o ato solicitado, ou seja, concederá a aposentadoria. Ademais, não há, aqui, qualquer liberdade para o agente quanto ao **conteúdo** do ato: o valor dos proventos de aposentadoria e a data de início do gozo do benefício são matérias objeto de detalhado regramento legal, cabendo ao agente somente aplicar as normas prescritas na lei.

3. Poder discricionário

O poder discricionário verifica-se quando a lei, ao outorgar certa competência ao agente público, o faz conferindo-lhe **certa margem de liberdade** em seu exercício, podendo o agente público, frente ao caso em concreto no qual é chamado a atuar, analisar a **conveniência** e a **oportunidade** do ato a ser praticado, bem como o seu **conteúdo**, nos termos e limites da lei.

A discricionariedade para a realização de determinado ato tem seus contornos delineados na norma de competência, e não pode ser confundida com **arbitrariedade**, termo que designa, em qualquer situação, ato praticado em desconformidade com o ordenamento jurídico, e, portanto, nulo.

Como já afirmamos, todo e qualquer ato administrativo é composto por cinco elementos: competência, finalidade, forma, motivo e objeto. O poder discricionário encontra-se enraizado em dois desses elementos – o **motivo** e o **objeto** –, e consubstancia o que doutrinariamente se denomina **mérito administrativo**. Assim, mérito administrativo nada mais é do que a margem de liberdade que a lei outorga à Administração no âmbito do poder discricionário, para apreciar os elementos, motivo e objeto do ato administrativo.

Os demais elementos de validade – competência, finalidade e forma – são **detalhadamente** previstos em lei, mesmo para os atos discricionários, não havendo, quanto a eles, nenhuma margem de liberdade. Qualquer ato administrativo só pode ser praticado pelo agente competente, na forma prescrita na lei e visando ao interesse público. Quando, satisfeitos esses três requisitos, a lei permite a ele que, dentro dos seus parâmetros, valore o motivo para a produção do ato e defina seu objeto, estaremos diante de um ato administrativo discricionário.

No âmbito desse poder, a lei não impõe ao agente público a produção do ato, permitindo-lhe que valore a conveniência da sua produção. Assim, **não há** para o administrado **direito subjetivo** à produção de atos de seu interesse, pois, mesmo que preencha os requisitos legais, o agente pode considerar que não há conveniência no ato pleiteado. No poder discricionário, o agente público **pode** praticar o ato, não estando obrigado a tanto.

A essência do poder discricionário reside em três juízos: a **conveniência**, a **oportunidade** e o **conteúdo**. Vamos analisar tais juízos a partir de um caso hipotético.

Imaginemos que uma lei municipal traga a seguinte prescrição:

> "A instalação de pontos de táxi pode ser deferida, a pedido do interessado que preencher os requisitos legais, pelo prazo de 6 a 24 meses, mediante o pagamento de taxa mensal variável entre R$ 100,00 e R$ 200,00".
> "A competência para o ato de permissão da instalação do ponto é dos auditores municipais, condicionada à existência de interesse público que o justifique."

Ciente dessa norma, um administrado se dirige à Prefeitura e solicita a permissão para instalar um ponto de táxi em certa localização do município. O agente competente, após verificar que o requerente satisfaz os requisitos legais, passa a analisar o pedido segundo os três critérios de discricionariedade, na seguinte ordem:

1º) **conveniência**: neste juízo, o agente competente verifica **se há ou não interesse público que justifique a produção do ato**, e se eventualmente outros interesses públicos não serão prejudicados pela sua produção. É aqui, portanto, que ele decide **se produz ou não o ato**. No nosso exemplo, o agente avaliará se o ponto de táxi, no local em que é pleiteada a instalação, satisfaz aos interesses da coletividade ao redor, se o tráfego local será ou não prejudicado com a reserva do espaço para o ponto, se existe ou não nas proximidades a oferta do mesmo serviço, entre outras variáveis possíveis. Conforme o resultado de sua avaliação, decidirá pela produção ou não do ato administrativo. Se decidir pela sua produção, por reputá-lo conveniente, passa a analisar o segundo juízo de discricionariedade

2º) **oportunidade**: neste juízo o agente analisa a partir de que **momento** o ato proporcionará ganhos maiores para o interesse público. Neste juízo, portanto, o agente define **quando se iniciará a produção de efeitos do ato administrativo**, sua **eficácia jurídica**. Por exemplo, se no local em que é solicitada a instalação do ponto está sendo realizada uma obra pública, com prazo de término previsto para daqui a dois meses, o agente eventualmente poderá considerar não ser **oportuna** a instalação do ponto até então, determinando que a permissão para a instalação começará a produzir efeitos jurídicos somente após o transcurso desse período;

3º) conteúdo: é o juízo pelo qual o agente define **em que termos** produzirá o ato administrativo, dentro dos parâmetros legais. No nosso exemplo, o agente pode decidir-se por uma permissão de 12 meses mediante o pagamento de R$ 150,00 mensais. É este, pois, o **conteúdo** do ato.

Quanto à possibilidade de controle judicial sobre os atos discricionários, não resta qualquer dúvida. O Poder Judiciário é competente para apreciar **a legalidade de todo e qualquer** ato produzido pela Administração, seja com base no poder vinculado, seja a partir de poder discricionário.

Basta lembrarmos que três dos elementos de validade dos atos discricionários – a competência, a finalidade e a forma – são detalhadamente previstos em lei. Da mesma forma, a margem de liberdade existente nos elementos motivo e objeto é aquela prevista e delimitada pela lei. Compete ao magistrado aferir a compatibilidade desses elementos com a lei e os princípios administrativos, e, em considerando que, de qualquer modo, algum deles não foi atendido, **anular** o ato administrativo, por ilegalidade.

O que não é permitido ao Judiciário é **alterar ou revogar** a decisão de mérito tomada pela Administração, ou seja, a posição por esta adotada, dentro dos limites da lei, acerca da conveniência e da oportunidade da prática do ato, por meio da determinação de seu objeto e da valoração de seus motivos. Tal juízo é atribuição exclusiva da Administração, não sendo possível sua alteração na esfera jurisdicional. A Administração, e apenas ela, é competente para verificar se um ato administrativo não se mostra mais **conveniente ou oportuno** frente ao interesse público. Se a tal conclusão chegar, determinará a **revogação** desse ato.

Além disso, modernamente, tem o Judiciário adentrado na análise do mérito administrativo, não para revogar ou substituir a escolha do administrador, o que lhe é vedado, mas para verificar se, a pretexto de discricionariedade, o ato não foi, na verdade, praticado de forma arbitrária. Neste ponto, assumem especial relevo os **princípios da razoabilidade e da proporcionalidade**, com base nos quais pode também o magistrado determinar a **anulação** (jamais a revogação) de um ato administrativo. A este ponto voltaremos quando do estudo dos atos administrativos.

Vale destacar que os poderes discricionário e vinculado não existem como realidade autônoma, mas sempre no bojo de um dos poderes que a seguir analisaremos (regulamentar, hierárquico etc.). Ademais, apesar de ser usual a expressão *poder vinculado*, motivo pelo qual a mantivemos aqui, deve-se assinalar que é tecnicamente inadequada, já que, no caso, não há qualquer margem de liberdade passível de exercício pela Administração. A mesma crítica não procede quando falamos em *poder discricionário*, justamente porque neste caso a Administração pode gozar, efetivamente, de um espaço de decisão.

4. Poder regulamentar

As leis, em regra, não são passíveis de execução imediata. A generalidade com que os assuntos são nelas tratados cria a necessidade de uma normatização posterior, que complemente e pormenorize os comandos legais. Para suprir tal necessidade, a Administração faz uso do poder regulamentar.

Poder regulamentar, assim, é tradicionalmente conceituado como o poder outorgado pela **Constituição** aos **chefes do Poder Executivo** para expedir os **atos normativos necessários à explicitação e detalhamento das leis**, de forma a possibilitar sua aplicação. Seu instrumento de formalização é o **decreto**. O ato oriundo do exercício deste poder denominamos *regulamento de execução, decreto regulamentador, decreto de execução*, entre outras expressões.

O **regulamento de execução** é previsto no art. 84, IV, da Constituição Federal, que declara ser competência exclusiva do Presidente da República "*sancionar, promulgar e fazer publicar as leis, bem como expedir decretos e regulamentos para sua fiel execução*". Aos chefes do Poder Executivo das demais esferas de Governo é outorgada atribuição idêntica nos respectivos diplomas constitucionais. Deve-se observar que a competência para a edição desses atos normativos é **indelegável** pelos chefes de Poder Executivo (CF, art. 84, parágrafo único).

Podemos, por conseguinte, concluir que os decretos ou regulamentos **de execução**, de que trata o art. 84, IV, da CF, têm por missão **esclarecer e pormenorizar os termos da lei**, a fim de conferir-lhe plena aplicabilidade, sendo sua aceitação pacífica na doutrina. São atos **infralegais**, pois dependem de lei a ser detalhada e não podem ultrapassar os seus limites. Assim, **não possuem aptidão para inovar na ordem jurídica**, estabelecendo diretamente direitos e obrigações para os administrados ou competências para o Poder Público.

É importante notar que nem todas as leis necessitam ser regulamentadas. Como esclarece Geraldo Ataliba, apenas as leis que devem ser **executadas pela Administração** demandam regulamentação. As demais leis, que não as **administrativas** (leis processuais, trabalhistas etc.) são aplicáveis independentemente de qualquer medida dessa natureza.

O regulamento de execução é, também, um meio de **disciplinar a discricionariedade administrativa**. A lei, emitida em termos genéricos, permite, dentro de determinados parâmetros, certa liberdade no detalhamento de seus dispositivos. Ao ser regulamentada a lei pelo chefe do Poder Executivo, essa liberdade é devidamente disciplinada, assegurando-se que toda a Administração execute a lei a partir das mesmas disposições dela explicitadoras.

Ademais, o regulamento de execução é uma condição indeclinável para a aplicação da lei, pois é a partir do detalhamento de seus preceitos que a Administração terá condições de executá-la. Assim, podemos compreender o regulamento de execução, ainda, como **condição suspensiva de eficácia das leis administrativas** (tais leis só passarão a gozar de efetiva eficácia jurídica após sua regulamentação por decreto). Excepcionam a matéria apenas as **leis autoexecutáveis**, assim consideradas aquelas cujos dispositivos descem a um grau tal de detalhamento do assunto que dispensam a expedição de decreto regulamentar para sua efetiva aplicação.

De destacar que alguns doutrinadores consideram o poder regulamentar em termos bem mais amplos, de modo a compreender **todos os atos normativos editados pela Administração (instruções normativas, resoluções** etc.). A se adotar esta perspectiva, que é minoritária (mas que já foi adotada pelo CESPE em algumas oportunidades), não só os decretos de execução, mas todos os atos normativos editados pela Administração têm por base o poder regulamentar.

A seguir, analisaremos mais duas figuras, os **decretos autônomos** (que, quando têm conteúdo normativo, são também denominados **regulamentos autônomos**) e os **regulamentos autorizados**, desejando aqui apenas esclarecer que estas figuras **não estão inseridas no poder regulamentar**, cuja análise, portanto, encerra-se aqui.

Os **regulamentos autônomos** (usaremos a expressão *decretos autônomos* como sinônima) são atos cuja função seria disciplinar aquelas matérias para as quais a Constituição **não estabeleceu expressa reserva legal**. Tais atos **inovariam na ordem jurídica**, sendo sua validade defendida por alguns doutrinadores. A possibilidade de edição de decretos autônomos nas hipóteses de reserva constitucional de lei, ou de quaisquer decretos com disposições contrárias à lei, é negada pela unanimidade da doutrina.

Resta a controvérsia, portanto, com relação à possibilidade de serem editados decretos autônomos para tratar de assuntos que não foram objeto de expressa reserva legal. Em nosso entendimento, o art. 5º, II, da CF, que estabelece o Princípio da Legalidade, ao declarar que "*ninguém será obrigado a fazer ou deixar de fazer alguma coisa senão em virtude de lei*", é argumento suficiente para um posicionamento na questão, pois se percebe que o legislador constituinte teve a nítida intenção de estabelecer como requisito para a criação de direitos e obrigações a edição de lei ou ato normativo equivalente, o que torna o decreto autônomo instrumento inidôneo para a produção desses efeitos.

Esta é, entre outros autores, a posição defendida por Celso Antônio Bandeira de Mello, ao afirmar que

> só por lei se regula liberdade e propriedade, só por lei se impõem obrigações de fazer ou não-fazer, é só para cumprir dispositivos legais que o Executivo pode expedir decretos e regulamentos.

Genericamente falando, portanto, nosso ordenamento não se compatibiliza com a edição de decretos autônomos. Tal afirmação era absoluta até 2001, quando, então, o art. 84, VI, da CF foi alterado pela EC nº 32, passando a prever as **únicas** hipóteses de uso lícito desse instrumento.

Segundo o referido dispositivo, na sua redação atual, compete ao presidente da República dispor **diretamente**, mediante decreto, sobre: (a) **organização e funcionamento da administração federal, quando a medida não implicar aumento de despesa nem criação ou extinção de órgãos**; (b) **extinção de cargos e funções públicas, quando vagos**.

Note-se que a competência para a expedição desses decretos é delegável pelo Presidente da República (art. 84, parágrafo único, da CF), ao **contrário** do que ocorre com a competência para a expedição de decretos de execução (poder regulamentar), indelegável. Os demais chefes de Poder Executivo também podem se utilizar desse instrumento, nas mesmas hipóteses em que a Constituição Federal autoriza que o Presidente da República o faça. Para os Governadores de Estado, é necessária previsão na Constituição estadual. Para os Prefeitos é necessário mais: previsão na Lei Orgânica Municipal **e** na Constituição do Estado.

A terceira espécie de regulamento, o **autorizado**, é aquele que **complementa disposições da lei** (ou ato normativo de igual hierarquia) **em razão de expressa delegação por ela promovida.** Diferencia-se do decreto autônomo porque depende de lei efetuando a delegação, e diferencia-se do decreto de execução porque, apesar de ser um ato normativo **secundário** (decorre da lei, não da Constituição), efetivamente tem aptidão para **inovar na ordem jurídica**.

Embora a questão esteja longe de ser pacificada, certa doutrina admite a utilização desse instrumento como ato normativo complementar, **vedada sua utilização quanto às matérias sob expressa reserva legal**, da mesma forma que os decretos autônomos. Tem-se aceitado a utilização do regulamento autorizado para a fixação de **normas técnicas** por certos órgãos e entidades da Administração, **desde que exista lei que expressamente o autorize e estabeleça as condições e os limites do exercício da competência**, determinando os **traços** principais da norma a ser elaborada, de modo que esta funcione apenas como complementação técnica indispensável à plena eficácia dos dispositivos legais.

José dos Santos Carvalho Filho expõe com maestria o tema:

> Modernamente, contudo, em virtude da crescente complexidade das atividades da Administração, passou a aceitar-se nos sistemas normativos, originariamente na França, o fenômeno da ***deslegalização***, pelo qual a competência para regular certas matérias se transfere da lei (ou ato análogo) para outras fontes normativas por autorização do próprio legislador: a normatização sai do domínio da lei (***domaine de la loi***) para o domínio do ato regulamentar (***domaine de l'ordonnance***). O fundamento não é difícil de conceber: incapaz de criar a regulamentação sobre algumas matérias de alta complexidade técnica, o próprio Legislativo delega ao órgão ou à pessoa administrativa a função específica de instituí-la, valendo-se dos especialistas e técnicos que melhor podem dispor sobre tais assuntos.
>
> Não obstante, é importante ressaltar que referida delegação não é completa e integral. Ao contrário, sujeita-se a limites. Ao exercê-la, o legislador reserva para si a competência para o regramento básico, calcado nos critérios políticos e administrativos, transferindo tão-somente a competência para a regulamentação técnica mediante parâmetros previamente enunciados na lei. É o que no Direito americano se denomina ***delegação com parâmetros*** (***delegation with standards***). Daí poder afirmar-se que a delegação só pode conter a discricionariedade técnica.

Os atos normativos mencionados pelo Professor na sua exposição nada mais são que os regulamentos autorizados, atos gerais e abstratos que estabelecem **direito novo**, mais precisamente, **normas técnicas não previstas em lei**. O melhor exemplo de aplicação dos regulamentos autorizados indiscutivelmente são as agências reguladoras, às quais parcela de nossos administrativistas reconhece poder de inovar na ordem jurídica, criando normas técnicas nos setores afetos à sua competência.

Não devemos confundir os decretos ou regulamentos autorizados com a denominada **delegação legislativa em branco**, inconstitucional, que ocorre quando a lei delega ao Poder Executivo a competência para **definir por ato próprio as condições ou os pressupostos necessários ao nascimento do direito, da restrição ou da obrigação**. Tal delegação pode ser feita em termos genéricos, para o trato de toda uma matéria, ou em termos específicos, para o regramento de alguns de seus pontos; de qualquer modo, é nula. Como já afirmamos, o regulamento autorizado pressupõe necessariamente, para sua válida edição, lei que estabeleça os **contornos** de atuação do Poder Executivo.

Em encerramento, a fim de afastar eventuais dúvidas, cabe destacar: o **poder regulamentar**, previsto no art. 84, IV, da CF, compreende somente atos normativos editados **para disciplinar dispositivos de lei, sem aptidão para inovar na ordem jurídica**. O regulamento **autônomo** (segunda figura analisada) não é editado para detalhar dispositivos de lei, retirando sua força diretamente da Constituição (aqui não há delegação legal), e goza de aptidão para inovar na ordem jurídica, nas hipóteses previstas no art. 84, VI, da CF (e apenas nestas hipóteses). O regulamento **autorizado** (última figura apresentada) não tem previsão constitucional, só podendo ser editado (para os que admitem esta figura) a partir de expressa delegação em lei, a partir do que detém aptidão para inovar na ordem jurídica, em virtude da generalidade dos dispositivos legais reguladores da delegação.

5. Poder hierárquico

Na lição do professor José dos Santos Carvalho Filho, "hierarquia é o escalonamento em plano vertical dos órgãos e agentes da Administração que tem como objetivo a organização da função administrativa". De nossa parte, podemos defini-lo como o poder, exercido **sempre no âmbito de uma mesma pessoa jurídica**, pelo qual os órgãos e agentes superiores **comandam a atuação** dos órgãos e agentes subordinados.

Como ressalta do conceito apresentado pelo professor, a **hierarquia** tem lugar no âmbito da função **administrativa**. Assim, ela existe em todos os Poderes da República, o Executivo, o Legislativo e o Judiciário, já que todos exercem função administrativa. É de ressaltar que **mesmo os agentes políticos** (magistrados, parlamentares, entre outros) sujeitam-se ao poder hierárquico, uma vez que a independência funcional de que gozam refere-se ao exercício de suas funções típicas. No que toca à função administrativa, eles submetem-se ao poder hierárquico, da mesma forma que os demais agentes públicos.

Poder hierárquico consiste, assim, em um poder existente dentro de uma cadeia de comando, pelo qual se confere ao superior a prerrogativa de **ordenar, fiscalizar, rever, delegar e avocar** as tarefas de seu subordinado. É um poder de caráter **interno**, atuando no interior de uma estrutura hierárquica administrativa.

Ao poder do superior de dirigir a conduta de seu subordinado contrapõe-se o dever deste de acatar as ordens daquele, salvo em caso de **manifesta** ilegalidade. Nessa hipótese, surge para o subordinado outro dever: representar contra a conduta ilegal.

A fiscalização é outra das prerrogativas inerentes ao poder hierárquico, pela qual o superior analisa e corrige os atos de seu subordinado.

A revisão confere ao superior a possibilidade de apreciar os atos do agente de nível hierárquico inferior, analisando-os sob os aspectos formal e material. Embora ampla, a revisão só tem lugar quando o ato ainda não esteja definitivamente solucionado na esfera administrativa, e desde que não tenha gerado direito adquirido para o administrado.

A delegação é o ato pelo qual o superior, por motivos de conveniência e oportunidade, **transfere** temporariamente ao seu subordinado **o exercício de certa competênci**a que a lei lhe outorgou. É a regra geral no âmbito no poder hierárquico, não sendo admitida, porém, nas hipóteses de competência exclusiva.

Já a avocação é o ato discricionário pelo qual o superior, em situações excepcionais, temporariamente **chama para si** o **exercício** de certa competência que a lei outorgou ao seu subordinado. Da mesma forma que a delegação, é vedada quando a lei conferiu a competência com exclusividade (neste caso, ao subordinado).

Devemos notar que na delegação e na avocação não há transferência da própria competência, o que só pode ser feito por lei. Em uma e outra há transferência apenas **do exercício** da competência, permanecendo sua **titularidade** em mãos do agente público contemplado na lei.

6. Poder disciplinar

Pode-se definir **poder disciplinar** como a atividade pela qual a Administração, mediante regular processo administrativo em que sejam observados os princípios do contraditório e da ampla defesa, apura os ilícitos imputados contra **seus agentes** e os **particulares que com ela mantenham um vínculo específico**. Por meio dele pode a Administração, por exemplo, punir a conduta irregular de um servidor, ou de um **particular** que esteja cumprindo de forma inadequada um contrato administrativo.

O exercício do poder disciplinar, quando dirigido aos agentes públicos, **decorre do poder hierárquico**. Em função disso, considera-se que o poder disciplinar, embora inconfundível com o hierárquico, é dele decorrente, quando a punição recai sobre um agente público. A mesma conclusão não se aplica aos particulares com vínculo específico, que não são alcançados pelo poder hierárquico.

Desde já devemos evitar confundir as sanções disciplinares com aquelas oriundas do exercício do **poder de polícia**, que recaem sobre os **particulares** não sujeitos à **disciplina interna** administrativa, ou seja, que não possuem com ela um vínculo específico.

Considera-se que esse vínculo especial, o vínculo específico, somente existe, no que toca aos particulares, quando estes celebram um contrato com a Administração ou quando atuam como delegatários de serviços públicos.

Assim, um concessionário de serviços públicos que atrasa injustificadamente o início da sua atividade é sancionado com base no poder disciplinar, pois sua condição de prestador de serviços públicos sujeita-o ao regime interno da Administração. Já um particular que construa uma casa sem o devido alvará é punido no exercício do poder de polícia, uma vez que não possui vínculo específico que possibilite uma sanção com base no poder disciplinar.

O poder disciplinar, como qualquer outro poder administrativo, possui aspecto dúplice, constituindo, na verdade, um poder-dever do agente público. Verificada a ocorrência de infração administrativa, o agente competente não tem apenas a prerrogativa, mas, sobretudo, o dever de aplicar ao infrator a penalidade cabível.

A **discricionariedade** do poder disciplinar é defendida pela doutrina, posição que deve ser acatada com certo cuidado. O administrador não possui liberdade para optar por punir ou não punir; verificada a falta funcional, sua punição é dever que a ele se impõe. Da mesma forma, não possui liberdade para decidir se instaura ou não o processo administrativo: qualquer sanção disciplinar só pode ser aplicada após ser oportunizado ao acusado o contraditório e a ampla defesa. Uma discricionariedade **mitigada** pode existir, no âmbito desse poder, na **tipificação da falta** (enquadramento da conduta em certo dispositivo legal) e na **graduação da pena**.

Assim, determinada a ocorrência da infração em um procedimento realizado em contraditório, para o administrador surge o poder-dever de punir. Dispõe ele, muitas vezes, de certa liberdade para determinar o dispositivo legal transgredido, pois situações há em que a lei se utiliza de expressões genéricas para definir os ilícitos administrativos (os **conceitos jurídicos indeterminados**), tais como "falta grave", "ineficiência funcional", que podem possibilitar uma certa margem de liberdade na aplicação do dispositivo ao caso em concreto. De destacar também, nesse contexto, que, ao contrário do Direito penal, em que se aplica o princípio da tipicidade estrita, em Direito Administrativo admitem-se os **tipos abertos**, ou seja, dispositivos que definem certa conduta como infração administrativa sem precisar em pormenores todos seus elementos formadores.

A partir da tipificação da falta, cabe definir a pena aplicável, tarefa para a qual o administrador, respeitados os parâmetros legais, também pode possuir certo espaço de decisão. Pode ele, por exemplo, para um fato para o qual é prevista a pena de suspensão pelo período de 10 a 90 dias, optar pela aplicação de uma suspensão de 30 dias.

À evidência, todos os princípios administrativos devem ser observados quando na definição e graduação da penalidade, em especial o princípio da razoabilidade, nesse contexto também denominado **princípio da adequação punitiva** ou **da proporcionalidade na dosimetria da sanção**, impondo severas restrições à discricionariedade administrativa. A sanção imposta deverá ser adequada à conduta faltosa e, além disso, proporcional à sua gravidade. A necessidade da imposição é implícita, pois decorre do próprio cometimento do ilícito.

Em complemento, qualquer sanção aplicada no exercício do poder disciplinar deve ser **motivada**, requisito de validade do ato punitivo e medida indispensável para um efetivo controle da Administração. Ademais, deve ser **precedida** da disponibilização do contraditório e da ampla defesa. Este último ponto merece um comentário à parte.

Em **nenhuma hipótese** poderá a Administração, **antes** de aplicar uma medida de caráter **punitivo**, deixar de oportunizar ao administrado o contraditório e a ampla defesa. O que se admite, em situações de **lesão ou ameaça de lesão a certo interesse público**, é que a Administração adote medidas gravosas com **diferimento** desses direitos fundamentais. Nesse caso, primeiro a medida gravosa (interdição de construção, retenção de mercadorias etc) será adotada, e apenas **posteriormente** será permitido ao administrado atingido valer-se do contraditório e da ampla defesa.

Mas tais medidas – e isto que é válido destacar – não terão, jamais, caráter punitivo, mas meramente **cautelar**. Uma medida de caráter sancionatório exige **comprovação** de dolo ou culpa do administrado, e uma tal constatação só pode validamente ocorrer, no nosso sistema constitucional, **após** ser permitido ao administrado utilizar-se do contraditório e da ampla defesa. Enfim, qualquer medida de caráter punitivo exige que **antes** seja oportunizado o contraditório e a ampla defesa. Em caso de lesão ou ameaça de lesão ao interesse público pode a Administração adotar medidas de natureza **cautelar**, face às peculiaridades do caso em concreto, com **diferimento** desses direitos fundamentais (ou seja, primeiro a medida será efetivada, e somente **depois** será oportunizada a manifestação do administrado).

7. Poder de polícia

7.1. Conceito e noções gerais

Poder de polícia administrativa é a prerrogativa de que dispõe a Administração Pública para, a partir da lei, **condicionar e restringir o uso e o gozo de bens, atividades e direitos individuais em benefício do interesse público.**

O princípio que norteia e legitima a atuação do poder de polícia administrativa é o **princípio da predominância do interesse público sobre o privado.** Em função dele, age a Administração restringindo as atividades privadas sempre e apenas quando elas possam pôr em risco o interesse maior da coletividade.

Ele é exercido por todas as esferas de Governo. A princípio, ao ente federativo com competência para legislar sobre determinada matéria também é outorgado o poder para fiscalizar seu cumprimento, o que ele fará mediante o uso do poder de polícia. Tal repartição de competências é efetuada pela Constituição tendo por base o **princípio da predominância do interesse**, segundo o qual, na lição de Hely Lopes Meirelles,

> os assuntos de interesse nacional ficam sujeitos à regulamentação e policiamento da União; as matérias de interesse regional sujeitam-se às normas e à polícia estadual; e os assuntos de interesse local subordinam-se aos regulamentos edilícios e ao policiamento administrativo municipal.

O poder de polícia pode ser exercido de forma **preventiva**, antes da ocorrência do ato ilícito, objetivando justamente impedir sua produção; ou de forma **repressiva**, quando o objetivo, então, é a aplicação de sanções ao autor do ato ilícito. Sua forma de exercício predominante, todavia, é a preventiva, pois a finalidade primeira é impedir a produção de atos lesivos ao interesse público.

Na forma **preventiva**, ele é exercido mediante a **edição de atos normativos administrativos** detalhando as restrições, limitações e condicionamentos prescritos em lei. Uma vez elaborados tais atos, seguem-se as **atividades de fiscalização**. Aos particulares que enquadram sua conduta às determinações normativas, a Administração concede, genericamente, **alvarás**. Os alvarás podem ser deferidos sob a forma de licença ou autorização.

Licença é um ato administrativo **vinculado**, conferido em caráter **permanente** ao particular que satisfaz os pressupostos para sua aquisição; **autorização** é um ato administrativo **discricionário**, concedido em caráter **precário** e, portanto, passível de revogação a critério da Administração, **mesmo quando não houver descumprimento** das condições impostas para sua outorga.

Repressivamente, o poder de polícia é exercido por meio da aplicação de sanções. A Administração, verificando o cometimento de infração pelo particular, adota as sanções cabíveis ao caso, entre as quais, por exemplo, podemos citar: multa, interdição de atividade, demolição de obra, apreensão e destruição de bens etc.

O poder de polícia, além de repressivo ou preventivo, pode ser também **originário** ou **derivado**. Originário, quando exercido diretamente pelos próprios entes federados (União, Estados, Distrito Federal e Municípios), por meio de suas respectivas administrações **diretas**; derivado, quando os entes federados outorgam por lei poder de polícia a **entidades de direito público** integrantes de sua administração **indireta**. A doutrina e a jurisprudência **não aceitam** a delegação do exercício do poder de polícia a **entidades de direito privado**, mesmo quando integrantes da estrutura formal da Administração. Entendem, corretamente, que ele é decorrente do poder de império do Estado, e, portanto, insuscetível de ser desempenhado por pessoas jurídicas de direito privado.

A ingerência administrativa na conduta particular torna necessário dotar os atos do poder de polícia de determinados atributos, sem os quais sua eficácia ficaria irremediavelmente comprometida. Tais atributos são a discricionariedade, a autoexecutoriedade e a coercibilidade. No próximo capítulo trataremos do tema, quando analisarmos os atos administrativos.

7.2. Polícia administrativa, polícia judiciária e polícia de manutenção da ordem pública

Como nos alerta Hely Lopes Meirelles,

> convém distinguir a polícia administrativa, que nos interessa, neste estudo, da polícia judiciária e da polícia de manutenção da ordem pública, estranhas às nossas cogitações. Advirta-se, porém, que a polícia administrativa incide sobre os bens, direitos e atividades, ao passo que as outras atuam sobre as pessoas, individualmente ou indiscriminadamente.

Um aclaramento é aqui essencial: apesar da denominação, a polícia judiciária (bem como a de manutenção da ordem pública) enquadra-se no contexto da função administrativa. Não corresponde, pois, à atividade de caráter jurisdicional.

A **polícia administrativa** corresponde ao poder de polícia até aqui estudado. A **polícia judiciária** é a atividade pela qual se procede à **investigação de crimes e contravenções penais**, objetivando a futura responsabilização criminal de seus autores e partícipes. E a **polícia de manutenção da ordem pública** é a atividade pela qual se efetua o **patrulhamento ostensivo das vias públicas e dos demais locais de acesso público**, buscando precipuamente evitar a ocorrência de atos atentatórios à ordem pública.

Retornando à lição do autor, ela apresenta aquele que é, decididamente, o marco diferencial entre a **polícia administrativa**, a **polícia judiciária** e a **polícia de manutenção da ordem pública**: a primeira incide sobre **bens, direitos** ou **atividades**; a segunda e a terceira recaem diretamente sobre **pessoas**, aquela de forma exclusiva, esta em caráter principal.

A essa diferença a professora Maria Sylvia Zanella di Pietro acrescenta mais uma: a ocorrência ou não do ilícito **penal**. Enquanto a polícia administrativa visa ao combate de ilícitos **administrativos**, a polícia judiciária e a de manutenção da ordem pública insurgem-se contra a prática de delitos **penais** (mais uma vez, aquela de forma exclusiva e esta em caráter principal).

A polícia judiciária atua de maneira **repressiva**, após a ocorrência do delito, fornecendo subsídios para que possa futuramente ser interposta a ação penal cabível perante o Poder Judiciário; já a polícia de manutenção da ordem pública age predominantemente de modo **preventivo**, tentando, por meio do patrulhamento das vias públicas e dos demais locais de utilização coletiva, evitar a ocorrência de ilícitos penais ou de outras infrações atentatórias ao interesse público. A polícia administrativa, como salientamos anteriormente, pode atuar tanto de modo preventivo como repressivo.

Outra diferença apresentada pela doutrina é que a polícia administrativa é exercida por inúmeros órgãos e entidades de caráter **fiscalizador**, enquanto a polícia judiciária e a polícia de manutenção da ordem pública são atuadas por corporações especializadas, os órgãos **de segurança** (policiais civis, militares, federais, entre outras). Vale destacar que a polícia de segurança e a polícia judiciária podem desempenhar também atividades típicas de polícia administrativa. É o caso da Polícia Federal, que, além de exercer sua função precípua de polícia judiciária, também pratica atos próprios da polícia administrativa, a exemplo da emissão de passaportes.

A última diferença a ser salientada consiste no fato de que a polícia administrativa é atividade que, em regra, se inicia e se encerra em âmbito administrativo. Já a polícia judiciária, ao contrário, tem sua atividade, de natureza administrativa, voltada para o desempenho de outra função, a jurisdicional. Já a polícia de manutenção da ordem pública poderá ter sua atividade exaurida na própria esfera administrativa, ou poderá alcançar a esfera jurisdicional (o indivíduo preso cometendo um ilícito penal será posteriormente acusado na esfera judicial).

Capítulo 6

ATOS ADMINISTRATIVOS

1. Atos administrativos

Os atos administrativos podem ser definidos como as **manifestações unilaterais de vontade** da Administração, produzidas em **condições de superioridade** perante o particular, a que o Direito atribui **consequências jurídicas**.

A partir deste conceito, podemos explicitar nos seguintes termos as características dos atos administrativos,:

1ª) correspondem a uma manifestação de vontade **unilateral** da Administração: a vontade da Administração é suficiente para a produção do ato administrativo, independentemente da manifestação de vontade do destinatário do ato ou daquele atingido por seus efeitos. **Todo e qualquer ato administrativo é unilateral, sem qualquer exceção.**

Por exemplo, uma multa por infração à legislação urbanística, um ato administrativo, é produzida a partir da declaração do agente público competente, no sentido de que o administrado violou certo dispositivo de lei. Com a lavratura da multa pelo agente está produzido o ato administrativo, independentemente de qualquer manifestação do particular, daquele que violou a legislação.

Outro exemplo que podemos citar é a interdição de um estabelecimento comercial por violação às normas de polícia. Uma vez determinada a interdição pelo agente competente, está produzido o ato administrativo (a interdição), independentemente de qualquer manifestação do proprietário do estabelecimento.

2ª) serem produzidos pela Administração em **condições de superioridade** perante a outra parte na relação jurídica: a própria unilateralidade do ato administrativo já é suficiente para darmos conta da superioridade da Administração perante os administrados, nesse contexto.

De forma mais ampla, a superioridade da Administração, presente em todos os atos administrativos, é assegurada pelos seus **atributos**, qualidades especiais do ato administrativo que lhe asseguram uma **eficácia jurídica superior** à dos atos jurídicos em geral.

A presunção de legitimidade, a imperatividade, a exigibilidade são alguns dos atributos dos atos administrativos, assegurando-lhes, dentro de suas características próprias, uma eficácia superior à dos atos jurídicos em geral. Adiante analisaremos essa matéria, mas desde já devemos ter ciência de que **a posição de superioridade da Administração, ao produzir um ato administrativo, decorre dos atributos de que gozam esses atos.**

A unilateralidade do ato administrativo e a posição de superioridade da Administração na sua produção fazem com que a doutrina afirme serem tais atos caracterizados pela **unilateralidade** e pela **verticalidade**. Esses termos sintetizam, pois, as peculiaridades dos atos administrativos.

3ª) serem atos produtores de consequências jurídicas: segundo Hely Lopes Meirelles, a Administração, ao produzir um ato administrativo, tem por objetivo "adquirir, resguardar, transferir, modificar, extinguir e declarar direitos, ou impor obrigações aos administrados ou a si própria". Essas são as possíveis consequências jurídicas dos atos administrativos, os diversos tipos de efeito jurídico que eles podem produzir, podendo-se completar o elenco do Autor com os atos de aplicação de sanções e de imposição de restrições ao exercício de direitos e atividades.

Com isso, temos as três características dos atos administrativos: (a) **unilateralidade**; (b) **superioridade** da Administração e (c) **produção de efeitos jurídicos**. As duas primeiras diferenciam os atos administrativos dos demais atos jurídicos, e a terceira, na verdade, nada tem de peculiar, estando presente nos atos jurídicos em geral.

2. Fatos da Administração

O fato da Administração pode ser definido como **a execução material de um ato administrativo, sem produzir, por si só, consequências jurídicas**. São também denominados **atos materiais da Administração**.

O ato administrativo, a manifestação unilateral da Administração, é produtor de consequências jurídicas. O fato da Administração corresponde tão só à execução do ato, não deflagrando nenhum efeito jurídico autônomo.

Por exemplo, se o Poder Público expedir uma ordem de interdição, temos um ato administrativo, uma manifestação de vontade produtora de consequências jurídicas (autoriza a interdição de certa obra). Uma vez expedida a ordem, a Administração, ou um terceiro por ela contratado para tanto, deverá executar a ordem, ou seja, praticar os atos materiais de interdição (promover, efetivamente, a interdição da obra). Temos, aqui, o fato da Administração.

Em complemento, deve-se informar que há entendimento segundo o qual o fato da Administração não é destinado à produção de efeitos jurídicos, **mas eventualmente pode vir a produzi-los**.

Valendo-nos do exemplo anterior, se a Administração, ao executar a ordem de interdição, inadvertidamente causasse dados ao imóvel vizinho à obra, teríamos uma consequência jurídica específica do fato da Administração (da execução da ordem de interdição): a obrigação de indenizar o proprietário do imóvel indevidamente atingido pela atividade administrativa.

Deste modo, dois são os conceitos admissíveis de fato da Administração. Pelo primeiro, o fato da Administração não produz efeitos jurídicos; pelo segundo, não é destinado à produção de tais efeitos (mas, eventualmente, pode vir a produzi-los).

3. Fatos administrativos

Fatos administrativos são os **eventos da natureza** a que o **Direito Administrativo** confere **efeitos jurídicos**.

Um evento da natureza é, pois, algo que simplesmente ocorre, independentemente da vontade humana. Se a tal ocorrência o Direito Administrativo conferir efeitos jurídicos, estaremos perante um fato administrativo.

Aqui podemos citar, como exemplo, a morte de um servidor, a passagem do tempo, uma inundação, um desabamento etc. Uma vez que qualquer desses acontecimentos deflagre consequências jurídicas, regidas pelo Direito Administrativo, estaremos perante um fato administrativo.

Prepondera o entendimento de que a **decadência** e a **prescrição** devem ser qualificadas como fatos administrativos, apesar de em ambas, além do evento da natureza (a passagem de certo período de tempo), termos uma atuação humana por omissão (a inércia do titular do direito por todo o período de tempo necessário para se configurar a decadência ou a prescrição).

4. Requisitos ou elementos de validade

Requisitos ou elementos de validade são as condições a serem observadas para a produção do ato administrativo em conformidade com a lei e os princípios administrativos.

São em número de cinco: **competência, finalidade, forma, motivo** e **objeto.**

4.1. Competência

Competência é o **conjunto de poderes conferido por lei aos agentes públicos.** Elemento vinculado de todo ato administrativo, é, simultaneamente, pressuposto de produção do ato e parâmetro de sua abrangência, no sentido de que o agente público só pode praticar atos para os quais seja competente e na forma e amplitude com que tal competência foi-lhe outorgada por lei.

A competência apresenta três características principais: a **inderrogabilidade**, a **improrrogabilidade** e a **irrenunciabilidade.** A primeira significa que a competência de um órgão não se transfere a outro por acordo de vontade das partes, ou por anuência do agente da Administração. A improrrogabilidade, por sua vez, denota que o agente tem sua competência prévia e especificamente definida na norma de regência, não lhe sendo lícito ultrapassá-la. A irrenunciabilidade, por fim, significa que o agente público deve obrigatoriamente desempenhar suas competências, constituindo a omissão infração funcional passível de punição administrativa.

Como já dito, a competência tem sua fonte **na lei**, cujas disposições não são passíveis de modificação ao talante do agente público. Deve ele exercer as atribuições que lhe foram conferidas no diploma legal, e apenas estas, as quais não pode permitir que sejam desempenhadas por outro agente, ressalvadas as hipótese de **delegação** ou **avocação.**

Como já sabemos, na delegação, um agente transfere a outro o exercício de uma competência que a lei lhe conferiu; ao passo que, na avocação, um agente chama para si o exercício de certa competência cuja titularidade, nos termos da lei, é de outro agente.

O agente que pratica ato para o qual não possui competência legal, fora das hipóteses de delegação e avocação, dá origem ao vício chamado **excesso de poder.**

4.2. Finalidade

A finalidade é o objetivo definido na norma de competência que o ato administrativo deve atingir. Tal como a competência, é elemento vinculado de todo ato administrativo, mesmo dos atos discricionários.

Podemos considerar que todo ato administrado tem uma finalidade **genérica**, pertinente à realização do interesse público, e uma finalidade **específica**, indicada explícita ou **implicitamente** na norma legal.

A conduta do agente que praticar o ato em desobediência a qualquer dessas finalidades caracteriza abuso de poder sob a modalidade **desvio de poder**, e enseja, naturalmente, a anulação do ato viciado.

4.3. Forma

A forma do ato, terceiro elemento vinculado de todos os atos administrativos, pode ser compreendida numa acepção **estrita** e numa acepção **ampla**.

Numa acepção **estrita**, corresponde ao **conjunto de elementos formais** que deve conter o ato administrativo, às formalidades que devem ser obrigatoriamente observadas no ato como condição indispensável para a produção dos efeitos que lhe são próprios. Trata-se de uma perspectiva **interna** de forma, que analisa o próprio ato administrativo.

Uma "Carteira Nacional de Habilitação", por exemplo, deve trazer **em seu corpo**, além da denominação formal (CNH), os dados relativos ao condutor, como nome e número do documento de identidade; o prazo de validade; a motivação (matéria a seguir analisada); a assinatura da autoridade competente etc. Todos esses elementos, necessariamente contidos no ato por exigência legal, correspondem à forma em sentido estrito.

Segundo a posição doutrinária tradicional, o ato administrativo é, em regra, formal e escrito, admitindo-se apenas em situações singulares atos **não escritos**, como os comandos orais dos agentes de trânsito.

Em continuidade, numa acepção **ampla**, a forma consiste no **procedimento** a ser observado para a produção do ato administrativo, ou seja, na sequência de atos que devem necessariamente anteceder a produção do ato administrativo final (assim denominado porque encerra o procedimento).

A emissão da Carteira Nacional de Habilitação, por exemplo, é emitida somente depois da aprovação do interessado na prova escrita, na prova de direção, no teste médico e no teste psicotécnico. Após cada avaliação é produzido um ato, declarando a aprovação ou a reprovação do candidato. Ademais, o procedimento inicia-se com o pedido de expedição de CNH feito pelo interessado. Esse pedido, cada prova e teste, cada ato de declaração do resultado correspondem a uma etapa do procedimento para a emissão da CNH. Correspondem, portanto, à sua forma em sentido amplo. Como conclusão, podemos perceber que aqui se analisa o ato administrativo a partir de uma perspectiva **externa**.

4.4. Motivo

Motivo ou causa é o **pressuposto de fato e de direito que serve de fundamento** para a produção do administrativo. O pressuposto de direito é o **conjunto de requisitos materiais previstos em uma norma jurídica** que **autoriza** (nos atos discricionários) ou **determina** (nos atos vinculados) a prática do ato; e o pressuposto de fato é a **ocorrência, no mundo real,** dos elementos materiais abstratamente previstos na norma jurídica, ou, em outros termos, é a concretização do pressuposto de direito.

Basta pensarmos na penalidade de suspensão (o ato administrativo), prevista em norma jurídica como aplicável ao servidor que *utilizar bens públicos em atividades particulares*. A expressão destacada é o pressuposto de direito, a norma jurídica que estabelece o requisito material (utilização de bens públicos em atividades particulares) para a produção do ato administrativo (aplicação da penalidade de suspensão). Uma vez tendo um servidor efetivamente se conduzido dessa forma, tendo ele realmente usado recursos públicos em atividades privadas, ter-se-á configurado o pressuposto de fato, e, então, será produzido o ato administrativo (a penalidade de suspensão será aplicada).

Portanto, reunidos, pressuposto de direito – a norma jurídica que prevê os requisitos materiais do ato – e pressuposto de fato – sua concretização no mundo real – formam o motivo do ato administrativo.

4.4.1. A teoria dos motivos determinantes

A validade do ato administrativo está condicionada à **existência** e à **adequação** dos motivos **declarados** pela Administração para sua produção. Essa é, na essência, a **teoria dos motivos determinantes**.

Desse modo, uma vez tendo a Administração declarado os motivos pelos quais produziu o ato (e essa declaração nada mais é do que a **motivação**), a validade do ato automaticamente está condicionada à existência e à adequação de tais motivos, tal como declarados.

Por exemplo, se a Administração praticar um ato de concessão de aposentadoria voluntária por idade, declarando que o fez porque o servidor atingiu 65 anos de idade, 10 de serviço público e 5 no cargo efetivo, nos termos do art. 40 da Constituição, e posteriormente for descoberto que o servidor tem, na verdade, 60 anos, o ato deve ser anulado, pois um dos motivos declarados **não existiu** (o servidor não tem 65, mas 60 anos).

Em outra hipótese, se a Administração declarar que produziu o ato porque o servidor tem 5 anos no cargo efetivo, 10 de serviço público e **60** de idade, o ato também deve ser anulado pela aplicação da teoria, pois um dos motivos declarados **não é adequado** (para servidores do sexo masculinos, a Constituição exige 65 anos para a aposentadoria voluntária por idade, não 60, como consta na motivação do ato).

Para a aplicação dessa teoria é absolutamente irrelevante se o ato era vinculado ou discricionário, se a motivação era ou não obrigatória, se existiam de fato outros motivos adequados para o ato. **Basta que o ato tenha sido motivado**, e sua validade só se mantém se os motivos declarados pela Administração para sua produção efetivamente existem e são adequados para o ato em questão.

A motivação, apesar de intimamente relacionada aos motivos, integra outro dos elementos de validade dos atos administrativos: a forma (em sentido estrito). Logo, se um ato for anulado pela aplicação da teoria, teremos um defeito de motivação, de modo que seu elemento **forma** estará viciado.

4.5. Objeto

O objeto nada mais é do que o **conteúdo** do ato administrativo, o que o ato efetivamente cria, extingue, declara, modifica ou assegura, o efeito jurídico que produz.

Se pensarmos numa multa de R$ 1.000,00 imposta ao administrado X, na desapropriação de certo imóvel, de propriedade do administrado Y, numa penalidade de advertência aplicada ao servidor Z, quais são seus objetos?

São, por assim, dizer, "o próprio ato administrativo", o conteúdo da declaração de vontade da Administração: no primeiro caso, é uma multa de certo valor aplicada a determinado administrado; no segundo, a desapropriação de dado imóvel; no terceiro; a aplicação de uma certa penalidade a determinado servidor.

Enfim, a substância, o **conteúdo** do ato administrativo. É esse seu objeto.

5. Motivação

Não se deve confundir o motivo com a **motivação**, que é a **declaração por escrito** dos motivos **no próprio ato administrativo**. A motivação, embora intimamente relacionada aos motivos, já que nada mais é que a exposição deles, diz respeito às formalidades do ato, integrando, portanto, outro de seus elementos: **a forma.**

Assim, por exemplo, no ato de tombamento, o motivo é o valor cultural do bem, e a motivação é a explicitação dessa circunstância; no ato disciplinar o motivo é a infração funcional, e a motivação é a exposição dos atos que constituíram tal infração.

A motivação é elemento importantíssimo para um efetivo controle da conduta administrativa, sendo elemento de extremo valor para o combate a uma eventual arbitrariedade do agente público, ao possibilitar o conhecimento dos motivos por ele alegados para a produção de determinado ato.

No que toca à obrigatoriedade da motivação, essa é a regra generalíssima, mas não absoluta. Segundo entendimento doutrinário, sua obrigatoriedade é a regra geral, válida para todos os atos vinculados e para a maioria dos discricionários. Desse modo, **todos** os atos **vinculados** devem ser motivados, bem como **a maioria** dos **discricionários**. Costuma-se citar a exoneração *ad nutum* do servidor ocupante de cargo em comissão como exemplo de ato discricionário que não exige motivação.

Por oportuno, cabe destacar que a Lei nº 9.784/1999, que disciplina o processo administrativo no âmbito da Administração Federal, não regulou o assunto a partir da diferenciação dos atos administrativos em vinculados e discricionários. Ela optou por relacionar em um rol todos os atos praticados pela Administração que têm na motivação uma das suas condições de validade, independentemente do fato de serem produzidos a partir de competência vinculada ou discricionária.

6. Abuso de poder

Diz-se que há **uso do poder** quando o agente público, ao exercer suas funções, o faz de forma regular, direcionando-as à finalidade descrita na lei e de acordo com os parâmetros por ela traçados.

Figura oposta ao uso do poder é o **abuso do poder**, vício que, uma vez verificado em determinado ato administrativo, conduz inevitavelmente à sua **nulidade**, que pode ser declarada pela própria Administração, agindo de ofício, ou pelo Poder Judiciário.

O abuso de poder é gênero que comporta duas espécies: o **excesso de poder** e o **desvio de poder**. O primeiro se verifica quando o agente atua fora da sua **competência**; o segundo quando, apesar de não ultrapassar sua competência, o agente pratica o ato com **finalidade diversa** da determinada na lei.

Assim, ocorre o **excesso de poder** quando o agente age fora dos limites de suas atribuições, seja produzindo ato para o qual é **incompetente**, seja realizando um ato dentro de sua competência, mas **conferindo-lhe efeitos que não é apto a produzir.**

Como exemplo da primeira hipótese, podemos citar a expedição de um decreto por um Ministro de Estado. Como, na esfera federal, tal atribuição é exclusiva do Presidente da República, é nulo o ato por excesso de poder, já que o ministro exerceu uma competência que não possui.

Exemplo da segunda hipótese é a edição de um decreto pelo Presidente da República, por meio do qual se estabeleça diretamente determinada obrigação. O ato aqui também é nulo, pois, apesar de haver competência para sua produção, foram-lhe conferidos efeitos para os quais não tem aptidão: a criação de obrigações, matéria reservada à lei ou a ato normativo a ela equiparado. O presidente é competente para editar o decreto, mas não pode por meio dele criar obrigações, o que leva à sua nulidade por excesso de poder.

A outra espécie de abuso de poder é o **desvio de poder**, também chamado de **desvio de finalidade**, que se verifica quando o agente, embora **atuando nos limites de sua competência**, pratica ato buscando **finalidade diversa daquela, explícita ou implicitamente**, determinada na **lei**.

Esse vício se manifesta de duas formas: o agente realiza um ato com fim **diverso do interesse público**, ou seja, com fim particular, seu ou de terceiro; ou o agente pratica o ato visando a um fim de interesse público, mas não aquele **especificamente** determinado para o ato.

Exemplo do primeiro caso é a remoção *ex officio* de um servidor para uma cidade na qual ele deseje residir. A remoção *ex officio* tem por finalidade o interesse do serviço, não podendo ser utilizada para a satisfação exclusiva de interesses individuais. Logo, há desvio de finalidade na prática do ato.

Como exemplo do segundo caso podemos citar a remoção *ex officio* de um servidor como forma de punição. A remoção atendeu a uma finalidade de interesse público, que é a punição do servidor faltoso. Sua finalidade específica, entretanto, não é essa, mas aumentar o número de agentes públicos em uma unidade administrativa. Como tal finalidade não foi respeitada, a remoção é nula por desvio de poder.

7. Mérito administrativo

Mérito administrativo é a margem de liberdade que a lei outorga à Administração nas competências discricionárias. Em outros termos, consiste na autorização para que o agente competente avalie a conveniência e a oportunidade do ato administrativo e defina seu conteúdo.

A essência do poder discricionário reside nestes três juízos: **conveniência, oportunidade** e **conteúdo** – os juízos da discricionariedade –, como analisamos na unidade anterior.

Importante salientar desde já que a falta de previsão legal para a Administração atuar em certa hipótese não significa que ela goze de poder para praticar um ato discricionário, é justamente o oposto que ocorre: em tais hipóteses ela está impedida de produzir qualquer ato, pela incidência do princípio da legalidade.

A necessidade de existirem competências discricionárias conferidas à Administração justifica-se pelo fato de que a lei, frente à multiplicidade de situações que podem surgir no cotidiano administrativo, não pode prever todos os aspectos dos atos necessários ao atingimento do fim público. Assim, é indispensável que em algumas hipóteses ela dote o agente público, próximo da realidade administrativa e dela conhecedor, de poderes para complementar com certa dose de subjetividade aos comandos legais, como medida indispensável para que os fins legais sejam alcançados. Isso explica também por que não se permite ao magistrado, desconhecedor e distante da realidade administrativa, adentrar na análise do mérito de um ato da Administração com o fito de revogá-lo, parcial ou totalmente, substituindo a decisão do agente pela sua.

A discricionariedade administrativa, segundo posicionamento doutrinário dominante, reside nos elementos motivo e objeto do ato administrativo. São esses dois elementos – **motivo e objeto** – que compõem o **mérito administrativo**. Os demais elementos do ato discricionário – competência, finalidade e forma – são vinculados, ou seja, vêm detalhadamente previstos em lei, não havendo aqui qualquer margem de liberdade para o agente. Qualquer ato administrativo só pode ser praticado pelo agente competente, na forma prescrita na lei e visando ao interesse público. Quando, satisfeitos esses três requisitos, a lei permite ao agente que, dentro dos seus parâmetros, valore o motivo para a produção do ato e determine seu objeto, estaremos diante de um ato administrativo discricionário, um ato em que há espaço para o mérito administrativo.

O **objeto** do ato administrativo é discricionário, numa primeira hipótese, quando a lei confere ao agente público certa margem de liberdade para definir o **conteúdo** de certo **tipo de ato**. Seria o caso de uma lei autorizar a certa autoridade, frente a uma infração de gravidade média produzida pelo seu subordinado, aplicar uma penalidade de suspensão pelo período de 10 a 30 dias. A autoridade não tem liberdade para escolher o tipo de ato que deverá praticar, tendo a lei determinado a aplicação da pena de suspensão, mas goza de certo espaço de decisão para definir seu conteúdo, no nosso caso, o período de duração da pena, de 10 a 30 dias.

Também há discricionariedade no objeto quando a lei prevê **diversos tipos de atos** passíveis de uso pelo agente para se atingir determinado fim. É o que ocorre, por exemplo, em uma lei que estabeleça **dois tipos de sanções** passíveis de aplicação no caso de comercialização de alimentos com prazo de validade expirado, a saber, interdição temporária ou multa. Nesse caso, o agente, perante uma falta dessa natureza, terá certa margem de liberdade para definir a sanção que considere mais adequada para reprimir o ato lesivo; definirá, pois, o tipo de ato que produzirá a interdição ou a multa. É lógico que a discricionariedade tem por um de seus limites as circunstâncias da situação em concreto que justificam a prática do ato. Se o ato for desarrazoado ou desproporcional com relação à situação específica em que foi produzido, cabe sua anulação nas esferas administrativa ou judicial.

Quanto ao **motivo**, será ele discricionário quando a lei estabelecer determinada competência **sem determiná-lo com exatidão**. Nessa hipótese, a lei não declara expressamente que o ato é discricionário, mas deixa **implícito**, a partir de seus termos, que estamos perante uma competência dessa natureza. É o que ocorre, por exemplo, na exoneração *ad nutum* do servidor ocupante de cargo em comissão, medida que pode ser adotada pela autoridade competente sempre que considerar insatisfatória a atuação de seu subordinado. A Constituição, em seu art. 37, V, é clara ao definir tais cargos como "de **livre** nomeação e exoneração" pela autoridade competente, conferindo amplíssima discricionariedade para a autoridade valorar o motivo do ato.

O motivo também é discricionário quando a lei atrela-o a determinada competência utilizando-se de **conceitos jurídicos**, **indeterminados** (teoréticos ou plurissignificativos), **noções vagas**, **imprecisas**, **subjetivas** que **podem** permitir ao agente competente certa margem de liberdade na sua aplicação a um caso em concreto. É o que se verifica quando a lei, estabelecendo a competência para punir um servidor, estatui como motivo para o ato punitivo a prática de "falta **grave**", "conduta **desidiosa**", ou "ato de **insubordinação**", entre outras expressões similares. A definição, caso a caso, se certo comportamento caracteriza ou não "falta grave", "conduta desidiosa" ou "ato de insubordinação", passará por uma análise subjetiva, discricionária, da autoridade.

É importante ressaltar que o conceito jurídico indeterminado é tão somente uma **autorização abstrata** de atuação discricionária, sendo indispensável a análise do **caso em concreto** para verificar se nele haverá realmente algum espaço para atuação discricionária da Administração.

Por exemplo, pensemos em um estatuto de servidor que define como ilícito administrativo "conduzir-se de forma desidiosa" (negligente). Chegam às mãos da autoridade competente três processos administrativos, nos quais se apura a conduta de três servidores. No primeiro caso, comprovou-se que o servidor "A", injustificadamente, perdeu o prazo para se manifestar em 30 processos administrativos; que o servidor "B" chegou atrasado à repartição 5 minutos em dois dias, dentro do período de 1 ano; e que o servidor "C" chegou atrasado 30 minutos ao serviço, por um período de 30 dias consecutivos.

A autoridade deve decidir quanto ao enquadramento ou não dessas condutas no dispositivo que define "conduzir-se de forma desidiosa" como infração funcional. Ora, no primeiro caso não haverá para a autoridade qualquer margem de liberdade: é evidente que a perda de prazo em 30 processos administrativos, sem justa causa, caracteriza-se como comportamento negligente. No segundo caso, da mesma forma, não há qualquer espaço para uma atuação discricionária: é evidente que dois atrasos de cinco minutos no período de um ano **não** é conduta desidiosa.

No terceiro, finalmente, haverá um espaço de decisão para a autoridade considerar se ficou caracterizada ou não a conduta desidiosa. Poderá a autoridade entender que isso se verificou, já que o servidor atrasou-se 30 minutos para o serviço por 30 dias consecutivos. Nesse caso, enquadrará seu comportamento como "conduta desidiosa" e, a partir daí, determinará a penalidade aplicável. Poderá a autoridade, todavia, entender que, apesar do atraso, o servidor cumpriu adequadamente suas funções, descaracterizando a conduta como desidiosa. Enfim, haverá efetivamente, nesse terceiro caso, uma margem de liberdade para a autoridade competente decidir se o comportamento do servidor configurou ou não conduta desidiosa, a partir de um juízo de razoabilidade.

Enfim, temos de perceber que o conceito jurídico indeterminado é tão somente uma autorização abstrata de atuação discricionária, sendo indispensável a análise do caso em concreto para podermos concluir se nele, efetivamente, haverá ou não um espaço de decisão para a Administração.

8. Desfazimento

Desfazimento é gênero que comporta três principais modalidades: **anulação**, que é o desfazimento do ato em virtude de **ilegalidade** nele existente **desde sua formação**; **revogação**, que é o desfazimento do ato por motivos de **conveniência e oportunidade** surgidos em momento **posterior** à sua produção; e **cassação**, que é o desfazimento do ato como **sanção** ao particular que, **após a sua produção**, passou a descumprir os requisitos para a manutenção de seus efeitos.

A seguir, estudaremos cada uma dessas figuras em separado.

8.1. Anulação

Podemos definir a **anulação** como o desfazimento do ato administrativo, com efeitos **retroativos**, em virtude de **vício de legalidade** em seus elementos constitutivos. O ato foi produzido em desconformidade com a lei ou os princípios administrativos, e em função disso é determinada sua extinção com efeitos *ex tunc* ou retroativos.

Como estamos perante um defeito de legalidade, a anulação pode ser determinada tanto pela Administração, a pedido ou de ofício, com base no princípio da autotutela; como pelo Poder Judiciário, mediante provocação do interessado, com base no princípio da inafastabilidade da jurisdição. Ademais, mesmo que não haja nenhuma falta a ser imputável ao administrado, se este tiver qualquer interesse afetado pela anulação, esta somente pode ser determinada após ser-lhe oportunizada a manifestação, em respeito aos princípios do contraditório e da ampla defesa.

Como anteriormente destacado, os efeitos da anulação são *ex tunc*, retroagindo **até a data em que o ato foi produzido de forma viciada**. Isso, todavia, não pode ser afirmado indiscriminadamente, pois não se aplica, em regra, para os **terceiros de boa fé**, assim considerados aqueles que não participaram do procedimento de formação do ato viciado e não tinham conhecimento do defeito nele existente.

Esses terceiros, **em regra, não são atingidos pela anulação**. Quando isso não for possível, em virtude da gravidade do vício, terão direito à **integral indenização** pelos prejuízos decorrentes da anulação.

Por exemplo, se é anulada uma nomeação para o cargo de Analista da Receita Federal, pela descoberta posterior de que o nomeado não foi aprovado em concurso, eventuais certidões negativas de débito expedidas pelo nomeado para terceiros de boa-fé antes da anulação do ato de provimento não são desfeitas. Permanecem incólumes seus efeitos. Todavia, se, no caso, a nomeação fosse para um cargo de magistrado, todos os atos decisórios, como as sentenças, são atingidos pelo desfazimento. Neste caso, os terceiros de boa-fé são alcançados pelo desfazimento, mas têm direito a indenização por todos os prejuízos daí decorrentes. Por fim, embora não concordemos com este entendimento, temos de informar que alguns consideram que a anulação produz efeitos *ex nunc* para os terceiros de boa-fé.

Em complemento, devemos conhecer lição de Bandeira de Mello, que apresenta, como categoria à parte, os **atos irregulares**, assim considerados aqueles que violam normas editadas pela própria Administração com o exclusivo objetivo de manter uma padronização interna mínima no curso de seus procedimentos. É o caso, por exemplo, de um ato produzido sob a forma de portaria, quando a norma administrativa aplicável determina, no caso, o uso da ordem de serviço. Como o vício não afeta de nenhum modo os administrados, ele não é grave o suficiente para justificar a anulação. Assim, na lição do professor, **os atos irregulares não se sujeitam à anulação.**

8.2. Revogação

Podemos definir a **revogação** como o desfazimento do ato administrativo em virtude de **interesse público superveniente que tornou inconveniente ou inoportuna a manutenção de seus efeitos.**

Devemos notar que a revogação é, em si mesma, um ato discricionário, que pode incidir somente sobre **atos válidos e discricionários.** Se o ato apresenta vício de legalidade, o caso é de anulação ou, como veremos a seguir, convalidação ou conversão. Se o ato foi produzido com base em conveniência vinculada, não houve nenhuma espaço, então, para os juízos de conveniência e oportunidade. Logo, não cabe seu desfazimento com base em tais juízos. Por exemplo, se a Administração produziu um ato de aposentadoria compulsória (um ato vinculado), não cabe, em nenhuma hipótese, sua extinção por motivos de conveniência ou oportunidade.

Porque incidem sobre atos válidos, os efeitos da revogação são apenas ex *nunc* ou **proativos**, da data da revogação em diante. Os efeitos produzidos até então pelo ato revogado permanecem incólumes.

Como apenas parte do ato pode ter-se tornado inconveniente ou inoportuna ao interesse público, é possível seu desfazimento parcial. Logo, a revogação pode ser total ou parcial. Ainda, como a forma deve ser considerada elemento vinculado dos atos administrativos em geral, a revogação deve, em regra, seguir a mesma forma do ato que está sendo revogado. Se este, por exemplo, foi produzido sob a forma de decreto, deve-se revogá-lo mediante a expedição de outro decreto.

Em continuidade, devemos perceber que a essência da revogação – os juízos de conveniência e oportunidade – é o que impede o Poder Judiciário de decidir pela revogação de atos praticados pelos demais Poderes. Apenas **o próprio Poder** que produziu o ato, no desempenho da função administrativa, tem competência para decidir quando não se tornou mais de interesse público sua manutenção. O Poder Judiciário, no exercício da função administrativa, pode revogar somente os atos produzidos **no âmbito do próprio Poder**, no desempenho da mesma função.

Por fim, como a revogação incide sobre atos válidos e discricionários, nem todos os atos podem ser alcançados por esta modalidade de desfazimento. Com base nas considerações doutrinárias, podemos considerar como **insuscetíveis de revogação**:

1º) **os atos já consumados**, assim considerados aqueles que já exauriram (produziram) todos seus efeitos jurídicos: como a revogação produz efeitos proativos (a partir da data da própria revogação), logicamente não poderia incidir sobre um ato que não tem mais efeitos para produzir;

2º) **os atos vinculados**: como afirmamos anteriormente, se a Administração não dispõe de autonomia para praticar um ato também não o terá para desfazê-lo;

3º) **os atos que já geraram direitos adquiridos para os administrados**: se praticados regularmente, não pode a Administração retirar-lhes a eficácia;

4º) **os atos que estão integrados dentro de um procedimento**: produzido um ato no bojo de um procedimento, o mesmo já cumpriu sua função, não sendo possível sua revogação;

5º) **os meros atos administrativos**, cujos efeitos já vêm rigidamente preestabelecidos em lei, a exemplo das certidões e atestados.

8.3. Cassação

A **cassação** consiste na extinção de um ato administrativo em virtude do descumprimento, **pelo seu beneficiário, das condições para a sua manutenção em vigor**.

Por exemplo, se a Administração, atendendo pedido do administrado, permitiu-lhe explorar certo bem público, sob a condição de manter em perfeito estado o bem, o descumprimento dessa condição pelo beneficiário do ato justifica a cassação da permissão.

Devemos notar que o ato atingido pela cassação não apresenta qualquer vício de legalidade. Apenas o seu beneficiário incorreu em falta no cumprimento de suas condições. A cassação, desse modo, incide sobre atos **válidos**, constatação que justifica suas demais características, quais sejam:

a) a cassação, salvo disposição legal em contrário, é competência **discricionária** da Administração. Como se trata de competência discricionária, **não pode o Judiciário** cassar os atos produzidos pelos demais Poderes;

b) segundo entendimento prevalente, os efeitos da cassação são tão somente **proativos**, da data em diante. Assim, se no exemplo anterior o ato de permissão foi praticado em 01/03/2008, o administrado incorreu em falta em 10/09/2008, e a Administração decidiu pela cassação em 10/12/2008, somente a partir desta data incidem seus efeitos.

8.4. Outras formas de extinção

Além das modalidades de desfazimento antes analisadas, temos, como espécies de extinção dos atos administrativos:

1ª) **caducidade**: ocorre a caducidade do ato administrativo quando entra em vigor **legislação** que não permite a manutenção da situação jurídica que constitui seu objeto. O ato, quando da sua produção, era plenamente compatível com a legislação então em vigor. Contudo, passa a ser incompatível com legislação editada em momento posterior, o que leva à sua caducidade. Por exemplo, se um administrado obtém permissão para instalar um quiosque em certa praça pública, sendo esse uso admitido pela legislação então em vigor, lei superveniente que vede esta hipótese de exploração do bem público acarreta a caducidade da permissão;

2ª) **contraposição**: verifica-se quando, com base em competência diversa, é praticado um ato administrativo cujos efeitos são contrapostos a outro anteriormente praticado, acarretando, pois, a cessação de seus efeitos. Seria o caso, por exemplo, de um ato de exoneração, que faz cessar os efeitos do anterior ato de nomeação;

3ª) extinção **objetiva**: ocorre quando o **objeto** do ato desaparece. Se é expedido um ato de permissão para uso de um espaço no *hall* de um edifício público, em sendo este demolido o ato é atingido pela extinção objetiva;

4ª) extinção **subjetiva**: verifica-se quando o **sujeito** diretamente destinatário do ato desaparece. Se, no exemplo anterior, o permissionário vem a falecer, o ato de permissão é atingido pela extinção subjetiva;

5ª) extinção **natural**: é o modo usual de extinção dos atos administrativos, decorrendo do **exaurimento** de seus efeitos. Se a permissão referida anteriormente é concedida até 15/08/2008, a partir de 16/08/2008 incide a extinção natural.

9. Convalidação

Podemos definir convalidação como a **correção**, com efeitos **retroativos**, de um ato administrativo portador de **defeitos sanáveis de legalidade**.

A admissão dessa figura, pela nossa doutrina majoritária, representa a superação da escola monista pela escola dualista.

Pela escola **monista**, todo e qualquer vício de legalidade do ato administrativo configura defeito **insanável**, acarretando, necessariamente, a anulação do ato. Essa escola, em síntese, não admite a possibilidade de correção de atos administrativos.

A escola **dualista**, ao contrário, admite a convalidação, sendo esta sua diferença com relação à escola anterior. Para a escola dualista, o ato administrativo pode apresentar defeitos de dois graus, os **sanáveis**, que admitem a convalidação, mantendo-se o ato em vigor; e os **insanáveis**, que, pela sua gravidade, levam necessariamente à anulação do ato.

Como afirmado, predomina largamente no presente a escola dualista, que advoga a possibilidade de convalidação, com efeitos retroativos, do ato portador de defeito sanável de legalidade. Os fundamentos da escola para tal posição são, essencialmente, a presunção de legitimidade dos atos administrativos, o princípio da moralidade, enquanto dever de boa-fé, e o princípio da segurança jurídica.

Embora haja certa dissidência na matéria, majoritariamente considera-se que representam defeitos sanáveis do ato administrativo, a admitir a convalidação, os vícios de competência não exclusiva e de forma não essencial.

Competência não exclusiva é aquela que admite delegação ou avocação. Por sua vez, **forma não essencial** é aquela que, apesar de prevista em lei, não é dita por indispensável à validade do ato. São esses os defeitos do ato que admitem correção.

Por outro lado, defeitos de competência exclusiva, forma essencial, finalidade, motivo e objeto são considerados insanáveis, acarretando necessariamente a anulação do ato administrativo.

Destacamos novamente que a convalidação produz efeitos retroativos, incidindo desde a data de produção do ato com vício. De outro modo (ou seja, se os efeitos fossem tão só proativos), essa figura não teria utilidade para a Administração, que anularia o ato viciado e praticaria outro sem defeitos de legalidade.

Na unidade subsequente, retornaremos ao ponto, apresentando o regramento da convalidação na Lei nº 9.784/1999, que regula o processo administrativo na esfera federal.

10. Conversão

A **conversão** pode ser definida como o **aproveitamento do ato administrativo em categoria diversa daquela em que foi produzido, pelo fato de não ter preenchido os requisitos de validade para o enquadramento na categoria originária**. A partir da conversão, o ato produz os efeitos inerentes à segunda categoria, pois é nesta em que foi transformado.

Os efeitos da conversão são **retroativos**, pois de outro modo, tal como a convalidação, a figura não seria de utilidade para a Administração.

A grande utilidade da conversão para a Administração é o aproveitamento de atos portadores de legalidade **insanável**, que não admitem a convalidação. A dificuldade em seu uso é a existência de duas categorias com efeitos similares, de modo a possibilitar a conversão.

Pensemos, por exemplo, em um ato praticado sob a forma de autorização, com período de 24 meses, sendo que a lei só prevê a autorização com prazo máximo de 18 meses. Trata-se de vício no objeto, não sendo possível a correção.

Mas, imaginemos que a lei prevê a permissão, com prazo de até 30 meses. Nesse caso, poderá o ato de autorização, retroativamente, ser convertido para o de permissão, evitando-se, assim, sua anulação.

11. Atributos do ato administrativo

Os atos administrativos possuem determinados **atributos**, qualidades a eles inerentes que asseguram à conduta administrativa a eficácia necessária para a consecução do bem público. Tais atributos são a **presunção de legitimidade e veracidade, a imperatividade, a autoexecutoriedade e a tipicidade.**

11.1. Presunção de legitimidade e veracidade

Presume-se, em termos **relativos**, que o ato da Administração foi produzido em conformidade com **a lei e os princípios administrativos** (legitimidade), e que os **fatos declarados** pela Administração para sua produção são verídicos, tendo ocorrido exatamente como declarados pela Administração (veracidade).

Desse modo, se, por exemplo, um agente de trânsito lavra uma multa por excesso de velocidade, presume-se que o ato foi produzido em plena conformidade com os princípios administrativos e a legislação aplicável, e que o fato que culminou na sua produção (o excesso de velocidade) ocorreu exatamente como descrito pelo agente público.

Tal presunção é, entretanto, relativa. Desse modo, pode ser derrubada pelo administrado, mediante a cabal comprovação de que o ato da Administração apresenta algum vício de validade. É indispensável **cabal** comprovação do vício, pois, como o ato se presume legítimo e verídico, é do administrado o ônus de provar os defeitos que alega. Ocorre, no caso, a **inversão do ônus da prova** (apesar de o ato ter sido produzido pela Administração, é do administrado o ônus de comprovar seu defeito).

Uma primeira consequência da presunção é, portanto, assegurar a aptidão do ato para **a imediata produção de efeitos jurídicos, mesmo tendo o particular arguido sua invalidade**. A mera impugnação não suspende os efeitos do ato (salvo quando a lei confere-lhe tal efeito). É indispensável, para derrubar a presunção, expressa decisão administrativa ou judicial reconhecendo o defeito. A imediata operatividade do ato administrativo é, pois, o primeiro efeito da presunção de legitimidade e veracidade.

O segundo efeito, sustentado por parte de nossa doutrina, é a impossibilidade de o magistrado, no bojo de um processo judicial, apreciar **de ofício** elementos de validade do ato, devendo limitar-se àqueles que foram expressamente impugnados pelo autor da ação. Assim, se um administrado ingressa com uma ação alegando apenas vício de competência, por esse entendimento não pode o magistrado, de ofício, apreciar os demais elementos de validade do ato.

Por fim, o atributo em apreço aplica-se a **todos** os atos **administrativos** e **independe de previsão legal**.

11.2. Imperatividade ou coercibilidade

O ato administrativo é **impositivo** para o administrado, ou seja, é válido e eficaz independentemente de sua anuência. Desse modo, pode a Administração, por ato **unilateral, fixar obrigações, impor restrições e aplicar sanções aos administrados**. Essa atuação unilateral da Administração, restringindo a esfera jurídica do administrado, é o que denominamos **imperatividade**.

Esse atributo, ao contrário do anterior, só incide **quando expressamente previsto em lei**. Ademais, não se aplica a todos os atos administrativos, pois não gozam do atributo os atos **negociais** e os **enunciativos**. Os atos negociais (licença, permissão), porque o administrado deseja sua produção; os enunciativos (certidão, atestado), porque tais atos, por si sós, não produzem efeitos jurídicos. Logo, em uns e outros nada há a ser imposto ao administrado.

Ensina a doutrina que esse é o atributo dos atos administrativos relacionado ao **poder extroverso do Estado**, pelo qual o ente estatal cria obrigações para os administrados por ato unilateral.

11.3. Autoexecutoriedade

A Administração, tendo produzido o ato, pode **direta e imediatamente executá-lo, sem necessidade de qualquer manifestação do Poder judiciário**. O ato é, pois, autoexecutável pela Administração. Daí denominar-se o atributo de **autoexecutoriedade**.

Tal como a imperatividade, a autoexecutoriedade aplica-se aos atos administrativos em geral, mas ressalvados os negociais e os enunciativos, que não gozam do atributo. Todavia, diferente daquele atributo, a autoexecutoriedade incide não só quando expressamente prevista em lei, mas também, **independentemente de qualquer previsão legal**, em situações de **urgência**, em que a demora na busca da tutela jurisdicional resultaria em dano ao interesse público.

Uma situação bastante rotineira, em que a Administração não goza de autoexecutoriedade, ocorre na **cobrança de débitos**, quando o administrado resiste ao pagamento. A Administração, com imperatividade, pode fixar a obrigação de pagamento, mas, em caso de não quitação voluntária pelo administrado, não pode executar o débito por suas próprias forças. Necessariamente, deverá interpor uma ação judicial de execução.

São diversos os atos em que a Administração goza de autoexecutoriedade, a maioria deles tendo lugar no poder de polícia. Como exemplo, pode-se citar a demolição de um prédio em ruínas, a interdição de um estabelecimento em situação irregular, a destruição de medicamentos com prazo de validade vencido etc.

Na matéria, é indispensável conhecermos as lições de Celso Antônio Bandeira de Mello, que não trata do tema na forma usual, trabalhando com dois atributos diferenciados, a exigibilidade e a executoriedade.

Consiste a **exigibilidade** na possibilidade que tem a Administração de se valer de **meios indiretos de coação** contra o administrado, independentemente de manifestação do Poder Judiciário. Esse meio indireto de coação nada mais é do que uma sanção ao administrado pelo descumprimento da lei, podendo-se citar, aqui, as multas e advertências.

Já a **executoriedade** verifica-se quando a Administração, mais uma vez independentemente de qualquer manifestação do Poder Judiciário, vale-se de **meios diretos de coação** contra o administrado, **compelindo-o materialmente** (forçando-o) ao cumprimento da lei. Aqui, a Administração atua de modo a impedir que um administrado, até então atuando de modo ilegal, continue a fazê-lo. Como principais atos que gozam do atributo, podemos citar os atos de demolição, destruição, apreensão, retenção e interdição.

11.4. Tipicidade

A professora Maria Sylvia Zanella di Pietro define tipicidade como

> o atributo pelo qual o ato administrativo deve corresponder a figuras definidas previamente pela lei como aptas a produzir determinados resultados.

Enfim, o ato deve corresponder a certos tipos, certas figuras expressamente previstas em lei (decreto, portaria, instrução etc.).

Não iremos além. Em nosso entender, a definição da autora não corresponde a um atributo, mas a um requisito de validade dos atos administrativos: a forma. De qualquer modo, devem-se considerar corretas declarações no sentido de que tipicidade é atributo dos atos administrativos, em virtude de declarações como a transcrita anteriormente.

12. Classificação dos atos administrativos

12.1. Atos de império, de gestão e de expediente

Atos de império são aqueles praticados pela Administração no gozo de sua **supremacia** sobre o particular. Obrigam à obediência, independente de qualquer manifestação de concordância com seus termos. Os atos de polícia são os melhores exemplos de atos de império.

Os atos de gestão são aqueles realizados pela Administração sem fazer uso de sua supremacia sobre o administrado. São atos típicos de **administração**, similares aos praticados pelos particulares em geral. Entre eles podemos elencar a compra e venda de bens, o aluguel de automóveis ou equipamentos etc.

Os atos de expediente são os atos praticados pelos agentes administrativos com vistas ao **trâmite rotineiro** das atividades desenvolvidas nos órgãos e entidades públicas. Como exemplo, podemos citar a formalização de um processo, a anexação de documentos a autos administrativos, a expedição de um ofício a um administrado, a entrega de uma certidão, a rubrica das páginas integrantes de um processo administrativo, o protocolo de um requerimento, entre outros.

12.2. Atos gerais e individuais

Os atos administrativos **gerais** são aqueles que têm **destinatários indeterminados**, unidos pelo fato de se encontrarem em determinada situação ou pertencerem a certa classe de pessoas. Podem ser gerais e **concretos**, quando são aplicáveis **a uma hipótese específica**, como a ordem para o fechamento de uma praça pública; ou gerais **e abstratos**, quando se destinam a **sucessivas aplicações**, sempre que se configurar a hipótese neles prevista, como um decreto que detalhe os dispositivos de uma lei que tenha criado uma obrigação de pagamento para os membros de certa profissão.

Seja concreto ou abstrato, é isto que particulariza o ato geral: a **indeterminação de seus destinatários**, a impossibilidade de sua **identificação individualizada**.

No primeiro caso, não há como determinar *a priori*, pela análise do ato, quais serão os administrados atingidos pelo fechamento da praça: serão todos aqueles que porventura teriam interesse em se utilizar do bem público. No segundo caso, verifica-se a mesma situação: não há como individualizar quais precisamente os destinatários do decreto, pois serão todos aqueles que exercem ou que vierem a exercer a profissão.

Com base nas considerações de Maria Sylvia Zanella di Pietro, podemos relacionar como principais características dos atos **gerais**: (1ª) necessitam ser publicados na imprensa oficial para adquirirem eficácia contra os administrados; (2ª) são incondicionalmente revogáveis, respeitados os efeitos que o ato produziu até sua extinção; (3ª) não podem ser impugnados **diretamente** pelo administrado, na via administrativa ou judicial.

Em prosseguimento, os atos administrativos **individuais** são aqueles que têm por destinatários sujeitos **determinados ou determináveis**. Tais atos podem ser **singulares**, quando têm um só destinatário; ou **plúrimos**, quando têm vários destinatários, todos identificados ou passíveis de identificação. Constituem a maioria dos atos editados pela Administração. Como exemplo de ato individual singular, podemos citar a nomeação de uma pessoa para ocupar determinado cargo público, como exemplo de ato individual plúrimo, a nomeação de diversas pessoas para ocupar cargos em certa carreira.

Os atos individuais, singulares e plúrimos, têm como características: (1ª) sua revogabilidade é condicionada, não podendo atingir direitos adquiridos; (2ª) podem ser impugnados **diretamente** pelos seus destinatários nas vias administrativa e judicial.

12.3. Ato válido, nulo, anulável e inexistente

O ato **válido** é aquele praticado com observância de todos seus requisitos legais, relativos a competência, finalidade, forma, motivo e objeto.

O ato **nulo**, por contraposição ao válido, é aquele que nasce com vício **insanável** em algum de seus requisitos de validade, não sendo passível, pois, de convalidação.

Em terceiro, temos o ato **anulável**, assim considerado aquele que, por apresentar um defeito **sanável** de legalidade, admite correção pela Administração.

Por fim, há o ato **inexistente**, assim considerado aquele que **não foi produzido por um agente público, mas por alguém que finge possuir tal condição, sem que, no caso em concreto, se tenham configurado os elementos da teoria da aparência**.

Seria o caso, por exemplo, de um particular fazer-se passar por um auditor da Receita Federal e, com base nessa ficção, lavrar um auto de infração contra um estabelecimento comercial. Trata-se, no caso, de um ato inexistente, inidôneo para a produção de quaisquer efeitos jurídicos (ressalvada a possibilidade de responsabilização do artista).

Celso Antônio Bandeira de Mello também enquadra nessa categoria as condutas **criminosas** dos agentes públicos, violadoras dos direitos fundamentais dos administrados. Para o professor, as características de tais atos podem ser assim sumariadas:

1. o fato de ser **imprescritível** o reconhecimento do vício;
2. não admitirem **conversão** (este instituto será analisado adiante);
3. serem passíveis de resistência *manu militari* (termo que indica estarem os administrados autorizados a se valer da **força física** necessária para não se sujeitarem ao ato inexistente);
4. **não serem seus efeitos pretéritos aproveitáveis para ninguém**, sejam aqueles diretamente atingidos pelo ato, sejam terceiros de boa-fé.

12.4. Ato simples, composto e complexo

Quanto à formação da vontade, os atos administrativos podem ser simples, complexos ou compostos.

O ato administrativo **simples** é o que resulta da manifestação de vontade de **um único órgão**, **unipessoal** ou **colegiado**. Não influi aqui o número de agentes que participa do ato, desde que a manifestação de vontade seja unitária. Assim, tanto é simples o parecer de uma autoridade administrativa como a decisão proferida pelos membros do Conselho de Contribuintes do Ministério da Fazenda. Em ambos os casos, embora tenha havido variação no número de agentes participantes do ato (um só agente, no primeiro caso; vários, no segundo), foi ele produzido no âmbito de um único órgão. Logo, trata-se de um ato simples.

O ato **complexo** é aquele que necessita da **conjugação de vontades** de **órgãos distintos** para sua formação. É, enfim, aquele que requer uma declaração de vontade de dois ou mais órgãos para sua produção, não sendo nenhuma das declarações, isoladamente, suficiente para tanto, considerando-se o ato completo somente com a participação de todos os órgãos que nele devem intervir. Entenda-se, apesar de se manifestarem dois ou mais órgãos, o ato produzido é **único**, resultando da soma das diversas manifestações.

Exemplo dessa espécie de ato é a concessão de alguns regimes tributários especiais, que requerem manifestação favorável da Receita Federal e da Fazenda estadual respectiva, estando perfeito o ato somente com ambas as manifestações.

É importante ressaltar que o ato só está perfeito com a manifestação de vontade de todos os órgãos, antes do que não é possível impugná-lo. Nesse ponto o ato complexo diferencia-se do **procedimento administrativo**, que consiste em uma sequência de atos coordenados e preordenados a um resultado final. Todos os atos **intermediários** do procedimento são passíveis de **impugnação autônoma**, enquanto o ato complexo, como já se afirmou, só pode ser atacado após a sua conclusão.

Já o ato administrativo **composto** é aquele em que há **declaração de vontade de apenas um órgão da Administração**, mas essa declaração depende, para produzir os seus efeitos, **para adquirir exequibilidade**, da manifestação de outro órgão, anuindo com sua produção mediante visto, aprovação ou homologação.

Este segundo órgão não participa da definição do conteúdo do ato, apenas manifesta sua concordância com relação a ele. Aqui, da mesma forma que nos atos complexos, é praticado um **único ato**, mas agora por apenas **um órgão**, já que o segundo se limita a aquiescer com sua produção (enquanto nos atos complexos são dois ou mais os órgãos que praticam o ato). São dessa espécie todos os atos administrativos sujeitos à autorização, aprovação, visto ou homologação.

Alguns autores, a exemplo da professora Maria Sylvia Zanella di Pietro, desmembram o ato composto em **dois atos**, um **principal** e o outro **acessório**. Usando do mesmo exemplo, o ato principal é o ato de nomeação, e o acessório, a aprovação prévia do nome pelo Poder Legislativo.

Podemos considerar corretas ambas as posições: a primeira, que vislumbra o ato composto como **único**, sendo seu conteúdo definido por um órgão e estando a produção de seus efeitos condicionada à anuência de outro; e a segunda, que entende, no caso, existirem **dois atos**, o principal e o acessório, constituindo este requisito de eficácia daquele.

12.5. Ato perfeito, imperfeito, pendente ou consumado

Quanto à capacidade para a produção de efeitos, podemos classificar os atos administrativos em perfeitos, imperfeitos, pendentes e consumados.

Perfeito é o ato administrativo que já **completou seu ciclo de formação**, que já ultrapassou todas as suas fases de produção, estando, em vista disso, apto à produção de seus efeitos. Não devemos confundir perfeição, que se refere ao **procedimento** para a produção do ato, com validade, relacionada à sua conformidade com a lei e os princípios administrativos. Um ato administrativo pode ser perfeito, porque já completou seu ciclo de produção, mas inválido, porque não foram observados alguns de seus requisitos de validade.

Imperfeito, por oposição, é o ato que **ainda não ultrapassou todas as suas fases de produção**, que ainda não encerrou seu procedimento e, em virtude disso, é ainda inoperante para a produção de consequências jurídicas. Aqui também não se indaga quanto à observância dos preceitos legais. Ato imperfeito é todo ato administrativo **incompleto**, tenham sido até então observadas ou não as normas legais. A imperfeição do ato pode resultar, por exemplo, de falta de homologação, de falta de publicação, entre outras variáveis possíveis.

Pendente, por sua vez, é um ato **que já teve seu ciclo de produção encerrado**, mas que se encontra sujeito, ainda, **a termo ou condição** para que sejam deflagrados seus efeitos. Sinteticamente, ato pendente **é o ato perfeito sujeito a um termo ou a uma condição.** Um ato de concessão de férias a servidor no período de 01/03 a 30/03, que tenha seu processo de formação encerrado em 01/02, com sua publicação na imprensa oficial, é exemplo de ato imperfeito, pois encerrou seu ciclo de produção em 01/02, com sua divulgação oficial, mas está sujeito a um termo, já que seus efeitos só se iniciarão (o servidor só poderá iniciar o gozo de suas férias) em 01/03.

Deve-se notar que, na terminologia adotada nessa classificação, **todo ato pendente é perfeito**, pois todo ato pendente já encerrou seu ciclo de produção. Por outro lado, **nem todo ato perfeito é pendente**, pois pode ocorrer que o ato tenha completado seu ciclo de produção e não esteja sujeito a qualquer termo ou condição.

Por fim, ato **consumado** é aquele que **exauriu** seus efeitos, que já produziu todos os efeitos a que estava predisposto. Valendo-nos do exemplo anterior, o ato de concessão de férias estará consumado em 31/03, data em que ele já produziu todos os seus efeitos, tendo o servidor gozado integralmente seu período de descanso.

13. Espécies de atos administrativos

13.1. Atos punitivos

Os atos **punitivos** são aqueles mediante os quais a Administração **aplica sanções aos seus agentes ou aos administrados**.

Se a sanção recair sobre um agente público ou um particular com vínculo específico, o fundamento do ato punitivo é o **poder disciplinar** da Administração.

Por outro lado, se incidir sobre um particular com vínculo genérico, não específico, o ato punitivo tem por base o **poder de polícia** do Estado.

13.2. Atos ordinatórios

Os atos ordinatórios são atos administrativos **internos**, destinados a estabelecer normas de conduta para os servidores públicos.

Têm por base o poder hierárquico, não causando efeitos externos à esfera administrativa. São praticados segundo as disposições estabelecidas nos atos normativos, sendo a eles subordinados.

São exemplos desses atos as ordens de serviço, as portarias internas, as instruções etc.

13.3. Atos normativos

Os atos **normativos** correspondem aos atos **gerais e abstratos**, anteriormente apresentados. Possuem como principais características:

1ª) superioridade hierárquica sobre o ato individual, pois este é editado a partir das suas disposições;

2ª) são incondicionalmente revogáveis;

3ª) não podem ser impugnados, diretamente, em tese, na via administrativa ou judicial, pela pessoa por eles lesada. A pessoa lesada poderá, todavia, impugnar uma específica consequência do ato com relação à sua situação jurídica, valendo-se para tanto dos instrumentos processuais cabíveis, administrativos ou judiciais;

4ª) são atos que admitem, ou mesmo exigem, uma atuação discricionária da Administração, nos limites da lei.

Os decretos regulamentadores, as resoluções, as instruções normativas e as portarias com conteúdo geral e abstrato são os principais atos administrativos normativos.

13.4. Atos enunciativos

Nas palavras de Maria Sylvia Zanella di Pietro, ato **enunciativo:**

> (...) é aquele pelo qual a Administração apenas atesta ou reconhece determinada situação de fato ou de direito. Alguns autores acham, com razão, que esses atos não são atos administrativos propriamente ditos, porque não produzem efeitos jurídicos. Correspondem à categoria já mencionada, de meros atos administrativos. Eles exigem a prática de um outro ato administrativo, constitutivo ou declaratório, este sim produtor de efeitos jurídicos. São atos enunciativos as certidões, atestados, informações, pareceres, vistos. Encerram juízo, conhecimento ou opinião e não manifestação de vontade produtora de efeitos jurídicos.

Além da expressão meros *atos administrativos*, referida na lição da autora, os atos enunciativos, em virtude da não produção autônoma de efeitos jurídicos, são também denominados **atos da Administração**.

De modo mais sintético, podemos definir o ato enunciativo como aquele mediante o qual a Administração limita-se a **declarar um fato** ou **proferir uma opinião, sem que tal manifestação, por si só, produza consequências jurídicas**.

Os mais importantes atos enunciativos são:

1. **Certidão**: é a declaração da Administração acerca de um fato constante de seus registros. O fato, constante de algum registro administrativo (documento, meio eletrônico etc.), é declarado ao interessado. Exemplo é a certidão de tempo de contribuição solicitada por um servidor, ou uma certidão declaratória da inexistência de débitos tributários solicitada pelo contribuinte.

Vamos nos valer da certidão para ilustrar a característica dos atos enunciativos que mais dá margem a dúvida: a não-produção, por si só, de efeitos jurídicos.

Imaginemos que um servidor, atualmente ocupante do cargo de Técnico da Receita Federal, esteja prestes a preencher os requisitos para a concessão da aposentadoria voluntária por tempo de contribuição, prevista no art. 40, § 1º, III, da Constituição Federal. Ocorre que esse servidor, antes de ocupar o cargo de TRF, exerceu por 5 anos o cargo de analista judiciário no Tribunal de Justiça de Pernambuco. Como necessita da comprovação desse tempo de contribuição para sua aposentadoria, dirige-se ao órgão de pessoal do Tribunal de Justiça e solicita a expedição de uma certidão sobre seu tempo de contribuição. Temos, aqui, o ato enunciativo.

Qual o efeito jurídico produzido pela expedição da certidão? Por enquanto, nenhum. Se o servidor destruir ou perder a certidão, nenhum efeito terá ela produzido. É por isso que se afirma que o ato enunciativo, por si só, não produz efeitos jurídicos, o que só ocorre quando for praticado um ato a partir do ato enunciativo. Aquele, o ato produzido após a edição do ato enunciativo e a partir dele, é detentor de eficácia jurídica.

No nosso exemplo, tal ato complementar é o protocolo da certidão no órgão de pessoal competente da Receita Federal. O protocolo da certidão, o ato complementar, produz o efeito jurídico de assegurar ao servidor, a não ser que haja vício no documento, que seu tempo de contribuição como analista judiciário será computado para a concessão da aposentadoria no cargo de técnico da Receita Federal.

2. **Atestado**: é a declaração da Administração a respeito de um fato de que tem conhecimento no exercício da atividade administrativa. Aqui a Administração não se manifesta acerca de um fato já constante de algum registro, mas de um fato de

que tomou ciência em virtude do próprio exercício das funções administrativas. Exemplo de atestado é aquele concedido por junta médica oficial, quando reconhece que o servidor, por um determinado período de tempo, não tem condições de desempenhar suas funções;

3. **Visto**: é o ato administrativo pelo qual a autoridade competente reconhece a **regularidade formal** de outro ato jurídico. Não há apreciação do conteúdo. É um simples ato praticado dentro da cadeia procedimental levada a cabo para a produção do ato final;
4. **Parecer**: é o ato pelo qual os órgãos técnicos da Administração proferem sua opinião sobre algum assunto levado à sua apreciação. Os pareceres podem ser **facultativos, obrigatórios** ou **vinculantes**. Facultativos, quando a autoridade competente **não é obrigada a solicitá-los e, quando o faz, não está adstrita à opinião neles formulada**; obrigatórios, quando a autoridade **é obrigada a solicitá-los, mas não a concordar com seus termos, podendo decidir de forma distinta**; e vinculantes, quando a autoridade, **além de obrigada a solicitá-los, deve necessariamente acatar sua opinião**.

O parecer, em regra, segue a característica essencial dos atos enunciativos, não produzindo, por si mesmo, efeitos jurídicos. Trata-se de mera peça informativa, produzida com a finalidade de instruir a autoridade competente para emitir uma decisão em um processo administrativo.

Tal conclusão é válida para o parecer **facultativo** e para o parecer **obrigatório**, uma vez que ambos não impedem que a autoridade competente profira decisão com teor diverso da opinião neles expressada. Todavia, a conclusão **não se aplica ao parecer vinculante**, pois ele, como o próprio nome indica, vincula a autoridade "julgadora", que, no caso, limitar-se-á a formalizar a posição manifestada no parecer.

Como o ato que efetivamente decidiu o mérito do processo foi o parecer vinculante e não a "decisão" da autoridade, entende-se que esta espécie de parecer excepciona a característica básica dos atos enunciativos, produzindo, **por si só, efeitos jurídicos**.

13.5. Atos negociais

Atos negociais são aqueles em que **a manifestação de vontade da Administração coincide com determinado interesse do particular**. São atos, portanto, em que não se faz presente imperatividade ou autoexecutoriedade, já que não há nada a ser imposto ao administrado ou contra ele executado. O administrado deseja a produção do ato negocial, manifestando sua pretensão à Administração.

Como explica Vicente Paulo,

> (...) como se vê, não há imperatividade ou coercitividade nos atos negociais. O administrado requer à Administração o reconhecimento de uma situação, de um direito ou uma autorização para a prática de determinado ato e a Administração, sendo isso de seu interesse (ainda que indireto, ou que o interesse seja predominantemente do particular), ou seja, do interesse público, defere a pretensão do administrado.

Devemos atentar para o fato de que, como os demais atos administrativos, os atos negociais não são contratos (atos bilateriais), mas sim manifestações **unilaterais** de vontade da Administração, que neste caso coincidem com determinado interesse do particular.

Os atos negociais podem ser **vinculados ou discricionários e definitivos ou precários.**

Atos negociais **vinculados** são aqueles em que há para o administrado **direito** à sua obtenção. Uma vez preenchidos os requisitos legais, a Administração é obrigada a deferir o pedido.

Já os atos negociais **discricionários** são aqueles em que **não há direito** para o particular. Este, mesmo preenchendo os requisitos legais, pode ter sua pretensão negada pela Administração, a partir de seu exclusivo juízo de conveniência e oportunidade.

Os atos negociais **precários** são aqueles em que o interesse preponderante é o do **particular**. Há também presente, necessariamente, o interesse público, mas nesses atos o interesse do particular, manifestado por meio do seu requerimento, predomina sobre o administrativo. Tais atos constituem uma liberalidade da Administração, e em função disso **não geram direito adquirido**. Podem ser **a qualquer tempo revogados, sem haver, em regra, qualquer direito do particular à indenização**.

Os atos negociais **definitivos** são aqueles em que o interesse preponderante é o da coletividade. Tais atos **também são passíveis de revogação pela Administração**, em virtude de interesse público superveniente, mas, ao contrário do que ocorre nos atos precários, a regra geral, aqui, é o **cabimento de indenização** pelos prejuízos diretamente decorrentes da revogação.

As principais espécies de atos negociais são a seguir descritas:

1ª) Licença: é um ato vinculado e definitivo, salvo em função de falta do administrado ou vício de legalidade em sua constituição. A licença para dirigir, a licença para construir, a licença para o exercício de determinada atividade são exemplos que podem ser aqui elencados.

2ª) **Autorização**: é um ato **discricionário** e **precário**, em que **prepondera o interesse do particular**. Seu caráter precário e a preponderância do interesse privado acarretam **a possibilidade de sua revogação a qualquer tempo, sem haver, regra geral, direito a qualquer indenização para o particular**. Em determinadas hipóteses, o interesse é exclusivo do particular, sendo necessária a autorização pelo fato de ser seu objeto uma atividade potencialmente danosa ou lesiva aos interesses da comunidade. A professora Di Pietro elenca três modalidades de autorização: ato mediante o qual a Administração faculta ao particular o exercício de atividade de seu exclusivo interesse, a exemplo da autorização para porte de arma; ato pelo qual se permite a utilização de um bem público, como a autorização para instalar quiosques em praça pública; ato pelo qual se delega ao particular a exploração de algum serviço de utilidade pública, como a autorização para explorar o serviço de táxi.

3ª) **Permissão**: é ato **discricionário** e **precário**, produzido com base em **interesse preponderantemente público**. Em face de sua precariedade, é suscetível de revogação em virtude de interesse público superveniente, **mas se onerosas ou concedidas por prazo certo geram para o administrado direito à indenização**, uma vez que na permissão prepondera o interesse público. Pode também ser cassada a permissão, por falta do administrado, ou anulada, por vício de legalidade. A permissão, como ato unilateral, atualmente pode ter por objeto apenas o uso de **bens públicos ou o exercício de atividades que não representem serviços públicos**. Isso porque a permissão de **serviços públicos**, a partir da Constituição de 1988, tem natureza **contratual**.

Capítulo 7

PROCESSO ADMINISTRATIVO

1. Noções gerais

Todo e qualquer ato produzido pela Administração surge através de certo processo ou procedimento (trataremos as duas expressões como sinônimas). Podemos, desse modo, definir **procedimento ou processo** administrativo como uma **sequência encadeada de atos que, apesar de funcionalmente autônomos e individualmente impugnáveis, são praticados de forma inter-relacionada, com vistas à produção de um ato final, conclusivo, que confere racionalidade a toda a sucessão de atos anteriores em função dele praticados**.

Na unidade anterior, definimos a forma como elemento vinculado dos atos administrativos em geral, e assim procedemos porque é nesses termos que a matéria é usualmente apresentada. Entretanto, na realidade administrativa, é comum que a lei permita que a Administração goze de razoável liberdade para definir o procedimento para a produção de dado ato.

Nessa definição, eventualmente poderá a Administração desconsiderar preceitos básicos de nosso ordenamento, como o contraditório e a ampla defesa, restringir injustificadamente a legitimidade para participar no processo, impor formalidades excessivas para a intervenção do administrado, entre outros equívocos possíveis.

2. Lei nº 9.784/1999

Evitar distorções desta espécie foi um dos intentos do legislador ao editar a **Lei nº 9.784/1999**, que tem por objeto disciplinar os processos administrativos no âmbito da Administração **federal**, direta e indireta, aplicando-se também aos Poderes Legislativo e Judiciário, no que toca às suas funções de natureza administrativa.

A Lei tem incidência em dois graus distintos: aos processos não regulados em legislação específica, incide integralmente, regendo todos os atos que os compõem; aos processos regulados em legislação específica, a exemplo do processo administrativo disciplinar, regido pela Lei nº 8.112/1990, aplica-se tão só subsidiariamente (ou seja, no que for compatível com as disposições da legislação específica).

A seguir, apresentaremos as principais disposições da Lei nº 9.784/1999.

3. Princípios

No art. 2º da Lei são arrolados diversos **princípios** vinculadores dos processos administrativos federais. O elenco completo destes princípios é o seguinte: (1º) legalidade; (2º) finalidade; (3º) motivação; (4º) razoabilidade; (5º) proporcionalidade; (6º) moralidade; (7º) ampla defesa; (8º) contraditório; (9º) segurança jurídica; (10º) interesse público; (11º) eficiência.

Além destes princípios, expressamente prescritos no dispositivo, são também princípios processuais administrativos, dentre outros, a impulsão de ofício, o informalismo, a verdade material e a ampla participação dos administrados.

Retornando à Lei, logo a seguir, no parágrafo único do art. 2º, são definidos os **critérios** a serem observados nos processos administrativos, muitos dos quais têm íntima relação com os princípios elencados no *caput* do artigo. Como ressalta José dos Santos Carvalho Filho, tais critérios "nada mais são do que os padrões a serem observados pelas autoridades nos processos administrativos".

O elenco legal é o seguinte: (a) atuação conforme a lei e o Direito; (b) atendimento a fins de interesse geral, vedada a renúncia total ou parcial de poderes ou competências, salvo autorização em lei; (c) objetividade no atendimento do interesse público, vedada a promoção pessoal de agentes ou autoridades; (d) atuação segundo padrões éticos de probidade, decoro e boa-fé; (e) divulgação oficial dos atos administrativos, ressalvadas as hipóteses de sigilo previstas na Constituição; (f) adequação entre meios e fins, vedada a imposição de obrigações, restrições e sanções em medida superior àquelas estritamente necessárias ao atendimento do interesse público; (g) indicação dos pressupostos de fato e de direito que determinarem a decisão; (h) observância das formalidades essenciais à garantia dos direitos dos administrados; (i) adoção de formas simples, suficientes para propiciar adequado grau de certeza, segurança e respeito aos direitos dos administrados; (j) garantia dos direitos à comunicação, à apresentação de alegações finais, à produção de provas e à interposição de recursos, nos processos de que possam resultar sanções e nas situações de litígio; (k) proibição de cobrança de despesas processuais, ressalvadas as previstas em lei; (l) impulsão, de ofício, do processo administrativo, sem prejuízo da atuação dos interessados; (m) interpretação da norma administrativa da forma que melhor garanta o atendimento do fim público a que se dirige, vedada aplicação retroativa de nova interpretação.

4. Direitos e deveres dos administrados

A Lei arrola, no art. 3º, os **direitos** dos administrados. Na norma são previstos, em breve síntese, os seguintes direitos:

1º) tratamento respeitoso por parte dos agentes públicos, que deverão facilitar-lhes o exercício de seus direitos;

2º) ciência da tramitação dos processos em que sejam interessados, podendo ter vista dos autos e tirar cópias de suas peças;

3º) possibilidade de formular alegações e juntar documentos **a qualquer tempo**;

4º) representação por **advogado, se assim o desejarem**, salvo quando a representação é obrigatória por força de lei.

No art. 4º, por sua vez, estão prescritos os **deveres** dos administrados, nos seguintes termos:

1º) expor os fatos conforme a verdade;

2º) proceder com lealdade, urbanidade e boa-fé;

3º) não agir de modo temerário;

4º) prestar as informações que lhe forem solicitadas e colaborar para o esclarecimento dos fatos.

5. Instauração e legitimidade

Segundo o art. 5º, o processo pode ser **iniciado** pela própria Administração, **de ofício**, ou **por provocação** do interessado. Aqui, nada de novo, pois a atividade administrativa como um todo é orientada pelo **princípio da autotutela**, pelo qual a Administração atua a pedido do administrado ou independentemente de qualquer solicitação dessa natureza (de ofício), o que constitui mais uma diferença entre os processos jurisdicionais e os administrativos.

Os processos **jurisdicionais**, como sabemos, são orientados pelo **princípio da inércia**, que, com raras exceções, veda ao magistrado dar início ao processo de ofício.

Nos processos jurisdicionais justifica-se esse princípio pela posição de equidistância que o magistrado deve manter perante as partes litigantes.

Nos processos administrativos não há esta equidistância, ao contrário, a Administração é uma das **partes** do processo. Decide os processos em seu âmbito instaurados e é diretamente interessada na decisão por ela própria proferida. Logo, não há por que incidir, no caso, o princípio da inércia, como realmente não incide (ressalvadas poucas exceções, em que o início do processo depende da iniciativa do interessado). Ao contrário, sua atuação é orientada pelo princípio da autotutela, que lhe autoriza ou lhe impõe, conforme o caso, agir de ofício, nos termos prescritos em lei.

Em continuidade, quando o processo é instaurado por provocação do administrado, seu requerimento deverá ser feito **por escrito, salvo nos casos em que for admitida solicitação oral**, e conterá os seguintes dados: órgão ou autoridade administrativa a que se dirige; identificação do interessado ou de quem o represente; domicílio do requerente ou local para recebimento de comunicações; formulação do pedido, com exposição dos fatos e de seus fundamentos; data e assinatura do requerente ou de seu representante.

Regra importante vem prevista no art. 6º, parágrafo único, que **veda a recusa imotivada de recebimento de documentos, devendo ser o apresentante orientado** quanto ao suprimento de eventuais falhas existentes. A regra representa aplicação do princípio da motivação, que, por sua vez, é pressuposto indispensável para pleno exercício dos princípios do contraditório e da ampla defesa.

Para fins de economia processual, a Lei permite que, salvo disposição expressa em contrário, diversos interessados **formulem pedidos conjuntamente**, desde que estes tenham conteúdo e fundamentos idênticos.

A Lei define como **legitimados no processo**, na condição de **interessados** (art. 9º):

a) pessoas físicas ou jurídicas que o iniciem como titulares de direitos ou interesses individuais ou no exercício do direito de representação;
b) qualquer um que, sem ter dado início ao processo, possua direitos ou interesses que possam ser afetados pela decisão nele exarada;
c) as organizações e associações **representativas**, quanto a direitos e interesses **coletivos**;
d) as **pessoas** ou as associações legalmente constituídas, com relação a direitos ou interesses **difusos**.

Por fim, o art. 10 declara que são considerados capazes, para fins de processo administrativo, **os maiores de 18 anos**, salvo previsão diversa em ato normativo próprio.

6. Competência

A Lei nº 9.784, no Capítulo VI, arts. 11 a 17, regula a competência para a apreciação dos processos administrativos tratando, dentre outros temas, da **delegação** e da **avocação** de competência.

Inicia, no art. 11, declarando **irrenunciável** a competência atribuída às autoridades e aos agentes administrativos.

Nos artigos seguintes, de 12 a 14, trata a Lei minudentemente da delegação, admitindo-a **desde que não haja impedimento legal**, mesmo a órgãos ou autoridades **não hierarquicamente subordinados** ao órgão ou autoridade delegante, sempre que a medida mostrar-se conveniente por motivos de caráter técnico, social, econômico, jurídico ou territorial. Essa é a regra estatuída no art. 12.

Em unidade anterior analisamos a delegação no contexto do poder hierárquico, e é nesse âmbito que a matéria usualmente é tratada pela doutrina. A Lei, entretanto, foi além dessa perspectiva, prevendo a possibilidade de delegação **mesmo inexistente vínculo hierárquico** entre o órgão/agente delegante e o órgão/agente delegado.

No art. 13 são estabelecidas limitações materiais à delegação. Em consonância com o entendimento doutrinário prevalente, o legislador federal proibiu a delegação nas seguintes hipóteses: (a) edição de atos de caráter normativo; (b) decisões de recursos administrativos; (c) matérias de competência exclusiva do órgão ou autoridade.

O art. 14 encerra o tratamento legal da delegação. Inicialmente, estabelece que o ato delegatório deverá ser **específico** quanto aos poderes delegados, aos limites de atuação da autoridade delegada, à finalidade da delegação e aos recursos cabíveis. A seguir, prevê a possibilidade de a delegação ocorrer **com reserva de poderes**, e que a medida é **revogável a qualquer tempo** pela autoridade delegante. Por fim, define que o ato praticado com base na delegação considera-se praticado pela autoridade delegada, que deve expressamente declarar sua condição ao atuar com base na delegação.

Quanto a esse dispositivo são oportunas duas observações:

1ª) a delegação não retira necessariamente da autoridade delegante a possibilidade de continuar a exercer a competência objeto da delegação, já que a medida pode ser conferida **com reserva de poderes** (enfim, a autoridade delegante pode determinar no ato delegatório que continuará exercendo a competência, não obstante a delegação);

2ª) como se considera o ato realizado pela autoridade delegada, será desta a legitimidade passiva para responder por ilegalidade ou abuso de poder em mandado de segurança.

A **avocação** de competência do órgão hierarquicamente inferior, por sua vez, é regulada no art. 15. É ela permitida apenas em caráter **excepcional e temporário**, em função de circunstâncias relevantes devidamente justificadas pelo órgão hierarquicamente **superior**.

Pelos termos em que é vazado o dispositivo, conclui-se que, ao contrário da delegação, a avocação somente tem lugar no contexto do poder hierárquico.

Encerrando o regramento do assunto, o art. 17 assevera que, quando não prevista em lei certa hipótese de competência, deverá o processo administrativo ter início perante a autoridade de menor grau hierárquico para decidir.

7. Impedimento e suspeição

A matéria é regulada nos arts. 18 a 20 da Lei.

Prescreve o art. 18 que **é impedido** de atuar em processo administrativo o servidor ou autoridade que:

> I – tenha interesse direto ou indireto na matéria;
> II – tenha participado ou venha a participar como perito, testemunha ou representante, ou se tais situações ocorrem quanto ao cônjuge, companheiro ou parente e afins até o terceiro grau;
> III – esteja litigando judicial ou administrativamente com o interessado ou respectivo cônjuge ou companheiro.

Por sua vez, o art. 20, ao cuidar da suspeição, estabelece que "***pode** ser arguida a **suspeição** de autoridade ou servidor que tenha amizade íntima ou inimizade notória com algum dos interessados ou com os respectivos cônjuges, companheiros, parentes e afins até o terceiro grau*" (grifo nosso).

A interpretação conjunta das duas disposições legais aponta a diferença entre os dois institutos. O **impedimento** é considerado hipótese de **presunção absoluta de incapacidade** do agente para a prática de determinado ato; ao passo que a **suspeição** é tratada como hipótese de **presunção relativa de incapacidade**.

Assim, ao servidor impedido é vedada a participação no processo, independentemente de arguição do interessado (ao contrário, o servidor é que tem a obrigação de comunicar o fato à autoridade, sob pena de falta funcional); ao passo que a suspeição, se não arguida no momento oportuno, torna-se irrelevante processualmente.

Apesar da diferenciação anteriormente intentada, a doutrina administrativa tem se inclinado no sentido de considerar não só a suspeição, **mas também o impedimento**, como vícios sanáveis, passíveis de **convalidação** por uma autoridade isenta. Essa posição diverge da adotada majoritariamente no Direito Processual Civil, em que a suspeição é tida como hipótese de nulidade relativa, admitindo, assim, convalidação, mas o impedimento é visto como hipótese de nulidade absoluta, não permitindo correção.

8. Forma, tempo e lugar dos atos do processo

Iniciando o tratamento da matéria o art. 22, em homenagem ao **princípio do informalismo**, assevera que "*os atos do processo administrativo não dependem de forma determinada senão quando a lei expressamente a exigir*". Com a mesma diretriz, logo a seguir o dispositivo estabelece que, *salvo imposição legal, o reconhecimento de firma somente será exigido quando houver dúvida de autenticidade, e que a autenticação de documentos exigidos em cópia poderá ser feita pelo órgão administrativo.*

Informalismo não significa, como sabemos, ausência de formas, mas ausência de formas rígidas, sacramentais. Um mínimo de formalismo, até como garantia de segurança para os administrados, é indispensável nos processos administrativos. É nesta perspectiva que o mesmo art. 22 estabelece que os atos do processo devem ser produzidos por escrito, em vernáculo, com a data e o local de sua realização, e a assinatura da autoridade responsável, e que deverão ter suas páginas rubricadas e sequencialmente numeradas.

Nos termos do art. 25, em regra, os atos processuais deverão ser realizados na sede do órgão. Poderão, todavia, ser realizados em local diverso, à vista de interesse público que justifique a medida, caso em que o interessado deverá ser previamente cientificado do novo local.

Tais atos serão realizados em dias úteis, no horário de expediente normal da repartição em que tramitar o processo. A Lei, entretanto, autoriza que eles sejam concluídos depois do encerramento do expediente quando, iniciados antes do seu final, possa o adiamento para o primeiro dia útil subsequente prejudicar o curso regular do processo ou acarretar danos ao administrado ou à Administração (art. 23).

Quando não houver regramento específico na matéria, o prazo para a produção de atos processuais é de **cinco** dias, salvo motivo de força maior devidamente comprovado. Esse prazo pode ser prorrogado, havendo motivo que o justifique, por até mais cinco dias (art. 24).

9. Comunicação dos atos processuais

A matéria é objeto dos arts. 26 e 27 da Lei.

A **intimação** ao interessado das decisões e data de realização das audiências é medida inafastável para a regularidade do processo. Ademais, também se faz necessária a comunicação formal dos atos do processo que resultem para o interessado em imposição de sanções, deveres, ônus ou restrições, bem como de quaisquer atos de seu interesse.

No caso de ser necessária a presença do interessado na unidade administrativa, a intimação deve ser promovida com antecedência de pelo menos **três dias úteis.**

Conferindo considerável margem de discricionariedade à Administração, a Lei estabelece que a intimação pode ser feita nas seguintes formas:

1. por ciência no processo;
2. por via postal, com aviso de recebimento;
3. por telegrama;
4. por qualquer outro meio que assegure a certeza da ciência do interessado;
5. por meio de publicação oficial, no caso de interessados indeterminados, desconhecidos ou com domicílio incerto.

As intimações que desobedeçam a qualquer das prescrições legais (forma, prazo etc.) são nulas. Mas, em atendimento ao princípio da economia processual e da instrumentalidade das formas, considera-se **sanado o vício** na hipótese de o administrado comparecer à repartição competente, não havendo, no caso, prejuízo para a defesa de seus interesses.

Em prosseguimento, prescreve o art. 27 que "o desatendimento da intimação **não** importa o reconhecimento da verdade dos fatos, nem a renúncia a direito pelo administrado". Regra importantíssima, **afasta os efeitos materiais da revelia**, ao não presumir como verdadeiros os fatos não impugnados pelo interessado. Da mesma forma, o desatendimento da intimação não implica, para o administrado, a renúncia dos direitos ou interesses que está a defender perante a Administração Federal.

Por fim, vale citar dois instrumentos previstos na Lei com a finalidade de ampliar a participação do administrado na órbita administrativa federal.

O primeiro, previsto no art. 31, é a **consulta pública**, cabível quando a matéria que constituir o objeto do processo for de interesse geral. Aberta a consulta, por decisão discricionária da Administração, terceiros poderão analisar os autos integrantes do processo e oferecer alegações escritas, às quais a Administração está obrigada a motivadamente responder.

O segundo instrumento é a **audiência pública**, passível de utilização quando a autoridade competente entender que, em face da importância da matéria discutida no processo, fazem-se necessários debates sobre o assunto (art. 32).

10. Instrução

A instrução pode ser considerada a fase mais importante do processo administrativo, pois é nela que a Administração, a pedido ou de ofício, adota todas as medidas necessárias para dispor de elementos suficientes para proferir a decisão. É nessa fase, pois, que são tomadas todas as providências necessárias aos esclarecimentos dos fatos relevantes ao processo.

Em homenagem ao princípio do informalismo e da verdade material, a Lei permite a juntada de documentos e pareceres, bem como a apresentação de requerimentos para a realização de diligências e perícias durante toda a fase instrutória. O direito ao exercício dessas prerrogativas cessa somente quando é emitida a decisão no processo. Quando se fizer necessária a produção de uma prova ou a realização de uma diligência, os interessados deverão ser intimados com antecedência mínima de três dias úteis (art. 41).

A Lei nº 9.784/1999, no art. 30, em obediência à Constituição, proclama a inadmissibilidade das provas obtidas por meios ilícitos. Ademais, confere à Administração poder para, desde que motivadamente, recusar as provas propostas pelos interessados que forem ilícitas, impertinentes, desnecessárias ou protelatórias.

Nos arts. 36 e 37, a Lei trata das regras relativas ao ônus da prova. Inicialmente, consagra a regra geral na matéria: cabe ao interessado comprovar os fatos por ele alegados e que sustentam sua pretensão perante a Administração. Todavia, determina que, em caso de fatos e dados registrados em documentos existentes na Administração, cabe à própria Administração, de ofício, obter o original ou a cópia desses documentos.

Em respeito ao princípio da transparência, a Lei garante aos interessados vista do processo e a obtenção de certidões ou de cópias reprográficas dos dados e documentos que o compõem, excepcionando-se apenas os dados e documentos de terceiros protegidos por sigilo ou pelo direito à privacidade, à honra e à imagem.

Eventualmente, a emissão da decisão propriamente dita será precedida da elaboração de um parecer sobre a matéria, pelo órgão técnico competente. Segundo o art. 42, o prazo para a emissão do parecer é de 15 dias, a não ser quando houver norma específica sobre o assunto ou quando houver necessidade de maior prazo para a elaboração da peça.

A não emissão do parecer no prazo devido traz consequências processuais diversas, conforme sua espécie. Quando se tratar de um parecer obrigatório **mas não vinculante**, o processo tem seu curso normal, sujeitando-se o agente desidioso à penalidade cabível; quando se tratar de um parecer obrigatório **e vinculante**, ocorre a paralisação do processo até a emissão do parecer, além da responsabilização funcional do infrator.

Uma vez concluída a instrução, é conferido um prazo máximo de dez dias para a manifestação do interessado, salvo se outro for fixado em lei. Em se tratando de medidas acauteladoras, poderão elas ser adotadas, desde que justificadamente, mesmo sem a prévia manifestação do interessado.

Encerrada a instrução, o órgão competente tem o prazo de 30 dias, prorrogáveis por mais 30, para proferir a decisão. Se o órgão no qual for realizada a instrução não tiver competência para tanto, deverá elaborar uma síntese de todos os atos até então praticados e uma proposta objetivamente justificada de decisão, encaminhando-os ao órgão competente (arts. 47 e 49).

11. Motivação

Na unidade anterior destacamos que, segundo entendimento doutrinário prevalente, considera-se que a motivação é obrigatória para todos os atos vinculados e para a maioria dos discricionários. Não foi esse, contudo, o posicionamento do legislador federal, que tratou da matéria nos seguintes termos:

> Art. 50. Os atos administrativos deverão ser motivados, com indicação dos fatos e dos fundamentos jurídicos quando:
> I – neguem, limitem ou afetem direitos ou interesses;
> II – imponham ou agravem deveres, encargos ou sanções;
> III – decidam processos administrativos de concurso ou seleção pública;
> IV – dispensem ou declarem a inexigibilidade de processo licitatório;
> V – decidam recursos administrativos;
> VI – decorram de reexame de ofício;
> VII – deixem de aplicar jurisprudência firmada sobre a questão ou discrepem de pareceres, laudos, propostas e relatórios oficiais;
> VIII – importem anulação, revogação, suspensão ou convalidação de ato administrativo.

Como podemos notar, a Lei tratou de exigir a indicação dos pressupostos de fato e de direito para atos notadamente relevantes, com o que, a *contrario sensu*, está a dispensar a medida nos demais. Assim, pode-se inferir que, em âmbito **federal, diversos atos da Administração, sejam vinculados ou discricionários, prescindem de motivação**.

Em continuidade, o § 1º do art. 50 exige que a motivação seja explícita, clara e congruente, podendo ser constituída por declaração de anuência com fundamentos de anteriores pareceres, informações, decisões ou propostas, que, nesta hipótese, serão parte integrante do ato.

Por fim, o § 2º do artigo declara que, desde que não haja prejuízo a direito dos administrados, na solução de assuntos da mesma natureza, pode ser adotado **meio mecânico**, que traga a reprodução dos fundamentos das decisões.

12. Desistência, renúncia e extinção

A **desistência do processo** e a **renúncia a direitos disponíveis** são matérias tratadas no mesmo dispositivo da Lei, o art. 51, assim redigido:

> Art. 51. O interessado poderá, perante manifestação escrita, desistir total ou parcialmente do pedido formulado ou, ainda, renunciar a direitos disponíveis.
> § 1º. Havendo vários interessados, a desistência ou renúncia atinge somente quem a tenha formulado.
> § 2º. A desistência ou renúncia do interessado, conforme o caso, não prejudica o prosseguimento do processo, se a Administração considerar que o interesse público assim o exige.

Podemos definir **desistência** como o ato mediante o qual o administrado abre mão, total ou parcialmente, do pedido formulado no processo, mas não do direito que lhe serve de fundamento. Assim, o administrado apenas declara abandonar total ou parcialmente sua pretensão em certo processo, mas permanece com a plena possibilidade de discutir o direito em questão em outro processo.

Já na **renúncia**, abre-se mão do próprio direito. Nessa hipótese, o direito em questão não pode ser objeto de qualquer outro processo administrativo. Podemos concluir, pois, que a desistência tem efeitos meramente **intraprocessuais** (no processo em que foi declarada), ao contrário da renúncia, cujos efeitos são **extraprocessuais**.

Em regra, a desistência total e a renúncia implicarão a extinção do processo. O § 2º do art. 51, todavia, ressalva a possibilidade de a Administração decidir pelo prosseguimento do processo, quando entender que o interesse público assim o exige.

Por fim, o art. 52 prevê outras hipóteses de **extinção** do processo, nos seguintes termos:

> Art. 52. O órgão competente poderá declarar extinto o processo quando exaurida sua finalidade ou o objeto da decisão se tornar impossível, inútil ou prejudicado por fato superveniente.

Em síntese, quando do processo não puder resultar qualquer resultado útil, seja porque exauriu sua finalidade, seja porque seu objeto já não justifica qualquer discussão, deverá a Administração, de ofício, declarar sua extinção.

13. Convalidação

Rememorando, **convalidação** pode ser definida como a **correção**, com efeitos **retroativos**, de atos portadores de **defeitos sanáveis**.

A Lei nº 9.784/1999 trata do assunto em seus arts. 54 e 55, nos quais estabelece duas modalidades de convalidação:

1ª) **convalidação tácita**: dispõe a Administração do **prazo decadencial de cinco anos** para **anular** os atos administrativos **benéficos aos administrados, salvo má-fé do beneficiário**. Chama-se a esta figura de convalidação tácita porque não há, no caso, um ato expresso de correção, mas a incidência de um prazo fatal de cinco anos para a **anulação**. Ultrapassado este prazo sem a anulação do ato defeituoso, não pode mais a Administração federal fazê-lo, salvo se o beneficiário do ato estava de má-fé (ou seja, tinha ciência do defeito). Em se tratando de atos com **efeitos patrimoniais contínuos** (como uma pensão com pagamento mensal), o prazo deve ser contado **a partir da percepção do primeiro pagamento**.

2ª) **convalidação expressa**: a Administração **pode** anular os atos portadores de **defeitos sanáveis, desde que da medida não resulte prejuízo ao interesse público ou de terceiros**. Aqui estamos perante um efetivo ato de correção. A Administração, verificando que o defeito é sanável (a saber, vício em competência não-exclusiva ou forma não-essencial), decide com **discricionariedade** acerca da convalidação, desde que não decorra da medida prejuízo ao interesse público ou dos administrados.

14. Recurso e revisão

Os **recursos** são regulados nos arts. 56 a 64 da Lei nº 9.784/1999, e na **revisão** no art. 65. Inicialmente, trataremos dos recursos.

Entre outros pontos de destaque, cabe referir que o fato de a lei prever em termos genéricos o cabimento de recurso contra as decisões administrativas, por motivos de legalidade ou de mérito, consagra na seara administrativa o direito do interessado a ter sua pretensão apreciada por, no mínimo, duas instâncias decisórias. É o que o professor Vicente Paulo denominou de "duplo grau de jurisdição administrativa". Na verdade, segundo o art. 57 da Lei, teremos, salvo disposição legal em contrário, um "quádruplo grau de jurisdição administrativa", uma vez que a Lei prevê, como regra geral, três instâncias recursais (somando-se àquela que proferiu a primeira decisão, chegamos a quatro instâncias).

Além disso, poderá a autoridade administrativa, quando interposto recurso contra sua decisão, **reconsiderar** a mesma, tornando sem objeto o recurso impetrado, uma vez que a autoridade prolatora reformou a decisão impugnada que lhe servia de fundamento.

Mais duas regras importantes são trazidas, respectivamente, nos arts. 56, § 2º, e 61, *caput* e parágrafo único, onde se dispõe que, *salvo disposição de lei em contrário*, os recursos são interpostos **independentemente de caução e não têm efeito suspensivo**. Ou seja, o recorrente não precisará realizar nenhum depósito ou oferecer bens em garantia para ver apreciado seu recurso, mas o mesmo não impede que a Administração dê execução à decisão impugnada, pois o recurso não tem o efeito de suspendê-la. Há permissivo legal, contudo, para que a autoridade recorrida ou seu superior hierárquico imediato, ao receber o recurso, confira o mesmo **efeito suspensivo**, quando se convencer de que há efetivo risco de ocorrer um dano de difícil ou incerta reparação caso a decisão recorrida seja executada.

A expressão destacada em itálico no parágrafo anterior atualmente deve ser desconsiderada, uma vez que o STF considera inconstitucional, por ofensa aos princípios do contraditório e da ampla defesa, a exigência de depósito como requisito de admissibilidade de recuros interpostos na esfera administrativa. Enfim, os recursos administrativos são interpostos independentemente de caução, e ponto final.

O art. 63 da lei trata dos **requisitos de admissibilidade** dos recursos, fixando que o recurso não será conhecido quando interposto (a) fora do prazo; (b) perante órgão incompetente; (c) por quem não seja legitimado; (d) após exaurida a esfera administrativa.

Todavia, em função do princípio da verdade material, o não conhecimento do recurso não impede a Administração de rever **de ofício** o ato, se ilegal, exceto se exauridas as instâncias recursais, ocasionando a preclusão administrativa. Além disso, quando o recurso é interposto perante órgão incompetente, deve ser informado ao impetrante o órgão correto para a interposição, **além de ser-lhe devolvido o prazo para tanto**.

Salvo disposição legal específica, o prazo para a **interposição** do recurso é de **10** dias, a contar da ciência ou divulgação da decisão recorrida (art. 59). O prazo para a **expedição da decisão**, por sua vez, é de **30** dias, prorrogáveis por mais 30, ante justificativa adequada e expressa. Ambos os prazos, o inicial e o de prorrogação, são impróprios, o que significa que a decisão proferida a destempo não é nula, podendo, todavia, acarretar a aplicação de penalidades disciplinares à autoridade responsável, quando a perda do prazo não é justificada por motivo razoável.

Logo mais faremos outros apontamentos sobre os recursos, analisando sua disciplina na Lei em comparação com a disciplina nela prevista para a **revisão** do processo administrativo, matéria que é objeto do art. 65 da Lei.

Reza o preceito:

> Art. 65. Os processos administrativos de que resultem sanções podem ser revistos a qualquer tempo, a pedido ou de ofício, quando surgirem fatos novos ou circunstâncias relevantes suscetíveis de justificar a inadequação da penalidade aplicada.
> Parágrafo único. Da revisão do processo não poderá resultar agravamento de penalidade.

O primeiro ponto a ser destacado é que na revisão **não há possibilidade de agravamento da sanção.**

Nesse aspecto, é diametralmente oposta a disciplina da lei com relação aos **recursos** administrativos. Quanto a estes, o art. 64 expressamente admite a possibilidade de agravamento da penalidade. É a previsão da denominada *reformatio in pejus* (reforma em prejuízo do recorrente). É claro que, nessa circunstância, como determina o artigo, tem de ser oferecida ao prejudicado **oportunidade de manifestar-se novamente no processo.**

Além disso, admite-se recurso contra decisões proferidas em **quaisquer espécies de processo**, não apenas nos de natureza punitiva. A revisão, como se conclui pelo art. 65, só tem por objeto as decisões que impuseram alguma espécie de sanção ao administrado.

No que toca aos recursos, a transcrição do art. 64 é suficiente para aclarar a questão:

> Art. 64. O órgão competente para decidir o recurso poderá confirmar, modificar, anular ou revogar, total ou parcialmente, a decisão recorrida, se a matéria for de sua competência.
> Parágrafo único. Se da aplicação do disposto neste artigo puder decorrer gravame à situação do recorrente, este deverá ser cientificado para que formule suas alegações antes da decisão.

Entre outros aspectos, podemos elencar também como diferenças entre os processos de recurso e os de revisão:

– os requisitos de admissibilidade serem bem mais rigorosos para os processos de revisão, os quais só são apreciados se o impetrante comprovar a existência de **fatos novos ou circunstâncias suscetíveis de justificar a reapreciação da decisão.** Já nos processos recursais só se exige, além da legitimidade, da tempestividade e da regularidade formal, a alegação de inconformidade do impetrante com relação à decisão recorrida, não sendo necessária a arguição de novos fatos ou circunstâncias relevantes, suscetíveis de justificar nova decisão;

- a revisão ser passível de impetração **a qualquer tempo**, ao passo que os recursos, salvo disposição legal específica, só podem ser interpostos no prazo de dez dias, a contar da ciência ou da divulgação oficial da decisão recorrida.

Encerrando o tópico, vale ressaltar que a Lei nº 11.417, de 21/10/2006, acrescentou à Lei nº 9.784/1999 os arts. 64-A e 64-B, que vigoram com a seguinte redação:

> Art. 64-A. Se o recorrente alegar violação do enunciado de súmula vinculante, o órgão competente para decidir o recurso explicitará as razões da aplicabilidade ou inaplicabilidade da súmula, conforme o caso.
>
> Art. 64-B. Acolhida pelo Supremo Tribunal Federal a reclamação fundada em violação do enunciado de súmula vinculante, dar-se-á ciência à autoridade prolatora e ao órgão competente para o julgamento do recurso, que deverão adequar as futuras decisões administrativas em casos semelhantes, sob pena de responsabilidade pessoal nas esferas cível, administrativa e penal.

Os dispositivos representam, pois, a sistematização da aplicação da **súmula vinculante**, prevista no art. 103-A da Constituição Federal, ao processo administrativo federal, uma vez que, nos termos do referido dispositivo constitucional, o posicionamento sedimentado pelo Supremo Tribunal Federal numa súmula desta natureza terá efeito vinculante para os demais órgãos do Poder Judiciário e para a Administração Direta e Indireta federal, estadual, distrital e municipal, ou seja, os demais órgãos do Poder Judiciário e a Administração estarão obrigados a acatar a posição expressa na súmula, sob pena de interposição de reclamação pelo lesado diretamente para o Supremo Tribunal Federal.

15. Prazos

O art. 66 trata das regras aplicáveis aos **prazos** incidentes nos processos administrativos federais.

Inicialmente, traz uma regra praticamente absoluta na matéria, qual seja: os prazos iniciam-se a partir da data em que o interessado é oficialmente cientificado do ato, excluindo-se do cômputo o dia de início e incluindo-se o de vencimento. Ademais, os prazos fixados em dias são contados de modo contínuo (ou seja, seu transcurso não se interrompe em finais de semana e feriados).

Na hipótese de o vencimento do prazo cair em dia no qual não haja expediente na unidade administrativa, ou em que este for encerrado antes do horário normal, ocorre a prorrogação do vencimento para o dia útil imediatamente subsequente.

Os prazos expressos em meses ou anos contam-se data a data. Assim, por exemplo, um prazo de oito meses, iniciando-se em **07**/03/2006, terá seu término em **07**/11/2006.

Em complemento, determina a Lei que, se no mês do vencimento não houver dia equivalente àquele do mês em que se inicia o prazo, considera-se o prazo encerrado no **último** dia do mês. Por exemplo, um prazo de um mês, iniciando-se em **31**/03/2008, terá encerramento em **30**/04/2008, pois o mês de abril tem apenas 30 dias.

Por fim, salvo na hipótese de força maior, os prazos processuais, uma vez iniciado seu transcurso, não se sujeitam a suspensão.

Capítulo 8

DISPOSIÇÕES CONSTITUCIONAIS SOBRE OS AGENTES PÚBLICOS

1. Introdução

O constituinte de 1988 conferiu especial atenção ao regramento da Administração Pública e de seus agentes.

Neste capítulo, estudaremos separadamente as principais disposições constitucionais relativas ao assunto. Antes disso, porém, apresentaremos o conceito e a classificação dos agentes públicos, bem como os dois principais regimes jurídicos aplicáveis a uma de suas categorias, os agentes administrativos.

2. Agentes públicos

Entende-se por agente público toda **pessoa física** que, de forma gratuita ou remunerada, permanente ou transitória, por qualquer forma de investidura ou vínculo, **exerce mandato, cargo, emprego ou função pública**.

Dois são, pois, os requisitos para a caracterização do agente público: um, de caráter objetivo, que é a natureza pública da função desenvolvida; outro, de caráter subjetivo, que é a investidura de uma pessoa natural na referida função.

Agentes públicos, enfim, são todas as pessoas físicas aptas a transmitir, em função de algum tipo de vínculo jurídico, a vontade do Estado ou de suas entidades administrativas. No conceito estão incluídos desde os chefes de Poder, a exemplo do Presidente da República, até os agentes que exercem atividades meramente executivas, seja qual for a esfera de Governo (União, Estados, Distrito Federal e Municípios) ou o Poder (Executivo, Legislativo e Judiciário) em que executem suas funções.

Incluem-se, ainda, **particulares** que desempenhem alguma função pública, como os agentes delegados, honoríficos e credenciados. São agentes públicos, apesar de não integrarem a estrutura formal da Administração Direta ou da Administração Indireta.

2.1. Classificação dos agentes públicos

A doutrina não apresenta uma classificação uniforme para os agentes públicos. Há, na verdade, um sem-número de classificações elaboradas por nossos doutrinadores, a exemplo da construída por Bandeira de Mello, autor que subdivide os agentes públicos em (1) agentes políticos, (2) servidores estatais e (3) particulares em atuação colaboradora com o Poder Público.

Adotaremos inicialmente a classificação apresentada por Hely Lopes Meirelles, o qual divide os agentes públicos em cinco espécies: agentes administrativos, agentes políticos, agentes delegados, agentes honoríficos e agentes credenciados. Ao final, apresentaremos sumariamente a classificação proposta por Celso Antônio Bandeira de Mello.

2.1.1. Agentes administrativos

Agentes administrativos são todos aqueles que exercem na Administração um cargo, emprego ou função pública **em caráter profissional e mediante remuneração**, estando sujeitos à **hierarquia funcional** do órgão ou entidade no qual se encontram lotados.

Nessa categoria se incluem os **servidores públicos**, titulares de cargos efetivos ou em comissão, os **empregados públicos** e os **contratados temporários** em virtude de necessidade de excepcional interesse público.

Dentre tais agentes duas espécies se destacam: os servidores públicos e os empregados públicos.

Em sentido estrito, **servidor público** é expressão utilizada para designar os agentes administrativos ocupantes de **cargos, efetivos ou em comissão**, estando sujeitos a regime **estatutário**, de natureza eminentemente legal e, portanto, passível de alteração por ato unilateral do Poder Público, desde que respeitados os direitos adquiridos do servidor. Integram os quadros da Administração Direta, das autarquias e das fundações públicas de direito público. Alguns institutos jurídicos, a exemplo da **estabilidade**, só se aplicam a esses agentes públicos (mais precisamente, aos servidores ocupantes de cargo efetivo, que ingressam na Administração mediante aprovação em concurso público).

Até a EC nº 18/1998 os militares também estavam incluídos nesse grupo, sob a rubrica de "servidores militares". Com a publicação da emenda, os militares passaram a formar uma categoria à parte, apesar de, conceitualmente, não haver diferença significativa entre eles e os servidores civis, não obstante a diversidade de funções. Assim, para nos referirmos a esta categoria de agentes públicos, é tecnicamente errado fazer uso, atualmente, da expressão "servidores militares", devendo ser utilizado simplesmente o termo "militares". Da mesma forma, não devemos falar em "servidores públicos civis", mas apenas em "servidores públicos", uma vez que dessa categoria, atualmente, os militares estão excluídos em virtude da alteração constitucional.

Empregado público, por sua vez, é expressão mediante a qual identificamos os agentes administrativos que, também após aprovação em concurso público, ocupam em caráter permanente um **emprego público**. Têm como diploma jurídico básico a Consolidação das Leis Trabalhistas (CLT), o que significa que seu vínculo com a Administração tem natureza **contratual**, não sendo passível de alteração por ato unilateral.

2.1.2. Agentes políticos

Agentes políticos, para Hely Lopes Meirelles, são "os componentes do Governo nos seus primeiros escalões, investidos em cargos, funções, mandatos ou comissões, por nomeação, eleição, designação ou delegação, para o exercício de atribuições constitucionais". Nessa conceituação, estão incluídos, além dos chefes do Poder Executivo, seus auxiliares imediatos e os parlamentares, indiscutivelmente agentes políticos, também os Membros da Magistratura, do Ministério Público e dos Tribunais de Contas. Na perspectiva do Autor, dois são os critérios para definirmos os agentes públicos: **a previsão de suas competências na própria Constituição** e **a independência funcional a eles outorgada para exercê-las**.

Desde já destacamos a posição de Celso Antônio Bandeira de Mello, que adota uma definição mais restrita de agentes políticos, assim considerando apenas "os titulares dos cargos estruturais à organização política do país, isto é, os ocupantes dos cargos que compõem o arcabouço constitucional do Estado e, portanto, o esquema fundamental do poder. Sua função é de formadores da vontade superior do Estado". Para o autor, são agentes políticos apenas os chefes do Executivo (Presidente da República, Governadores e Prefeitos), seus auxiliares imediatos (Ministros e Secretários estaduais e municipais) e os membros do Poder Legislativo (senadores, deputados e vereadores).

Entendemos correta a posição do professor Bandeira de Mello. Realmente, como agentes políticos devemos considerar, em nossa opinião, apenas os agentes públicos que exercem funções propriamente políticas, traçando as diretrizes e planos de ação do Estado, elaborando leis e demais atos normativos de igual hierarquia.

Os membros da Magistratura, do Ministério Público e dos Tribunais de Contas não exercem funções tipicamente políticas, de formação da vontade superior do Estado. Desempenham indubitavelmente funções extremamente relevantes, que justificam o gozo de certas prerrogativas funcionais, não aplicáveis aos agentes públicos em geral, tais como a vitaliciedade. Todavia, entendemos que é prevalente na matéria a perspectiva de Hely Lopes Meirelles.

É importante ressaltar que diversos aspectos do regime jurídico dos agentes políticos não são regulados pelo Direito Administrativo, mas pelo Direito Constitucional, uma vez que as regras básicas aplicáveis a esses agentes públicos estão postas na Constituição. As prerrogativas funcionais, peculiaridade principal de seu regime jurídico, são exemplo disso.

2.1.3. Agentes delegados

Os **agentes delegados** são os particulares que executam determinada atividade, obra ou serviço público **em nome próprio e por sua conta e risco**, em regra mediante **delegação** do Poder Público. São os leiloeiros, tradutores e intérpretes públicos, bem como os concessionários, permissionários e autorizatários de serviços públicos, entre outros.

Como se nota, não são agentes administrativos, pois **não** executam suas atividades de forma **subordinada**. Contudo, têm legitimidade passiva para responder em **mandado de segurança**, no que toca à atividade administrativa propriamente dita.

Os agentes delegados atuam por sua conta e risco. Isso decorre do fato de que são remunerados pelos usuários de seus serviços, não pela Administração. Logo, assumem o risco de suportar eventual prejuízo no exercício de suas atividades.

Ademais, **atuam em seu próprio nome**, ao contrário das demais categorias de agentes públicos, que atuam em nome da entidade administrativa e política à qual estão vinculadas.

2.1.4. Agentes honoríficos

Agentes honoríficos são aqueles que, por meio de requisição, designação ou nomeação, prestam **transitoriamente** serviços públicos de caráter relevante, a título de *munus publico* (desencargo de um dever na condição de cidadão). Em geral, não mantêm qualquer relação profissional com o Estado nem são remunerados pelo desempenho de suas funções, **mas são considerados funcionários públicos para fins penais**. São, entre outros, os convocados para o serviço eleitoral, os jurados, os que prestam serviço militar obrigatório (os conscritos) e os membros de conselhos em geral, a exemplo do Conselho Tutelar.

2.1.5. Agentes credenciados

Por fim, os **agentes credenciados** são aqueles convocados ou convidados para representar o Poder Público em **determinado ato** ou para desempenhar uma **tarefa específica**. Como exemplo, podemos citar um agente administrativo convocado para representar o país em determinada solenidade internacional ou um eminente jurista convidado para presidir uma comissão encarregada da elaboração de certo projeto de lei. Também são considerados funcionários públicos para fins penais.

2.1.6. Classificação de Bandeira de Mello

O eminente autor divide os agentes públicos em três categorias, a saber:

1ª) **agentes políticos**: são os titulares de cargos que compõem a estrutura constitucional do Estado, constituindo-se em formadores da vontade superior estatal. O vínculo que prende tais agentes ao Estado é de natureza política, e têm grande parte de seu regime jurídico prevista na própria Constituição, não na legislação ordinária;

2ª) **servidores estatais**: são todos que se vinculam à Administração Direta ou Indireta sob vínculo trabalhista, exercendo suas funções de forma subordinada, mediante contraprestação pecuniária. Aqui se enquadram, segundo a terminologia do autor, (1) os servidores titulares de cargos públicos na Administração Direta, autárquica e fundacional de direito público, (2) os servidores empregados da Administração Direta e de todas as entidades da Administração Indireta e (3) os contratados temporariamente para atender à necessidade transitória de excepcional interesse público;

3ª) **particulares em colaboração com o Poder Público**: nas palavras do autor,

> esta categoria de agentes é composta por sujeitos que, sem perderem sua qualidade de particulares – portanto, de pessoas alheias à intimidade do aparelho estatal (com exceção única dos recrutados para serviço militar) – exercem função pública, ainda que às vezes apenas em caráter episódico.

Na categoria estão incluídos (1) os requisitados para a prestação de alguma atividade pública, exercida como *munus* público, como os jurados, os recrutados para o serviço militar obrigatório, os mesários nas eleições; (2) os que *sponte propria* assumem algum encargo público frente a situações anormais que exigem a adoção de medidas urgentes, como os "gestores de negócios públicos"; (3) os contratados por locação civil de serviços, como um advogado famoso contratado para fazer sustentação oral de um caso perante Tribunais; e (4) os concessionários e permissionários de serviços públicos, bem como os delegados de função ou ofício públicos (os titulares de serventias de Justiça não oficializadas) e, ainda, os indivíduos que praticam certos atos dotados de força jurídica oficial, como os diretores de Faculdades particulares reconhecidas.

3. Regimes de pessoal da Administração: estatutário e celetista

Como sabemos, regime jurídico é o conjunto de normas e princípios que regula certa relação jurídica. Nesse contexto, regime de pessoal da Administração ou, simplesmente, regime de pessoal, corresponde ao **conjunto de normas e princípios que regula a relação entre dada categoria de agente administrativo e a Administração**.

São dois os principais regimes de pessoal: o regime **estatutário (ou legal)**, decorrente **diretamente de lei** (unilateral), obrigatório para as **funções típicas de Estado** e aplicável aos **servidores** públicos; e o **contratual (ou celetista)**, de natureza **bilateral**, aplicável aos **empregados** públicos.

O regime estatutário é o conjunto de regras legais que disciplina a relação jurídica entre os **servidores públicos** e a **Administração direta, autárquica e fundacional**. De forma sintética, servidores são os agentes que ocupam **cargos públicos**, os quais podem ser de provimento **efetivo** ou **em comissão** (bem definido, pois, que os ocupantes de cargo em comissão também são estatutários). Os cargos públicos são criados e extintos por lei, cabendo também à lei fixar sua remuneração, salvo os cargos no Poder Legislativo, que são criados e extintos por resolução, sendo a lei necessária tão só para a fixação da remuneração, nos termos da CF, art. 51, IV e 52, XIII; e a possibilidade de uso de decreto autônomo para a extinção de cargos vagos no Poder Executivo.

Cabe a cada entidade política editar o estatuto de seus servidores, ou seja, a lei contendo as normas que compõem seu regime jurídico. Desse modo, uma primeira característica desse regime é a **pluralidade normativa**, uma vez que são milhares os estatutos de servidores existentes no Brasil, cada um deles editado por uma de nossas entidades políticas, no exercício de sua capacidade de autolegislação. Outro ponto que marca esse regime é sua natureza essencialmente **legal** (estatutária), como demonstraremos logo a seguir.

Nos termos do art. 61, § 1º, II, *c*, da Constituição, são de iniciativa privativa do Presidente da República as leis que tratem do regime jurídico dos servidores públicos federais. Nas demais esferas de Governo, a regra é análoga, cabendo a cada chefe de Poder Executivo a iniciativa das leis que tratem do regime jurídico dos servidores da respectiva entidade política, suas autarquias e fundações públicas.

O regime **contratual**, por sua vez, é constituído pelas regras que regulam a relação jurídica entre a Administração e os **empregados públicos**. Ao contrário do regime estatutário, eminentemente legal, o regime contratual, como a própria denominação indica, é marcadamente **bilateral**. Outra diferença importante entre os regimes é que o contratual é caracterizado, grosso modo, pela **unicidade normativa**, pois o diploma básico que rege os empregados públicos é a Consolidação das Leis do Trabalho (Decreto-lei nº 5.452/1943), uma lei de caráter nacional, editada pela União e aplicável aos empregados de Administração Pública de todas as esferas de Governo.

Como anteriormente firmado, o regime celetista tem natureza **bilateral**, o que significa que em seu âmbito **só é possível ser alterada a situação jurídica do empregado público mediante sua expressa anuência**. A força normativa do regime celetista advém **diretamente do contrato de trabalho**, ato formado a partir de um acordo de vontades. Desse modo, uma alteração legislativa posterior à celebração do contrato só poderá nele influir se houver **novo acordo de vontades** nesse sentido, entre o empregado público e a Administração.

Já a situação jurídica do agente estatutário pode ser alterada **independentemente de sua concordância**, porque todos os aspectos jurídicos concernentes ao vínculo estatutário decorrem **diretamente da lei**. Desse modo, alterada a lei que contém o estatuto do servidor, **automaticamente** sua situação jurídica altera-se, ressalvadas as situações já definitivamente consolidadas à sua esfera jurídica, protegidas pela garantia do direito adquirido.

O servidor, portanto, **não tem direito adquirido à imutabilidade do regime jurídico**, como já se pronunciou o STF reiteradas vezes. Toda lei é passível de alteração, e as leis estatutárias não são exceção. Devem ser respeitados, entretanto, os direitos cujos suportes fáticos foram adequadamente preenchidos enquanto em vigor a norma revogada, em respeito ao direito adquirido.

Podemos perceber que, até aqui, os empregados públicos encontram-se em posição mais vantajosa que os servidores públicos. Para estes, contudo, são previstas **algumas garantias exclusivas, sem paralelo no regime celetista**, dentre as quais sobressai a **estabilidade**. Essa garantia, como nenhuma outra, assegura aos servidores **ocupantes de cargos efetivos** uma **relativa autonomia** no desempenho de suas atribuições, pois **impede sua dispensa sem justa causa**. É em função dessas garantias exclusivas que o regime estatutário é **obrigatório** para as **funções típicas de Estado**.

O regime contratual, como posto na CLT, não prevê garantia similar, o que significa que nele não há norma que impeça o rompimento do vínculo funcional por ato unilateral da entidade empregadora, mesmo sem justa causa por parte do empregado. A este é assegurado apenas o direito à percepção de verbas indenizatórias em decorrência da despedida imotivada.

Sintetizando, podemos afirmar que o regime estatutário é o regime de pessoal aplicável aos **servidores públicos**. É caracterizado pela **unilateralidade**, pois decorre diretamente de lei, com o que a situação jurídica do servidor pode ser modificada independentemente de sua anuência, respeitados os direitos adquiridos. Pode ser adotado apenas por **pessoas jurídicas de direito público** e é obrigatório para as **funções típicas de Estado**, em vista das suas garantias exclusivas, dentre as quais sobressai a estabilidade. Por fim, é caracterizado pela **pluralidade normativa**, já que cada entidade política, privativamente, possui competência para editar a lei contendo o estatuto dos servidores da sua administração direta, autárquica e fundacional.

Já o regime celetista é o regime de pessoal aplicável aos **empregados públicos**. É caracterizado pela **bilateralidade**, pois sua fonte normativa primeira é o contrato de trabalho celebrado entre o empregado público e a Administração, que admite alteração apenas mediante **acordo de vontades** entre as partes signatárias. Não prevê qualquer garantia destinada a conferir ao empregado público condições de exercer com autonomia suas funções, uma vez que **não impede a sua dispensa sem justa causa**. Por fim, é caracterizado pela **unicidade normativa**, uma vez que a Consolidação das Leis do Trabalho é diploma legal básico na matéria, aplicando-se aos empregados públicos da Administração Pública federal, estadual, distrital e municipal.

Apresentadas as diferenças entre os dois principais regimes de pessoal da Administração, passemos à análise das disposições constitucionais sobre os agentes administrativos, trazendo, no contexto da apresentação, algumas regras sobre os agentes políticos, basicamente no que toca ao seu regime remuneratório. Nosso objetivo, neste momento, é a apresentação das principais regras contidas nos arts. 37 a 41 da Constituição Federal.

4. O regime jurídico único

O *caput* do art. 39 da CF, na sua redação original, exigia que cada entidade política adotasse um regime jurídico único para os agentes da sua administração direta, autárquica e fundacional. Exigia o dispositivo, portanto, que um mesmo conjunto de normas e princípios regulasse o vínculo funcional dos agentes administrativos integrantes da administração direta, autárquica e fundacional de cada unidade da Federação. Cada entidade política teria liberdade para eleger o regime que entendesse mais apropriado, desde que o mesmo tivesse a amplitude determinada no texto constitucional.

A **EC nº 19/1998**, contudo, **pôs fim a tal exigência**, permitindo a cada pessoa política a definição do disciplinamento que considera mais adequado para os agentes de sua administração direta, autárquica e fundacional, podendo adotar um, dois ou mais regimes de pessoal. Admitiu-se, por exemplo, que o pessoal da administração direta da União esteja submetido a um regime, e o pessoal da administração autárquica e fundacional federal a outro, ou que haja um regime de caráter contratual para o pessoal das fundações públicas federais e outro de caráter estatutário para o pessoal da União e das suas autarquias, entre outras combinações possíveis.

Essa era a situação jurídica, na matéria, até o início de agosto de 2007, quando o STF, na ADI nº 2.135 MC/DF, em decisão **liminar**, **restabeleceu a redação original do *caput* do art. 39 da Constituição, com a exigência de adoção do regime jurídico único**, nos moldes anteriormente explicitados.

Desse modo, até que o STF decida o mérito da ação, temos de considerar reinserida no texto constitucional a obrigatoriedade de que cada ente federado adote um mesmo conjunto de normas e princípios para o pessoal da sua Administração direta, autárquica e fundacional. Esse regime será, **obrigatoriamente, de natureza estatutária**, pois há agentes na administração direta e autárquica que exercem funções típicas de adoção. Em virtude de tais agentes, o ente político não poderá optar pelo regime celetista.

No que toca ao pessoal das sociedades de economia mista e das empresas públicas, não houve qualquer alteração na matéria. Somente podem ser admitidos sob o regime celetista.

Neste ponto, apenas uma ressalva se impõe.

Como fica a situação dos **dirigentes** destas entidades administrativas, ou das **empresas estatais em geral**, na hipótese de **não serem empregados da pessoa jurídica**? Alguns consideram que, no caso, deve incidir o regime celetista, uma vez que estamos perante pessoas jurídicas de direito privado. Outros, lastreados no fundamento de que a Constituição não prevê o *emprego em comissão*, mas tão só o cargo em comissão, consideram que tais dirigentes são estatutários. Entre as duas posições, o CESPE inclina-se pela segunda. Enfim, considera que os dirigentes das empresas estatais, **quando não empregados destas entidades**, são **estatutários**. Com maior precisão, servidores titulares de **cargo em comissão.**

5. Acesso a cargos, empregos e funções públicas

5.1. Direito de acesso: amplitude e requisitos

Dispõe o art. 37, I, da Constituição, na redação dada pela EC nº 19/1998:

> I – os cargos, empregos e funções públicas são acessíveis aos brasileiros que preencham os requisitos estabelecidos em lei, assim como aos estrangeiros, na forma da lei.

Cargos públicos, segundo Celso Antônio Bandeira de Mello,

> são as mais simples e indivisíveis **unidades de competência** a serem expressadas por um agente, previstas em número certo, com denominação própria, retribuídas por pessoas jurídicas de **Direito Público** e criadas por lei (...).

Os cargos públicos são titularizados por **servidores públicos**, podendo ser **de provimento efetivo**, quando exigem aprovação em concurso público e possibilitam a aquisição da estabilidade; ou de **provimento em comissão**, quando em lei são declarados de livre nomeação e exoneração pela autoridade competente.

Empregos públicos são unidades de competência titularizadas por **empregados públicos**, agentes administrativos submetidos a regime **celetista**. A ocupação de um emprego público exige aprovação em concurso público, mas seu exercício não permite a aquisição da estabilidade.

Temos, ainda, as funções públicas. Na lição de Maria Sylvia Zanella di Pietro:

> (...) ao lado do cargo e do emprego, que têm uma individualidade própria, definida em lei, existem atribuições exercidas por servidores públicos, mas sem que lhe corresponda um cargo ou emprego. Fala-se, então, em função dando-se-lhe um conceito **residual: é o conjunto de atribuições às quais não corresponde um cargo ou emprego.**

Segundo a professora, são duas as espécies de função pública prescritas no art. 37 da Constituição: as **funções de confiança**, de natureza **permanente** (no sentido de que sempre devem ser exercidas), que se destinam às atribuições de **direção, chefia** e **assessoramento** (inciso V); e as funções públicas de caráter **transitório,** previstas para o atendimento de **necessidade temporária de excepcional interesse público** (inciso IX).

Pois bem, nos termos do art. 37, I, da Constituição, têm direito de acesso aos cargos, empregos e funções públicas os **brasileiros, natos e naturalizados**, e os **estrangeiros**. A possibilidade de os estrangeiros poderem ocupar cargos, empregos e funções públicas foi acrescida ao texto constitucional pela EC nº 19/1998. Até então, só era possível sua admissão em universidades e instituições de pesquisa científica e tecnológica, nos termos do art. 207 da Constituição, na redação dada pela EC nº 11/1996.

Atualmente, a Constituição reconhece-lhes o direito de acesso à Administração Pública como um todo. Todavia, **o exercício** desse direito está condicionado à edição da lei referida no dispositivo em comento, uma vez que para os estrangeiros trata-se de uma norma constitucional **de eficácia limitada**. Assim sendo, apesar de **terem direito** de acesso ao serviço público, os estrangeiros só poderão **exercê-lo** após a elaboração da legislação ordinária complementar requerida pela Constituição.

Para os brasileiros, natos e naturalizados, o art. 37, I, representa uma norma constitucional de eficácia **contida**. Portanto, os brasileiros, com base tão só neste dispositivo constitucional, têm plenas condições de exercer o direito de ocupar cargos, empregos e funções públicas, mas admite-se que a legislação ordinária institua limitações na matéria. Ressalvam-se apenas os cargos elencados art. 12, § 3º, da Constituição, vedados aos brasileiros naturalizados.

O inciso I do art. 37 é taxativo ao exigir **lei** para estabelecer os requisitos de acesso ao serviço público, sendo absolutamente inconstitucionais, para essa finalidade, quaisquer atos normativos de inferior hierarquia, como decretos executivos e portarias. Os editais de concurso, da mesma forma, não possuem idoneidade jurídica para estabelecer nenhum requisito de acesso, restringindo-se seu conteúdo possível às regras do próprio certame.

Ademais, **não se admite, em linhas gerais, que a lei estabeleça requisitos de caráter discriminatório**, tendo por parâmetros critérios de raça, sexo, idade, religião, entre outros, **por violação ao princípio da isonomia**. É inconstitucional, por exemplo, dispositivo de lei que restrinja o acesso a cargos ou empregos públicos apenas aos candidatos de certa etnia, ou aos devotos de determinada religião.

Apenas em caráter excepcional admite-se que a lei estabeleça distinções, principalmente relacionadas a sexo, idade e constituição física, **quando a diferenciação se justifica pelas peculiaridades das funções do cargo ou emprego público**, e é estabelecida com base em critérios objetivos. Tal possibilidade é albergada pelo **princípio da**

razoabilidade, que permite a instituição de tratamento diferenciado, desde que haja finalidade legítima que o justifique e que seja ele estabelecido de forma razoável, a partir de critérios objetivos.

Por exemplo, é de se considerar constitucional um dispositivo de lei que restrinja aos candidatos até certo limite de idade o acesso aos cargos de carreira militar, uma vez que um eficaz desempenho de suas funções exige bom condicionamento físico, de difícil obtenção após determinada faixa etária. A mesma exigência, todavia, é inconstitucional se estabelecida para o cargo de Técnico Judiciário, cujas funções não exigem nenhum nível de condicionamento físico especial.

Enfim, admitem-se as diferenciações que forem justificadas pela natureza das atribuições do cargo ou emprego público, desde que instituídas com razoabilidade, sendo as demais inconstitucionais, por ofensa ao princípio da isonomia.

O STF inclusive já pacificou tal entendimento quanto ao requisito de idade, enunciando na Súmula nº 683:

> 683 – O limite de idade para a inscrição em concurso público só se legitima em face do art. 7º, XXX, da Constituição, quando possa ser justificado pela natureza das atribuições do cargo a ser preenchido.

5.2. Concurso público

Dispõe o inciso II do art. 37 da CF:

> II – a investidura em cargo ou emprego público depende de aprovação prévia em concurso público de provas ou de provas e títulos, de acordo com a natureza e o grau de complexidade do cargo ou emprego, na forma prevista em lei, ressalvadas as nomeações para cargo em comissão declarado em lei de livre nomeação ou exoneração.

O concurso público é procedimento de adoção obrigatória pela Administração Pública, para o preenchimento, em seus diversos órgãos ou entidades, de cargos efetivos e empregos públicos.

Como consta na parte final do dispositivo, o concurso público não é aplicável aos **cargos em comissão**, que são de livre nomeação e exoneração. Ao procedimento também não se sujeita o preenchimento de **funções de confiança** que somente podem ser exercidas por servidores titulares de cargo efetivo. A sistemática é simples: é necessário concurso público para o preenchimento do cargo efetivo, a partir do que seu ocupante poderá exercer uma função de confiança, independentemente de qualquer concurso. Também independem de concurso público as **contratações por tempo determinado para atender a necessidade temporária de excepcional interesse pú-**

blico, sendo suficiente, para tanto, a instauração de um processo seletivo simplificado, que tem como diferencial, em relação ao concurso público, a não obrigatoriedade de ser composto por um teste de conhecimentos.

Na matéria, devemos ter ciência de que a EC nº 51/2006, mediante a alteração do art. 198 da Constituição, permitiu o provimento dos **cargos** de **agente comunitário de saúde** e de **agente de combate às endemias** mediante **processo seletivo**. A Lei nº 11.350, de 05/10/2006 tratou da matéria, trazendo um regramento para este processo seletivo, na essência, idêntico ao dos concursos públicos, uma vez que determinou que o mesmo deverá ser de provas ou de provas e títulos (exigindo, pois, que o certame sempre seja composto por um teste de conhecimentos).

Consideram-se inconstitucionais, em linhas gerais, as previsões em editais de concurso de vantagens para certas categorias de pessoas, sem qualquer vinculação com as atribuições do cargo ou emprego público, mesmo que respaldadas em lei. Seria o caso, por exemplo, de ser computado como título o tempo de serviço já prestado à Administração. Esse tipo de previsão fere o princípio da isonomia, pois não é justificada por qualquer critério de razoabilidade, sendo, pois, inválida.

Os concursos podem ser de duas **espécies**, de **provas** ou de **provas e títulos**. Como se evidencia da redação constitucional, é etapa obrigatória do concurso um efetivo teste de conhecimentos, uma prova propriamente dita, a fim de ser avaliado o nível de conhecimento e preparação do candidato ao ingresso. Além disso, especificamente para os cargos e empregos cujo exercício requer um maior conhecimento técnico ou científico, admite-se que o concurso seja composto também por uma prova de títulos, na qual serão valorados os diplomas que comprovam o conhecimento do candidato na área objeto do cargo ou emprego público.

Apesar de não constar expressamente da Constituição, admite-se que o concurso público tenha como uma de suas etapas um **teste psicotécnico**, com o objetivo de avaliar as condições mentais do candidato e a compatibilidade de seus traços de personalidade com as atribuições do cargo ou emprego público. Três são as condições a serem observadas para a válida exigência do teste psicotécnico: previsão **legal** da exigência; estabelecimento de **critérios objetivos** de caráter reconhecidamente científico para a avaliação do candidato; oferta ao candidato da possibilidade de **recorrer administrativamente** contra eventual resultado desfavorável.

A primeira exigência consta expressamente na Súmula nº 686 do STF, vazada nos seguintes termos:

> 686 – Só por lei se pode sujeitar a exame psicotécnico a habilitação de candidato a cargo público.

Deve-se ressaltar que os candidatos inscritos em determinado concurso não têm direito subjetivo à realização das provas. Pode a Administração, desde que mediante justificativa adequada, desistir de promover o certame, caso em que deverá restituir aos candidatos o valor pago a título de inscrição.

Em continuidade, entende o STF que é inconstitucional a negativa de inscrição em concurso público **sem a devida motivação**. Se, de um lado, age legitimamente a entidade organizadora ao não admitir como candidato aquele que não preenche os requisitos prescritos em lei e no edital do concurso, de outro, a instituição deve necessariamente informar ao não aceito, de forma especificada, os motivos da recusa de sua inscrição.

Com esse entendimento o STF editou a Súmula nº 684, vazada nos seguintes termos:

> 684 – É inconstitucional o veto não motivado à participação de candidato a concurso público.

Por fim, o art. 37, § 2º, da CF prevê as consequências da não realização de concurso público para o preenchimento de cargos efetivos e empregos públicos: punição da autoridade responsável e declaração de nulidade do ato de provimento.

5.3. Prazo de validade do concurso e direito à nomeação

O inciso III do art. 37 da Constituição trata do **prazo de validade** do concurso público e da possibilidade de sua **prorrogação**.

Segundo o dispositivo, o prazo de validade do concurso é de **até dois anos**, prorrogável uma só vez, por idêntico período.

O prazo de validade do concurso corresponde ao período dentro do qual pode a Administração nomear os aprovados no certame. A Constituição prevê dois prazos, o **inicial**, que pode ser de até 2 anos, e o de **prorrogação**, de duração igual ao inicial.

O prazo inicial de validade tem o início de seu transcurso com a **homologação do resultado do concurso**, ou seja, o ato pelo qual a autoridade competente declara que o procedimento foi realizado em conformidade com a legislação aplicável. Uma vez publicado o ato homologatório, pode a Administração iniciar a convocação dos candidatos aprovados, segundo a ordem de classificação.

Aproximando-se o final do prazo inicial, a autoridade competente, discricionariamente, pode decidir prorrogá-lo, somente uma vez. Se assim decidir, o prazo de prorrogação é necessariamente idêntico ao inicial, não havendo, nesse aspecto, qualquer margem de liberdade para a autoridade. Se o prazo inicial de validade foi fixado em três meses, admite-se sua prorrogação, uma só vez, por exatos três meses.

No prazo de validade do concurso, o inicial ou o de prorrogação, poderá a Administração convocar candidatos **em número superior ou inferior ao das vagas oferecidas, ou mesmo não convocar nenhum candidato**. No primeiro caso – convocação em número superior ao das vagas inicialmente previstas no edital –, é necessário que as vagas adicionais tenham sido criadas por lei, em data anterior ou posterior à realização do concurso. No caso de não convocação de nenhum candidato, ou de convocação em montante inferior ao das vagas oferecidas no edital, não há para os aprovados, mesmo para aqueles que se classificaram dentro da oferta inicial de vagas, direito subjetivo à nomeação.

Apesar de em algumas decisões isoladas o STF ter reconhecido ao candidato classificado dentro do número inicial de vagas o direito à nomeação, é predominante o entendimento de que a aprovação em concurso público, com nota suficiente para a classificação dentro das vagas iniciais, gera tão somente **expectativa de direito**. Enfim, esperança de ser convocado, mas não direito a isso.

Em certas hipóteses, entretanto, surge efetivamente **direito à nomeação**. Isso ocorre, numa primeira hipótese, quando a Administração convoca os candidatos aprovados **com inobservância da ordem de classificação**, caso em que aqueles que foram preteridos na convocação, porque classificados dentro de número de convocados pela Administração, têm direito a ingressar no serviço público. Esse é o entendimento pacífico do STF, como se observa na Súmula nº 15:

> 15 – Dentro do prazo de validade do concurso, o candidato aprovado tem o direito à nomeação, quando o cargo for preenchido sem observância da classificação.

Em prosseguimento, o inciso IV do art. 37 da CF trata da abertura de novo concurso, no prazo de validade de concurso anterior. Reza a norma:

> IV – durante o prazo improrrogável previsto no edital de convocação, aquele aprovado em concurso público de provas ou de provas e títulos será convocado com prioridade sobre novos concursados para assumir cargo ou emprego, na carreira.

Como o inciso III do art. 37 só admite uma prorrogação do prazo de validade do concurso, podemos concluir que o *prazo improrrogável* a que se refere o inciso IV é justamente o prazo de prorrogação. Com isso esclarecido, torna-se claro o sentido da disposição: "*é vedado à Administração abrir novo concurso durante o prazo inicial de validade de concurso anterior, podendo fazê-lo somente durante seu prazo de prorrogação*".

Nesse caso, todavia, todos os candidatos **aprovados** (ou seja, todos aqueles que tiraram a nota mínima para aprovação) no concurso anterior, com prazo de validade não expirado, terão **direito de preferência** na convocação, relativamente aos aprovados no segundo. Se a Administração eventualmente convocar em primeiro lugar os aprovados no segundo concurso, em detrimento dos aprovados no concurso anterior (e desde que ainda não se tenha expirado o prazo de prorrogação), nasce para estes **direito subjetivo à nomeação**, limitado aos aprovados do primeiro concurso que foram preteridos na convocação. Essa é a segunda hipótese em que a aprovação no concurso resulta em direito à nomeação.

6. Duas figuras do regime estatutário: funções de confiança e cargos em comissão

Reza o inciso V do art. 37 da CF:

> V – as **funções de confiança**, exercidas **exclusivamente por servidores ocupantes de cargos efetivos**, e os **cargos em comissão**, a serem preenchidos por servidores de carreira nos casos, condições e percentuais mínimos previstos em lei, destinam-se apenas às atribuições de **direção, chefia e assessoramento**. (Grifo nosso)

Devemos notar que a Constituição se vale da expressão *exercidas* quando se refere às funções de confiança, e da expressão *preenchidas* quando se reporta aos cargos em comissão. Com isso, a Carta alberga entendimento já majoritário em seio doutrinário mesmo antes de sua promulgação, a saber, **a existência de funções desvinculadas de um cargo específico**. Essas funções representam somente um feixe de atribuições administrativas, para cujo exercício não se faz necessária a titularização de um cargo específico.

Segundo o dispositivo, apenas servidores titulares de cargos efetivos podem exercer funções de confiança. O titular de cargo efetivo é, portanto, investido em seu cargo para desempenhar as funções que lhe são inerentes, podendo, além delas, desempenhar também alguma função de confiança. Mas esta não se vincula àquele cargo específico, podendo ser desempenhada por ocupantes de outros cargos públicos, desde que efetivos.

Já os **cargos de comissão**, declarados em lei de **livre nomeação e exoneração** pela autoridade competente, exigem prévia **investidura** específica. O indivíduo é **nomeado** para determinado cargo em comissão, ao passo que o servidor é **designado para o exercício** de uma função de confiança. Desse modo, cada cargo em comissão tem suas funções próprias, que exigem investidura específica, ao contrário das funções de confiança, que não se vinculam a um cargo determinado.

Em regra, os cargos em comissão são de livre nomeação e exoneração. A Constituição, todavia, prevê que lei restringirá parcialmente essa liberdade de escolha pela autoridade competente, pois estabelecerá as condições e os percentuais mínimos em que tais cargos deverão ser preenchidos por servidores de carreira, titulares de cargo efetivo. Em qualquer hipótese, o preenchimento de um cargo em comissão é feito em caráter precário, jamais conferindo ao seu titular o direito de permanecer ocupando-o, já que estará sempre sujeito à exoneração.

Como os cargos em comissão são de livre nomeação, poderão ser preenchidos por alguém sem qualquer vínculo anterior com a Administração. Isso não se aplica às funções de confiança, que podem ser desempenhadas somente por servidores titulares de cargos efetivos.

Outra diferença a ser apontada é que a exoneração de um servidor ocupante de um cargo em comissão implica o encerramento de seu vínculo funcional com a Administração, ao passo que a exoneração de função de confiança não produz tal consequência, pois aquele que até então a exercia mantém seu vínculo com a Administração, na condição de titular de cargo efetivo.

Por fim, a EC nº 19/1998 modificou o final do inciso V, de modo a restringir a possibilidade de criação de cargos em comissão e funções de confiança apenas às atribuições de **direção**, **chefia** e **assessoramento**, visando com isso reforçar a regra do concurso público.

7. Os contratados temporários

Dispõe o art. 37, IX, da CF:

> IX – a lei estabelecerá os casos de contratação por tempo determinado para atender a necessidade temporária de excepcional interesse público;

O dispositivo contempla o **terceiro regime de pessoal da Administração**: a contratação temporária em virtude de excepcional interesse público. Os contratados temporários exercem uma **função pública temporária** ou ocupam um **emprego público temporário**. **Não são servidores públicos em sentido estrito**, no sentido de que não lhes são aplicáveis as regras dos estatutos de servidores das diversas unidades federadas. Da mesma forma, **não são celetistas**, não lhes sendo aplicáveis as disposições da Consolidação das Leis do Trabalho. Correspondem, enfim, a um **terceiro regime de pessoal**, regulado em lei própria, de competência de cada uma de nossas entidades políticas. Para fins previdenciários, os contratados temporários estão vinculados ao **Regime Geral da Previdência Social.**

Devemos notar que se trata de um regime de natureza **estatutária**, uma vez que suas normas decorrem **diretamente de lei, o que afasta a competência da Justiça Trabalhista** na matéria, como deixou assente o SFT em diversas oportunidades (podemos mencionar, exemplificativamente, a Rcl. nº 5.381-AM, noticiada no *Info* 499).

A contratação temporária exige a realização de **processo seletivo** (por alguns denominado *processo seletivo simplificado*), não de concurso público. A diferença entre os dois procedimentos, como já apontado, é extremamente significativa: os concursos públicos necessariamente devem conter um teste de conhecimentos (*de provas* ou *de provas e títulos*), ao passo que os processos seletivos para contratação temporária podem dispensar esse tipo de avaliação. Cabe a cada entidade política, ao editar a lei regulando as contratações temporárias em sua esfera, disciplinar a matéria.

A doutrina discute se a contratação temporária só se justifica perante **funções** que, **por sua própria natureza**, sejam **efêmeras**, como a realização de recenseamentos, ou se também pode ser adotada para atender **funções de caráter permanente**, desde que a situação se caracterize pelo excepcional interesse público e pela transitoriedade, exigindo atendimento imediato, incompatível com a natural morosidade do concurso público.

Apesar de permanecer a discussão em nível doutrinário, o STF, em 2004, decidiu que a **situação** que exige a contratação deve ser transitória e caracterizar excepcional interesse público, mas que a própria **função** pode ter caráter permanente.

Na matéria, temos a Lei nº 8.745/1993, que regula a contratação temporária em virtude de excepcional interesse público no âmbito da administração **direta, autárquica e fundacional federal.**

A seguir arrolamos algumas hipóteses que caracterizam excepcional interesse público, nos termos da Lei nº 8.745/1993, justificando a contratação temporária: (1) a assistência a situações de calamidade pública; (2) o combate a surtos endêmicos; (3) a realização de recenseamentos e pesquisas de caráter estatístico realizadas pela Fundação Instituto Brasileiro de Geografia e Estatística – IBGE; (4) a admissão de professor substituto e professor visitante; (5) a admissão de professor e pesquisador visitante estrangeiro etc.

Da análise das disposições legais resulta que o processo seletivo para a contratação temporária, na esfera **federal**, exige, em regra, alguma espécie de **teste de conhecimentos**, uma prova propriamente dita. Isso decorre da forma de tratamento da matéria dada pela Lei, que não exige qualquer tipo de avaliação em situações de calamidade pública, e prevê somente análise curricular para a contratação temporária de professores visitantes nacionais ou estrangeiros, pesquisadores visitantes estrangeiros, e alguns outros profissionais. Para as demais hipóteses de contratação temporária a Lei não estabelece regras específicas sobre o processo seletivo, com o que, a partir de uma interpretação a *contrario sensu*, conclui-se ser necessária a aplicação de algum tipo de teste de conhecimentos.

A Lei também se preocupou em instituir os prazos máximos admissíveis para os contratos temporários, apesar de, como regra geral, admitir sua prorrogação. É interessante ressaltar que, mesmo sendo celebrados por prazo determinado, os contratos temporários podem ser extintos antes do seu transcurso, tanto pela Administração como pelo contratado.

Se for o contratado a rescindir o contrato, não cabe qualquer indenização; se for a Administração, a ela cabe indenizá-lo em valor correspondente à metade da remuneração a que teria direito se o contrato transcorresse integralmente pelo período acordado. Se o contrato for extinto por mero decurso de prazo a rescisão ocorre sem ônus para qualquer das partes.

8. Reserva de vagas para candidatos portadores de deficiência

Reza o inciso VIII do art. 37 da Constituição:

> VIII – a lei reservará percentual dos cargos e empregos públicos para as pessoas portadoras de deficiência e definirá os critérios de sua admissão;

Traz a norma um caso de aplicação do princípio da isonomia no contexto do princípio da razoabilidade, uma vez que estabelece tratamento mais benéfico para aqueles por ela abrangidos.

Em seus termos, caberá ao legislador ordinário instituir um **percentual de vagas**, nos concursos visando ao preenchimento de cargos efetivos e empregos públicos, a serem disputados exclusivamente **por candidatos portadores de deficiência**. Note-se que a Constituição não está eximindo os deficientes da realização do concurso público, nem prevendo que haverá para eles provas diferentes daquelas propostas para os candidatos não deficientes. A norma constitucional estabelece somente uma **reserva de vagas.**

As vagas reservadas para os deficientes podem ser **comunicáveis aos demais candidatos ou não**, cabendo ao edital do concurso definir essa regra. Se forem comunicáveis, as vagas reservadas não preenchidas por deficientes serão preenchidas por candidatos não deficientes, segundo a ordem de classificação; caso contrário – se não for prevista a comunicação das vagas – permanecerão não preenchidas.

O candidato deficiente não poderá, em nenhuma hipótese, vir a ser prejudicado pela reserva. Se, eventualmente, sua nota não for suficiente para classificá-lo nas vagas reservadas, mas for bastante para classificá-lo nas vagas fora da reserva, deve ser-lhe reconhecido o direito ao reenquadramento de sua classificação, passando a ser listado entre os candidatos não deficientes.

A comprovação da deficiência que justificou a inscrição nas vagas sob reserva, bem como a análise de sua compatibilidade com as funções do cargo ou emprego público será promovida por junta médica oficial, a qual, se comprovar a inexistência da deficiência informada, ou sua incompatibilidade para com as atribuições do cargo ou emprego, deverá declarar o fato em laudo ou parecer fundamentado, cabendo à autoridade competente excluir o candidato do certame, por não preenchimento dos requisitos para inscrição.

Por fim, deve-se ressaltar que certas doenças impedem o acesso ao serviço público. São as doenças que justificam a aposentadoria por invalidez permanente, prevista no art. 40, § 1º, I, da CF.

9. Regras relativas à acumulação remunerada de cargos, empregos e funções públicas

A matéria tem seu regramento geral nos incisos XVI e XVII do art. 37 da Constituição, que dispõem a respeito nos seguintes termos:

> XVI – é vedada a acumulação remunerada de cargos públicos, exceto quando houver compatibilidade de horários, observado em qualquer caso o disposto no inciso XI:
> a) a de dois cargos de professor;
> b) a de um cargo de professor com outro, técnico ou científico;
> c) a de dois cargos ou empregos privativos de profissionais da saúde, com profissões regulamentadas;
> XVII – a proibição de acumular estende-se a empregos e funções, e abrange autarquias, fundações, empresas públicas, sociedades de economia mista, suas subsidiárias e sociedades controladas, direta ou indiretamente, pelo Poder Público;

As regras anteriormente prescritas, como se percebe pelos termos do inciso XVII, possuem amplíssima abrangência, vinculando **toda a Administração Pública, de qualquer um dos Poderes, em qualquer uma das esferas de Governo**. Ademais, atingem até mesmo entidades **não integrantes da estrutura formal da Administra-**

ção, a saber, as subsidiárias das entidades administrativas e as demais sociedades controladas, direta ou indiretamente, pelo poder público.

A regra geral, prescrita no início do inciso XVI e no início do inciso XVII, consiste na **vedação à acumulação remunerada de cargos, empregos e funções públicas**. Essa é a regra geral, **excepcionada** nas hipóteses relacionadas nas três alíneas do inciso XVI, que admitem a acumulação, desde que haja compatibilidade de horários, (a) de dois cargos ou empregos públicos de professor, independentemente do nível de ensino, se infantil, fundamental, médio ou superior; (b) de um cargo ou emprego público de professor com outro, de caráter técnico ou científico (na definição que devemos adotar, é considerado técnico-científico todo cargo ou emprego público que exige diploma de nível superior para a investidura); e (c) de dois cargos ou empregos públicos privativos de profissionais da saúde, a exemplo dos cargos ou empregos de médico, dentista, farmacêutico, nutricionista, psicólogo, fisioterapeuta e enfermeiro.

Essa última hipótese foi acrescida ao texto constitucional pela EC nº 19/1998, que alterou a alínea *c* do inciso XVI, na qual, àquela época, autorizava-se somente a acumulação de dois cargos privativos de médico. Atualmente, como exposto, o permissivo constitucional alcança todos os profissionais da saúde cujas profissões sejam regulamentadas.

De forma esparsa, encontramos no texto constitucional outras hipóteses de acumulação lícita, desde que existente compatibilidade de horários. São três as hipóteses, a seguir arroladas:

1ª) a acumulação **obrigatória** para os servidores da Administração direta, autárquica e fundacional, quando eleitos para o mandato de vereador, que, desde que presente a compatibilidade de horários, deverão acumular suas atuais funções com as atribuições do mandato eletivo (CF, art. 38, III);

2ª) a possibilidade de os membros do Ministério Público acumularem seu cargo vitalício com uma função pública de magistério (CF, art. 128, § 5º, II, *d*);

3ª) a permissão para que os membros do Poder Judiciário acumulem seu cargo vitalício com uma função de magistério (CF, art. 95, parágrafo único, I).

Até este ponto, apresentamos as regras constitucionais que tratam da acumulação na ativa. Resta-nos, agora, analisar o § 10 do art. 37, acrescido ao texto constitucional pela EC nº 20/1998, que trata da acumulação de remuneração com proventos de aposentadoria.

O dispositivo trata da matéria nos seguintes termos:

> § 10. **É vedada a percepção simultânea de proventos de aposentadoria decorrentes do art. 40 ou dos arts. 42 e 142** com a remuneração de car-

> go, emprego ou função pública, ressalvados os cargos acumuláveis na forma desta Constituição, os cargos eletivos e os cargos em comissão declarados em lei de livre nomeação e exoneração. (Grifo nosso)

Os arts. 40, 42 e 142 da CF tratam de três **regimes previdenciários próprios,** o primeiro aplicável aos servidores titulares de cargos efetivos (art. 40); o segundo, aos militares das Polícias Militares e dos Corpos de Bombeiros Militares (art. 42); e o terceiro, aos militares das Forças Armadas. Essas categorias, regra geral, não poderão acumular os proventos percebidos pelo regime próprio com a remuneração pelo exercício de cargo, emprego ou função pública, salvo quando a acumulação dos proventos de aposentadoria se der com a remuneração de cargos, empregos ou funções públicas:

- **acumuláveis**, na forma da Constituição: é o caso de um técnico da Receita Federal, aposentado de seu cargo efetivo, que passa a exercer uma função pública de magistério, hipótese de acumulação autorizada pelo art. 37, XVI, da CF;
- **eletivos**: é o caso de um escrivão da polícia federal que, após se aposentar, vem a ser eleito para o mandato de vereador;
- **em comissão**: é o caso de um auditor da Receita Federal que, após transferir-se para a inatividade, vem a ocupar o cargo em comissão de Secretário da Receita Federal.

Uma hipótese não tratada expressamente na Constituição é a possibilidade de alguém, aposentado pelo regime próprio dos servidores, se aprovado em concurso público para cargo ou emprego público em situação na qual não se admite a acumulação, **renunciar aos seus proventos de aposentadoria** para poder novamente ingressar na Administração. Predomina o entendimento de que tal conduta **conforma-se ao texto constitucional**, uma vez que, com a renúncia aos proventos de aposentadoria, não haverá percepção **simultânea** de proventos e remuneração e, desse modo, não estará sendo violado o art. 37, § 10, da Constituição.

Além das hipóteses até aqui arroladas, admite-se também a acumulação de remuneração com proventos de aposentadoria pelo regime **geral** da Previdência Social.

Por fim, em todas as hipóteses de acumulação incidem os limites remuneratórios prescritos no art. 37, XI, da CF.

10. Direito de associação sindical

Segundo o inciso VI do art. 37 da Constituição, "*é garantido ao servidor público civil o direito à livre associação sindical*".

Trata-se de norma constitucional de eficácia plena, que garante aos servidores públicos, titulares de cargos efetivos ou em comissão, o direito à livre associação sindical.

Aos empregados públicos a Constituição também confere idêntico direito, em seu art. 8º.

Já para os militares das Forças Armadas, que não integram a categoria *servidores públicos*, a Constituição vedou não só a sindicalização, mas também a greve.

Em termos de competência, cabe à Justiça federal julgar os litígios funcionais envolvendo, de um lado, os servidores federais e, de outro, a União, suas autarquias e empresas públicas. A Justiça Estadual, por sua vez, é competente para o julgamento dos litígios envolvendo, de um lado, a administração direta, autárquica e fundacional estadual, distrital e municipal e, de outro, seus servidores. E a Justiça do Trabalho é competente para o julgamento das causas trabalhistas entre os empregados públicos e a Administração, qualquer que seja a esfera de Governo.

11. Direito de greve dos servidores e empregados públicos

O **direito de greve** dos servidores (estatutários) será exercido nos termos de **lei específica** (CF, art. 37, VII). Desse modo, apesar de a Constituição consagrar o direito dos servidores à greve, condiciona seu exercício à edição de lei específica. Trata-se, pois, de direito prescrito em norma constitucional de eficácia limitada.

Face à natureza da norma, o STF reiteradamente decidiu pela inconstitucionalidade de qualquer movimento grevista instaurado pelos servidores públicos antes da edição da legislação infraconstitucional regulando a matéria. Ocorre que, em **25/10/2007**, o mesmo STF, perante os quase vinte anos de inércia do Poder Público, **reconheceu a omissão legislativa na regulação do art. 37, VII, da Constituição**, e determinou que, até que a lacuna seja preenchida, **os servidores públicos poderão exercer seu direito de greve com base na Lei nº 7.783/1989**, que regula o direito de greve para a iniciativa privada.

Podemos, então, finalmente afirmar que o inciso VII do art. 37 da CF, norma de eficácia limitada, **adquiriu sua plena eficácia** com a decisão do Pretório Excelso, pois, enquanto a União permanecer omitindo-se no cumprimento de seu dever de legislar, os servidores poderão instaurar movimentos grevistas com base nas disposições do referido diploma legal.

Nada do que foi anteriormente colocado se aplica aos **empregados públicos das empresas públicas e sociedades de economia mista**, cujo direito de greve é previsto no art. 9º da CF, norma constitucional de eficácia **plena**: assegura, por si só, não apenas o direito, mas o exercício do direito de greve dos empregados públicos, de qualquer esfera da Federação.

12. Servidores em exercício de mandato eletivo

A matéria é regulada no art. 38 da Constituição.

Pelo disciplinamento constitucional da matéria, o servidor eleito para qualquer mandato eletivo federal, distrital ou estadual (Presidente e Vice-Presidente da República, Governadores e Vice-Governadores, senadores, deputados federais, estaduais e distritais) não dispõe de qualquer opção: deve obrigatoriamente afastar-se de seu cargo, emprego ou função e perceber o subsídio relativo ao mandato eletivo. É vedada a acumulação, bem como a opção pela remuneração até então recebida.

O servidor eleito para o mandato de Prefeito (ou de Vice-Prefeito), também deve afastar-se de seu cargo, emprego ou função. Mas, diversamente do que ocorre na hipótese anterior, pode optar pelo subsídio do mandato eletivo ou pela remuneração até então recebida no cargo, emprego ou função.

Por fim, o servidor eleito para o mandato de vereador, se houver compatibilidade de horários, deverá **obrigatoriamente** acumular o exercício das atribuições de seu cargo, emprego ou função com as do mandato eletivo, bem como a remuneração e o subsídio relativos a cada um deles; se não houver compatibilidade de horários, deverá desempenhar somente as funções do mandato eletivo, mas poderá optar pelo subsídio ou pela remuneração de seu cargo, emprego ou função.

Em qualquer caso de afastamento, **o tempo de serviço será considerado para todos os efeitos, salvo para promoção por merecimento**. Desse modo, é computado para fins de disponibilidade, de adicional por tempo de serviço (quando o servidor faz jus à vantagem), de promoção por antiguidade etc. É válido destacar que o tempo afastado é computado até mesmo para fins de **aquisição da estabilidade.**

O afastamento do servidor de seu cargo, emprego ou função não produz consequências em termos de benefícios previdenciários (auxílio-doença, auxílio-acidente etc.), os quais serão determinados como se o servidor em exercício estivesse, ou seja, **como se ele não houvesse se afastado de seu cargo, emprego ou função**. Isso significa que eles serão definidos com base no valor da **remuneração** ordinária do servidor, mesmo que ele esteja percebendo o **subsídio** relativo ao mandato eletivo.

13. Remuneração dos agentes políticos e administrativos

13.1. Espécies remuneratórias

A partir da entrada em vigor da EC nº 19/1998, o sistema remuneratório dos agentes políticos e administrativos passou a abranger três categorias diferenciadas:

1ª) **Subsídio**: a Constituição determinou que os agentes políticos e algumas categorias de servidores públicos fossem remunerados por subsídio, além de admitir sua adoção por lei a todos os servidores públicos que tenham seu quadro funcional organizado em carreira. Caracteriza-se essa modalidade remuneratória por ser fixada em **parcela única**, vedado o acréscimo de qualquer outra gratificação, adicional, abono, prêmio, verba de representação ou outra espécie remuneratória. Como regra geral, para os que percebem por esse regime, admite-se apenas, além da parcela única do subsídio, a percepção de vantagens de caráter indenizatório, a exemplo da ajuda de custo e das diárias.

É no art. 39, § 4º, da CF, que encontramos a prescrição genérica dessa modalidade remuneratória, nos seguintes termos:

> § 4º O membro de poder, o detentor de mandato eletivo, os Ministros de Estado e os Secretários Estaduais e Municipais serão remunerados exclusivamente por subsídio fixado em parcela única, vedado o acréscimo de qualquer gratificação, adicional, abono, prêmio, verba de representação ou outra espécie remuneratória, obedecido em qualquer caso o disposto no art. 37, X e XI.

O intuito do legislador, ao instituir em nosso ordenamento constitucional essa modalidade remuneratória, foi criar condições para que pudesse ser feito um controle mais eficiente sobre os valores percebidos pelos agentes políticos e por certas categorias de servidores. Efetivamente, o controle intentado torna-se muito mais fácil de ser realizado limitando-se todos os valores que tais agentes têm direito a perceber, pelo exercício de suas funções, a uma única parcela.

Todavia, como bem adverte Maria Sylvia di Pietro, os **servidores públicos**, além da parcela única do subsídio, **fazem jus também às vantagens pecuniárias de caráter remuneratório contempladas no art. 39, § 3º**, da CF, a saber, **a gratificação natalina, o adicional noturno, o adicional por serviço extraordinário e o adicional de férias**.

Com isso, podemos concluir que aos agentes políticos pode-se aplicar a parcela única do subsídio, nos termos prescritos no art. 39, § 4º, mas os servidores públicos, além dessa parcela, têm direito às vantagens pecuniárias de caráter remuneratório citadas no parágrafo anterior.

2ª) **Vencimentos**: espécie remuneratória aplicável aos **servidores públicos**, aos agentes sujeitos ao regime **estatutário**. Os vencimentos (no plural) são decompostos em duas parcelas: o **vencimento** (no singular), que corresponde ao valor básico fixado em lei para o desempenho do cargo, e as **vantagens pecuniárias** de caráter remuneratório, valores também estabelecidos em lei e que se acrescem ao vencimento, a exemplo das gratificações e adicionais. Muitos doutrinadores e mesmo diversos diplomas legais utilizam a expressão *remuneração* como sinônima de vencimentos. Assim, podemos utilizar a expressão como gênero, correspondendo às diversas modalidades de estipêndio aplicáveis aos agentes públicos (subsídio, vencimentos e salário), ou como sinônima de vencimentos, correspondendo, então, ao valor devido aos **servidores** pelo desempenho de seu **cargo**, valor esse composto de uma parcela básica (o vencimento) e uma parcela variável (as diversas vantagens pecuniárias);

3ª) **salário**: é a contraprestação pecuniária paga aos **empregados públicos**, aos agentes contratados sob o regime **celetista**. A exemplo dos vencimentos (ou remuneração, em sentido estrito), é composto de uma parte fixa e de uma parte variável.

13.2. Limites (tetos) remuneratórios

A matéria é objeto do inciso XI do art. 37 da Constituição, alterado por força da EC nº 41/2003. Reza o dispositivo:

> XI – a remuneração e o subsídio dos ocupantes de cargos, funções e empregos públicos da administração direta, autárquica e fundacional, dos membros de qualquer dos Poderes da União, dos Estados, do Distrito Federal e dos Municípios, dos detentores de mandato eletivo e dos demais agentes políticos e os proventos, pensões ou outra espécie remuneratória, percebidos cumulativamente ou não, incluídas as vantagens pessoais ou de qualquer outra natureza, não poderão exceder o subsídio mensal, em espécie, dos Ministros do Supremo Tribunal Federal, aplicando-se como limite, nos Municípios, o subsídio do Prefeito, e nos Estados e no Distrito Federal, o subsídio mensal do Governador no âmbito do Poder Executivo, o subsídio dos Deputados Estaduais e Distritais no âmbito do Poder Legislativo e o subsídio dos Desembargadores do Tribunal de Justiça, limitado a noventa inteiros e vinte e cinco centésimos por cento do subsídio mensal, em espécie, dos Ministros do Supremo Tribunal Federal, no âmbito do Poder Judiciário, aplicável este limite aos membros do Ministério Público, aos Procuradores e aos Defensores Públicos;

Também se sujeitam às regras anteriormente expostas os empregados e dirigentes de empresas públicas, sociedades de economia mista e suas subsidiárias, quando tais entidades receberem recursos orçamentários da União, dos Estados, do Distrito Federal ou dos Municípios para pagamento de **despesas de pessoal ou de custeio em geral** (CF, art. 37, § 9º). Se tais entidades não receberem qualquer recurso orçamentário do ente político, ou receberem-no para outras finalidades, que não pagamento de pessoal ou despesas de custeio, seus empregados e dirigentes não se sujeitam aos limites remuneratórios do inciso XI do art. 37.

Feita essa ressalva, os limites remuneratórios estabelecidos no dispositivo em comento **alcançam todas as espécies remuneratórias** (subsídio, vencimentos, salário), **bem como os proventos de aposentadoria e as pensões**, aplicando-se a **todas as espécies de acumulação**.

Prova da abrangência dos limites instituídos pela EC nº 41/2003 é o disposto no art. 17 do Ato das Disposições Constitucionais Transitórias (ADCT), que determina a **imediata redução** aos novos limites de quaisquer valores percebidos em discrepância com o dispositivo, não sendo admissível, no caso, invocação de direito adquirido ou percepção de excesso a qualquer título.

Vale relembrar que estamos tratando de tetos remuneratórios, não estando sujeitas aos limites do inciso XI as vantagens de natureza **indenizatória**. Afastando qualquer dúvida na matéria, a EC nº 47/2005 acrescentou o § 11 ao art. 37 da CF, expressamente excluindo dos tetos remuneratórios as parcelas de caráter indenizatório previstas em lei.

Isso posto, só resta relembrar os tetos prescritos no dispositivo.

Há um **teto geral**, aplicável **a todos os Poderes e a todas as unidades da Federação: o subsídio mensal, em espécie, dos Ministros do STF**. Na esfera **federal,** esse é o **único** teto remuneratório incidente.

No que toca aos Estados e ao Distrito Federal, foi mais minucioso o regramento constitucional. Em um primeiro patamar, absoluto, há o subsídio dos Ministros do STF, que não pode ser ultrapassado no âmbito dos Estados e do DF.

Além desse primeiro e maior limite, nas esferas estadual e distrital foram estabelecidos **subtetos por Poder**, nos seguintes termos:

1. no Poder Executivo: **subsídio mensal do Governador** (que pode ser fixado em valor idêntico ao do subsídio dos Ministros do STF);
2. no Poder Legislativo: **subsídio mensal dos deputados estaduais e distritais**. Devemos relembrar que o § 2º do art. 27 e o § 3º do art. 32, ambos da CF, estabelecem que o subsídio dos deputados estaduais e distritais poderá corresponder, no

máximo, a 75% do subsídio dos deputados federais. Desse modo, mesmo que o subsídio dos deputados federais seja fixado em montante idêntico ao do subsídio dos Ministros do STF (o que é plenamente constitucional), o subsídio dos deputados estaduais e distritais será de, no máximo 75% desse valor;

3. no Poder Judiciário: **subsídio dos desembargadores do Tribunal de Justiça**, limitado a 90,25% do subsídio dos Ministros do STF, sendo aplicável esse limite aos membros do Ministério Público, aos procuradores e aos defensores públicos. Todavia, **o limite de 90,25% foi liminarmente suspenso pelo STF** na ADI nº 3.854 MC/DF, interposta pela Associação de Magistrados Brasileiros (AMB). Com base essencialmente no princípio da isonomia entre a magistratura federal e a estadual, dada a identidade de funções, a Corte excluiu a submissão dos membros da magistratura estadual ao subteto de remuneração.

A EC nº 47/2005 acrescentou o § 12 ao art. 37 da CF, instituindo uma faculdade aos Estados e ao Distrito Federal em matéria de limites remuneratórios.

Reza o dispositivo:

> § 12. Para os fins do disposto no inciso XI do *caput* deste artigo, fica facultado aos Estados e ao Distrito Federal fixar, em seu âmbito, **mediante emenda às respectivas Constituições e Lei Orgânica**, como **limite único, o subsídio mensal dos Desembargadores do respectivo Tribunal de Justiça**, limitado a noventa inteiros e vinte e cinco centésimos por cento do subsídio mensal dos Ministros do Supremo Tribunal Federal, **não se aplicando o disposto neste parágrafo aos subsídios dos Deputados Estaduais e Distritais e dos Vereadores** (Grifo nosso)

Por fim, em âmbito **municipal** são dois os limites remuneratórios. Em um primeiro patamar, sempre, o subsídio mensal, em espécie, dos Ministros do STF. O segundo limite, o **subteto municipal**, aplicável aos Poderes Executivo e Legislativo, é o **subsídio mensal do Prefeito** (que pode ser fixado em valor idêntico ao do subsídio dos Ministros do STF).

13.3. Limite especial para os estatutários

Dispõe o art. 37, XII:

> XII – os vencimentos dos cargos do Poder Legislativo e do Poder Judiciário não poderão ser superiores aos pagos pelo Poder Executivo;

Essa regra é de aplicação mais restrita que a anterior, já que limita seu âmbito aos servidores públicos, não alcançando os demais agentes administrativos e os agentes políticos.

Seu objetivo é impedir que cargos com funções idênticas ou substancialmente assemelhadas, no âmbito dos Poderes Legislativo e Judiciário, remunerem seus titulares em montante superior ao Poder Executivo. Por exemplo, se um cargo de digitador no Poder Executivo confere direito a uma remuneração de R$ 1.500,00, esse é o patamar máximo que poderá ser estabelecido para o mesmo cargo nos Poderes Judiciário e Legislativo.

A norma, assim, institui um outro teto, aplicável apenas aos servidores públicos, que tem por parâmetro o valor das remunerações pagas pelo Poder Executivo.

Até onde sabemos, esta regra não teve qualquer consequência prática. Mas, em termos formais, permanece em vigor.

13.4. Fixação e revisão geral da remuneração (em sentido estrito) e do subsídio

Reza o art. 37, X, da Constituição, na redação dada pela EC nº 19/1998:

> X – a remuneração dos servidores públicos e o subsídio de que trata o § 4º do art. 39 somente poderão ser fixados ou alterados por **lei específica**, observada a iniciativa privada em cada caso, assegurada **revisão geral anual**, sempre na mesma data e sem distinção de índices; (Grifo nosso)

O primeiro ponto a ser destacado é que a Constituição exige **lei específica**, tanto para a **alteração** como para a **fixação** da remuneração (significando **vencimentos**) e do subsídio, ou seja, lei que trate apenas da própria alteração ou fixação, e de nenhuma outra matéria. Na elaboração do projeto de lei deverá ser respeitada a iniciativa privativa, caso a caso, segundo as regras estabelecidas pela Constituição.

Em segundo lugar, a parte final do inciso X trata da **revisão geral anual da remuneração e do subsídio**, a qual, dentro de cada esfera de Governo, deve ocorrer sempre na mesma data e sem distinção de índices. Os militares não estão abrangidos pelo dispositivo, já que não integram a categoria *servidores públicos*, podendo, assim, ter um reajuste remuneratório realizado em data e índice diferentes daquele aplicado ao pessoal civil.

A revisão geral anual foi regra inserida na Constituição pela EC nº 19/1998, e representa a consagração do **princípio da periodicidade anual**. A partir de sua inserção no texto constitucional, os agentes políticos e os servidores públicos de todas as esferas de Governo possuem direito subjetivo a, anualmente, terem revisado o valor de suas remunerações e subsídios, a fim de que seja recomposto seu poder aquisitivo, reduzido paulatinamente durante os 12 meses anteriores pela inflação.

13.5. Irredutibilidade

É a redação do art. 37, XV, da CF:

> XV – o subsídio e os vencimentos dos ocupantes de cargos e empregos públicos são irredutíveis, ressalvado o disposto nos incisos XI e XIV deste artigo e nos arts. 39, § 4º, 150, II, 153, III, e 153, § 2º, I;

A norma, na primeira parte, consagra a **regra geral da irredutibilidade** dos subsídios e vencimentos (devendo-se considerar incluído também o salário, pela menção a *empregos*); na segunda, estabelece as hipóteses que **excepcionam a irredutibilidade**, permitindo redução no valor da remuneração (em sentido amplo).

Deve-se atentar que, além das exceções contidas no final desse dispositivo, os empregados públicos podem ter seu salário reduzido por acordo ou convenção coletiva, como prevê o art. 7º, VI, da Constituição. Assim, essa é mais uma hipótese que excepciona a irredutibilidade, restrita aos empregados públicos.

Analisando-se a parte final do inciso XV do art. 37, a primeira hipótese em que se admite a redução no valor da remuneração encontra-se no inciso XI do mesmo art. 37, que estabelece os tetos remuneratórios. Desse modo, admite-se a diminuição do valor da remuneração para ajustá-la aos limites prescritos na Constituição.

Também se admite redução na remuneração pela aplicação do inciso XIV do art. 37. Assim, se há percepção de acréscimos pecuniários calculados a partir de parcelas remuneratórias diversas do vencimento básico, deverá o cálculo ser ajustado ao inciso XIV, com a consequente redução do valor da remuneração.

Também se admite redução se o agente político está percebendo, a título de remuneração, alguma vantagem remuneratória além da parcela única do subsídio, em violação do art. 39, § 4º, da CF.

Ainda, eventuais aumentos de impostos incidentes sobre a remuneração não são protegidos pela irredutibilidade. Um aumento na alíquota do Imposto de Renda, por exemplo, com o consequente decréscimo do valor líquido da remuneração, é permitido pela parte final do inciso XV.

Por fim, segundo entendimento do STF, o inciso XV do art. 37 não justifica qualquer pedido de reajuste remuneratório. Entende a Corte que o dispositivo em questão contempla uma garantia de ordem **formal**, estando satisfeito quando o **valor nominal** da remuneração não é reduzido, mesmo que seu poder aquisitivo tenha se deteriorado em virtude do fenômeno inflacionário.

13.6. Proibição de equiparações e vinculações

O art. 37, XIII, da CF, proíbe a vinculação ou a equiparação de quaisquer espécies remuneratórias para o efeito de remuneração do pessoal do serviço público.

A norma em questão sofreu alteração pela EC nº 19/1998, passando a vedar a equiparação e a vinculação de **quaisquer espécies remuneratórias.** Na sua redação original, a vedação incidia apenas sobre vencimentos. Nos termos como é vazada atualmente, abrange as três modalidades remuneratórias antes estudadas: o subsídio, os vencimentos (ou remuneração em sentido estrito) e o salário.

Equiparar é conferir remuneração igual para cargos ou empregos com funções distintas (por exemplo, equiparar a remuneração dos auditores fiscais da Receita Federal com a dos procuradores federais), de forma que o aumento de um deles implique, automaticamente, aumento do outro. **Vincular**, por sua vez, é fixar a remuneração de um cargo ou emprego em certo percentual da remuneração de outro (por exemplo, estabelecer que a remuneração de um escrivão corresponderá a 80% da remuneração de um delegado de polícia).

A Constituição proíbe ambos os institutos, de largo uso sob a égide da Constituição anterior. Ressalvam-se somente as vinculações e equiparações prescritas na própria Carta, como a equiparação do subsídio dos Ministros do Tribunal de Contas da União ao dos Ministros do Superior Tribunal de Justiça, prevista no art. 73, § 3º, da CF.

Apesar de não se tratar da vinculação vedada pelo dispositivo em análise, é válida a transcrição da Súmula 681 do STF, redigida nos seguintes termos:

> "681 – É inconstitucional a vinculação do reajuste de vencimentos de servidores estaduais ou municipais a índices federais de correção monetária."

13.7. Base de cálculo para acréscimos pecuniários

O art. 37, XIV, da CF apresenta o seguinte teor:

> XIV – os acréscimos pecuniários percebidos por servidor público não serão computados nem acumulados para fins de concessão de acréscimos ulteriores;

O inciso XIV do art. 37 também foi alterado pela EC nº 19/1998. Anteriormente, a norma alcançava somente os acréscimos pecuniários **concedidos sob idêntico título ou fundamento.** Na atual redação, não consta mais a expressão em destaque, com o que podemos concluir que foi ampliada a vedação, de forma a abranger todos os acréscimos pecuniários, seja qual for seu título ou fundamento.

Em linguagem mais singela, a atual interpretação do dispositivo veda que **qualquer acréscimo pecuniário** (um adicional, uma gratificação) seja considerado para o cálculo de outros acréscimos, devendo todos ter seu valor definido levando em consideração **somente o vencimento básico** do cargo.

Assim, por exemplo, se um servidor percebe R$ 1.000,00 de vencimento básico e R$ 500,00 a título de gratificação pelo exercício de função de assessoramento, no caso de passar a perceber outro acréscimo pecuniário, como uma gratificação especial de 20%, o valor da vantagem será calculado levando-se em conta apenas o valor do vencimento básico. Aplicando 20% sobre R$ 1.000,00, a nova vantagem resultará num aumento de R$ 200,00 para o servidor.

14. Direitos trabalhistas conferidos aos servidores públicos

O § 3º do art. 39 da Constituição confere aos servidores ocupantes de cargos **efetivos** alguns direitos previstos no art. 7º da Carta Magna para os trabalhadores urbanos e rurais.

Levando-se em conta as alterações nele promovidas pela EC nº 19/1998, os servidores foram contemplados pelo dispositivo com os seguintes direitos: (a) salário mínimo nacionalmente unificado; (b) garantia do salário, nunca inferior ao mínimo, para os que percebem remuneração variável; (c) décimo terceiro salário; (d) remuneração do trabalho noturno superior à do diurno; (e) salário-família; (f) duração do trabalho normal não superior a oito horas diárias e quarenta e quatro semanais; (g) repouso semanal remunerado, preferencialmente aos domingos; (h) remuneração do serviço extraordinário superior, no mínimo, em cinquenta por cento à do serviço ordinário; (i) férias anuais com a remuneração acrescida em pelo menos um terço da remuneração normal; (j) licença à gestante com a duração de cento e vinte dias; (l) licença-paternidade; (m) proteção do mercado de trabalho da mulher, mediante incentivos específicos, nos termos da lei; (n) redução dos riscos inerentes ao trabalho, por meio de normas de saúde, higiene e segurança; (o) proibição de diferença de salários, de exercício de funções e de critério de admissão por motivo de sexo, idade, cor ou estado civil.

Com relação à **garantia do salário mínimo**, vale apresentar a posição do STF a respeito. Como analisamos anteriormente, a remuneração dos servidores é decomposta em duas parcelas, o vencimento básico do cargo e as demais vantagens pecuniárias de caráter remuneratório. Pois bem, entende o STF que a garantia do salário mínimo refere-se **à remuneração como um todo**, estando respeitada a Constituição se seu valor for igual ou superior ao salário mínimo, mesmo que o vencimento básico do cargo seja inferior.

15. Regime de previdência dos servidores públicos

O art. 40 da Constituição estabelece as linhas mestras do regime previdenciário dos servidores titulares **de cargos efetivos** da União, dos Estados, do Distrito Federal e dos Municípios, incluídas as respectivas autarquias e fundações. Subsidiariamente, aplicam-se ao regime previdenciário próprio dos servidores as disposições do regime **geral** da previdência social.

As regras dispostas no art. 40 da Constituição representam profundas alterações em nossa história constitucional recente, em um primeiro momento pela EC nº 20, de 1998; logo a seguir, pela EC nº 41, de 2003; e, por último, pela EC nº 47, de 2005.

Será este, pois nosso objeto de estudo neste tópico: as regras do regime previdenciário postas no art. 40 da Constituição, já consideradas as alterações promovidas pelas emendas referidas acima.

Nos termos do *caput* do art. 40 da CF, o regime tem caráter **contributivo** e **solidário**. O caráter contributivo indica que o sistema não se baseia no tempo de serviço do servidor, mas nas **efetivas contribuições por ele recolhidas aos cofres públicos**. É indispensável o real recolhimento da contribuição previdenciária, **sendo vedado ao legislador estabelecer qualquer forma de contagem de tempo de contribuição fictício** (art. 40, § 9º).

Além do servidor da ativa, **contribuem para o sistema o ente público, os inativos e os pensionistas**. A amplitude da base contributiva corresponde ao caráter **solidário** do sistema. As contribuições devem observar **critérios que preservem o equilíbrio financeiro e atuarial do sistema**, de forma a serem suficientes para a sua manutenção, sem necessidade de aporte de recursos financeiros adicionais, provenientes de outras fontes, de natureza não-previdenciária. O equilíbrio financeiro e atuarial é, pois, uma terceira característica do regime próprio, ao lado do caráter contributivo e solidário.

As hipóteses de concessão de aposentadoria pelo regime próprio dos servidores, bem como seus respectivos requisitos, disciplinados no art. 40, § 1º, da CF, sofreram significativa alteração pela EC nº 20/1998. Posteriormente, a EC nº 41/2003 promoveu uma nova alteração no dispositivo, circunscrita à aposentadoria por invalidez permanente.

O dispositivo, na sua redação atual, é vazado nos seguintes termos:

> § 1º Os servidores abrangidos pelo regime de previdência de que trata este artigo serão aposentados, calculados os seus proventos a partir dos valores fixados na forma dos §§ 3º e 17:
>
> I – por invalidez permanente, sendo os proventos proporcionais ao tempo de contribuição, exceto se decorrente de acidente em serviço, moléstia profissional ou doença grave, contagiosa ou incurável, na forma da lei;
>
> II – compulsoriamente, aos setenta anos de idade, com proventos proporcionais ao tempo de contribuição;
>
> III – voluntariamente, desde que cumprido tempo mínimo de dez anos de efetivo exercício no serviço público e cinco anos no cargo efetivo em que se dará a aposentadoria, observadas as seguintes condições:
>
> a) sessenta anos de idade e trinta e cinco de contribuição, se homem, e cinquenta e cinco anos de idade e trinta de contribuição, se mulher;
>
> b) sessenta e cinco anos de idade, se homem, e sessenta anos de idade, se mulher, com proventos proporcionais ao tempo de contribuição.

Como consta na parte inicial do dispositivo, a primeira modalidade de aposentadoria, por invalidez permanente, dá-se com **proventos proporcionais ao tempo de contribuição**, exceto se decorrente de acidente em serviço, moléstia profissional ou doença grave, contagiosa ou incurável, na forma da lei.

Antes da EC nº 20/1998 essa modalidade de aposentadoria, se concedida em decorrência de acidente em serviço, moléstia profissional ou doença grave, contagiosa ou incurável, conferia direito à aposentadoria com proventos integrais. Atualmente o art. 40 não prevê mais nenhuma hipótese de aposentadoria com proventos integrais, o que leva a doutrina a debater como ficaria a definição dos proventos, em tais hipóteses.

De nossa parte, entendemos que, nestes casos, pode a lei estabelecer uma forma de cálculo dos proventos **não proporcional ao tempo de contribuição**, a fim de assegurar um valor mínimo de proventos aos servidores com reduzido tempo de contribuição.

Devemos perceber que o inciso I do § 1º do art. 40 encerra-se com a expressão “na forma da lei”. Na sua redação anterior, antes da EC nº 41/2003, o dispositivo finalizava com a expressão “especificadas em lei”. A diferença é significativa, pois na redação atual permite-se que **o rol de moléstias profissionais e de doenças graves, contagiosas ou incuráveis**, justificadoras da concessão de aposentadoria por invalidez permanente, seja fixado em **ato normativo administrativo**, não se exigindo mais, para tanto, lei em sentido formal e material.

A segunda modalidade de aposentadoria é a mais simples de todas. Trata-se da **aposentadoria compulsória**, aplicável ao servidor ou servidora que atingir **70 anos de idade**, concedendo **proventos proporcionais ao tempo de contribuição**. Apesar de estarmos tratando do regime previdenciário próprio dos servidores titulares de cargos efetivos, não custa destacar que essa modalidade de aposentadoria não se aplica aos ocupantes de cargos em comissão. Da mesma forma, não alcança os detentores de mandato eletivo.

E temos, como terceira modalidade de aposentadoria pelo regime próprio, a **aposentadoria voluntária**, que se subdivide em duas categorias, a aposentadoria voluntária **por tempo de contribuição** e a aposentadoria voluntária **por idade**.

Para o enquadramento na aposentadoria voluntária **por tempo de contribuição** o servidor, se do sexo masculino, deve satisfazer os seguintes requisitos: (a) **10 anos de efetivo exercício no serviço público**; (b) **5 anos no cargo efetivo em que se dará a aposentadoria**; (c) **60 anos de idade** e (d) **35 anos de contribuição previdenciária**; se do sexo feminino, (a) 10 anos de efetivo exercício no serviço público; (b) 5 anos no cargo efetivo em que se dará a aposentadoria; (c) **55** anos de idade e **30** de contribuição. Como se percebe, os requisitos de idade e de tempo de contribuição são reduzidos em 5 anos para os servidores do sexo feminino, comparativamente aos do sexo masculino.

Antes da EC nº 41/2003, essa modalidade de aposentadoria se dava com proventos integrais. Atualmente, com a extinção dessa forma de fixação de proventos de aposentadoria, pode-se apenas afirmar que essa primeira modalidade de aposentadoria voluntária se dá também com proventos proporcionais ao tempo de contribuição, **mas em valor superior ao da segunda modalidade de aposentadoria voluntária**.

Esta, a segunda categoria de aposentadoria voluntária, corresponde à aposentadoria voluntária **por idade**, que concede direito a proventos **proporcionais** ao tempo de contribuição. Para o servidor enquadrar-se nessa espécie de aposentadoria, se do sexo masculino, deve possuir (a) **10 anos de efetivo exercício no serviço público**; (b) **05 anos no cargo efetivo em que se dará a aposentadoria** e (c) de **65 anos de idade**; se do sexo feminino, (a) 10 anos de efetivo exercício no serviço público; (b) 5 anos no cargo efetivo em que se dará a aposentadoria e (c) **60** anos de idade.

O art. 40, § 6º, não alterado pela EC nº 41/2003, veda a percepção de mais de uma aposentadoria pelo regime previdenciário próprio dos servidores, ressalvadas aquelas que decorram de hipóteses lícitas de acumulação. A regra é simples: se for lícita a acumulação (como, por exemplo, a de dois cargos efetivos de professor, cada um deles com jornada semanal de 20 horas), do exercício dos cargos poderão resultar duas aposentadorias pelo regime próprio. Do contrário, não.

O § 5º do art. 40 trata da aposentadoria especial do professor, a única modalidade de aposentadoria especial que restou prevista na Carta após a EC nº 20/1998.

Reza o dispositivo:

> § 5º Os requisitos de idade e de tempo de contribuição serão reduzidos em cinco anos, em relação ao disposto no § 1º, III, "a", para o professor que comprove exclusivamente tempo de efetivo exercício das funções de magistério na educação infantil e no ensino fundamental e médio.

O dispositivo em questão foi alterado pela EC nº 20/1998, retirando da aposentadoria especial os professores universitários. Na sua redação atual, essa modalidade de aposentadoria é restrita aos professores da educação infantil (pré-escola), ensinos fundamental (1º grau) e médio (2º grau).

O requisito principal para o enquadramento na aposentadoria especial é a **exclusividade** do tempo no efetivo exercício da **função de magistério**. Para fins de aposentadoria especial, além de atividades em sala de aula, que correspondem propriamente à função de magistério, são a esta equiparadas pela legislação ordinária as atividades de direção escolar e de coordenação e orientação pedagógica.

Preenchido esse requisito, são reduzidos em 5 anos os requisitos de idade e de tempo de contribuição para o enquadramento na aposentadoria voluntária por tempo de contribuição, com relação aos requisitos prescritos no § 1º, III, *a*, do art 40 da Constituição.

Desse modo, tem direito a essa aposentadoria o servidor/professor, se do sexo masculino, que tiver (a) 10 anos de efetivo exercício no serviço público; (b) 5 anos de efetivo exercício no cargo em que se dará a aposentadoria; (c) **55** anos de idade (primeira regra especial); e (d) **30** anos de contribuição (segunda regra especial). A servidora/professora, por sua vez, enquadra-se na aposentadoria especial se comprovar (a) 10 anos de efetivo exercício no serviço público; (b) 5 anos de efetivo exercício no cargo em que se dará a aposentadoria; (c) **50** anos de idade (primeira regra especial); e (d) **25** anos de contribuição (segunda regra especial).

Como afirmado, o § 5º do art. 40 da CF contempla a única hipótese de aposentadoria especial cujos requisitos são definidos no próprio texto constitucional. Mas o § 4º do art. 40, alterado pela EC nº 47/2005, permite que outras hipóteses sejam instituídas pela **legislação ordinária**.

Reza o dispositivo:

> § 4º. É vedada a adoção de requisitos e critérios diferenciados para a concessão de aposentadoria aos abrangidos pelo regime de que trata este artigo, ressalvados, nos termos definidos em leis complementares, os casos de servidores:
>
> I – portadores de deficiência;
>
> II – que exerçam atividades de risco;
>
> III – cujas atividades sejam exercidas sob condições especiais que prejudiquem a saúde ou a integridade física.

Na sua **redação original**, o dispositivo vedava o estabelecimento de requisitos e critérios diferenciados para a concessão de aposentadoria aos servidores sujeitos ao regime próprio, ressalvados os casos de atividades exercidas **exclusivamente** sob condições especiais que prejudiquem a saúde ou a integridade física, definidos em lei complementar.

A EC nº 47/2005, como visto, alterou sua redação, ampliando as hipóteses em que se faz possível, por lei complementar, o estabelecimento de requisitos e critérios distintos (mais benéficos) para a concessão de aposentadoria pelo regime próprio.

Além de criar duas novas hipóteses em que isso se faz possível – servidores portadores de deficiência e servidores que exerçam atividades de risco –, permitiu, ao retirar do texto constitucional a expressão *exclusivamente*, que lei complementar estabeleça critérios diferenciados para concessão de aposentadoria pelo regime do art. 40 da CF no tocante a atividades exercidas apenas **parcialmente** em condições prejudiciais à saúde ou à integridade física.

O art. 40, § 3º, foi objeto de uma das mais importantes alterações promovidas pela EC nº 41/2003. Reza o dispositivo, em sua redação atual, que os proventos de aposentadoria serão calculados **a partir das remunerações utilizadas como base para as contribuições do servidor** ao regime próprio e, quando for o caso, ao regime geral de previdência. A Constituição não estabeleceu em minúcias a forma de cálculo dos proventos, delegando tal tarefa à legislação infraconstitucional.

Essa regra, na sua simplicidade, estabelece **o fim da aposentadoria com proventos integrais**. Até a EC nº 41, os proventos, em determinadas hipóteses, correspondiam ao valor da última remuneração do servidor. Nominadamente, isso ocorria na aposentadoria por invalidez permanente decorrente de acidente em serviço, moléstia profissional, doença grave, contagiosa ou incurável, e na aposentadoria voluntária por tempo de contribuição. Atualmente, o valor dos proventos de inatividade será determinado por meio de uma **média das remunerações** que serviram de base para as contribuições feitas pelo servidor durante sua vida profissional, as quais, para fins de cálculo, devem ter seu valor devidamente **atualizado**, nos termos da lei (art. 40, § 17).

Na matéria, deve-se citar também o § 2º do art. 40, segundo o qual:

> § 2º os proventos de aposentadoria e as pensões, por ocasião de sua concessão, não poderão exceder a remuneração do respectivo servidor, no cargo efetivo em que se deu a aposentadoria ou que serviu de referência para a concessão da pensão.

Para aqueles que possam considerar estranha essa prescrição, em vista da extinção, no corpo permanente da Constituição, da aposentadoria com proventos integrais, devemos esclarecer que ela se justifica, principalmente, pela necessidade de **atualização** das remunerações que serão consideradas para o cálculo do valor dos proventos. Como essa atualização dar-se-á por algum índice oficial que, ao menos em tese, retratará a inflação do período, poderá o resultado final do cálculo superar o valor da última remuneração percebida na ativa pelo servidor, quando tiverem sido ínfimos ou inexistentes os reajustes na sua remuneração durante seu período de contribuição. Nesse caso, como o valor de sua remuneração estará defasado, a atualização poderá fazer com que a média das remunerações supere o valor da última remuneração percebida pelo servidor. Nesse caso, incide o § 2º do art. 40, e o valor maior é desconsiderado.

Pode ocorrer, também, que o servidor tenha ocupado cargos em comissão durante sua carreira profissional, cuja remuneração seja superior à de seu cargo efetivo. Nesse caso, conforme o resultado do cálculo para a definição dos proventos de aposentadoria, eventual valor que superar a remuneração de seu cargo efetivo é cortado, por força do § 2º do art. 40 da Constituição.

Outra significativa modificação promovida pela EC nº 41/2003 foi a **retirada** do texto constitucional da regra que garantia a **paridade entre ativos, inativos e pensionistas**, mediante a alteração do § 8º do art. 40.

Para nos darmos conta da magnitude da alteração promovida no dispositivo, transcrevemos a seguir sua antiga redação, antes da alteração promovida pela EC nº 41/2003:

> § 8º Observado o disposto no art. 37, XI, os proventos de aposentadoria e as pensões serão revistos na mesma proporção e na mesma data, sempre que se modificar a remuneração dos servidores em atividade, sendo também estendidos aos aposentados e aos pensionistas quaisquer benefícios ou vantagens posteriormente concedidos aos servidores em atividade, inclusive quando decorrentes da transformação ou reclassificação do cargo ou função em que se deu a aposentadoria ou que serviu de referência para a concessão da pensão, na forma da lei.

Como podemos perceber, a disciplina constitucional, até a entrada em vigor da EC nº 41/2003, contemplava uma total paridade entre ativos, inativos e pensionistas. Atualmente, o § 8º do art. 40 **desvincula totalmente** os inativos e pensionistas dos servidores da ativa, estabelecendo apenas que os inativos e pensionistas terão direito ao "*reajustamento dos benefícios para preservar-lhes, em caráter permanente, o seu valor real*", sem nem ao menos estabelecer uma periodicidade mínima para a concessão do reajuste. Desse modo, atualmente, os servidores da ativa podem ter sua remuneração reajustada, ou serem agraciados com novas vantagens e benefícios pecuniários, sem que os inativos e pensionistas possam pleitear para si a mesma modificação.

O § 7º do art. 40, por sua vez, estabelece a forma de cálculo da **pensão.** Nos seus termos, o valor da pensão corresponderá:

a) ao valor da totalidade dos **proventos** do servidor falecido, até o limite máximo estabelecido para os benefícios do regime **geral** de previdência social, acrescido de setenta por cento da parcela excedente a este limite, caso o servidor esteja aposentado por ocasião do seu óbito (art. 40, § 7º, I);
b) ao valor da totalidade da **remuneração** do servidor no cargo efetivo em que se deu o falecimento, até o limite máximo estabelecido para os benefícios do regime **geral** de previdência social, acrescido de setenta por cento da parcela excedente a este limite, caso o servidor esteja em atividade na data do óbito (art. 40, § 7º, II).

A EC nº 41/2003 instituiu **a cobrança de contribuição previdenciária sobre aposentados e pensionistas, com relação à parcela dos proventos que superar o teto dos benefícios do regime geral de previdência** (art. 40, § 18). De acordo com o art. 4º da EC nº 41/2003, também incide contribuição sobre os aposentados e pensionistas **à data da publicação da Emenda**, bem como sobre aqueles que àquela data já tinham **direito adquirido** à concessão do benefício.

A **EC nº 47/2005**, ao acrescentar o § 21 ao art. 40, novamente inovou na matéria, ao determinar que a contribuição prevista no § 18 incidirá apenas sobre as parcelas de proventos de aposentadoria e de pensão que superem **o dobro** do limite máximo estabelecido para os benefícios do regime geral de previdência social de que trata o art. 201 da Constituição, quando o beneficiário, nos termos da lei, for **portador de doença incapacitante.**

Temos, assim, que o aposentado ou pensionista não portador de doença incapacitante contribuirá para o regime próprio a partir do valor de seu benefício que superar o teto (simples) do regime geral, ao passo que o inativo ou pensionista portador de doença incapacitante contribuirá a partir do valor de seu benefício que ultrapassar o dobro do teto do regime geral. Para os aposentados e pensionistas cujo benefício não ultrapassar o teto do regime geral, simplesmente não incide contribuição previdenciária. Já os servidores da ativa contribuem, grosso modo, com base no total da sua remuneração.

O § 19 do art. 40 instituiu um benefício denominado "abono de permanência". É uma espécie de prêmio, consistente em um benefício de valor idêntico ao da contribuição previdenciária, concedido ao servidor que, tendo completado os requisitos para requerer a aposentadoria voluntária por tempo de contribuição (CF, art. 40, § 1º, III, *a*), optar por **permanecer na ativa**. O servidor nessa situação poderá gozar do abono até os setenta anos de idade, quando então incide a aposentadoria compulsória.

Por sua vez, o art. 40, § 20, acrescentado ao texto constitucional pela EC nº 41/2003, **veda a instituição de mais de um regime próprio de previdência social** para os servidores titulares de cargos efetivos, e de mais de uma unidade gestora do respectivo regime **em cada ente estatal**. A prescrição não atinge os militares, cujo regime previdenciário é autônomo, devendo ser regulado em lei própria (CF, art. 142, § 3º, X).

Neste ponto, encerrando a análise do art. 40, resta-nos analisar o **regime de previdência complementar**, prescrito nos §§ 14, 15 e 16 do art. 40 da Constituição Federal.

Segue a íntegra dos referidos dispositivos:

> § 14. A União, os Estados, o Distrito Federal e os Municípios, desde que instituam **regime de previdência complementar** para os seus respectivos servidores titulares de cargo efetivo, poderão fixar, para o valor das aposentadorias e pensões a serem concedidas pelo regime de que trata este artigo, **o limite máximo estabelecido para os benefícios do regime geral** de previdência social de que trata o art. 201.
>
> § 15. O regime de previdência complementar de que trata o § 14 será instituído por **lei de iniciativa do respectivo Poder Executivo**, observado o disposto no art. 202 e seus parágrafos, no que couber, por intermédio de **entidades fechadas de previdência complementar**, de natureza pública, que oferecerão aos respectivos participantes planos de benefícios somente na modalidade de **contribuição definida**.
>
> § 16. Somente mediante sua **prévia e expressa opção**, o disposto nos §§ 14 e 15 poderá ser aplicado ao servidor que tiver ingressado no **serviço público** até a data da publicação do ato de instituição do correspondente regime de previdência complementar. (Grifo nosso)

O regime de previdência complementar deve ser criado pelos entes políticos que pretenderem limitar os benefícios pagos pelo regime próprio ao teto do regime geral. Cada ente tem plena autonomia para decidir se estabelecerá ou não essa limitação, mas, se optar por estabelecê-la, **obrigatoriamente** deverá instituir o regime de previdência complementar para seus servidores titulares de cargos efetivos.

A criação do regime de previdência complementar se dá por lei ordinária, cuja iniciativa é exclusiva do respectivo chefe do Poder Executivo. Ademais, nesse regime, devem ser observadas as disposições do art. 202 da CF, no que couber. Uma vez criado o regime, será ele administrado por **entidades fechadas de previdência complementar, de natureza pública**.

Tais entidades apenas poderão oferecer aos servidores planos de benefícios na modalidade **contribuição definida**. Não se trata, no caso, de um valor fixo de contribuição, mas de uma **alíquota fixa**, variando o valor da contribuição ao regime na proporção em que se modificar o valor da remuneração do servidor.

O § 16 do art. 40 determina que o servidor que ingressar no **serviço público** até a data da criação do regime de previdência complementar só ingressará no mesmo **mediante sua prévia e expressa opção**. Devemos perceber que, para a aplicação do dispositivo em questão, o que importa é a data de ingresso do servidor no serviço público, **mesmo que em esfera de Governo diversa** daquela onde foi instituído o regime de previdência complementar.

Assim, se um servidor ingressou na Administração federal em 1999, em cargo de provimento efetivo, e em 2006 passou a exercer um cargo efetivo em certa administração estadual, se nesta foi instituído o regime de previdência complementar em 2004, esse servidor só nele ingressará se expressamente fizer a opção, pois o seu ingresso **no serviço público** se deu em data anterior à da instituição do regime de previdência complementar.

16. Estabilidade

Estabilidade é o direito de permanência **no serviço público** conferido ao servidor nomeado mediante concurso público para **cargo de provimento efetivo, após três anos de efetivo exercício no mesmo, se aprovado no estágio probatório e na avaliação especial de desempenho**. Como exposto, o instituto é de aplicação restrita aos servidores ocupantes de **cargos efetivos**, não alcançando os empregados públicos e os servidores titulares de cargos em comissão. Deve-se notar que são inconfundíveis a efetividade e a estabilidade: aquela refere-se ao cargo (cargo de provimento efetivo); esta, ao servidor.

A estabilidade, apesar de obtida em determinado cargo público, protege o servidor **no serviço público como um todo**, no sentido de que, a partir do momento em que ele adquire a estabilidade, os direitos dela decorrentes – a disponibilidade, o aproveitamento, a reintegração e a recondução – acompanham-no enquanto titularizar cargo de provimento efetivo, mesmo que em outra esfera de Governo.

O instituto foi obra de significativas alterações pela EC nº 19/1998. Antes da emenda, o servidor, após a aprovação no estágio probatório e o desempenho de suas funções por **dois** anos, tornava-se estável, não podendo mais ser **exonerado** do serviço público. Exoneração é a dispensa do servidor **sem caráter punitivo.**

Uma vez ultrapassado o período de estágio probatório, o servidor somente poderia perder seu cargo se sofresse **demissão**, que é a dispensa do servidor **com caráter punitivo**. A demissão pode ocorrer em duas hipóteses: sentença judicial transitada em julgado ou processo administrativo em que fosse assegurado o direito de ampla defesa.

Após a entrada em vigor da EC nº 19/1998, esse panorama foi alterado. Além de passar de dois para **três** anos o tempo de efetivo exercício do cargo para a aquisição da estabilidade, a emenda criou mais um requisito, **a avaliação especial de desempenho do servidor feita por uma comissão especificamente constituída para essa finalidade**.

Além disso, **criou duas hipóteses de exoneração** do servidor **estável**: (1) por insuficiência de desempenho verificada em avaliação periódica, na forma de lei complementar e assegurada ampla defesa; (2) por excesso de despesa com pessoal, nos termos do art. 169 da CF, § 4º.

O art. 41 da CF, que trata da matéria, passou a ter a seguinte redação:

> Art. 41. São estáveis após três anos de efetivo exercício os servidores nomeados para cargo de provimento efetivo em virtude de concurso público.
>
> § 1º O servidor estável só perderá o cargo:
>
> I – em virtude de sentença judicial transitada em julgado;
>
> II – mediante processo administrativo em que lhe seja assegurada ampla defesa;
>
> III – mediante procedimento de avaliação periódica de desempenho, na forma de lei complementar, assegurada ampla defesa.
>
> (...)
>
> § 4º Como condição para a aquisição da estabilidade, é obrigatória a avaliação especial de desempenho por comissão instituída para essa finalidade.

Com relação à exoneração por excesso de despesa com pessoal, é a hipótese tratada no art. 169, § 4º, da CF, que prescreve:

> § 4º Se as medidas adotadas com base no parágrafo anterior não forem suficientes para assegurar o cumprimento da determinação da lei complementar referida neste artigo, o servidor estável poderá perder o cargo, desde

> que ato normativo motivado de cada um dos Poderes especifique a atividade funcional, o órgão ou entidade administrativa objeto de redução de pessoal.

As "medidas adotadas no parágrafo anterior", a que se refere o art. 169, § 4º, na sua parte inicial, são (a) a redução, em pelo menos 20%, das despesas com cargos em comissão; e (b) a exoneração dos servidores não estáveis.

Tais medidas, adotadas na ordem em que apresentadas, devem anteceder a exoneração dos estáveis. Desse modo, em caso de excesso de despesa com pessoal, primeiro devem ser reduzidas em no mínimo 20% as despesas com cargos em comissão e funções de confiança. Adotada a medida, e permanecendo as despesas com pessoal ultrapassando o limite legal, devem ser exonerados os servidores não estáveis. Se, mesmo exonerados todos os servidores não estáveis, as despesas com pessoal permanecerem superiores ao que determina a lei, cabe a exoneração dos servidores estáveis, como providência final. Como peculiaridade, deve-se destacar que as duas primeiras medidas são obrigatórias, mas a exoneração dos estáveis é **discricionária**.

Por fim, cabe conhecermos o art. 19 do ADCT, que trouxe uma hipótese especial de aquisição da estabilidade, denominada por alguns *estabilização constitucional*.

O dispositivo é vazado nos seguintes termos (destacamos):

> Art. 19. Os servidores públicos civis da União, dos Estados, do Distrito Federal e dos Municípios, **da administração direta, autárquica e das fundações públicas**, em exercício na data da promulgação da Constituição, **há pelo menos cinco anos continuados**, e que **não tenham sido admitidos na forma regulada no art. 37**, da Constituição, são considerados estáveis no serviço público.
>
> § 1º O tempo de serviço dos servidores referidos neste artigo será contado como título quando se submeterem a concurso para fins de efetivação, na forma da lei.
>
> § 2º O disposto neste artigo não se aplica aos ocupantes de cargos, funções e empregos de confiança ou em comissão, nem aos que a lei declare de livre exoneração, cujo tempo de serviço não será computado para os fins do "caput" deste artigo, exceto se se tratar de servidor.
>
> § 3º O disposto neste artigo **não se aplica aos professores de nível superior**, nos termos da lei.

Em síntese, foram agraciados com a estabilidade os servidores da Administração direta, autárquica ou fundacional (ressalvadas as hipóteses do §§ 2º e 3º) que nela ingressaram **sem concurso**, desde que, na data da promulgação da Constituição, já contassem pelo menos cinco anos de exercício continuado da função pública.

17. Reintegração, recondução, disponibilidade e aproveitamento

A reintegração, a recondução, a disponibilidade e o aproveitamento são, todos, direitos decorrentes da estabilidade.

Reintegração, nos termos do art. 41, § 2º, da CF, é o **retorno do servidor estável** ao cargo anteriormente ocupado ou àquele resultante de sua transformação, em decorrência da **invalidação de sua demissão**, com **ressarcimento de todas as vantagens**. Apesar de a Constituição mencionar apenas a anulação da demissão por demissão judicial, não há dúvida de que se admite decisão administrativa para esta finalidade.

Sinteticamente, reintegração é o retorno do servidor estável demitido, em virtude da anulação do ato de dispensa. Uma vez determinado o retorno, o reintegrado, além de voltar a ocupar seu cargo ou aquele resultante de sua transformação, tem direito a todas as vantagens que deixou de perceber em função da dispensa ilegal: gratificações, adicionais, abonos, o vencimento básico do cargo, as promoções por antiguidade, tudo isso lhe é devido, por todo o período de duração do afastamento.

No retorno do servidor ao seu cargo ou naquele resultante de sua transformação, pode o mesmo encontrar-se **vago**, ter sido **extinto** ou estar **provido**. No primeiro caso – vacância –, o servidor simplesmente retorna ao exercício regular de suas atribuições; no segundo – extinção do cargo –, fica o servidor **em disponibilidade**, com proventos **proporcionais ao seu tempo de serviço**; no terceiro – cargo provido –, o servidor **também retorna ao seu cargo**, sendo seu anterior ocupante, se estável, **reconduzido** ao seu cargo de origem, **sem qualquer indenização**, aproveitado em outro ou posto em disponibilidade (se não for estável será simplesmente **exonerado**).

A **recondução** é outro direito decorrente da estabilidade.

Recondução é o instituto pelo qual se permite o retorno do servidor, quando **estável**, ao cargo anteriormente ocupado, em decorrência (1) de sua inabilitação em estágio probatório para outro cargo ou (2) reintegração do anterior ocupante.

A segunda hipótese consta expressamente no texto constitucional, e já foi tratada anteriormente. A primeira, por seu turno, não é prevista no texto constitucional, mas nos diversos estatutos de servidores. Sua sistemática é simples: ainda que tenha adquirido a estabilidade em certo cargo, se o servidor for aprovado para outro, também de provimento efetivo, será submetido a novo estágio probatório. Poderá esse servidor, eventualmente, vir a ser reprovado no estágio probatório. Nesse caso, tem ele direito a ser reconduzido, a retornar ao seu cargo efetivo anterior, passando a perceber novamente a remuneração respectiva.

A **disponibilidade**, por sua vez, é o direito à **inatividade remunerada,** conferido ao servidor **estável**, quando o cargo ocupado por ele for **declarado extinto ou desnecessário**, ou quando outro servidor for nele reintegrado, sem que, neste último caso, exista cargo anterior a que possa ser reconduzido o servidor ou outro cargo de mesma natureza em que ele possa ser aproveitado (CF, art. 41, §§ 2º e 3º). Em todas essas hipóteses, o servidor estável tem direito a permanecer em disponibilidade, até seu adequado aproveitamento em outro cargo.

O servidor em disponibilidade percebe remuneração **proporcional** ao seu **tempo de serviço público**. Nos termos do art. 40, § 9º, da CF, para fins de disponibilidade, considera-se não apenas o tempo de atuação do servidor no cargo em que ele se encontrava, mas todo o tempo de serviço público federal, estadual ou municipal por ele prestado. Apesar de a CF fazer uso do termo *remuneração*, José dos Santos Carvalho Filho entende que essa "remuneração" tem a mesma natureza dos proventos, pois é devida enquanto o servidor está inativo, ainda que transitoriamente. Bandeira de Mello também se vale do termo *proventos* para designar a natureza do valor percebido pelo servidor em disponibilidade.

O **aproveitamento**, por fim, é o **retorno à ativa** do servidor que se encontrava em disponibilidade. O aproveitamento é realizado em **outro cargo**, de mesma natureza, grau de complexidade compatível e nível de remuneração equivalente àquele em que foi adquirida a estabilidade.

Capítulo 9

LICITAÇÕES

1. Conceito de licitação, previsão constitucional e legislação aplicável

Na lição de Celso Antônio Bandeira de Mello, **licitação** é

> um certame que as entidades governamentais devem promover e no qual abrem disputa entre os interessados em com elas travar determinadas relações de conteúdo patrimonial, para escolher a proposta mais vantajosa às conveniências públicas. Estriba-se na idéia de competição, a ser travada isonomicamente entre os que preencham os atributos e aptidões necessários ao bom cumprimento das obrigações que se propõem assumir.

O instituto da licitação é previsto em termos genéricos no inciso XXI do art. 37 da Constituição, segundo o qual:

> ressalvados os casos especificados na legislação, as obras, serviços, compras e alienações serão contratados **mediante processo de licitação pública** que assegure igualdade de condições a todos os concorrentes, com cláusulas que estabeleçam obrigações de pagamento, mantidas as condições efetivas da proposta, nos termos da lei, o qual somente permitirá as exigências de qualificação técnica e econômica indispensáveis à garantia do cumprimento das obrigações. (Grifo nosso)

Por sua vez, o art. 22, XXVII, da CF, conferiu à União competência para dispor sobre:

> **normas gerais de licitação e contratação**, em todas as modalidades, para as administrações públicas diretas, autárquicas e fundacionais da União, Estados, Distrito Federal e Municípios, obedecido o disposto no art. 37, XXI,

> e para as empresas públicas e sociedades de economia mista, nos termos do art. 173, § 1º, III. (Grifo nosso)

Em cumprimento ao mandamento constitucional a União editou a **Lei nº 8.666/1993,** nossa Lei de *normas gerais sobre licitações e contratos administrativos pertinentes a obras, serviços, inclusive de publicidade, compras, alienações e locações no âmbito dos Poderes da União, dos Estados, do Distrito Federal e dos Municípios* (art. 1º, *caput*).

Segundo o parágrafo único do art. 1º da Lei, a ela se sujeitam, além dos órgãos da Administração direta, **os fundos especiais**, as autarquias, as fundações públicas, as empresas públicas, as sociedades de economia mista **e demais entidades controladas direta ou indiretamente** pela União, Estados, Distrito Federal e Municípios.

Sinteticamente, a Lei nº 8.666/1993 é nossa **Lei de normas gerais de licitações e contratos** administrativos, alcançando toda a Administração direta e indireta, bem como as demais entidades sobre controle direto ou indireto do Poder Público. A análise de suas disposições corresponde à maior parte deste capítulo. Em complemento, trataremos da Lei nº 10.520/2002, que regula o pregão.

2. Princípios da licitação

Nos termos do art. 3º da Lei nº 8.666/1993, o procedimento de licitação tem por objetivos primaciais assegurar a observância do **princípio da isonomia** e **selecionar a proposta mais vantajosa**. Temos, pois, em vista do disposto, **o princípio da isonomia e o princípio da competitividade como os princípios fundamentais da licitação**.

Além deles, a Lei enumera como princípios regentes da licitação a legalidade, a impessoalidade, a moralidade, a publicidade, a probidade administrativa, a vinculação ao instrumento convocatório e o julgamento objetivo. A doutrina, em complemento, estabelece outros princípios vinculantes do procedimento, a exemplo do princípio da adjudicação compulsória.

Isso posto, passemos à análise de alguns desses princípios.

2.1. Isonomia

Esse princípio deve ser compreendido em duas acepções: numa primeira, dirige-se aos que desejam participar da licitação, vedando que a Administração estabeleça requisitos discriminatórios para a comprovação das condições de habilitação; numa segunda, destina-se aos licitantes, proibindo que a Administração estipule requisitos discriminatórios dentre os critérios para o julgamento das propostas.

Todos os requisitos estabelecidos pela Administração devem ser justificados pelo objeto do futuro contrato, admitindo-se apenas aqueles que sejam indispensáveis à sua adequada execução.

O § 1º do art. 3º contempla duas regras que são aplicações desse princípio. Na primeira, proíbe a inclusão de cláusulas ou condições nos instrumentos convocatórios que comprometam, restrinjam ou frustrem o seu caráter competitivo e estabeleçam preferências ou distinções em razão da naturalidade, da sede ou domicílio dos licitantes ou de qualquer outra circunstância impertinente ou irrelevante para o específico objeto do contrato.

Na segunda, veda o tratamento diferenciado entre empresas brasileiras e estrangeiras.

Essa segunda regra é, todavia, excepcionada no § 2º do mesmo artigo, segundo o qual, como critério de desempate, **exceto nas licitações tipo menor preço**, será dada preferência, **sucessivamente**, aos bens e serviços:

1º) produzidos ou prestados por **empresas brasileiras de capital nacional**;

2º) produzidos **no País**;

3º) produzidos ou prestados por **empresas brasileiras**;

4º) produzidos ou prestados por empresas que invistam em pesquisa e no desenvolvimento de tecnologia no País (critério acrescentado pela Lei nº 11.196/2005).

A **Lei Complementar nº 123, de 2006** (Estatuto Nacional da Microempresa e da Empresa de Pequeno Porte) acrescentou regras na matéria. No seu art. 44, a Lei concedeu às microempresas (ME) e empresas de pequeno porte (EPP) um benefício especial, a saber, a **preferência na contratação**, na hipótese de **empate** com propostas apresentadas por empresas não enquadradas como ME ou EPP.

Prevê, ainda, um segundo benefício: a **equiparação a empate**, na hipótese de a proposta apresentada pela ME ou EPP superar no máximo em **10%** a menor proposta apresentada pelas demais empresas (no pregão esse limite cai para **5%**).

Nessa hipótese, respeitado o limite já exposto, a EPP ou ME mais bem classificada poderá apresentar nova proposta, **de valor inferior** ao da proposta inicialmente de menor valor. Apresentada tal proposta, será tida como vencedora do procedimento. Se mais de uma ME ou EPP apresentaram proposta de idêntico valor, dentro da faixa de 10%, será promovido um sorteio para a escolha daquela que terá oportunidade de apresentar nova proposta em primeiro lugar.

2.2. Competitividade

A competitividade decorre da própria lógica do procedimento licitatório, que consiste exatamente numa disputa, numa competição sob condições isonômicas com vistas à escolha da **proposta mais vantajosa** para a Administração.

É evidente que só satisfaz esse princípio a efetiva competição, a qual pressupõe o estabelecimento preciso no ato convocatório dos critérios que nortearão a escolha da proposta vencedora, só se admitindo a previsão de critérios que se conformem ao objeto licitado.

2.3. Formalismo

A fim de assegurar a lisura do procedimento e o tratamento igualitário a todos os licitantes, o art. 4º, parágrafo único, da Lei, declara que "*o procedimento licitatório previsto nesta Lei caracteriza* ***ato administrativo formal****, seja ele praticado em qualquer esfera da Administração Pública*".

O significado da prescrição é simples: todo o procedimento de licitação é minudentemente detalhado na Lei, e nela constam os requisitos formais a serem obrigatoriamente observados nos principais atos do procedimento.

Desse modo, todos os atos que integram o procedimento devem ser produzidos da exata forma determinada na Lei, e o procedimento como um todo deve seguir estritamente a ordem nela descrita, sob pena de nulidade do ato ou dos atos que destoarem de suas prescrições.

2.4. Vinculação ao edital

O edital de licitação é a lei interna da licitação e do contrato com base nela celebrado, sendo, pois, de observância cogente tanto pela Administração como pelos participantes do procedimento.

O art. 41 da lei contempla o referido princípio nos seguintes termos:

> Art. 41. A Administração não pode descumprir as normas e condições do edital, ao qual se acha estritamente vinculada.

2.5. Publicidade dos atos

O princípio em comento encontra-se prescrito no art. 3º, § 3º, da Lei nº 8.666/1993, segundo o qual "*a licitação não será sigilosa, sendo* ***públicos e acessíveis ao público os atos*** *de seu procedimento,* ***salvo quanto ao conteúdo das propostas, até a respec-***

tiva abertura". O art. 4º, em complemento, assegura a qualquer cidadão, licitante ou não, o direito de acompanhar o desenvolvimento da disputa.

A prescrição legal tem o evidente intuito de reforçar o controle sobre a regularidade do procedimento, mediante a expressa admissão de todos os interessados em acompanhá-lo, sejam ou não licitantes. Todos, **participem ou não da licitação**, tenham ou não interesse pessoal no resultado do procedimento, têm o direito público subjetivo de comparecer aos atos do procedimento e de ter acesso aos autos em que eles estão documentados.

2.6. Sigilo na apresentação das propostas

A lei determina o sigilo **apenas quanto ao conteúdo das propostas, e somente até a sua respectiva abertura**, como medida indispensável para assegurar a efetiva competitividade do certame. Inegavelmente, o conhecimento antecipado do teor da proposta apresentada por um dos licitantes permitiria aos demais formularem as suas em situação de evidente vantagem, reduzindo em muito, quando não anulando, a possibilidade de real competição na licitação.

Com o fim de evitar que isso ocorra, a Lei impõe um sigilo temporário sobre o conteúdo das propostas, que perdura até sua abertura em sessão pública pela Comissão de Licitação. Uma vez aberta a proposta, é disponibilizado a todos o conhecimento do seu conteúdo, sejam ou não participantes da licitação.

2.7. Julgamento objetivo

Dispõe o art. 45:

> Art. 45. O julgamento das propostas será **objetivo**, devendo a Comissão de licitação ou o responsável pelo convite realizá-lo em conformidade com os **tipos de licitação**, os critérios previamente estabelecidos no ato convocatório, e de acordo com os fatores exclusivamente nele referidos, de maneira a possibilitar sua aferição pelos licitantes e pelos órgãos de controle. (Grifo nosso)

Esse princípio visa reduzir ao máximo o subjetivismo da Administração na seleção da proposta vencedora. Todos os critérios que serão utilizados na seleção devem ser levados previamente ao conhecimento dos licitantes, mediante sua explicitação no ato convocatório, vedando-se qualquer possibilidade de as propostas serem avaliadas a partir de critérios outros que não os especificados no ato convocatório. Ademais, os critérios, em si mesmos, devem ser objetivos, de modo a possibilitar aos licitantes ter um parâmetro seguro no momento de formulação de suas propostas.

Como se percebe pela leitura do dispositivo, o conceito de julgamento objetivo está estritamente vinculado aos **tipos de licitação**, que nada mais são do que os **critérios de julgamento** a partir dos quais será eleita a proposta vencedora da licitação. O § 1º do art. 45 estabelece quais são os tipos de licitação, **aplicáveis a todas as modalidades de licitação, ressalvado o concurso.**

São quatro os tipos de licitação, a saber:

1º) **menor preço**: quando o critério de seleção da proposta mais vantajosa para a Administração determinar que será vencedor o licitante que apresentar a proposta de acordo com as especificações do edital ou convite e ofertar o menor preço;

2º) **melhor técnica**;

3º) **técnica e preço**;

4º) **maior lance ou oferta** – nos casos de alienação de bens ou concessão de direito real de uso.

Adiante analisaremos com mais cuidado a matéria, mas desde já podemos concluir que os tipos de licitação que melhor se conformam ao princípio do julgamento objetivo são o menor preço e o maior lance ou oferta. Nos outros dois tipos – melhor técnica e técnica e preço – dificilmente deixará de restar à Administração certa margem de subjetividade na escolha da proposta vencedora. De qualquer modo, esta será definida a partir dos critérios antecipadamente levados ao conhecimento dos interessados no ato convocatório da licitação.

2.8. Adjudicação obrigatória ao vencedor

A **adjudicação** é o ato pelo qual a autoridade competente **atribui ao vencedor da licitação o seu objeto.**

Apesar de inter-relacionados, não se deve confundir a **adjudicação do objeto da licitação** com a **celebração do contrato** a ele referente. A adjudicação é o ato **unilateral** pelo qual a Administração declara que, **se** for celebrar o contrato referente ao objeto da licitação, obrigatoriamente o fará com o licitante vencedor. A celebração do contrato, de forma diversa, é ato **bilateral**, pelo qual a Administração e o particular efetivamente formalizam o acordo concernente ao objeto da licitação.

A adjudicação é ato **vinculado**, uma vez que a Administração só poderá deixar de efetuá-la em caso de anulação do procedimento, por ilegalidade; ou sua revogação, em caso de interesse público decorrente de fato superveniente devidamente comprovado (Lei nº 8.666/1993, art. 49). Ressalvados esses dois casos, o licitante vencedor tem **direito** a que lhe seja adjudicado o objeto da licitação.

Já a celebração do contrato é ato **discricionário**, realizado pela Administração segundo seus exclusivos critérios de conveniência e oportunidade. Mesmo regular o procedimento licitatório e não ocorrido qualquer fato superveniente, ou seja, mesmo tendo se efetivado a adjudicação, a Administração, por intermédio da autoridade competente, pode simplesmente optar por não contratar. Essa posição não é pacífica na doutrina, mas é predominante.

Além disso, é possível que o próprio particular se recuse a firmar o acordo, mas nesse caso ficará sujeito às penalidades previstas na Lei nº 8.666/1993, o que não ocorre com a Administração, que nessa mesma hipótese **não sofre qualquer sanção**. Para não deixar os licitantes sujeitos ao arbítrio da Administração, o art. 64, § 3º, fixa o prazo de sessenta dias, a contar da entrega das propostas, para que a Administração **resolva** a respeito da contratação. Ultrapassado esse prazo, ficam os licitantes liberados de qualquer compromisso.

Apesar de não resultar necessariamente na celebração do contrato, a adjudicação, por si só, produz alguns efeitos, sendo o principal deles a **impossibilidade de a Administração, em se decidindo pela celebração do contrato, firmá-lo com outro licitante que não o vencedor da licitação, durante o prazo de validade da adjudicação**. Outra consequência dela decorrente é a **impossibilidade de se abrir nova licitação enquanto válida a adjudicação anterior**.

Segundo o art. 64, a Administração convocará o interessado para assinar o termo de contrato dentro do prazo e condições estabelecidos, sob pena de decair o seu direito à contratação, caracterizando a inércia do licitante **descumprimento total das suas obrigações** o que, em consequência, sujeita-o às penalidades da Lei. O prazo de convocação poderá ser prorrogado uma vez, por igual período, quando solicitado pela parte **antes do término do prazo inicial** e desde que ocorra **motivo justificado** aceito pela Administração.

Se o convocado não assinar o termo de contrato no prazo e condições estabelecidos, a Administração, discricionariamente, poderá convocar os licitantes remanescentes, segundo a ordem de classificação, para fazê-lo em igual prazo e nas mesmas condições propostas pelo primeiro convocado, inclusive quanto aos preços atualizados em conformidade com o ato convocatório. Poderá também a Administração, discricionariamente, decidir pela revogação da licitação.

3. O procedimento da licitação

Sob um aspecto formal, a licitação é um **procedimento**, ou seja, uma série encadeada e ordenada de atos produzidos com a finalidade de se obter um ato final, que justifica, e em função do qual todos os atos anteriores foram produzidos.

O procedimento da licitação pode ser desmembrado numa etapa interna e numa etapa externa.

A etapa **interna** consiste essencialmente na abertura do procedimento administrativo, no qual deve constar, essencialmente, a própria autorização para sua instauração, o objeto a ser licitado (a obra, a compra, o serviço que a Administração almeja contratar) e a indicação dos recursos orçamentários necessários ao custeio da despesa oriunda da execução do contrato.

A etapa **externa**, por sua vez, inicia-se com a publicação do resumo do edital de licitação ou com o envio da carta-convite, salvo nas licitações de grande vulto, que se iniciam com a realização de uma audiência pública. Na sequência, ocorre a recepção da documentação de habilitação dos licitantes e da documentação relativa à proposta, a fase de habilitação, a fase de julgamento das propostas, a homologação e finalmente, a adjudicação do objeto da licitação, o ato final do procedimento.

A seguir, descrevemos as fases que integram a etapa **externa** do procedimento de licitação. Antes, porém, é necessário apresentar as regras referentes à Comissão de Licitação, o órgão, geralmente colegiado, responsável pela maioria dos atos da Administração no desenvolvimento do procedimento licitatório.

3.1. Comissão de licitação

A Comissão de licitação é o órgão responsável pelo recebimento da documentação dos licitantes, pela fase de **habilitação** e pela fase de **julgamento** das propostas, encerrando-se sua competência com a divulgação da proposta vencedora da licitação. Uma vez divulgado o resultado, deve a Comissão remeter os autos do procedimento para a autoridade competente, para fins de homologação e adjudicação do objeto da licitação.

A Lei, no art. 51, estabelece a **responsabilidade solidária** dos integrantes da Comissão por todos os atos pelo órgão praticado, mesmo para aquele que não participou da sua execução. A Lei só isenta de responsabilidade o membro da Comissão que tenha expressamente firmado posição divergente da que foi adotada pela Comissão, em ata lavrada na reunião onde a questão foi decidida.

A Lei prevê duas espécies de Comissão de Licitação: as de caráter **permanente**, responsáveis pelas licitações em geral do órgão ou entidade; e as de caráter **espe-**

cial, constituídas para atuar nas licitações relativas a determinado objeto (alienações, aquisição de bens de informática, aquisição de material de expediente etc.).

As comissões de licitação são compostas por, **no mínimo, três servidores**, sendo que pelos menos dois deles devem integrar os **quadros permanentes** do órgão ou entidade que promove a licitação. Apesar de na Lei constar somente a expressão **servidores**, deve-se interpretá-la de modo amplo, abrangendo também os **empregados públicos**. Enfim, os agentes administrativos do órgãos ou entidades deverão, segundo as regras explicitadas acima, compor a Comissão de Licitação.

Quando a licitação é realizada na modalidade **convite**, se a unidade administrativa onde se processa a licitação for pequena e nela houver carência de pessoal, poderá a Comissão ser substituída por um só servidor, formalmente designado para tanto pela autoridade competente.

3.2. Audiência pública

O art. 39 da Lei nº 8.666/1993, previamente à publicação do resumo do edital de licitação, impõe a realização de uma **audiência pública** nas licitações de **grande vulto**, com o objetivo de fornecer aos interessados maiores esclarecimentos sobre o objeto a ser licitado.

Configura-se a licitação de grande vulto quando o valor **estimado** de uma licitação ou de um conjunto de licitações **simultâneas ou sucessivas** ultrapassar a faixa de **R$ 150.000.000,00**. Consideram-se **simultâneas** as licitações cujos **objetos são similares** e cuja **realização** é prevista para ocorrer com intervalos iguais ou inferiores a **30 dias**. Por sua vez, consideram-se **sucessivas** as licitações quando, sendo **similares seus objetos**, o **edital de abertura** da licitação posterior for **publicado** antes de **120 dias** do **término do contrato** relativo à licitação anterior.

A audiência pública deve ser **divulgada** com antecedência mínima de **10 dias úteis** da sua **realização**, e esta, por sua vez, deve preceder no mínimo em **15 dias úteis** a data prevista para a **publicação do edital**.

3.3. O edital

O edital é a lei interna da licitação e do contrato a que ela der origem. Todas as informações relativas ao procedimento e ao futuro contrato devem estar nele contidas.

O art. 21 da Lei nº 8.666/1993 trata do **aviso contendo o resumo do edital**, que, em regra, marca o início da etapa externa do procedimento, salvo na modalidade convite.

Reza a norma:

> Art. 21. Os avisos contendo os resumos dos editais das concorrências, das tomadas de preços, dos concursos e dos leilões, embora realizados no local da repartição interessada, deverão ser publicados com antecedência, no mínimo, por uma vez:
>
> I – no **Diário Oficial da União**, quando se tratar de licitação feita por órgão ou entidade da Administração Pública Federal, e ainda, quando se tratar de obras financiadas parcial ou totalmente com recursos federais ou garantidas por instituições federais;
>
> II – no **Diário Oficial do Estado ou do Distrito Federal**, quando se tratar respectivamente de licitação feita por órgão ou entidade da Administração Pública Estadual ou **Municipal**, ou do Distrito Federal;
>
> III – em **jornal diário de grande circulação no Estado e também, se houver, em jornal de circulação no Município ou na região** onde será realizada a obra, prestado o serviço, fornecido, alienado ou alugado o bem, podendo ainda a Administração, conforme o vulto da licitação, utilizar-se de outros meios de divulgação para ampliar a área de competição.
>
> § 1º O aviso publicado conterá a indicação do local em que os interessados poderão ler e obter o texto integral do edital e todas as informações sobre a licitação. (Grifo nosso)

Também no art. 21, a Lei nº 8.666/1993 prescreve os **prazos mínimos** entre a **divulgação do ato convocatório** da licitação (a publicação do aviso com o resumo do edital ou o envio da carta-convite) e a **apresentação das propostas**. O prazo só inicia seu transcurso com a **última** publicação do aviso do resumo do edital ou com a expedição do convite ou, ainda, com a **efetiva disponibilidade** do edital ou do convite e respectivos anexos, preponderando sempre a data posterior.

A **antecedência mínima** entre a divulgação do ato convocatório e a apresentação das propostas é, pois, de:

1. **quarenta e cinco dias** para as modalidades:
   a) concurso;
   b) concorrência, quando o contrato a ser celebrado contemplar o regime de empreitada integral ou quando a licitação for do tipo melhor técnica ou técnica e preço;
2. **trinta dias** para as modalidades:
   a) concorrência, nos casos não especificados na letra *b* anterior;
   b) tomada de preços, quando a licitação for do tipo melhor técnica ou técnica e preço;

3. **quinze dias** para as modalidades:
   a) tomada de preços, nos casos não especificados na letra *b* anterior;
   b) leilão;
4. **cinco dias úteis** para a modalidade convite;
5. **oito dias úteis** para a modalidade pregão (esta regra consta da Lei nº 10.520, de 2002, que regula esta modalidade de licitação).

Qualquer alteração no edital obriga a Administração a proceder a nova divulgação, na mesma forma utilizada na publicação original. As alterações implicarão a **reabertura do prazo** para a apresentação de propostas, salvo quando não afetarem em nada sua formulação. O art. 40 da Lei nº 8.666/1993 prescreve todas as informações e formalidades que devem necessariamente constar no edital.

Por fim, cabe apresentarmos as regras do Estatuto relativas à faculdade de impugnação do edital perante a Administração responsável pelo procedimento.

O edital pode ser impugnado administrativamente por **qualquer cidadão**, no prazo de até **5 dias úteis** da data fixada para a **abertura dos envelopes de habilitação**. Uma vez protocolada a impugnação, a Administração tem o prazo de **3 dias úteis** para oferecer sua resposta.

Os **licitantes**, evidentemente, também possuem legitimidade para impugnar administrativamente o edital, mas nesse caso os prazos se alteram. O prazo é de **até 2 dias úteis** antes da data prevista para a abertura dos envelopes contendo a documentação de **habilitação**, se a licitação for na modalidade concorrência; e de **2 dias úteis** antes da data prevista para a abertura dos envelopes contendo as **propostas** em **convite**, **tomada de preços** ou **concurso**, ou a **realização** de **leilão**. A fim de evitar qualquer temor por parte do licitante em apresentar sua impugnação, a Lei expressamente declara que o exercício dessa faculdade não lhe veda a participação no certame, até a decisão da Administração sobre a impugnação (art. 41, §§ 2º e 3º).

A Lei, no art. 113, também prevê a possibilidade de qualquer pessoa física ou jurídica, licitante ou contratado **representar** aos Tribunais de Contas ou aos órgãos de controle interno acerca de irregularidades na aplicação da Lei nº 8.666/1993, para fins de controle das despesas decorrentes da execução do contrato.

3.4. Habilitação

A **fase de habilitação** deve ser vista como a fase **subjetiva** da licitação, na qual a Administração busca aferir se o interessado em com ela contratar preenche os requisitos necessários para a adequada execução do contrato. Aqueles que preencherem tais requisitos são declarados pela Comissão *habilitados*, e estão aptos a prosseguir no certame; aqueles que não preencherem tais requisitos são declarados *inabilitados*, e estão excluídos da licitação. Em vista dos efeitos gravosos da inabilitação, a Lei confere efeitos suspensivos ao recurso contra a decisão.

O art. 27 da Lei estabelece os **requisitos de habilitação**, subdividindo-os em cinco espécies: (a) habilitação jurídica; (b) qualificação técnica; (c) qualificação econômico-financeira; (d) regularidade fiscal; e (e) cumprimento do disposto no inciso XXXIII do art. 7º da Constituição (que proíbe o trabalho noturno, perigoso ou insalubre ao menor de 18 anos, e de qualquer trabalho ao menor de 16 anos, salvo na condição de aprendiz, a partir dos 14 anos).

O art. 28 estipula os requisitos de **habilitação jurídica**, nos seguintes termos:

> Art. 28. A documentação relativa à habilitação jurídica, conforme o caso, consistirá em:
> I – cédula de identidade;
> II – registro comercial, no caso de empresa individual;
> III – ato constitutivo, estatuto ou contrato social em vigor, devidamente registrado, em se tratando de sociedades comerciais, e, no caso de sociedades por ações, acompanhado de documentos de eleição de seus administradores;
> IV – inscrição do ato constitutivo, no caso de sociedades civis, acompanhada de prova de diretoria em exercício;
> V – decreto de autorização, em se tratando de empresa ou sociedade estrangeira em funcionamento no País, e ato de registro ou autorização para funcionamento expedido pelo órgão competente, quando a atividade assim o exigir.

Os requisitos para a comprovação da **regularidade fiscal** constam no art. 29 da Lei, vazado nos seguintes termos:

> Art. 29. A documentação relativa à regularidade fiscal, conforme o caso, consistirá em:
> I – prova de inscrição no Cadastro de Pessoas Físicas (CPF) ou no Cadastro Geral de Contribuintes (CGC) [atualmente, Cadastro Nacional de Pessoa Jurídica – CNPJ];
> II – prova de inscrição no cadastro de contribuintes estadual ou municipal, se houver, relativo ao domicílio ou sede do licitante, pertinente ao seu ramo de atividade e compatível com o objeto contratual;
> III – prova de regularidade para com a Fazenda Federal, Estadual e Municipal do domicílio ou sede do licitante, ou outra equivalente, na forma da lei;
> IV – prova de regularidade relativa à Seguridade Social e ao Fundo de Garantia por Tempo de Serviço (FGTS), demonstrando situação regular no cumprimento dos encargos sociais instituídos por lei.

A Lei Complementar nº 123, de 2006, contemplou, em seus art. 42 e 43, um tratamento mais benéfico para as **microempresas e empresas de pequeno porte**.

Nos termos do art. 42, a comprovação de regularidade fiscal dessas empresas não será exigida durante o procedimento de licitação, mas somente **no momento da celebração do contrato**, se vencedoras do procedimento.

Segundo o art. 43, a EPP ou a ME deverá apresentar sua documentação fiscal na mesma oportunidade que os demais licitantes, mesmo que sua situação fiscal não esteja regular. Na hipótese de ser vencedora da licitação, a contar da declaração da Administração, terá a ME ou EPP dois dias úteis para regularizar sua condição, prorrogáveis por igual período, a critério da Administração. Se a ME ou EPP não proceder à regularização da situação, decairá do seu direito à contratação, caracterizando sua conduta descumprimento total da obrigação, sujeitando-a às sanções cabíveis ao caso. A Administração, nessa hipótese, poderá convocar os licitantes remanescentes para celebrar o contrato, observada a ordem de classificação ou, discricionariamente, decidir pela revogação da licitação.

Retornando à Lei nº 8.666/1993, no que toca à documentação exigida para a comprovação da **qualificação técnica**, dispõe o art. 30:

> Art. 30. A documentação relativa à qualificação técnica limitar-se-á a:
>
> I – registro ou inscrição na entidade profissional competente;
>
> II – comprovação de aptidão para desempenho de atividade pertinente e compatível em características, quantidades e prazos com o objeto da licitação, e indicação das instalações e do aparelhamento e do pessoal técnico adequados e disponíveis para a realização do objeto da licitação, bem como da qualificação de cada um dos membros da equipe técnica que se responsabilizará pelos trabalhos;
>
> III – comprovação, fornecida pelo órgão licitante, de que recebeu os documentos, e, quando exigido, de que tomou conhecimento de todas as informações e das condições locais para o cumprimento das obrigações objeto da licitação;
>
> IV – prova de atendimento de requisitos previstos em lei especial, quando for o caso.

Finalmente, com relação à documentação necessária para a comprovação da **qualificação econômico-financeira**, reza o art. 31:

> Art. 31. A documentação relativa à qualificação econômico-financeira limitar-se-á a:
>
> I – balanço patrimonial e demonstrações contábeis do último exercício social, já exigíveis e apresentados na forma da lei, que comprovem a boa situação financeira da empresa, vedada a sua substituição por balancetes ou

> balanços provisórios, podendo ser atualizados por índices oficiais quando encerrado há mais de 3 (três) meses da data de apresentação da proposta;
> II – certidão negativa de falência ou concordata expedida pelo distribuidor da sede da pessoa jurídica, ou de execução patrimonial, expedida no domicílio da pessoa física;
> III – garantia, nas mesmas modalidades e critérios previstos no "caput" e § 1º do art. 56 desta Lei, limitada a 1% (um por cento) do valor estimado do objeto da contratação.

A documentação descrita anteriormente é de apresentação obrigatória quando a Administração licita nas modalidades **tomada de preços e concorrência**, salvo quando se tratar de fornecimento de bens para pronta entrega, caso em que ela pode ser **parcial ou totalmente dispensada**. Também pode ser dispensada a documentação, no todo ou em parte, nas licitações realizadas na modalidade **convite, concurso ou leilão**.

Uma vez ultrapassada a fase de habilitação, o licitante declarado habilitado não pode mais desistir de sua proposta, salvo em virtude de **fato superveniente**, **aceito** pela Administração como motivo justo para a desistência (art. 43, § 6º).

Do mesmo modo, após o encerramento da fase de habilitação, não pode a Administração desqualificar o licitante, salvo em razão de **fatos supervenientes ou só conhecidos após o julgamento das propostas** (art. 43, § 5º).

Eventualmente, tendo em vista a complexidade ou a magnitude do objeto do contrato, é necessária a afixação de rigorosos índices de qualificação técnica e econômico-financeira, o que alijaria da licitação grande parte do número de possíveis interessados, reduzindo significativamente a competitividade do certame. Foi para superar tais dificuldades que a Lei nº 8.666/1993, no art. 33, instituiu a possibilidade da **participação de empresas em consórcio**.

As empresas consorciadas deverão, na fase de habilitação, apresentar **compromisso público ou particular de constituição do consórcio**, assinado por todas as empresas dele integrantes. Ao final da licitação, se vencedoras, deverão promover **o registro e a constituição formal do consórcio**, como requisito prévio à celebração do contrato.

Dentre as empresas consorciadas, uma delas deve ser destacada como a responsável pelo consórcio, sendo necessário para a válida designação que a indicada preencha os requisitos de liderança fixados no edital. Em caso de consórcios envolvendo empresas brasileiras e estrangeiras, a liderança deverá caber a uma das empresas nacionais.

É necessário que todas as empresas consorciadas apresentem sua documentação individual referente à habilitação jurídica, à qualificação técnica, à qualificação econômico-financeira e à regularidade fiscal. Para fins de **qualificação técnica** e **econômico-financeira,** a Lei permite o **somatório** dos quantitativos e valores de cada empresa, sendo que, relativamente à qualificação econômico-financeira, o somatório deve ser realizado considerando apenas a **proporção** da participação da empresa no consórcio.

A Lei permite que a Administração acresça em até 30% os valores e quantitativos a serem comprovados por empresas reunidas em consórcio, comparativamente aos licitantes que concorrem individualmente, salvo se integrarem o consórcio apenas micro e pequenas empresas, quando então o acréscimo é vedado.

A empresa que optou participar como integrante de um consórcio não poderá, na mesma licitação, concorrer individualmente, ou por meio de um segundo consórcio. Por fim, os consorciados têm **responsabilidade solidária** pelos atos produzidos pelo consórcio, tanto na licitação como na execução do contrato.

3.5. Julgamento

Encerrada a fase de habilitação, passa-se à fase do **julgamento das propostas** dos licitantes habilitados. Esta é a fase **objetiva** da licitação, em que se analisa o conteúdo das propostas dos licitantes. Inicialmente, a Comissão avaliará se a proposta adapta-se ou não aos termos do edital ou do convite. A seguir, a Comissão procederá à classificação das propostas que estejam em conformidade com o edital ou o convite. Por fim, selecionará a proposta vencedora da licitação.

Nos termos §§ 1º e 2º do art. 44, a análise das propostas será realizada estritamente de acordo com os critérios objetivos definidos no edital ou no convite, conforme o tipo de licitação adotado, vedando a Lei (a) a adoção de qualquer elemento, critério ou fator **sigiloso, secreto, subjetivo ou reservado** que possa, de forma direta ou indireta, violar o **princípio da isonomia** entre os licitantes; (b) considerar, para efeito de avaliação da proposta, **qualquer oferta de vantagem não prevista no edital ou no convite, inclusive financiamentos subsidiados ou a fundo perdido, nem preço ou vantagem baseada nas ofertas dos demais licitantes**.

Os arts. 48 e 44, § 3º, determinam que serão **desclassificadas** as propostas:

1. que não atendam às exigências do ato convocatório da licitação (edital ou carta-convite, conforme o caso);
2. com valor global em **patamar superior ao limite estabelecido**, quando a Administração fixar preço máximo para a contratação;

3. com preços **manifestamente inexequíveis**, assim considerados aqueles que não atestarem sua viabilidade por meio de documentação comprobatória de que os custos dos insumos são coerentes com os do mercado e que os coeficientes de produtividade são compatíveis com a execução do objeto do contrato;
4. com **preços global ou unitário simbólicos ou de valor zero**, incompatíveis com os preços dos insumos e salários do mercado, acrescidos dos respectivos encargos.

Quando todos os licitantes forem **inabilitados** ou todas as propostas forem **desclassificadas**, a Administração **poderá**, a seu critério, estabelecer para os licitantes o prazo de **oito dias úteis** para a apresentação de nova documentação ou de outras propostas sem as irregularidades anteriormente apuradas (no caso de convite, esse prazo pode ser reduzido para três dias úteis). Mantendo-se inalterada a situação, será admitida a **adjudicação direta** dos bens ou serviços (hipótese de licitação dispensável), por valor não superior ao constante do registro de preços (arts. 48, § 3º, e 24, VII).

3.6. Homologação e adjudicação

Uma vez divulgado o resultado da licitação, com a escolha da proposta vencedora, cabe à Comissão de Licitação enviar os autos do processo para a autoridade competente. Encerra-se aí o trabalho da Comissão, e adentramos na fase final do procedimento, na qual a autoridade competente decidirá acerca da **homologação da licitação e da adjudicação de seu objeto ao licitante vencedor**.

Inicialmente, cabe à autoridade competente avaliar se os atos até então praticados observaram os termos da lei e do edital ou do convite. Se a verificação for positiva, cabe a ela **homologar** a licitação. Se negativa, cabe a ela anular a licitação ou, caso isso seja possível, remeter o processo novamente à Comissão, para que esta reinicie o procedimento do ponto onde a autoridade constatou a ilegalidade.

Se a autoridade não verificar vício no procedimento deverá, após homologá-lo, **adjudicar o objeto da licitação** ao licitante vencedor, a não ser que decida pela revogação da licitação. Com a adjudicação, encerra-se o procedimento de licitação.

4. Modalidades

4.1. Considerações gerais

De acordo com a Lei nº 8.666/1993, três são as **modalidades** mais gerais de licitação: **concorrência, tomada de preços** e **convite**. Dizemos *gerais* porque são as modalidades usualmente adotadas a contratação de compras, obras e serviços pela Administração.

Além delas o Estatuto prevê o **concurso**, modalidade de licitação utilizada para a contratação de **trabalho técnico, científico ou artístico**, mediante a estipulação de prêmios ou remuneração aos vencedores; e o **leilão**, modalidade de licitação pela qual a Administração procede à **venda de bens móveis inservíveis, produtos legalmente apreendidos ou penhorados e bens imóveis integrados ao patrimônio público por meio de procedimento judicial ou dação em pagamento**. Por fim, temos o **pregão**, modalidade de licitação instituída pela Medida Provisória nº 2.026/2000 e atualmente regulada na Lei nº 10.520/2002, destinada **à aquisição de bens e serviços comuns, qualquer que seja o valor estimado da contratação**.

Quanto às três primeiras modalidades de licitação aqui referidas – a concorrência, a tomada de preços e o convite –, são elas diferenciadas na Lei nº 8.666/1993 a partir de dois critérios objetivos: o **valor estimado do contrato** e a **complexidade do procedimento licitatório**.

Em primeiro lugar, temos a **concorrência**, que é a modalidade mais formal e complexa, adequada para as contratações de maior vulto, e da qual podem participar todos os interessados que comprovem, na fase de habiltação preliminar, possuírem os requisitos exigidos para a adequada execução do contrato.

Em segundo, temos a **tomada de preços**, adotada para os contratos de valor intermediário, aberta a todos os interessados cadastrados e àqueles que atenderem a todas as condições necessárias ao cadastramento até o terceiro dia anterior à data de recebimento das propostas.

Por fim, há o **convite**, a modalidade de licitação mais simples, utilizada para os contratos de menor valor. Aqui, os interessados, cadastrados ou não, são convidados a participar do certame pela própria Administração, que também permitirá o ingresso de todos os cadastrados que demonstrarem seu interesse no contrato com antecedência de até vinte e quatro horas da apresentação das propostas.

O cadastramento, para qualquer modalidade de licitação, ocorre mediante a inscrição nos **Registros Cadastrais**, nos quais os interessados em contratar com a Administração comprovam antecipadamente o cumprimento dos requisitos de habilitação, conforme sua categoria e área de atuação.

Ressalvados os casos em que o objeto do contrato demanda necessariamente a concorrência, há uma ordem para a utilização dessas três modalidades de licitação, com base no valor estimado da contratação, sendo a concorrência posta em primeiro lugar; a tomada de preços, em segundo; e o convite, por último.

Em vista disso, a Lei, em seu art. 22, § 4º, não permite que se utilize o convite quando seria o caso de tomada de preços ou concorrência; ou a tomada de preços, quando a modalidade adequada seria a concorrência. **O inverso é admitido**, pois a concorrência pode ser adotada em substituição às duas outras modalidades, e a tomada de preços pode ser utilizada em substituição ao convite.

Para evitar fraudes na escolha do procedimento, o art. 23, § 5º, proíbe a utilização da modalidade convite ou tomada de preços, conforme o caso, para parcelas de uma mesma obra ou serviço, ou ainda para obras e serviços de mesma natureza e no mesmo local que possam ser realizadas conjunta e concomitantemente, sempre que o somatório de seus valores caracterizar o caso de tomada de preços ou concorrência, exceto para as parcelas de natureza específica que possam ser executadas por pessoas ou empresas de especialidade diversa daquela do executor da obra ou do serviço.

É possível, de acordo com o § 2º do art. 23, que as obras, os serviços e as compras sejam realizadas de forma parcelada, desde que para cada parcela da obra, do serviço ou da compra seja feita nova licitação.

O que o § 5º do art. 23 veda é a possibilidade de se adotar, arbitrariamente, o convite ou a tomada de preços em lugar, respectivamente, da tomada de preços ou da concorrência, quando as parcelas das obras e dos serviços forem da mesma natureza e puderem ser realizadas no mesmo local, em conjunto (isto é, todas constituindo parte de um todo) ou concomitantemente (ou seja, ao mesmo tempo). Nesse caso, devem ser **somados** os valores das diferentes parcelas e, a partir do resultado desse somatório, definida a modalidade de licitação apropriada para a licitação.

Assim, quando configurada a hipótese trazida neste dispositivo, não se proíbe a contratação parcelada das obras, compras e serviços, mas se obriga a Administração a adotar, como modalidade de licitação, aquela que corresponder ao valor do **somatório** das diferentes parcelas. A regra só não se aplica às partes da obra ou serviço de **natureza específica**.

Por exemplo, a concorrência deve obrigatoriamente ser utilizada para as obras cujo valor estimado seja superior a R$ 1.500.000,00 (um milhão e quinhentos mil reais). Se a Administração decidir desmembrar a realização de uma determinada obra em três parcelas, sendo cada uma estimada em R$ 700.000,00, tal atitude é lícita, mas deverá obrigatoriamente ser adotada como modalidade de licitação a concorrência, uma vez que o somatório das parcelas atinge R$ 2.100.000,00, ainda que cada uma delas, consideradas individualmente, fique abaixo de R$ 1.500.000,00.

O art. 22, § 8º, da Lei nº 8.666/1993, complementa a regra anterior, **vedando também a combinação das diversas modalidades de licitação**. Tal combinação não é possível nem mesmo quando a Administração, fazendo uso da prerrogativa contida no art. 23, § 4º, da Lei, utiliza a concorrência quando seria possível a tomada de preços ou o convite; ou a tomada de preços, nos casos em que caberia o convite.

Enfim, optando a Administração por uma modalidade de licitação, conforme o disposto no art. 23, I e II, da Lei, o procedimento não pode ser regido por outras normas além daquelas para ela previstas. Além disso, poderá haver a divisão do objeto licitado, desde que por meio desse expediente a Administração não intente adotar espécie licitatória mais simples, pois tal conduta infringe a regra trazida no § 5º do art. 23.

4.2. Concorrência

O art. 22, § 1º, da Lei nº 8.666/1993, traz a seguinte definição:

> § 1º Concorrência é a modalidade de licitação entre quaisquer interessados que, na fase inicial de habilitação preliminar, comprovem possuir os requisitos mínimos de qualificação exigidos no edital para execução de seu objeto.

Têm direito a participar da concorrência todos aqueles que, na fase de habilitação preliminar, comprovarem possuir os requisitos necessários para o adequado cumprimento do futuro contrato. Daí decorre a primeira característica da concorrência: a **universalidade**.

Ademais, a concorrência é a modalidade de licitação em que é maior o prazo mínimo entre a publicação do aviso do edital, inaugurando a fase externa do procedimento, e a data para a entrega das propostas. Com isto, amplia-se a possibilidade de um maior número de potenciais interessados tomarem ciência da licitação, o que autoriza a acrescentar às características da concorrência a **ampla publicidade**.

Como vimos no tópico anterior, a concorrência é a modalidade mais complexa de licitação. Isto faz com que a lei estabeleça diversas hipóteses de **uso obrigatório** da concorrência.

Fazendo um apanhado geral da Lei, tais hipóteses são as seguintes:

1. obras e serviços de engenharia cujo valor estimado ultrapasse R$ 1.500.000,00 (um milhão e quinhentos mil reais), segundo o art. 23, I, *c*;
2. compras e serviços que não sejam de engenharia cujo valor estimado seja superior a R$ 650.000,00 (seiscentos e cinquenta mil reais), de acordo com o art. 23, II, *c*;
3. compra e alienação de bens imóveis, independentemente do seu valor, ressalvados os imóveis adquiridos mediante procedimento judicial ou dação em pagamento, que podem ser alienados também na modalidade leilão (art. 23, § 3º);

4. concessões de direito real de uso (art. 23, § 3º);
5. licitações internacionais, com exceção dos casos em que pode ser utilizada a tomada de preços ou o convite (art. 23, § 3º), de acordo com o valor estimado do contrato;
6. alienação de bens móveis avaliados, isolada ou globalmente, em valor superior a R$ 650.000,00 (seiscentos e cinquenta mil reais), conforme o disposto no art. 17, § 6º. Se de valor igual ou inferior, os bens poderão ser licitados por leilão;
7. para o sistema de registros de preços, utilizado nas licitações para compra de bens (art. 15, § 3º, I), salvo se os bens forem comuns, caso em que a Administração poderá usar o pregão.

4.3. Tomada de preços

Segundo o art. 22, § 2º, da Lei nº 8.666/1993, **tomada de preços** é: a modalidade de licitação entre interessados devidamente cadastrados ou que atenderem a todas as condições exigidas para cadastramento até o terceiro dia anterior à data de recebimento das propostas, observada a necessária qualificação.

Como se percebe, da tomada de preços podem participar duas modalidades de licitantes: os **cadastrados**, que já comprovaram anteriormente suas condições de habilitação; e os **não-cadastrados**, que, por até então não terem comprovado o preenchimento das condições de habilitação, têm a oportunidade de fazê-lo em até três dias antes da data prevista para o recebimento das propostas.

Na sua redação original, o art. 22, § 2º, restringia a tomada de preços aos já cadastrados. Atualmente, como visto, essa modalidade de licitação também é aberta aos não-cadastrados. Tal circunstância faz com que hoje se considere o **princípio da universalidade** aplicável também à tomada de preços.

A tomada de preços pode ser utilizada nas seguintes hipóteses:

1. obras e serviços de engenharia cujo valor estimado seja de até R$ 1.500.000,00 (um milhão e quinhentos mil reais);
2. compras e outros serviços cujo valor estimado seja de até R$ 650.000,00 (seiscentos e cinquenta mil reais);
3. nas licitações internacionais, quando o órgão ou entidade dispuser de cadastro internacional de fornecedores e desde que o valor estimado do contrato a ser celebrado esteja dentro dos limites de valor estabelecidos anteriormente.

4.4. Convite

Reza o art. 22, § 3º, da Lei nº 8.666/1993:

> § 3º Convite é a modalidade de licitação entre interessados do ramo pertinente ao seu objeto, cadastrados ou não, escolhidos e convidados em número mínimo de 3 (três) pela unidade administrativa, a qual afixará, em local apropriado, cópia do instrumento convocatório e o estenderá aos demais cadastrados na correspondente especialidade que manifestarem seu interesse com antecedência de até 24 (vinte e quatro) horas da apresentação das propostas.

O convite é a única modalidade de licitação prevista na Lei nº 8.666/1993 em que **não há publicação do ato convocatório em diário oficial**. Há apenas o envio da carta-convite pela Administração, e sua afixação na sede do órgão ou entidade que promove a licitação.

São dois os tipos de participantes dessa modalidade de licitação: os **convidados** pela Administração, que podem ser **cadastrados ou não**; e os **não-convidados**, obrigatoriamente **cadastrados**, que demonstrarem seu interesse com antecedência de até vinte e quatro horas da apresentação das propostas (Lei nº 8.666, art. 22, § 3º).

A diferença de tratamento conferido pela Lei nº 8.666/1993 é significativa: aqueles que a Administração selecionar para enviar as cartas-convite podem ter ou não comprovado antecipadamente suas condições de habilitação, já que podem ser cadastrados ou não. Já os não-convidados devem necessariamente ter comprovado anteriormente que preenchem os requisitos de habilitação, pois a Lei só permite seu ingresso se já forem cadastrados.

A Lei nº 8.666/1993 prevê como hipóteses em que o convite pode ser utilizado:

1ª) obras e serviços de engenharia cujo valor estimado seja de até R$ 150.000,00 (cento e cinquenta mil reais);

2ª) compras e outros serviços cujo valor estimado seja de até R$ 80.000,00 (oitenta mil reais);

3ª) nas licitações internacionais, quando não houver fornecedor do bem ou serviço no Brasil, observados os limites de valor anteriormente indicados.

Apesar de ser a modalidade menos complexa de licitação, dentre as três até aqui analisadas, a Lei nº 8.666/1993 traz algumas regras peculiares sobre o convite. Dessas regras, vamos ressaltar as seguintes:

1ª) a Lei impõe que a carta-convite seja enviada a **pelo menos três possíveis interessados**, salvo quando na localidade não existir esse número de pessoas físicas ou jurídicas atuantes na área do convite, ou quando houver **manifesto** desinteresse das pessoas que atuam na área. Em tais hipóteses, e somente nelas, a carta-convite pode ser remetida a um número menor de pessoas (art. 22, § 7º);

2ª) no caso de na localidade existirem mais de três possíveis interessados atuantes na área, a cada novo convite para objeto idêntico ou assemelhado é obrigatório o envio da carta-convite a, no mínimo, um interessado não convidado na licitação anterior, enquanto existirem **cadastrados** nessa condição (art. 22, § 6º);

Em fechamento, segundo a Lei nº 11.107/2005, os limites para a utilização da concorrência, da tomada de preços e do convite são **duplicados** no caso de **consórcio público**, e triplicados, se dele participarem três ou mais entes federados.

4.5. Concurso

O art. 22, § 4º, define o **concurso** como: a modalidade de licitação entre quaisquer interessados para escolha de trabalho técnico, científico ou artístico, mediante a instituição de prêmios ou remuneração aos vencedores, conforme critérios constantes de edital publicado na imprensa oficial com antecedência mínima de 45 dias.

Duas peculiaridades do concurso cabem ser ressaltadas.

Em primeiro lugar, os quatro **tipos de licitação** apresentados anteriormente não têm aplicabilidade no concurso, uma vez que nessa modalidade de licitação o vencedor recebe um prêmio ou remuneração já previamente definido pela Administração. Logo, **não há, aqui, proposta de preço**.

Em segundo, a composição da Comissão de Licitação do concurso não segue as regras anteriormente estudadas, no que toca à necessidade de ser composta por pelo menos dois servidores integrantes do quadro permanente da Administração. A Lei é clara nesse sentido, ao estabelecer que a Comissão no concurso é formada por **especialistas na área objeto da licitação, de reputação ilibada, sejam servidores públicos ou não** (art. 51, § 5º).

4.6. Leilão

A última modalidade de licitação prevista na Lei nº 8.666/1993, em seu art. 22, § 5º, é o **leilão**. Nos termos do dispositivo, esta é a modalidade adequada para a alienação, a qualquer interessado que oferecer o maior lance, desde que superior ao valor da avaliação, de:

1º) **bens móveis inservíveis** para a Administração;

2º) produtos legalmente **apreendidos ou penhorados**;

3º) **bens imóveis** da Administração Pública, cuja aquisição haja derivado de **procedimentos judiciais** ou de **dação em pagamento**.

O art. 53 trata desta modalidade de licitação.

Inicialmente, em seu *caput*, assinala que o procedimento aplicável será detalhado em legislação própria, podendo o leilão ser cometido a um leiloeiro oficial (um agente delegado) ou a um servidor público (um agente administrativo).

A seguir, estatui que qualquer bem a ser objeto desta modalidade de licitação deverá ser previamente avaliado pela Administração, para fins de fixação do preço mínimo de arrematação. O pagamento dos bens arrematados deverá ser realizado à vista, ou no percentual estabelecido no edital, não inferior a 5% (exceto nos leilões internacionais, em que o pagamento da parcela à vista poderá ser feito no prazo de 24 horas).

Uma vez assinada a respectiva ata, lavrada no próprio local do leilão, os bens deverão ser imediatamente entregues ao arrematante, o qual se obrigará ao pagamento do restante no prazo estipulado no edital de convocação, sob pena de perder em favor da Administração o valor já recolhido.

Por fim, dando especial relevo ao princípio da publicidade, o dispositivo final do art. 53 assevera que o edital de leilão deve ser amplamente divulgado, principalmente no município em que será realizado.

4.7. Pregão

Pregão é a única modalidade de licitação de caráter geral que não tem previsão na Lei nº 8.666/1993. Essa modalidade é prevista em diploma à parte, a **Lei nº 10.520/2002**, aplicável aos órgãos e entidades administrativas de todas as unidades da Federação.

O pregão é, indiscutivelmente, a modalidade de licitação atualmente mais utilizada em âmbito administrativo, principalmente em função da maior celeridade na sua tramitação, que permite uma atuação administrativa mais eficiente.

A seguir, em forma de tópicos, apresentamos as regras e características mais importantes do pregão:

1ª) a Lei nº 10.520/2002, em seu art. 1º, define a hipótese de uso do pregão: **aquisição de bens e serviços comuns**, assim considerados aqueles cujos padrões de desempenho e qualidade possam ser **objetivamente** definidos pelo edital, por meio de especificações usuais no mercado;

2ª) o pregão pode ser utilizado **para qualquer valor de contrato**. O que importa, apenas, é o objeto da licitação. Se este corresponder à aquisição de bens e serviços comuns, pode ser utilizado o pregão;

3ª) o pregão admite apenas a licitação do tipo **menor preço**;

4ª) no pregão não existe propriamente uma Comissão de Licitação, em que todos seus integrantes têm poder decisório para decidir acerca da habilitação e do julgamento das propostas. No pregão existe a figura do **pregoeiro**, que é auxiliado por uma **Comissão de Apoio**. As competências decisórias relacionadas às fases de habilitação e julgamento concentram-se no pregoeiro, existindo a Comissão de Apoio somente para auxiliá-lo nessa tarefa;

5ª) a característica procedimental mais importante no pregão é que nele há uma **inversão das fases de habilitação e julgamento**. Como analisamos anteriormente, nas modalidades de licitação reguladas na Lei nº 8.666/1993 a fase de habilitação antecede a de julgamento. No pregão, ocorre justamente o oposto: primeiro o pregoeiro seleciona a proposta de menor preço, e apenas depois analisa a documentação de habilitação do licitante que a apresentou. Se a documentação estiver em conformidade com os requisitos previstos na lei e no edital de licitação, a proposta é declarada vencedora;

6ª) o procedimento transcorre da seguinte forma: o pregoeiro abre em **sessão pública** as **propostas escritas** apresentadas pelos licitantes, selecionando para **lances verbais** a proposta de menor valor e aquelas com preços até dez por cento superiores. Se não houver pelo menos duas propostas em valor até 10% superior ao da proposta de menor valor, o pregoeiro seleciona, para os lances verbais, a proposta de menor valor e as duas que mais dela se aproximem. Aos licitantes que as apresentaram é aberta a oportunidade de fazerem novos lances verbais e sucessivos, até a proclamação da proposta de melhor preço pelo pregoeiro. Este, então, passa a examinar a aceitabilidade, a conformidade com o edital da proposta classificada em primeiro lugar. Positiva a análise, o pregoeiro passa a analisar a documentação de habilitação do licitante autor da proposta. Se esta avaliação também for positiva, o licitante é declarado vencedor da licitação;

7ª) quando nenhum dos licitantes, após escolhida na sessão pública a proposta vencedora, manifesta imediatamente sua intenção de recorrer, **é o próprio pregoeiro que adjudica o objeto da licitação**; quando há tal manifestação, a adjudicação cabe à autoridade competente para julgar o recurso. Em qualquer caso, é esta autoridade que **homologa a licitação**. Com isso, podemos concluir que, ao contrário das modalidades licitatórias da Lei nº 8.666/1993, no pregão **a homologação é posterior à adjudicação**;

8ª) **é vedada a exigência de garantia** para a participação no pregão: a Lei optou por vedar a exigência de garantia como requisito para participação da licitação, a fim de aumentar a competitividade no certame, substituindo-a pela cominação de penalidades severas àqueles que, vencedores na licitação, deixarem de cumprir com suas obrigações ou o fizerem de forma irregular;

9ª) o prazo mínimo entre a publicação do aviso do edital do pregão e a data de apresentação das propostas é de **8 dias úteis**.

5. Tipos de licitação

Quando tratamos do princípio do julgamento objetivo, apresentamos rapidamente os **tipos de licitação**, nada mais do que os diversos tipos de **critérios** previstos na Lei para a escolha da proposta vencedora do procedimento. Segundo o § 1º do art. 45 da Lei nº 8.666/1993, há quatro tipos de licitação:

1º) a de menor preço: é a regra geral. Nesse caso, é eleita vencedora a proposta que se conformar aos requisitos prescritos no edital ou no convite com o menor ônus para a Administração;

2º) a de maior lance ou oferta: é o tipo de licitação obrigatório para as alienações de bens e para as concessões de direito real de uso. É o oposto do tipo anterior, sendo declarada vencedora a proposta que ofertar o melhor preço pelo bem ou direito que a Administração se propõe a alienar;

3º) a de melhor técnica: pode ser utilizada exclusivamente para a contratação de serviços de **natureza predominantemente intelectual**, listados em rol exemplificativo no art. 46 da Lei, podendo-se citar, dentre os serviços lá arrolados, os de fiscalização, de elaboração de projetos, de supervisão etc.

4º) a de técnica e preço: pode ser utilizada para a contratação de serviços de natureza predominantemente intelectual. Além disso, é o tipo de licitação obrigatório para a **aquisição de bens e serviços de informática** (art. 45, § 4º), salvo nas hipóteses a serem definidas em decreto, nas quais poderá ser utilizado outro tipo de licitação, ou quando tais bens e serviços forem comuns, caso em que poderá ser usado o pregão (que, como sabemos, só admite licitação do tipo menor preço).

Os §§ 1º e 2º do art. 46 tratam do procedimento na licitação do tipo **melhor técnica**.

1º) inicialmente, são avaliadas as propostas **técnicas** apresentadas pelos licitantes considerados habilitados na fase anterior;

2º) em prosseguimento, passa a Comissão de licitação à análise das propostas de preço de todos os licitantes cujas propostas obtiveram a valorização técnica mínima, nos termos definidos no ato convocatório;

3º) a seguir, a Comissão de Licitação inicia uma **negociação** com o licitante que obteve a melhor classificação na proposta técnica, objetivando levá-lo a reduzir o valor de sua proposta ao da proposta de menor preço dentre as apresentadas por aqueles que obtiveram a valorização técnica mínima;

4º) infrutífera a negociação, a Comissão chama o segundo colocado quanto à proposta técnica, e assim por diante, até a eleição da proposta vencedora.

Como podemos concluir, apesar de tratar-se de uma licitação tipo melhor técnica, nem sempre o licitante que apresentou a proposta tecnicamente classificada em primeiro lugar será o vencedor do certame, uma vez que a proposta de preço também possui importância significativa.

Assim, tudo o que expusemos sobre o procedimento na licitação do tipo melhor técnica aplica-se também à licitação do tipo menor preço, com a diferença de que nesta a classificação é dada pela **média ponderada** resultante da análise **das duas propostas**, a técnica e a de preço. Aquele que obteve a melhor média ponderada será chamado em primeiro lugar para negociar o preço com a Administração. A Lei admite que a Administração fixe pesos diferentes para as propostas técnica e de preços, e com base em tais pesos defina a média ponderada.

6. Anulação e revogação

A anulação e a revogação da licitação são tratadas no art. 49 da Lei nº 8.666/1993, nos seguintes termos:

> Art. 49. A **autoridade competente para a aprovação do procedimento** somente poderá **revogar** a licitação por razões de interesse público decorrente de **fato superveniente devidamente comprovado**, pertinente e suficiente para justificar tal conduta, devendo **anulá-la** por ilegalidade, de ofício ou por provocação de terceiros, mediante parecer escrito e devidamente fundamentado.
>
> § 1º A **anulação** do procedimento licitatório por motivo de ilegalidade **não gera obrigação de indenizar**, ressalvado o disposto no parágrafo único do art. 59 desta Lei.
>
> § 2º **A nulidade do procedimento licitatório induz à do contrato**, ressalvado o disposto no parágrafo único do art. 59 desta Lei.
>
> § 3º No caso de desfazimento do processo licitatório, **fica assegurado o contraditório e a ampla defesa**.
>
> § 4º O disposto neste artigo e seus parágrafos aplicam-se aos atos do procedimento de dispensa e inexigibilidade de licitação. (Grifo nosso)

Inicialmente, deve-se destacar que é indispensável a instauração de regular processo administrativo, no qual sejam observados o contraditório e a ampla defesa, para que a Administração possa decidir sobre a anulação e a revogação. Mesmo se, no caso em concreto, o motivo for uma falta atribuível à própria Administração, ela obrigatoriamente deve oportunizar a participação dos licitantes, uma vez que seus interesses podem ser afetados por sua decisão.

A revogação, quando determinada, decorre de fatos supervenientes à abertura do procedimento licitatório, que comprovadamente sejam graves o suficiente para justificar seu desfazimento pela autoridade competente. Já a anulação decorre de ilegalidade verificada durante o desenrolar da licitação.

A declaração de **nulidade** da licitação **não gera para a Administração o dever de indenizar os licitantes**, como prescreve o § 1º do art. 49. Mas a declaração de nulidade **do contrato** cria para a Administração o **dever de indenizar o contratado** pela parcela já executada do contrato e por outros prejuízos regularmente comprovados, desde que não tenha sido ele a dar causa à anulação. O dever de indenizar, nesse caso, encontra-se prescrito no parágrafo único do art. 59 da Lei, a que faz remissão o § 1º do art. 49.

Deste modo, se há vício na licitação, sendo o mesmo descoberto antes da celebração do contrato, não cabe, nos termos da Lei, indenização. Se o vício no procedimento for apurado somente depois da celebração do contrato, causando, em consequência, sua nulidade, o contratado tem direito à indenização relativa à parcela já executada do seu objeto. A mesma regra aplica-se, à evidência, quando há vício de legalidade apenas no contrato.

Como a Lei determina o não cabimento de indenização no caso de anulação da licitação, ressalvada a devida ao contratado, infere-se, a *contrario sensu*, que **é cabível indenização na hipótese de revogação**, a qual deve acobertar os prejuízos diretamente decorrentes da extinção.

Ainda como diferenças entre anulação e revogação, podemos citar: (a) na lição de Hely Lopes Meirelles, a anulação pode ser total ou parcial, já a revogação é sempre total; (b) a anulação da licitação pode ser declarada mesmo após a celebração do contrato, ao passo que a revogação da licitação é incabível a partir do momento em que o contrato é celebrado.

7. Inexigibilidade e dispensa

Na sua parte inicial, o inciso XXI do art. 37 prevê que a legislação poderá ressalvar as hipóteses de não-aplicação do instituto da licitação, ou seja, as hipóteses em que a Administração está autorizada a celebrar diretamente o contrato, sem necessidade de licitação. Tais hipóteses correspondem aos casos de dispensa e de inexigibilidade de licitação, a seguir analisados.

8. Inexigibilidade

O procedimento licitatório, entre outros objetivos, visa proporcionar à Administração a oportunidade de avaliar diferentes propostas relativas ao objeto do contrato, apresentadas pelos interessados em com ela celebrar o ajuste. A utilidade de procedimento pressupõe, portanto, que, **ao menos em tese, exista uma efetiva possibilidade de competição**, ou seja, que existam diversas pessoas físicas ou jurídicas aptas a executar o contrato.

Ocorre que em dadas circunstâncias não se afigura essa possibilidade de competição. Esses casos, em que **não há viabilidade de competição**, correspondem às hipóteses de **inexigibilidade**, que autorizam à Administração **celebrar diretamente o contrato**.

Tais hipóteses constam no **art. 25** da Lei nº 8.666/1993. O dispositivo em questão apresenta um rol de hipóteses de inexigibilidade, mas de natureza meramente **exemplificativa**. Desse modo, mesmo que uma situação em concreto não se enquadre nas hipóteses do art. 25 da Lei, ainda assim poderá configurar uma situação de inexigibilidade, desde que, no caso, configure-se a situação de inviabilidade de competição.

A primeira das hipóteses de inexigibilidade é prevista nos seguintes termos:

> I – para aquisição de materiais, equipamentos, ou gêneros que só possam ser fornecidos por produtor, empresa ou representante comercial exclusivo, vedada a preferência de marca, devendo a comprovação de exclusividade ser feita através de atestado fornecido pelo órgão de registro do comércio do local em que se realizaria a licitação ou a obra ou o serviço, pelo Sindicato, Federação ou Confederação Patronal, ou, ainda, pelas entidades equivalentes;

Segundo professor Hely Lopes Meirelles:

> vendedor ou representante comercial exclusivo, para efeito de convite, é o que é único na localidade; para tomada de preços, o que é único no registro cadastral; para concorrência, o que é único no país.

Essa primeira hipótese, dentre todas as demais previstas na Lei, é aquela em que se evidencia com mais nitidez a inviabilidade de competição. Realmente, se há apenas uma pessoa física ou jurídica capaz de disponibilizar o objeto pretendido pela Administração, a instauração de um procedimento licitatório não teria, no caso, qualquer utilidade.

A segunda hipótese, por sua vez, refere-se à contratação de **serviços técnicos profissionais especializados**. A seu respeito, dispõe o inciso II do art. 25 da Lei nº 8.666/1993:

> II – para a contratação de serviços técnicos enumerados no art. 13 desta Lei, de natureza singular, com profissionais ou empresas de notória especialização, vedada a inexigibilidade para serviços de publicidade e divulgação;

Como se conclui pela leitura do dispositivo, para o enquadramento nessa hipótese de inexigibilidade é necessária a satisfação dos seguintes requisitos:

1º) tratar-se de um dos serviços técnicos prescritos no elenco **taxativo** do art. 13 da Lei, a saber:
- estudos técnicos, planejamentos e projetos básicos e executivos;
- pareceres, perícias e avaliações em geral;
- assessorias ou consultorias técnicas e auditorias financeiras ou tributárias;
- fiscalização, supervisão ou gerenciamento de obras ou serviços;
- pareceres ou defesa de causas judiciais ou administrativas;
- treinamento e aperfeiçoamento de pessoal;
- restauração de obras de arte e bens de valor histórico.

2º) **natureza singular** do serviço: é necessário que o serviço do profissional escolhido torne-se indispensável em função de **características próprias e específicas do objeto do contrato**. A situação que originou a necessidade de contratação tem de ser de tal maneira peculiar que comporte adequada solução apenas se for contratado certo profissional, em função da qualidade e singularidade de seu trabalho. Em verdade, exige-se **dupla singularidade**: da situação que motivou o contrato e dos serviços prestados pelo especialista;

3º) o profissional ou a empresa de **notória especialização**: a lei considera de notória especialização o profissional ou a empresa cujo conceito em seu ramo de atuação permita concluir que o seu trabalho é **indiscutivelmente** o mais adequado à plena realização do objeto do contrato.

O não cumprimento de um desses requisitos afasta a possibilidade de a licitação ser declarada inexigível. Em tal circunstância, o § 1º do art. 13 da Lei nº 8.666/1993 determina que a Administração realize a licitação preferencialmente na modalidade concurso, com estipulação prévia do prêmio ou remuneração a que fará jus o vencedor da licitação.

Temos, em encerramento, a terceira hipótese de inexigibilidade, para a contratação de **profissionais do setor artístico**. Sobre ela, dispõe o inciso III do art. 25 nos seguintes termos:

> III – para contratação de profissional de qualquer setor artístico, diretamente ou através de empresário exclusivo, desde que consagrado pela crítica especializada ou pela opinião pública.

É de todas as hipóteses aquela em que é mais amplo o espectro de discricionariedade da Administração. Basta que se trate de um artista consagrado pela crítica ou pelo público, e estará o Poder Público autorizado a celebrar diretamente o contrato, desde que o faça com o próprio profissional ou com seu representante exclusivo.

9. Dispensa

Nesse ponto cabe fazermos uma diferenciação, pois, adotando-se a lição de Hely Lopes Meirellles, há duas modalidades de **dispensa** de licitação.

Há situações em que, não obstante a existência de viabilidade jurídica de competição, a Lei **autoriza** a Administração a não proceder à licitação. Tais hipóteses correspondem aos casos de licitação **dispensável**, e exigem previsão **taxativa** em lei. Na Lei nº 8.666/1993 estão relacionadas em seu art. 24.

Ao lado destas, a Lei relaciona algumas situações em que, havendo também viabilidade de competição, a Administração não está apenas autorizada, mas **impedida** de instaurar o procedimento licitatório. Estas hipóteses foram denominadas como de licitação **dispensada**, e exigem **expressa** previsão legal. Na Lei nº 8.666/1993 estão previstas no seu art. 17, correspondendo, na sua integralidade, a hipóteses de **alienação de bens** pela Administração.

Assim sendo, as situações de licitação dispensável configuram-se quando, havendo possibilidade de competição, a Administração está autorizada (mas não obrigada) a adjudicar diretamente o objeto do contrato. Quando for hipótese de licitação dispensada, não dispõe a Administração de qualquer faculdade, não cabendo a instauração do procedimento licitatório. Ambas, reunidas, compõem os casos de **dispensa** de licitação.

9.1. Licitação dispensável

Como exposto, as hipóteses de licitação **dispensável**, na Lei nº 8.666/1993, estão arroladas em seu art. 24, que a seguir transcrevemos, fazendo os destaques necessários:

> Art. 24. É **dispensável** a licitação:
>
> I – para obras e serviços de engenharia de valor **até 10%** (dez por cento) do limite previsto na alínea "a", do inciso I do artigo anterior [R$ 150.000,00], desde que não se refiram a parcelas de uma mesma obra ou serviço ou ainda

para obras e serviços da mesma natureza e no mesmo local que possam ser realizadas conjunta e concomitantemente;

II – para outros serviços e compras de valor **até 10%** (dez por cento) do limite previsto na alínea "a", do inciso II do artigo anterior [R$ 80.000,00] e para alienações, nos casos previstos nesta Lei, desde que não se refiram a parcelas de um mesmo serviço, compra ou alienação de maior vulto que possa ser realizada de uma só vez;

III – nos casos de **guerra ou grave perturbação da ordem**;

IV – nos casos de **emergência ou de calamidade pública**, quando caracterizada urgência de atendimento de situação que possa ocasionar prejuízo ou comprometer a segurança de pessoas, obras, serviços, equipamentos e outros bens, públicos ou particulares, **e somente para os bens necessários ao atendimento da situação emergencial ou calamitosa e para as parcelas de obras e serviços que possam ser concluídas no prazo máximo de 180 (cento e oitenta) dias consecutivos *e ininterruptos***, contados da ocorrência da emergência ou calamidade, **vedada a prorrogação** dos respectivos contratos;

V – quando **não acudirem interessados à licitação anterior** e esta, justificadamente, não puder ser repetida sem prejuízo para a Administração, mantidas, neste caso, todas as condições preestabelecidas [hipótese denominada pela doutrina licitação deserta];

VI – quando a União tiver **que intervir no domínio econômico** para regular preços ou normalizar o abastecimento;

VII – quando as propostas apresentadas consignarem preços manifestamente superiores aos praticados no mercado nacional, ou forem incompatíveis com os fixados pelos órgãos oficiais competentes, casos em que, observado o parágrafo único do art. 48 desta Lei e, persistindo a situação, será admitida a adjudicação direta dos bens ou serviços, por valor não superior ao constante do registro de preços, ou dos serviços;

VIII – para a aquisição, por pessoa jurídica de direito público interno, de bens produzidos ou serviços prestados por órgão ou entidade que integre a Administração Pública **e que tenha sido criado para esse fim específico em data anterior à vigência desta Lei**, desde que o preço contratado seja compatível com o praticado no mercado;

IX – quando houver possibilidade de comprometimento da segurança nacional, nos casos estabelecidos em decreto do Presidente da República, ouvido o Conselho de Defesa Nacional;

X – para a compra ou locação de imóvel destinado ao atendimento das finalidades precípuas da administração, cujas necessidades de instalação e localização condicionem a sua escolha, desde que o preço seja compatível com o valor de mercado, segundo avaliação prévia;

XI – na contratação de remanescente de obra, serviço ou fornecimento, em consequência de rescisão contratual, desde que atendida a ordem de classificação da licitação anterior e aceitas as mesmas condições oferecidas pelo licitante vencedor, inclusive quanto ao preço, devidamente corrigido;
XII – nas compras de hortifrutigranjeiros, pão e outros gêneros perecíveis, no tempo necessário para a realização dos processos licitatórios correspondentes, realizadas diretamente com base no preço do dia;
XIII – na contratação de instituição **brasileira** incumbida regimental ou estatutariamente da pesquisa, do ensino ou do desenvolvimento institucional, ou de instituição dedicada à recuperação social do preso, desde que a contratada detenha inquestionável reputação ético-profissional e não tenha fins lucrativos;
XIV – para a aquisição de bens ou serviços nos termos de acordo internacional específico aprovado pelo Congresso Nacional, quando as condições ofertadas forem manifestamente vantajosas para o Poder Público;
XV – para a aquisição ou restauração de obras de arte e objetos históricos, de autenticidade certificada, desde que compatíveis ou inerentes às finalidades do órgão ou entidade.
XVI – para a impressão dos diários oficiais, de formulários padronizados de uso da administração, e de edições técnicas oficiais, bem como para prestação de serviços de informática a pessoa jurídica de direito público interno, por órgãos ou entidades que integrem a Administração Pública, criados para esse fim específico;
XVII – para a aquisição de componentes ou peças de origem nacional ou estrangeira, necessários à manutenção de equipamentos durante o período de garantia técnica, junto ao fornecedor original desses equipamentos, quando tal condição de exclusividade for indispensável para a vigência da garantia;
XVIII – nas compras ou contratações de serviços para o abastecimento de navios, embarcações, unidades aéreas ou tropas e seus meios de deslocamento quando em estada eventual de curta duração em portos, aeroportos ou localidades diferentes de suas sedes, por motivo de movimentação operacional ou de adestramento, quando a exiguidade dos prazos legais puder comprometer a normalidade e os propósitos das operações e desde que seu valor não exceda ao limite previsto na alínea "a" do inciso II do art. 23 desta Lei.
XIX – para as compras de material de uso pelas Forças Armadas, com exceção de materiais de uso pessoal e administrativo, quando houver necessidade de manter a padronização requerida pela estrutura de apoio logístico dos meios navais, aéreos e terrestres, mediante parecer de comissão instituída por decreto.
XX – na contratação de associação de portadores de deficiência física, sem fins lucrativos e de comprovada idoneidade, por órgãos ou entidades da Administração Pública, para a prestação de serviços ou fornecimento de mão de obra, desde que o preço contratado seja compatível com o praticado no mercado.

XXI – para a aquisição de bens destinados exclusivamente a pesquisa científica e tecnológica com recursos concedidos pela Capes, Finep, CNPq ou outras instituições de fomento a pesquisa credenciadas pelo CNPq para esse fim específico.
XXII – na contratação de fornecimento ou suprimento de energia elétrica e gás natural com concessionário, permissionário ou autorizado, segundo as normas da legislação específica;
XXIII – na contratação realizada por empresa pública ou sociedade de economia mista com suas subsidiárias e controladas, para a aquisição ou alienação de bens, prestação ou obtenção de serviços, desde que o preço contratado seja compatível com o praticado no mercado.
XXIV – para a celebração de contratos de prestação de serviços com as **organizações sociais**, qualificadas no âmbito das respectivas esferas de governo, para atividades contempladas no contrato de gestão.
XXV – na contratação realizada por Instituição Científica e Tecnológica – ICT ou por agência de fomento para a transferência de tecnologia e para o licenciamento de direito de uso ou de exploração de criação protegida.
XXVI – na celebração de **contrato de programa** com ente da Federação ou com entidade de sua administração indireta, para a prestação de serviços públicos de forma associada nos termos do autorizado em contrato de **consórcio público** ou em **convênio de cooperação.**
XXVII – **na contratação de coleta, processamento e comercialização de resíduos sólidos urbanos recicláveis ou reutilizáveis, em áreas com sistema de coleta seletiva de lixo, efetuados por associações ou cooperativas formadas exclusivamente por pessoas físicas de baixa renda reconhecidas pelo poder público como catadores de materiais recicláveis, com o uso de equipamentos compatíveis com as normas técnicas, ambientais e de saúde pública** (redação determinada pela **Lei nº 11.445, de 08/01/2007**).
XXVIII – **para o fornecimento de bens e serviços, produzidos ou prestados no País, que envolvam, cumulativamente, alta complexidade tecnológica e defesa nacional, mediante parecer de comissão especialmente designada pela autoridade máxima do órgão** (hipótese acrescentada pela **Lei nº 11.484, de 31/05/2007**).
Parágrafo único. Os percentuais referidos nos incisos I e II do *caput* deste artigo serão 20% (vinte por cento) para compras, obras e serviços contratados por **consórcios públicos, sociedade de economia mista, empresa pública e por autarquia ou fundação qualificadas**, na forma da lei, **como Agências Executivas.** (Grifo nosso)
XXIX – **na aquisição de bens e contratação de serviços para atender aos contingentes militares das Forças Singulares brasileiras empregadas em operações de paz no exterior, necessariamente justificadas quanto ao preço e à escolha do fornecedor ou executante e ratificadas pelo Comandante da Força** (hipótese acrescentada pela **Lei nº 11.783/2008**).

No caso de consórcios públicos, sociedades de economia mista, empresas públicas ou autarquia e fundação pública qualificada como Agência Executiva, os limites citados nos incisos I e II do art. 24 são duplicados.

Mais duas hipóteses de licitação dispensável encontram-se previstas em outros diplomas legais.

A primeira é prevista no art. 32 da Lei nº 9.074/1995, que autoriza as **empresas estatais** participantes de licitação objetivando concessões ou permissões de serviço público, para fins de composição de suas propostas, a **colher preços de terceiros e assinar pré-contratos com dispensa de licitação**, os quais conterão cláusula resolutiva para a hipótese de outrem ser o vencedor da licitação.

A segunda está contemplada no art. 2º, § 1º, III, da Lei nº 11.107/2005, que dispensa a licitação para a celebração de **consórcio público** entre os entes da Federação.

9.2. Licitação dispensada

Todos os casos de licitação dispensada prescritos na Lei nº 8.666/1993, em seu art. 17, referem-se a hipóteses de **alienação de bens pela Administração**. Em vista disso, primeiro veremos as regras da Lei sobre alienação de bens, para, em um segundo momento, tratar propriamente das hipóteses de licitação dispensada.

A alienação de bens **imóveis** pela Administração **direta, autárquica e fundacional** está condicionada ao preenchimento de quatro requisitos: (1) **autorização legislativa**; (2) existência de interesse público devidamente justificado; (3) avaliação prévia; e (4) licitação na modalidade de **concorrência**, admitindo-se em algumas hipóteses o uso do **leilão**;

Para a alienação de **imóveis** por **empresas públicas e sociedades de economia mista não é necessário autorização legislativa**. No mais, os requisitos são os mesmos, a saber: (1) existência de interesse público devidamente justificado; (2) avaliação prévia; e (3) licitação na modalidade de concorrência, admitindo-se em alguns casos o leilão.

Com relação aos **imóveis oriundos de procedimento judicial ou dação em pagamento**, as regras, menos rigorosas, são idênticas para toda a Administração. Nesse caso, os requisitos a serem preenchidos são os seguintes: (1) avaliação prévia; (2) existência de interesse público devidamente justificado; e (3) licitação sob a modalidade de concorrência ou **leilão**. Como se nota, **não há necessidade de autorização legislativa**, e admite-se também o uso da licitação na modalidade leilão.

Nos termos do art. 18, na concorrência para alienação de imóveis, a **fase de habilitação** será restrita ao **depósito de 5% do valor de avaliação do imóvel**, ficando os interessados dispensados de comprovação de outros requisitos de habilitação.

No que toca aos bens **móveis**, são idênticas as regras para todos os órgãos e entidades da Administração. Nesse caso, os requisitos a serem satisfeitos são os seguintes: (1) existência de interesse público devidamente justificado; (2) avaliação prévia; e (3) licitação, nas modalidades previstas na Lei, sendo o leilão passível de utilização apenas quando o valor dos bens a serem alienados não ultrapassar R$ 650.000,00.

Pois bem, vistas as regras pertinentes à alienação de bens pela Administração, cabe-nos agora apresentar as hipóteses de licitação dispensada, em que não cabe a instauração do procedimento licitatório. Queremos advertir que nas hipóteses a seguir arroladas **o que se dispensa é apenas a licitação, sendo necessário o cumprimento dos demais requisitos antes expostos**.

É dispensada a licitação para a alienação de bens **imóveis** nas seguintes hipóteses:

a) dação em pagamento;
b) doação, permitida exclusivamente para outro órgão ou entidade da Administração Pública, de qualquer esfera de governo;
c) permuta por outro imóvel escolhido em virtude das necessidades de instalação e localização da Administração, desde que o preço seja compatível com o valor de mercado e seja feita avaliação prévia;
d) investidura, entendida como (a) a alienação aos proprietários de imóveis lindeiros de área remanescente ou resultante de obra pública que se tornar inaproveitável isoladamente, desde que de valor até R$ 40.000,00; ou (b) a alienação, aos legítimos possuidores diretos, ou, à sua falta, ao Poder Público, de imóveis para fins residenciais construídos em núcleos urbanos anexos a usinas hidrelétricas, desde que considerados dispensáveis na fase operacional dessas unidades e não integrem a categoria de bens reversíveis ao final da concessão.
e) venda a outro órgão ou entidade da Administração Pública, de qualquer esfera de Governo;
f) alienação gratuita ou onerosa, aforamento, concessão de direito real de uso, locação ou permissão de uso de bens imóveis residenciais construídos, destinados ou efetivamente utilizados no âmbito de programas habitacionais ou de regularização fundiária de interesse social desenvolvidos por órgãos ou entidades da administração pública;

g) procedimentos de legitimação de posse de que trata o art. 29 da Lei nº 6.383, de 7 de dezembro de 1976, mediante iniciativa e deliberação dos órgãos da Administração Pública em cuja competência legal inclui-se tal atribuição. Nessa hipótese também é dispensada autorização legislativa para a alienação.
h) alienação gratuita ou onerosa, aforamento, concessão de direito real de uso, locação ou permissão de uso de bens imóveis de uso comercial de âmbito local com área de até duzentos e cinquenta metros quadrados e inseridos no âmbito de programas de regularização fundiária de interesse social desenvolvidos por órgãos ou entidades da administração pública.

A Lei nº 11.196/2005 também prevê duas hipóteses de licitação dispensada, relativas à venda ou concessão de direito real de uso de imóveis quando destinados:

1ª) a outro órgão ou entidade da Administração Pública, qualquer que seja a localização do imóvel; ou
2ª) a pessoa física que, nos termos da lei, regulamento ou ato normativo editado pelo órgão competente, haja implementado os requisitos mínimos de cultura e moradia sobre área rural localizada na região da Amazônia Legal, superior à legalmente passível de legitimação de posse (a saber, que for superior a 100 hectares), atendidos os limites de área a serem estabelecidos pelo Poder Executivo. Esta hipótese de licitação dispensada, quando aplicável, **também dispensa autorização legislativa**.

Com relação aos bens **móveis**, a licitação é **dispensada** nas seguintes hipóteses:

a) doação, permitida exclusivamente para fins e uso de interesse social, após avaliação de sua oportunidade e conveniência socioeconômica, relativamente à escolha de outra forma de alienação;
b) permuta, permitida exclusivamente entre órgãos ou entidades da administração pública;
c) venda de ações, que poderão ser negociadas em bolsa, observada a legislação específica;
d) venda de títulos, na forma da legislação pertinente;
e) venda de bens produzidos ou comercializados por órgãos ou entidades da Administração Pública, em virtude de suas finalidades;
f) venda de materiais e equipamentos para outros órgãos e entidades da Administração Pública, sem utilização previsível por quem deles dispõe.

10. Justificação dos atos de dispensa e inexigibilidade

Nos termos da Lei nº 8.666/1993, em todas as hipóteses de licitação **inexigível** é indispensável licitação.

A licitação **dispensável**, em regra, também exige motivação, a qual somente não é necessária nas seguintes hipóteses:

1. para obras e serviços de engenharia de valor até R$ 15.000,00 (quinze mil reais), desde que não se refiram a parcelas de uma mesma obra ou serviço ou ainda para obras e serviços da mesma natureza e no mesmo local que possam ser realizadas conjunta e concomitantemente;
2. para outros serviços e compras de valor até R$ 8.000,00 (oito mil reais) e para alienações, nos casos previstos na Lei, desde que não se refiram a parcelas de um mesmo serviço, compra ou alienação de maior vulto que possa ser realizada de uma só vez.

Já a licitação **dispensada**, na literalidade da lei, exige motivação somente nas seguintes hipóteses: (1) concessão de direito real de uso de bens imóveis quando o uso se destina a outro órgão ou entidade da Administração Pública; (2) doação com encargo, quando há dispensa de licitação em razão de interesse público; (3) concessão de título de propriedade ou de direito real de uso de imóveis, quando o uso destina-se a pessoa física que, na forma da lei, regulamento ou ato normativo, tenha implantado os requisitos mínimos de cultura e moradia em área rural que seja superior a 100 e inferior a 500 hectares, e esteja localizada na região da Amazônia Legal

As regras anteriormente expostas, prescritas na Lei nº 8.666/1993, aplicam-se à esfera estadual, distrital e municipal, **mas não à esfera federal**. Isso porque a Lei nº 9.874/1999, que regula o processo administrativo na esfera federal, no seu art. 50, IV, estabelece a obrigatoriedade de motivação de **todos** os atos que "dispensem ou declarem a inexigibilidade do processo licitatório".

Capítulo 10

CONTRATOS ADMINISTRATIVOS

1. Legislação aplicável

As normas gerais aplicáveis aos contratos administrativos encontram-se prescritas nos arts. 54 a 80 da Lei nº 8.666/1993. A análise de seus principais dispositivos, acompanhada de algumas considerações da doutrina sobre a matéria, é o nosso objeto de estudo neste capítulo.

2. Noções gerais

Em termos genéricos, podemos definir os contratos como **atos bilaterais mediante os quais se estabelecem direitos e obrigações recíprocas**.

O princípio fundamental, em matéria de contratos, é o **princípio da autonomia da vontade**, segundo o qual a válida celebração do contrato pressupõe que as partes signatárias tenham livremente aderido ao ajuste. É indispensável que um efetivo **acordo de vontades** tenha sido a fonte do contrato.

Apesar do posicionamento antagônico de certos doutrinadores, prevalece largamente o entendimento de que tal princípio **é plenamente aplicável aos contratos administrativos**. A discussão centra-se, essencialmente, na compatibilidade do princípio com as **cláusulas exorbitantes**, as prerrogativas conferidas com exclusividade à Administração, ao celebrar um contrato administrativo, que lhe conferem uma posição de superioridade perante a outra parte na relação jurídica.

Efetivamente, como analisaremos no decorrer deste capítulo, as cláusulas exorbitantes elevam a Administração a uma posição de prevalência na relação contratual. Sua presença, todavia, não afeta em nada o caráter eminentemente consensual do vínculo, no sentido de que a outra parte signatária livremente manifestou sua vontade de celebrar o contrato, **ainda que de modo implícito, ao ingressar no procedimento de licitação** (ressalvadas as hipóteses de inexigibilidade e dispensa). Uma vez tendo integrado o procedimento, **se vencedora**, não lhe cabe a mesma margem de liberdade. Não pode a Administração materialmente obrigá-la a celebrar o ajuste, mas sua negativa é considerada descumprimento total de suas obrigações, com as sanções daí decorrentes.

Nessa parte inicial da matéria, deve-se ressaltar também o princípio da **força obrigatória do contrato**, o que é conhecido pela expressão *pacta sunt servanda*: os pactos devem ser cumpridos. A partir do momento em que se efetiva o acordo de vontades mediante a celebração do contrato, este passa a ser de cumprimento obrigatório para seus signatários, sob pena de incidência das penalidades previstas em lei ou no próprio contrato. **O contrato faz lei entre as partes celebrantes**: esse é o segundo princípio fundamental dos contratos em geral, também aplicável aos contratos administrativos.

3. Modalidades de contratos celebrados pela Administração Pública

São duas as modalidades de contratos passíveis de celebração pela Administração: os **contratos administrativos propriamente ditos** (ou, simplesmente, **contratos administrativos**), que consistem, segundo Maria Sylvia Zanella di Pietro, nos "ajustes que a Administração, nessa qualidade, celebra com pessoas físicas ou jurídicas, públicas ou privadas, para a consecução de bens públicos, **segundo regime jurídico de direito público**"; e os **contratos administrativos atípicos** (ou **contratos de direito privado**), celebrados pela Administração, grosso modo, em condições de **isonomia** com a outra parte signatária, que se sujeitam predominantemente ao regime jurídico de direito **privado**.

Nos contratos de direito privado ou administrativos atípicos, a relação jurídica é caracterizada, em linhas gerais, pela posição de igualdade entre as partes contratantes. Esses contratos têm seu conteúdo regido basicamente pelos ramos de direito privado (Direito Civil, Direito Comercial e Direito do Trabalho), aplicando-se a Lei nº 8.666/1993 principalmente no que toca aos requisitos para sua celebração. Os contratos de seguro, de locação, em que o Poder Público é o locatário, de compra e venda, de abertura de conta corrente, de financiamento, entre outros, podem ser citados como exemplos de contratos de direito privado.

Os contratos administrativos (propriamente ditos), por sua vez, são caracterizados pela **posição de superioridade** da Administração perante a outra parte contratante, que é assegurada pela incidência das **cláusulas exorbitantes**, os privilégios e prerrogativas conferidas pela lei com exclusividade à Administração. A possibilidade de alteração unilateral das cláusulas contratuais, o poder de aplicação direta de penalidades, a prerrogativa de rescisão unilateral, são institutos que, efetivamente, permitem à Administração posicionar-se em situação privilegiada nos contratos administrativos, instrumentalizando-a para atuar de modo a assegurar a prevalência do interesse público sobre o privado.

Os contratos de permissão e concessão de serviços públicos, o contrato de obra pública, o contrato de prestação de serviços, são alguns exemplos de contratos administrativos.

As cláusulas exorbitantes aplicam-se na sua inteireza aos contratos administrativos, pois regidos pela legislação de Direito Público. A Lei nº 8.666/1993, entretanto, contrariando posicionamento da doutrina mais tradicional, determina que as cláusulas exorbitantes são também aplicáveis aos contratos regidos **predominantemente pelo Direito Privado**, "no que couber". A expressão "no que couber" significa que tais cláusulas **podem incidir em um contrato administrativo atípico**, de modo a resultar em certa posição de superioridade para a Administração, desde que sejam compatíveis com a legislação de Direito Privado que o regule.

4. Regulação dos contratos administrativos

O art. 54 da Lei nº 8.666/1993 estipula que os contratos administrativos serão regidos **pelas suas normas e pelos preceitos de direito público, e, supletivamente, pelos princípios da teoria geral dos contratos e pelas disposições de direito privado**.

Em outros termos, em caráter principal os contratos administrativos são regidos pelas suas cláusulas, pela Lei nº 8.666/1993 e pelas demais disposições prescritas em leis administrativas. Se eventualmente o recurso a tais fontes não for suficiente, deve o intérprete, em caráter supletivo, valer-se dos princípios da teoria geral dos contratos e das disposições de direito privado.

5. Características dos contratos administrativos

5.1. Finalidade pública

Há contratos que a Administração celebra visando apenas de forma **mediata ou indireta** à consecução do bem público, a exemplo de um contrato de seguro ou um contrato de locação, em que a Administração seja locatária. São os contratos de Direito Privado celebrados pela Administração.

Por outro lado, há contratos que a Administração celebra visando **direta e imediatamente** à satisfação de certo interesse público, a exemplo do contrato de concessão de serviços públicos. Esses são os contratos administrativos propriamente ditos (ou simplesmente, contratos administrativos), que constituem nosso objeto precípuo de estudo neste capítulo.

Outra característica comumente apontada nos contratos administrativos é que ao celebrá-los a Administração está atuando efetivamente enquanto **Poder Público**, na busca de interesses da coletividade e atuando armada das cláusulas exorbitantes. Na verdade, o raciocínio é circular: a Administração, quando celebra um contrato administrativo, está atuando na busca de interesses coletivos, na qualidade de Poder Público. De outro modo: se a Administração está atuando como Poder Público, está na busca de interesses coletivos, celebrando, nesse âmbito, contratos administrativos.

5.2. Contrato de adesão

Contratos de adesão são aqueles em que uma das partes impõe à outra a maioria ou a totalidade das cláusulas, limitando-se esta a concordar ou não com os termos propostos, sem possibilidade de negociação.

Todos os contratos administrativos são contratos de adesão, pois a quase-totalidade de suas cláusulas é imposta pela Administração **unilateralmente** ao interessado. A Lei não deixa qualquer margem para dúvida na matéria, ao estabelecer que **a minuta do futuro contrato deve necessariamente integrar o edital de licitação**. Com isso, aquele que ingressa no procedimento licitatório já tem ciência prévia dos termos em que a Administração deseja contratar.

Na verdade, a característica de contrato de adesão dos contratos administrativos é superior à dos contratos de adesão existentes no âmbito do Direito Privado, pois os contratos administrativos são **contratos de adesão contínua**, uma vez que a outra parte, se desejar contratar, deve acatar as cláusulas **iniciais** estipuladas unilateralmente pela Administração, e, além disso, deve aceitar as cláusulas por ela impostas **posteriormente**, desde que nos limites da lei, em função da prerrogativa de alteração unilateral do contrato conferida à Administração.

5.3. Caráter personalíssimo

O **caráter personalíssimo** ou *intuitu personae* dos contratos administrativos significa que o signatário do contrato deve executar o seu objeto com seus próprios recursos materiais e humanos, sem possibilidade, regra geral, de transferir a incumbência da sua execução para terceiros.

Tal caráter deriva do próprio procedimento licitatório que geralmente precede a celebração do contrato administrativo, no qual se objetiva não só a seleção da proposta mais vantajosa para a Administração, mas também a comprovação de que aquele que a apresentou, seja pessoa física ou jurídica, preenche os requisitos mínimos para a adequada execução do objeto contratual.

Em uma hipótese, entretanto, a Lei excepciona o caráter *intuitu personae*, permitindo que terceiro execute parte de seu objeto. Trata-se da **subcontratação**, prevista no art. 72 da Lei, nada mais que um contrato celebrado entre o contratado pela Administração (subcontratante) e um terceiro (subcontratado), pelo qual este passará a executar parte do objeto do contrato administrativo.

A subcontratação, que é sempre **parcial**, não exclui a responsabilidade do contratado (subcontratante) perante a Administração, pela perfeita execução do objeto do contrato. Para que possa ser realizada, depende de (a) pedido expresso do contratado; (b) **não vedação no edital e no contrato** (não é necessário expressa previsão, basta que não haja expressa proibição); e (c) autorização, caso a caso, da Administração, que deve especificar a parcela do contrato cuja execução pode ser transferida a terceiros.

A Lei apenas não admite a subcontratação, em termos absolutos, na hipótese de **serviços técnicos especializados**, pois, segundo o art. 13, § 3º:

> § 3º A empresa de prestação de serviços técnicos especializados que apresente relação de integrantes de seu corpo técnico em procedimento licitatório ou como elemento de justificação de dispensa ou inexigibilidade de licitação, ficará obrigada a garantir que os referidos integrantes **realizem pessoal e diretamente** os serviços objeto do contrato. (Grifo nosso)

5.4. Formalismo

Em regra, os contratos administrativos são **formais**, no sentido de que adotam a **forma escrita** e devem obedecer a todas as **formalidades** para eles prescritas na Lei nº 8.666/1993.

Em uma só hipótese, a Lei, no art. 60, parágrafo único, autoriza à Administração celebrar um **contrato verbal**: quando tiver por objeto **compras de pequena monta**, no valor de **até R$ 4.000,00, de pronto pagamento** (pagamento à vista), feitas **em regime de adiantamento**.

O art. 62 da Lei, em seu *caput*, exige que os contratos de valor mais elevado sejam celebrados sob a forma de **instrumento ou termo de contrato**, o mais formal dos meios previstos na Lei para a celebração de um ajuste, porque deve conter **todas as cláusulas previstas no art. 55 da Lei, no que for compatível com seu objeto**. É o instrumento de contrato obrigatório nas hipóteses de concorrência e tomada de preços, bem como nos casos de dispensa e inexigibilidade que se situem nas faixas de valor correspondentes àquelas modalidades de licitação.

Na demais hipóteses, a Lei autoriza que o instrumento de contrato seja **substituído** por outros meios hábeis para a comprovação do ajuste, comparativamente menos formais, enunciando em rol exemplificativo alguns deles, a saber, a **carta-contrato**, a **nota de empenho de despesa**, a **autorização de compra** e a **ordem de execução de serviço**. Quanto a Administração se valer deste permissivo, **nem todas as cláusulas referidas no Lei nº 55 da Lei são de menção obrigatória** na formalização do ajuste.

Por fim, o § 4º do art. 62 dispensa o instrumento de contrato e torna **facultativa a substituição** mencionada no parágrafo anterior, **independentemente do valor estimado do contrato**, quando se tratar de "*compra com entrega imediata e integral dos bens adquiridos, dos quais não resultem obrigações futuras, inclusive assistência técnica*". Embora a Lei não seja expressa sobre o ponto, nessa hipótese o ajuste pode ser comprovado pela mera apresentação na nota fiscal.

Acima nos referimos ao art. 55 da Lei. Este dispositivo estabelece as **cláusulas necessárias** nos contratos administrativos, assim consideradas as que estabeleçam: (a) o objeto e seus elementos característicos; (b) o regime de execução e a forma de fornecimento; (c) o preço e as condições de pagamento, os critérios, data-base e periodicidade do reajustamento de preços, os critérios de atualização monetária entre a data do adimplemento das obrigações e a do efetivo pagamento; (d) os prazos de início das etapas de execução, de conclusão, de entrega, de observação e de recebimento definitivo, conforme o caso; (e) o crédito pelo qual correrá a despesa, com a indicação da classificação funcional programática e da categoria econômica; (f) as garantias oferecidas para assegurar sua plena execução, quando exigidas; (g) os direitos e as responsabilidades das partes, as penalidades cabíveis e os valores das multas; (h) os casos de rescisão; (i) o reconhecimento dos direitos da Administração, em caso de rescisão administrativa; (j) as condições de importação, a data e a taxa de câmbio para conversão, quando for o caso; (k) a vinculação ao edital de licitação, ou ao termo que a dispensou ou a inexigiu, ao convite e à proposta do licitante vencedor; (l) a legislação aplicável à execução do contrato e especialmente aos casos omissos; (m) a obrigação do contratado de manter, durante toda a execução do contrato, em compatibilidade com as obrigações por ele assumidas, todas as condições de habilitação e qualificação exigidas na licitação. Dentre as cláusulas não arroladas no dispositivo e, portanto, **não obrigatórias** num contrato administrativo, estão as hipóteses de **prorrogação** e as de **alteração unilateral** do contrato, previstas diretamente na própria Lei nº 8.666/1993.

Também como requisito formal relacionado aos contratos administrativos, o art. 61 trata de algumas informações que ele deve necessariamente conter e de sua publicação na imprensa oficial.

Reza o dispositivo:

> Art. 61. Todo contrato deve mencionar o nome das partes e o de seus representantes, a finalidade, o ato que autorizou sua lavratura, o número do processo de licitação, da dispensa ou da inexigibilidade, a sujeição dos contratantes às normas desta Lei às demais cláusulas contratuais:
>
> Parágrafo único. A **publicação resumida do instrumento do contrato ou de seus aditamentos** na Imprensa Oficial, que é condição indispensável para sua **eficácia**, será providenciada pela Administração até o quinto dia útil do mês seguinte ao da sua assinatura, para ocorrer no prazo de 20 (vinte) dias daquela data, **qualquer que seja seu valor, ainda que sem ônus**, ressalvado o disposto no art. 26 desta Lei. (Grifo nosso)

Por fim, vale ser mencionado o art. 63, que reconhece a **qualquer licitante** o direito de conhecer o conteúdo integral do contrato, e a **qualquer interessado** o direito a obter cópia do contrato, mediante o pagamento das despesas de reprodução.

6. Cláusulas exorbitantes

As **cláusulas exorbitantes** são as **prerrogativas outorgadas com exclusividade à Administração**, a fim de assegurar-lhe uma posição de superioridade perante a outra parte na relação contratual. A expressão *exorbitantes* justifica-se pelo fato de que tais cláusulas extrapolam o direito comum, sendo incomuns ou mesmo inadmissíveis em um ajuste firmado apenas por particulares.

6.1. Restrições à invocação da cláusula do contrato não cumprido (*exceptio non adimpleti contractus*)

Nos contratos celebrados sob a égide do Direito Privado, vigora o que se denomina **exceção do contrato não cumprido**, pela qual qualquer das partes contratantes pode legitimamente **suspender o cumprimento de suas obrigações** quando a outra, sem causa justificada, não estiver adimplindo as suas.

Nos contratos administrativos, a exceção do contrato não cumprido **a favor da Administração** vigora integralmente. Desse modo, se o contratado estiver descumprindo total ou parcialmente suas obrigações contratuais, a Administração também está autorizada a fazê-lo.

Todavia, a exceção **a favor do contratado** é de aplicação **extremamente restrita**. Em regra, mesmo perante um inadimplemento contratual por parte da Administração, o contratado está obrigado a continuar executando regularmente o contrato. Em outros termos: o inadimplemento contratual da Administração não lhe autoriza a suspensão do cumprimento de suas obrigações contratuais.

Frente à falta da Administração, o contratado somente está autorizado a suspender a execução do contrato nas hipóteses **taxativamente** previstas no art. 78, XIV e XV, da Lei nº 8.666/1993.

Rezam os referidos dispositivos:

> Art. 78. Constituem motivo para rescisão do contrato:
> (...)
> XIV – a suspensão de sua execução, por ordem escrita da Administração, por prazo superior a 120 (cento e vinte) dias, salvo em caso de calamidade pública, grave perturbação da ordem interna ou guerra, ou ainda por repetidas suspensões que totalizem o mesmo prazo, independente do pagamento obrigatório de indenizações pelas sucessivas e contratualmente imprevistas desmobilizações e mobilizações, e outras previstas, **assegurado ao contratado, nesses casos, o direito de optar pela suspensão do cumprimento das obrigações** assumidas, até que seja normalizada a situação;
> XV – o atraso superior a 90 (noventa) dias dos pagamentos devidos pela Administração decorrentes de obras, serviços ou fornecimento, ou parcelas destes, já recebidos ou executados, salvo em caso de calamidade pública, grave perturbação da ordem interna ou guerra, **assegurado ao contratado o direito de optar pela suspensão do cumprimento de suas obrigações** até que seja normalizada a situação; (Grifo nosso)

Pois bem, ressalvadas as duas hipóteses anteriormente apresentadas, em nenhuma outra pode o particular, voluntariamente, suspender o cumprimento de suas obrigações sob a alegação de falta anterior da Administração. É a restrição à exceção do contrato não cumprido.

6.2. Poder de rescisão unilateral do contrato

Como veremos oportunamente, os contratos administrativos são celebrados por prazo determinado. Assim sendo, sua forma usual de extinção é pelo transcurso do prazo acordado, ou pela conclusão do seu objeto. Mas a Administração, em face dos interesses superiores que intenta realizar, goza da prerrogativa de **rescindir**

unilateralmente os contratos administrativos. Em outros termos, a ela é conferido o poder de, **por ato próprio, independentemente de manifestação judicial, extinguir os contratos administrativos antes do prazo ajustado**. Os arts. 77 a 80 da Lei nº 8.666/1993 tratam da matéria.

O art. 78, em seu parágrafo único, estabelece dois pressupostos para a regular rescisão do contrato: (a) **justificação adequada** e (b) *prévia* instauração de **processo administrativo**, no qual sejam observados o contraditório e a ampla defesa.

Pode a rescisão decorrer de **atuação dolosa ou culposa do contratado**. Nesse caso, a Administração, além de extinguir por ato próprio o contrato, deve **executar eventual garantia** oferecida pelo contratado e **reter os créditos** a que ele faz jus pela parcela já executada do contrato, descontando diretamente desse montante o valor das multas sobre ele aplicadas e dos prejuízos por ele causados à Administração (art. 80, III e IV).

Por outro lado, a rescisão pode ocorrer sem que o contratado tenha dado motivo para tanto, ou seja, **sem que tenha havido atuação dolosa ou culposa** a ele imputável. Nessa hipótese, segundo o art. 79, § 2º, tem o contratado direito à percepção das seguintes parcelas:

1º) ressarcimento dos prejuízos regularmente comprovados;

2º) devolução da garantia;

3º) pagamentos devidos pela execução do contrato até a data da rescisão;

4º) pagamento do custo da desmobilização.

As quatro parcelas referidas são devidas ao contratado a título de **danos emergentes**, a fim de compensar-lhe pelos prejuízos diretamente resultantes da extinção antecipada do contrato. A Lei nº 8.666/1993 **não** prevê qualquer indenização a título de **lucros cessantes**, que, se fosse devida, teria por objetivo indenizar o contratado pelo lucro que deixou de auferir em virtude da extinção antecipada do ajuste.

Por fim, cabe transcrever as hipóteses em que a Lei nº 8.666/1993 autoriza à Administração a rescisão unilateral do contrato. As sete primeiras hipóteses a seguir relacionadas caracterizam rescisão motivada por conduta ilícita do contratado, nas duas últimas não há qualquer fato ilícito a ser-lhe imputado.

O rol é o seguinte:

1º) inadimplemento, adimplemento irregular ou lentidão no adimplemento das cláusulas contratuais pelo particular;

2º) atraso injustificado no início da obra, serviço ou fornecimento, ou sua paralisação sem justa causa e prévio comunicado à Administração;

3º) a subcontratação total ou parcial do objeto do contrato, a associação do contratado com terceiro, a cessão ou transferência, total ou parcial, bem como a fusão, cisão ou incorporação, não permitidas no edital ou no contrato;

4º) o desatendimento das determinações da Administração ou o cometimento de faltas reiteradas na execução do contrato;

5º) a decretação de falência ou a instauração de insolvência civil, a dissolução da sociedade ou o falecimento do contratado;

6º) a alteração societária ou a modificação da finalidade ou da estrutura da empresa que prejudique a execução do objeto do contrato;

7º) desrespeito à proibição constitucional ao trabalho infantil realizado em horário noturno, perigoso ou insalubre, ou a qualquer trabalho para os menores de 16 anos, salvo como aprendiz, a partir dos 14 anos;

8º) razões de interesse público, de alta relevância e amplo conhecimento, justificadas e determinadas pela máxima autoridade administrativa da esfera administrativa a que está subordinado o contratante;

9º) ocorrência de caso fortuito ou força maior que impeça a execução do contrato.

6.3. Prerrogativa de fiscalização e acompanhamento

Apesar de o art. 58, III, da Lei nº 8.666/1993 definir a fiscalização como uma prerrogativa da Administração, pela lógica de nosso sistema administrativo, podemos facilmente concluir que a atividade de fiscalização representa, antes de mais nada, um dever para a Administração.

O art. 67 da Lei nº 8.666/1993 regula a matéria, asseverando:

> Art. 67. A execução do contrato deverá ser acompanhada e fiscalizada por um representante da Administração especialmente designado, permitida a contratação de terceiros para assisti-lo e subsidiá-lo de informações pertinentes a essa atribuição.
>
> § 1º O representante da Administração anotará em registro próprio todas as ocorrências relacionadas com a execução do contrato, determinando o que for necessário à regularização das faltas ou defeitos observados.
>
> § 2º As decisões e providências que ultrapassarem a competência do representante deverão ser solicitadas a seus superiores em tempo hábil para a adoção das medidas convenientes.

O art. 70, por sua vez, trata da responsabilidade do contratado perante a Administração.

Reza a norma:

> Art. 70. O contratado é responsável pelos danos causados diretamente à Administração ou a terceiros, decorrentes de sua culpa ou dolo na execução do contrato, **não excluindo ou reduzindo essa responsabilidade** a fiscalização ou o acompanhamento pelo órgão interessado. (Grifo nosso)

Analisando conjuntamente os dois dispositivos, podemos concluir que, nos termos da Lei, apesar de ser obrigação da Administração contratante indicar um representante (um agente administrativo) para fiscalizar e acompanhar a execução do contrato, essa atividade em nada influencia a responsabilidade do contratado, que responde por todos os prejuízos que por dolo ou culpa na execução contratual tiverem suportado a Administração ou terceiros.

6.4. Prerrogativa de alteração unilateral do contrato

A Lei autoriza à Administração alterar unilateralmente o contrato administrativo. Desde já é útil esclarecer que a prerrogativa administrativa de alteração unilateral atinge somente as cláusulas **de serviço** do contrato, que tratam de seu objeto e da forma de execução. Por outro lado, não admitem alteração unilateral as cláusulas **econômico-financeiras**, que regulam a **remuneração** devida ao contratado pelo cumprimento regular de suas obrigações. Em regra, faz-se necessária a revisão dessas cláusulas, quando a Administração altera por ato próprio os termos inicialmente acordados.

O art. 65, I, da Lei nº 8.666/1993, autoriza à Administração modificar unilateralmente as cláusulas contratuais quando:

1. houver necessidade de **modificação do projeto ou de suas especificações**, para melhor adequação técnica aos seus objetivos (alteração **qualitativa**);
2. for necessária a modificação do valor contratual em função de **acréscimo ou diminuição quantitativa de seu objeto** (alteração **quantitativa**).

Em prosseguimento, a Lei estabelece os limites para as alterações **quantitativas**. No caso de obras, serviços ou compras, os limites correspondem a:

1. **25% de acréscimo ou de redução** do objeto contratual (é a regra geral);
2. **50% de acréscimo**, no caso de **reforma de edifício ou de equipamento** (as reduções permanecem limitadas a 25%);
3. qualquer percentual de redução, quando houver acordo entre as partes contratantes (trata-se, na verdade, de hipótese de alteração bilateral).

No caso de **supressão** de obras, compras e serviços, por ato unilateral da Administração, se o contratado já houver adquirido os materiais necessários à execução da parte suprimida do contrato, **disponibilizando-os no local de trabalho**, terá ele direito à **devolução** do valor desembolsado na aquisição dos materiais, podendo haver, concomitantemente, indenização por **outros prejuízos** decorrentes da supressão, desde que devidamente comprovados. Em caso de redução por ato bilateral, não se aplica o disposto anteriormente, devendo eventual indenização ao contratado ser acordada juntamente com a redução.

6.5. Prerrogativa de aplicação direta de penalidades

Goza a Administração da prerrogativa de aplicar diretamente ao contratado faltoso as sanções prescritas no art. 87 da Lei nº 8.666/1993. Da mesma forma que as demais cláusulas exorbitantes, a aplicação direta de penalidades é ato próprio e exclusivo da Administração, que independe de autorização do Poder Judiciário. Em qualquer hipótese, a imposição da penalidade pressupõe a anterior instauração de processo administrativo para apurar a conduta do contratado, nele observados o contraditório e a ampla defesa.

Nos termos do art. 87, as penalidades passíveis de aplicação são as seguintes:

1. advertência;
2. multa de mora, por atraso na execução;
3. multa de ofício, por inexecução total ou parcial (essa penalidade admite aplicação cumulativa com as penalidades de número 1, 4 e 5);
4. suspensão temporária da possibilidade de participar em licitação e impedimento de contratar com a Administração, pelo período máximo de 2 anos;
5. declaração de inidoneidade para licitar ou contratar com a Administração Pública.

A peculiaridade das penas de multa é que a Administração dispõe de **autoexecutoriedade** na sua cobrança, até o valor correspondente ao somatório da garantia eventualmente oferecida pelo contratado e dos créditos a ele devidos pela parcela já executada do contrato. Havendo ainda saldo favorável à Administração, deve ela se valer da esfera judicial, salvo se o contratado anuir com o pagamento.

A declaração de idoneidade tem conteúdo idêntico ao da penalidade anterior, dela diferindo pelo seu maior prazo de duração, pois seus efeitos permanecem **enquanto perdurarem os motivos** que levaram à sua aplicação, ou até que o faltoso promova sua **reabilitação** perante a autoridade competente.

A reabilitação só pode ser promovida **após o transcurso do período de dois anos**, a contar da aplicação da pena, e será deferida se o contratado indenizar a Administração pelos danos decorrentes oriundos do seu inadimplemento contratual.

Outra diferença entre as penalidades é que a declaração de idoneidade pode ser aplicada exclusivamente por Ministro de Estado, Secretário estadual ou municipal, conforme a Administração contratante (art. 87, § 3º), silenciando a Lei nº 8.666/1993 acerca da competência para a aplicação da penalidade de suspensão temporária da possibilidade de participar em licitação e impedimento de contratar com a Administração, com o que se conclui que caberá a sua imposição à autoridade competente do órgão ou à entidade signatária do ajuste.

6.6. Ocupação provisória

O inciso V da Lei nº 8.666/1993 confere à Administração um instrumento mediante o qual lhe é autorizado ocupar transitoriamente os recursos materiais e humanos do contratado utilizados na execução do contrato, no caso de **serviços essenciais**. Trata-se da **ocupação provisória**, medida que pode ser determinada por dois motivos: (a) necessidade de acautelar apuração administrativa de faltas do contratado, e (b) no caso de rescisão do contrato.

O dispositivo em apreço é vazado nos seguintes termos:

> V – nos casos de **serviços essenciais, ocupar provisoriamente** bens móveis, imóveis, pessoal e serviços vinculados ao objeto do contrato, na hipótese da necessidade de acautelar apuração administrativa de faltas contratuais pelo contratado, bem como na hipótese de rescisão do contrato administrativo. (Grifo nosso)

Segundo o art. 80, §§ 1º e 3º, da Lei, a medida só pode ser aplicada após expressa concordância do Ministro de Estado ou do Secretário estadual ou municipal atuante na área, nas suas respectivas esferas de Governo.

7. Manutenção do equilíbrio financeiro do contrato

A manutenção do equilíbrio econômico-financeiro do contrato pode ser considerada como uma característica essencial dos contratos administrativos ou como um direito do contratado. Qualquer que seja a perspectiva, o seu conteúdo é o mesmo: ela assegura que **a proporção inicialmente fixada** entre os encargos do contratado e a remuneração a ele devida pelo seu cumprimento permaneça incólume durante todo o período de vigência do ajuste.

A obrigatoriedade de manutenção do equilíbrio econômico-financeiro impede que a Administração promova unilateralmente a modificação das cláusulas de mesma natureza – econômico-financeiras –, que dispõem acerca da remuneração do contratado.

Para assegurar a manutenção do equilíbrio econômico-financeiro, a lei prevê essencialmente dois institutos: o **reajuste** periódico de preços e tarifas (art. 55, inciso III), pelo qual se atualiza o valor inicialmente acordado, para fazer face **às alterações verificadas no seu custo de execução**; e a **revisão**, aplicável nos casos de **alteração unilateral das cláusulas de serviço** e na hipótese de ocorrência de um dos fatos integrantes da **teoria da imprevisão**, estudados no final deste capítulo.

O equilíbrio econômico-financeiro é, então, a manutenção da proporção originalmente acordada entre os encargos do contratado e a sua remuneração. Em termos mais simples, é **a margem de lucro** assegurada ao contratado quando da celebração do contrato.

Por exemplo, se o custo para a execução de um contrato é de R$ 100.000,00, e a remuneração fixada para sua execução é R$ 130.000,00, está fixado o percentual de 30% entre um e outro. Em outros termos, foi assegurada ao contratado uma margem de lucro de 30% com relação ao custo da execução. Se a Administração ampliar o objeto inicialmente acordado, nos limites da lei, de modo que sua execução passe a ter um custo de R$ 120.000,00, a remuneração do contratado deverá ser aumentada para R$ 156.000,00, de modo a ser recomposto o equilíbrio econômico-financeiro inicial, o percentual de 30% definido anteriormente.

8. Garantias para a execução do contrato

Apresentamos a seguir as regras da Lei nº 8.666/1993 sobre as garantias que podem ser exigidas pela Administração, tanto dos licitantes como dos contratados:

1ª) é decisão **discricionária** da autoridade competente a exigência ou não de garantia. Pode ela decidir por impor a exigência apenas durante a licitação, apenas quando da celebração do contrato, ou em ambos os momentos. Em qualquer caso, mesmo quando exige a garantia somente para a celebração do contrato, a autoridade deverá fazer a exigência constar do edital de licitação;

2ª) quando exigida durante a licitação, a comprovação da prestação da garantia é realizada durante a **fase de habilitação**, correspondendo ela a um dos requisitos de qualificação econômica do licitante;

3ª) a Lei nº 8.666/1993 prevê três modalidades de garantia: **caução em dinheiro ou títulos da dívida pública, seguro-garantia ou fiança bancária. Cabendo ao licitante e contratado**, quando a Administração decidir exigir a garantia, optar por uma das modalidades prescritas na Lei. Recentemente, a Lei nº 11.079/2004 estabeleceu requisitos mais rigorosos para admissão de títulos de dívida pública como garantia, exigindo que estes tenham sido emitidos sob a forma escritural, mediante registro em sistema centralizado de liquidação e custódia autorizado pelo Banco Central do Brasil e avaliado pelos seus valores econômicos, conforme definido pelo Ministério da Fazenda;

4ª) o limite da garantia, na **licitação**, corresponde a **até 1% do valor estimado do contrato**. Na fase contratual, o limite da garantia é de **até 5%** do valor estimado do contrato, salvo nos **contratos de grande vulto e que envolvam alta complexidade técnica e riscos financeiros consideráveis**, quando então poderá o valor da garantia ser fixado em **até 10%** do valor estimado do contrato. Por fim, nos contratos que importem na **entrega de bens** pela Administração, dos quais o contratado ficará depositário, ao valor da garantia **deverá** ser acrescido o valor desses bens;

5ª) a Administração poderá descontar da garantia, por ato unilateral, o valor das indenizações devidas pelo contratado pelo inadimplemento ou adimplemento irregular ou incompleto de suas obrigações, bem como os prejuízos causados pelo licitante por atuação dolosa ou culposa;

6ª) encerrada regularmente a licitação ou o contrato, a garantia será devolvida àquele que a prestou, monetariamente atualizada quando tiver sido oferecida em dinheiro.

9. Responsabilidade

É o contratado responsável por todos os prejuízos suportados por terceiros ou pela Administração em virtude de atuação dolosa ou culposa de sua parte ou de seus prepostos.

Ademais, o contratado é responsável pelos encargos trabalhistas, fiscais e comerciais relacionados à execução do contrato. Essa responsabilidade é própria e **exclusiva** do contratado, sendo intransferível à Administração e ao objeto do contrato.

No que toca aos débitos previdenciários a regra é diversa, pois aqui é **solidária** a responsabilidade entre a Administração e o contratado (art. 71, *caput* e §§ 1º e 2º).

Por fim, os custos relativos a ensaios, testes e demais provas exigidas por normas técnicas oficiais são de responsabilidade do contratado, salvo quando houver disposição em sentido contrário no edital de licitação, no convite ou em ato normativo (art. 75).

10. Extinção do contrato

São modalidades de extinção do contrato administrativo (1) a **conclusão de seu objeto**, (2) o **término de seu prazo**, (3) a **anulação** e (4) a **rescisão**.

Nas primeiras duas hipóteses, nada mais há, nesse momento, a ser ressaltado. O objeto de contrato é adequadamente executado, extinguindo-se o ajuste em função disso; ou seu prazo de duração chega ao final, resultando também na sua extinção.

A anulação é a extinção do contrato em função da constatação da existência de algum defeito de legalidade no próprio contrato ou na licitação que o antecedeu. Segundo o art. 59 da Lei nº 8.666/1993, a declaração de nulidade do ajuste produz efeitos retroativos, desconstituindo os efeitos jurídicos já produzidos e impedindo que se constituam aqueles que ainda seriam produzidos. A declaração de nulidade, todavia, em si mesma produz um efeito jurídico, pois cria para a Administração o **dever de indenizar** o contratado pela parcela do contrato já executada e por outros prejuízos diretamente decorrentes da extinção, desde que não tenha sido ele a dar causa à anulação.

A **rescisão** do contrato, por fim, é seu desfazimento **antes de transcorrido o prazo ajustado ou de executado integralmente seu objeto** (sem que haja, no caso, qualquer defeito de legalidade no próprio contrato). Pode decorrer de culpa ou dolo da Administração, de culpa ou dolo do contratado, ou independentemente de culpa ou dolo de qualquer das partes. Na primeira hipótese, a rescisão exige decisão judicial transitada em julgado ou acordo administrativo; na segunda e na terceira, pode ser feita unilateralmente pela Administração, por decisão judicial ou por acordo administrativo. De destacar que não cabe rescisão **unilateral** do contrato, pela Administração, **quando dela adveio a conduta dolosa ou culposa**.

11. Prazo de duração e prorrogação do contrato

Inicialmente, cabe apresentar as hipóteses em que a Lei nº 8.666/1993 permite a **prorrogação do prazo do contrato, qualquer que seja seu objeto**, desde que sejam mantidas as demais cláusulas e seja assegurada a manutenção de seu equilíbrio econômico-financeiro.

As hipóteses autorizativas são as seguintes:

1ª) alteração do projeto ou especificações, pela Administração;

2ª) superveniência de fato excepcional ou imprevisível, estranho à vontade das partes, que altere fundamentalmente as condições de execução do contrato;

3ª) interrupção da execução do contrato ou diminuição do ritmo de trabalho por ordem e no interesse da Administração;

4ª) aumento das quantidades inicialmente previstas no contrato, nos limites permitidos pela Lei nº 8.666;

5ª) impedimento de execução do contrato por fato ou ato de terceiro reconhecido pela Administração em documento contemporâneo à sua ocorrência;

6ª) omissão ou atraso de providências a cargo da Administração, inclusive quanto aos pagamentos previstos de que resulte, diretamente, impedimento ou retardamento na execução do contrato, sem prejuízo das sanções legais aplicáveis aos responsáveis.

Em prosseguimento, o *caput* e os §§ 2º e 3º do art. 57 contemplam as três principais regras atinentes ao **prazo de duração dos contratos administrativos**. Desde já, é útil alertarmos que as regras a seguir apresentadas, em vista do disposto no art. 62, § 3º, **não se aplicam aos contratos regidos preponderantemente por normas de direito privado** celebrados pela Administração, a exemplo dos contratos de seguro, de financiamento e de locação, em que a Administração seja a locatária.

Isto posto, passemos às principais regras aplicáveis aos contratos administrativos:

1ª) é vedada a celebração de contratos administrativos por prazo **indeterminado**;

2ª) a **prorrogação** do prazo inicial do contrato pressupõe, em qualquer hipótese, **justificação por escrito e prévia autorização da autoridade competente**;

3ª) em regra, o prazo de duração dos contratos administrativos está adstrito à vigência dos respectivos **créditos orçamentários** (cujo prazo máximo de vigência é de 12 meses).

A Lei, entretanto, permite que alguns contratos administrativos excepcionem a **terceira regra**. Isso pode ocorrer com os contratos referentes:

1. aos projetos cujos produtos estejam contemplados nas metas estabelecidas no **Plano Plurianual** (basicamente, contratos envolvendo a construção de obras públicas), os quais poderão ser prorrogados se houver previsão nesse sentido no ato convocatório e tenha a Administração interesse na prorrogação;
2. à **prestação de serviços contínuos**, a exemplo dos serviços de vigilância e manutenção, que poderão ter a sua duração prorrogada por iguais e sucessivos períodos com vistas à obtenção de preços e condições mais vantajosos para a Administração, limitada sua duração a 60 meses. Em situações excepcionais e mediante permissão de autoridade superior àquela competente para autorizar a prorrogação por até 60 meses, tais contratos poderão ser prorrogados por mais 12 meses, atingindo um prazo total, incluído o inicial e o de prorrogação, de 72 meses;
3. ao **aluguel de equipamentos e à utilização de programas de informática**, que poderão ser prorrogados até atingir um prazo total de duração de até 48 meses.

Na matéria, deve-se ressaltar a posição de Maria Sylvia Zanella di Pietro, segundo a qual os **contratos administrativos** referentes ao **uso de bens públicos por particulares**, como os de concessão de direito real de uso e concessão de uso, não se sujeitam à terceira regra, uma vez que neles não cabe falar em créditos orçamentários. Se eventualmente houver algum pagamento a ser feito, não o será pela Administração, mas pelo usuário do bem público.

12. Recebimento provisório e definitivo do objeto do contrato

O **recebimento provisório** e o **recebimento definitivo** do objeto de contrato são regulados pelos arts. 73 e 74 da Lei nº 8.666/1993.

Em se tratando de contratos referentes a **obras e serviços**, o recebimento **provisório** será realizado pelo agente administrativo responsável pelo acompanhamento e fiscalização da sua execução, mediante **termo circunstanciado**, que deve ser assinado por ambas as partes em até 15 dias, a contar da comunicação escrita do contratado com relação à conclusão da execução.

O recebimento **definitivo**, realizado após ter transcorrido o prazo de observação ou vistoria, de modo que fique comprovada a adequação do objeto aos termos contratuais, é também lavrado por **termo circunstanciado**, assinado por um agente administrativo ou por uma comissão especialmente nomeada pela autoridade competente, bem como pelo contratado. O prazo para ser efetivada a verificação ou a vistoria e lavrado o termo circunstanciado é de até 90 dias após a comunicação do contratado sobre a conclusão, ressalvadas situações excepcionais, devidamente informadas e previstas no instrumento convocatório.

Se a verificação não for efetuada ou o termo circunstanciado lavrado no prazo legal, **considerar-se-ão realizados**, desde que o contratado comunique a Administração sobre a necessidade de adoção dessas medidas em pelo menos 15 dias antes do encerramento do prazo.

Em se tratando de contratos referentes a **compras ou locação de equipamentos**, o recebimento é feito **provisoriamente**, a fim de ser possibilitada a verificação da conformidade do material com a especificação, e, em um segundo momento, **definitivamente**, após a verificação positiva da quantidade e qualidade do material. Nesse caso, tanto o recebimento provisório como o definitivo são feitos mediante **recibo**, salvo em se tratando de **equipamentos de grande vulto**, cujo recebimento exige termo circunstanciado.

A Lei nº 8.666/1993, em homenagem à eficiência administrativa, permite à Administração que dispense o recebimento **provisório** no caso de (a) gêneros perecíveis e alimentação preparada; (b) serviços profissionais; e (c) obras e serviços no valor de até R$ 80.000,00, desde que não correspondam a aparelhos, equipamentos e instalações para os quais seja necessária verificação quanto ao seu funcionamento ou produtividade. Em todas as hipóteses, o recebimento definitivo e o provisório, se realizado, são feitos mediante **recibo**.

Em encerramento, o § 2º do art. 73 prescreve que o recebimento provisório ou **definitivo não importa na exclusão da responsabilidade civil pela solidez e segurança da obra ou do serviço, nem ético-profissional pela perfeita execução do contrato**, de acordo com os termos contratuais e as disposições legais pertinentes.

13. Inexecução do contrato

Temos três situações passíveis de configuração na inexecução total ou parcial do contrato: pode o inadimplemento advir de atuação dolosa ou culposa da Administração; de atuação dolosa ou culposa do contratado; ou de uma circunstância extraordinária e imprevisível abrangida pela teoria da imprevisão.

13.1. Inexecução culposa

Em decorrendo a inexecução de dolo ou culpa da Administração, pode o contrato ser rescindido por decisão judicial ou mediante acordo administrativo.

A Lei prevê que, nessa hipótese terá o particular direito (a) ao ressarcimento dos prejuízos que comprovadamente houver suportado, (b) à devolução da garantia, (c) aos pagamentos devidos pela execução do contrato até a data da sua extinção e (d) ao pagamento do custo da desmobilização.

Se a inexecução decorrer de dolo ou culpa do contratado, a Administração, além de poder rescindi-lo por ato unilateral, também por ato unilateral poderá descontar os prejuízos por ele causados da garantia prestada e dos créditos que lhe são devidos pela parcela já executada do contrato. Poderá a Administração, também, manter em vigor o contrato, e por ato unilateral aplicar-lhe algumas das penalidades prescritas no art. 87 da Lei nº 8.666/1993.

13.2. Inexecução sem culpa: a teoria da imprevisão

Na terceira hipótese, a inexecução do contrato não decorre de atuação dolosa ou culposa de qualquer das partes, mas de um evento **imprevisível e extraordinário** que **impeça, retarde ou torne insuportavelmente oneroso** seu adimplemento. Em tais casos, incide a **teoria da imprevisão.**

De origem doutrinária e jurisprudencial, a teoria da imprevisão encontra-se atualmente normatizada. Embora a Lei nº 8.666/1993 não traga esta expressão – teoria da imprevisão –, ela confere efeitos jurídicos à ocorrência de um dos fatos abrangidos pela teoria.

A teoria da imprevisão abrange os fatos **extracontratuais, extraordinários** e **imprevisíveis** (ou **previsíveis** que ocorreram em um **grau imprevisível**) surgidos **após a celebração do contrato**, que acarretam (a) maior **demora** na sua execução, (b) **excessiva onerosidade** na sua execução para uma das partes, (c) ou mesmo **a impossibilidade absoluta** de sua execução. Nos termos da Lei, "*fatos imprevisíveis, ou previsíveis porém de consequências incalculáveis, retardadores ou impeditivos da execução do ajustado*".

Em ocorrendo um fato dessa natureza, a parte por ele atingida não fica mais obrigada ao cumprimento do contrato nos termos firmados. Como sabemos, todos os contratos, dentre eles os contratos administrativos, são regidos pelo princípio *pacta sunt servanda*, ou, em nosso bom português, *os pactos devem ser cumpridos*. Desse modo, uma vez firmado um contrato, devem as partes, em regra, cumpri-lo nos termos originalmente acordados, pela aplicação do referido princípio.

Ocorre que atualmente se reconhece **implícita** em todos os contratos de **execução prolongada** uma cláusula, denominada *rec sic standibus*, segundo a qual, nas palavras do professor Marcelo Alexandrino, "o vínculo obrigatório gerado pelo contrato somente subsiste enquanto inalterado o estado de fato vigente à época da estipulação".

Essa cláusula mitiga a incidência do princípio *pacta sunt servanda*, **desobrigando a parte contratante de cumprir os termos inicialmente ajustados** se, após a celebração da avença, ocorrer um fato excepcional e imprevisível (ou previsível em um grau imprevisível) que altere fundamentalmente a situação de fato existente no momento da celebração.

Devemos ressaltar que nem todo fato surgido supervenientemente à celebração do contrato, que altere a situação de fato existente no momento da celebração, corresponde a um fato albergado pela teoria da imprevisão. Para haver o enquadramento é indispensável, como anteriormente afirmamos, um fato **extraordinário e imprevisível** (ou previsível em um grau imprevisível) e, ademais, **extracontratual**, que acarrete (a) maior demora na execução do contrato, (b) excessiva onerosidade na sua execução ou (c) impossibilidade absoluta da sua execução. É o que a doutrina denomina **álea**

extraordinária e extracontracontal, que abrange os fatos compreendidos na teoria da imprevisão.

Como se nota, são três as consequências possíveis oriundas de um fato dessa espécie, cada uma delas justificando um certo tipo de alteração na relação jurídica. Uma maior necessidade de tempo para a execução do contrato justifica **a prorrogação do prazo inicialmente acordado**; a excessiva onerosidade para uma das partes justifica a **revisão** das cláusulas econômico-financeiras, a fim de ser recomposta a proporção inicialmente ajustada entre os encargos do contratado e sua remuneração, restabelecendo-se, assim, o equilíbrio econômico-financeiro inicial do contrato; por fim, a impossibilidade absoluta de execução do contrato autoriza sua **rescisão**, sua extinção antes do prazo, a qual poderá ser determinada pela Administração, unilateralmente, por acordo entre ela e o contratado, ou mesmo pelo Poder Judiciário.

Por exemplo, se após a celebração de um contrato para a construção de uma obra pública sobrevém forte chuva (que se enquadre como fato imprevisível), que alaga completamente o local de execução da obra, justifica-se a prorrogação do prazo para a execução do contrato; se, após a celebração desse contrato, a alíquota de um tributo sobre ele incidente passa de 10% para 40% (é fato previsível o aumento do tributo, mas o aumento exacerbado é um fato previsível que ocorre em grau imprevisível), justifica-se a revisão de suas cláusulas, a fim de ser recomposto o equilíbrio econômico-financeiro inicial; se, após a celebração de um contrato para a construção de certo equipamento, para o qual é indispensável a importação de certos produtos, sobrevém uma lei proibindo tais produtos de ingressarem no território nacional, tal fato acarreta a absoluta impossibilidade de execução do contrato, justificando sua rescisão.

Vista a matéria em suas linhas gerais, passemos à análise dos fatos compreendidos na teoria da imprevisão, que se subdividem nas seguintes modalidades: caso fortuito, força maior, fato do príncipe, fato da Administração e interferências imprevistas.

13.2.1. Caso fortuito e força maior

Podemos conceituar caso fortuito e força maior, enquanto gênero, como **eventos da natureza ou de atos de terceiros, extraordinários, imprevisíveis e inevitáveis, que acarretam excessiva onerosidade, retardamento ou impossibilidade absoluta de execução do objeto do contrato.**

Podemos citar aqui, por exemplo, na condição de atos de terceiros, as greves, as rebeliões e as invasões; e como eventos da natureza, os maremotos, os terremotos, os vendavais, as inundações, as secas e os furacões.

Seguindo a regra geral na matéria, são três as possíveis consequências advindas da ocorrência de um caso fortuito ou força maior:

1ª) absoluta impossibilidade de execução do contrato, acarretando, assim, sua **rescisão**;

2ª) excessiva onerosidade da sua execução, impondo sua **revisão**, a fim de ser recomposto o equilíbrio econômico-financeiro inicial;

3ª) atraso na execução, caso em que autorizam a **prorrogação do prazo** inicialmente acordado.

13.2.2. Fato do príncipe

Fato do príncipe é todo ato estatal de caráter **geral** que, a exemplo do caso fortuito e da força maior, acarreta impossibilidade absoluta, atraso ou excessiva onerosidade na execução do contrato.

Uma lei que proíba a importação de um produto indispensável à execução do contrato, a decretação de intervenção federal na região onde é executado o contrato, o aumento exacerbado de um tributo, são alguns exemplos de atos gerais que se enquadram como fato do príncipe.

Ao lado de outros fatos integrantes da teoria da imprevisão, o fato do príncipe é previsto no art. 65, II, *d*, dentre as hipóteses que autorizam a alteração bilateral do contrato:

Reza o referido dispositivo:

> d) para restabelecer a relação que as partes pactuaram inicialmente entre os encargos do contratado e a retribuição da Administração para a justa remuneração da obra, serviço ou fornecimento, objetivando a manutenção do equilíbrio econômico-financeiro inicial do contrato, na hipótese de sobrevirem fatos imprevisíveis ou previsíveis, porém de consequências incalculáveis, retardadores ou impeditivos da execução do ajustado, ou ainda, em caso de força maior, caso fortuito ou *fato do princípe*, configurando álea econômica extraordinária e extracontratual.

Além desse dispositivo, o art. 65, § 5º, trata da criação, extinção ou alteração de tributos e demais encargos legais supervenientes à data de apresentação da proposta, bem como das alterações legais a ela posteriores que repercutam no valor nela especificado. A norma é taxativa ao estabelecer que a ocorrência de qualquer dessas hipóteses impõe a alteração do valor do contrato, a favor da Administração ou do contratado, conforme o caso.

13.2.3. Fato da Administração

Inconfundível com o fato do príncipe, que corresponde a um ato estatal geral, o **fato da Administração** caracteriza-se por ser **uma ação ou omissão da Administração direcionada especificamente ao contrato**, impedindo, retardando ou tornando insuportavelmente onerosa sua execução. Na verdade, o fato da Administração nada mais é do que uma **falta comissiva ou omissiva** da Administração **na qualidade de parte contratante**.

O art. 78, incisos XIII a XVI da Lei nº 8.666/1993 prevê algumas hipóteses que caracterizam fatos da Administração, a saber:

> XIII – a supressão, por parte da Administração, de obras, serviços ou compras, acarretando modificação do valor inicial do contrato além do limite permitido no § 1º do art. 65 desta Lei;
> XIV – a suspensão de sua execução, por ordem escrita da Administração, por prazo superior a 120 (cento e vinte) dias, salvo em caso de calamidade pública, grave perturbação da ordem interna ou guerra, ou ainda por repetidas suspensões que totalizem o mesmo prazo, independentemente do pagamento obrigatório de indenizações pelas sucessivas e contratualmente imprevistas desmobilizações e mobilizações e outras previstas, assegurado ao contratado, nesses casos, o direito de optar pela suspensão do cumprimento das obrigações assumidas até que seja normalizada a situação;
> XV – o atraso superior a 90 (noventa) dias dos pagamentos devidos pela Administração decorrentes de obras, serviços ou fornecimento, ou parcelas destes, já recebidos ou executados, salvo em caso de calamidade pública, grave perturbação da ordem interna ou guerra, assegurado ao contratado o direito de optar pela suspensão do cumprimento de suas obrigações até que seja normalizada a situação;
> XVI – a não-liberação, por parte da Administração, de área, local ou objeto para execução de obra, serviço ou fornecimento, nos prazos contratuais, bem como das fontes de materiais naturais especificados no projeto.

13.2.4. Interferências imprevistas

Interferências imprevistas são acontecimentos, **ocorrências materiais que preexistem à celebração do contrato**, mas que são **descobertas apenas depois**, acarretando a necessidade de maior prazo para a execução do contrato ou tornando sua execução excessivamente onerosa.

É o caso, por exemplo, da descoberta posterior de que o subsolo onde será construída uma obra pública não é arenoso, como até então se supunha, mas rochoso.

As interferências imprevistas, como o próprio nome indica, interferem na execução mas não a impedem. Logo, não acarretam a rescisão do contrato, justificando apenas sua revisão ou a prorrogação de seu prazo.

14. Contratos administrativos em espécie

14.1. Contrato de obra pública

A Lei nº 8.666, em seu art. 6º, inciso I, define obra como toda **construção, reforma, fabricação, recuperação** ou **ampliação**, realizada por execução direta ou indireta.

Uma obra pode ser realizada de forma **direta** pela Administração, por seus próprios meios, ou de forma **indireta,** mediante a contratação de **terceiros**.

Quando a Administração optar pela execução **indireta**, poderá fazê-lo sob um dos seguintes regimes:

1. empreitada por preço global;
2. empreitada por preço unitário;
3. empreitada integral;
4. tarefa.

A empreitada é contrato regido pelo Direito Privado, mediante o qual o empreiteiro assume a obrigação de executar certa obra, mediante contraprestação pecuniária paga pela Administração. O empreiteiro assume os riscos do contrato, mas dispõe de autonomia para executá-lo, nos termos ajustados, sujeitando-se à fiscalização e ao controle da Administração.

14.2. Contratos de serviços

Segundo o art. 6º, II:

> II – serviço é toda atividade destinada a obter determinada utilidade de interesse para a Administração, tais como: demolição, conserto, instalação, montagem, operação, conservação, reparação, adaptação, manutenção, transporte, locação de bens, publicidade, seguro ou trabalhos técnico-profissionais.

A exemplo das obras, os serviços admitem execução indireta sob os seguintes regimes: empreitada por preço global, empreitada por preço unitário, empreitada integral e tarefa.

Os serviços listados têm como destinatário direto a própria Administração. São serviços, pois, que visam a suprir carências e necessidades dos órgãos e entidades administrativas. Os serviços que têm por destinatários a coletividade – os serviços públicos – não são regulados pela Lei nº 8.666/1993, mas pela Lei nº 8.987/1995, aplicando-se-lhes a Lei nº 8.666/1993 tão só de forma subsidiária.

14.3. Contrato de fornecimento

O contrato de fornecimento é definido no inciso III do art. 6º como "*toda aquisição remunerada de bens para fornecimento de uma só vez ou parceladamente*".

Temos três modalidades de contratos de fornecimento:

- contratos de fornecimento **integral**, cujo objeto é entregue em uma só prestação;
- contratos de fornecimento **parcelado**, cujo objeto é entregue em diversas prestações; e
- contrato de fornecimento **contínuo**, cujo objeto é entregue por determinado período de tempo.

14.4. Contrato de concessão

Há três modalidades de contratos de concessão:

1. contrato de concessão de obra pública;
2. contrato de concessão de uso de bem público;
3. contrato de concessão de serviço público.

Os **contratos de obra pública** e de **concessão de obra pública** têm em comum o objeto, já que ambos abrangem a construção, reforma, fabricação, recuperação ou ampliação de certo imóvel público. Como diferença principal, temos que no contrato **de obra pública** o executor é remunerado **pela própria Administração**; ao passo que no contrato de **concessão de obra pública** o executor é remunerado **pela população em geral**, que usufruirá os serviços que a obra proporciona.

Já os contratos de **concessão de uso de bem público** são ajustes mediante os quais a Administração confere a terceiro o direito de usar um bem público em conformidade com sua destinação própria, podendo ser celebrados sob duas modalidades: (a) concessão **administrativa** de uso, mediante o qual o beneficiário adquire um direito de caráter **pessoal** e, portanto, intransferível; e (b) concessão de direito real de uso, pelo qual o beneficiário adquire um direito de natureza **real** e, portanto, transferível a terceiros por *ato intervivos* ou por sucessão *causa mortis*.

A última modalidade de contrato de concessão abrange a prestação de serviços públicos, e será visto quando do estudo da Lei nº 8.987/1995.

15. Convênios

Segundo Maria Sylvia Zanella di Pietro, convênio é uma "forma de ajuste entre o Poder Público e entidades públicas ou privadas para a realização de objetivos de interesse comum, mediante mútua colaboração". Apesar de o convênio ser constituído por um acordo de vontades, tal como o contrato, com ele não se confunde, pois, como diferença principal, no convênio os partícipes visam a um **objetivo comum**, como a realização de um evento, ao passo que no contrato cada uma das partes almeja certo resultado, diverso do buscado pela outra.

Outra característica enfatizada no convênio é a **mútua colaboração**, já que o mesmo resultado é buscado por todos seus integrantes. No convênio os partícipes possuem **finalidades institucionais comuns**, reunindo-se no convênio justamente para atingi-las de forma mais eficiente. Por fim, podemos ressaltar que no convênio os recursos financeiros que eventualmente ingressarem **ficam vinculados ao seu objeto**, ao contrário do que ocorre no contrato, em que os valores pagos têm caráter de remuneração, ingressando no patrimônio daquele que os aufere.

Os convênios têm sua disciplina básica no art. 116 da Lei nº 8.666/1993, o qual dispõe, em seu *caput* e § 1º:

> Art. 116. Aplicam-se as disposições desta Lei, no que couber, aos convênios, acordos, ajustes e outros instrumentos congêneres celebrados por órgãos e entidades da Administração.
>
> § 1º A celebração de convênio, acordo ou ajuste pelos órgãos ou entidades da Administração Pública depende de prévia aprovação de competente plano de trabalho proposto pela organização interessada, o qual deverá conter, no mínimo, as seguintes informações:
>
> I – identificação do objeto a ser executado;
>
> II – metas a serem atingidas;
>
> III – etapas ou fases de execução;
>
> IV – plano de aplicação dos recursos financeiros;
>
> V – cronograma de desembolso;
>
> VI – previsão de início e fim da execução do objeto, bem assim da conclusão das etapas ou fases programadas;
>
> VII – se o ajuste compreender obra ou serviço de engenharia, comprovação de que os recursos próprios para complementar a execução do objeto estão devidamente assegurados, salvo se o custo total do empreendimento recair sobre a entidade ou órgão descentralizador.

16. Consórcios administrativos

Segundo Maria Sylvia Zanella di Pietro:

> consórcio administrativo é o acordo de vontades entre duas ou mais pessoas jurídicas públicas **da mesma natureza e mesmo nível de governo** ou entre entidades da administração indireta para a consecução de objetivos comuns.

Com base na definição da Autora, a **única diferença** que pode ser apontada entre os convênios e os consórcios é que naqueles pode haver a participação de entidades públicas de natureza ou de esfera de Governo diferentes, ou, até mesmo, de entidades privadas; enquanto nos consórcios os partícipes são, sempre, entidades públicas de mesma espécie e esfera de Governo (duas fundações públicas federais, dois Municípios, três autarquias etc.). **No mais, o que afirmamos anteriormente sobre os convênios é extensível aos consórcios**.

Vale ressaltar que alguns doutrinadores, a exemplo de José dos Santos Carvalho Filho, negam qualquer diferença entre os convênios e os consórcios.

Capítulo 11

RESPONSABILIDADE EXTRACONTRATUAL DO ESTADO

1. Introdução

Na lição de Celso Antônio Bandeira de Mello, entende-se

> por responsabilidade patrimonial extracontratual do Estado a obrigação que lhe incumbe de reparar economicamente os danos lesivos à esfera juridicamente garantida de outrem e que lhe sejam imputáveis em decorrência de comportamentos unilaterais, lícitos ou ilícitos, comissivos ou omissivos, materiais ou jurídicos.

Desde já, deve-se ressaltar que a responsabilidade **extracontratual ou aquiliana** do Estado abrange apenas os atos **unilaterais** dos agentes públicos. Os atos bilaterais seguem regras próprias de responsabilização, prescritas na Lei nº 8.666/1993.

Como sabemos, o Estado é um ente abstrato e, como tal, não possui, por si só, condições de manifestar sua vontade. Para tanto se vale dos agentes públicos, as pessoas físicas que exercem alguma função pública e que, enquanto atuarem nessa condição, vinculam o Estado por seus atos. Tal rememoração de conceitos básicos é necessária para percebermos que, em matéria de responsabilidade, sempre teremos a presença de três pessoas: o **Estado** (suas **entidades administrativas** ou seus delegatários), o **agente público** e o **terceiro lesado**. O agente, na qualidade de agente público, pratica uma ação que causa dano a terceiro, ou se omite no exercício de suas funções, permitindo que um dano seja suportado por terceiro, e por esse dano responde o Estado.

Por suas ações e omissões, o agente está sujeito à responsabilização nas esferas **civil, penal** e **administrativa**. A responsabilidade do Estado, por sua vez, **é sempre e apenas de natureza civil**, e consiste **na obrigação de indenizar o terceiro pelo dano** sofrido. **A existência de dano é indispensável**, uma vez que a responsabilidade do Estado é de natureza indenizatória, nela compreendido o dano **material e/ou moral** sofrido pelo terceiro. Trataremos da responsabilidade do agente público ao final da unidade, limitando-nos agora à análise da responsabilidade do Estado.

Devemos definir quando uma ação ou omissão do agente acarreta para o Estado dever de indenizar. Isso ocorre, genericamente falando, quando o agente público está atuando **na condição de agente público**. De forma geral, para fins de responsabilidade, considera-se que isso se verifica:

1º) quando o agente público, em dada situação, está **no efetivo exercício de suas funções**: o agente público, ao exercer suas funções, vincula o Estado, logo, se do seu exercício decorreu prejuízo para terceiro, é o Estado chamado a responder.
Basta pensarmos, para ilustrar o ponto, em um agente policial que, durante o cumprimento de um mandado judicial de prisão, usa de força excessiva, e desse excesso decorrem lesões graves para o agredido. Como as lesões foram provocadas pelo agente policial no exercício de suas funções, por elas responde o Estado;

2º) quando o agente público atua no gozo de qualquer **prerrogativa funcional**, ou seja, nesse contexto, de **qualquer direito, vantagem ou privilégio usufruído pelo agente justamente pelo fato de ser um agente público**. Essa segunda situação amplia em muito as hipóteses em que o Estado é chamado a responder pelos atos de seus agentes, uma vez que, neste caso, ele **não se encontra no exercício de suas funções**, mas atuando no gozo de alguma prerrogativa funcional.

Seguindo o mesmo exemplo, imaginemos que o policial, após concluir a prisão e ter encerrado seu expediente de serviço, tenha se apossado de um veículo oficial para retornar ao seu domicílio e, durante o percurso de retorno, tenha colidido o veículo oficial com um veículo particular. Vamos presumir, para facilitar o exemplo, que o acidente decorreu de imprudência do agente, que estava dirigindo em alta velocidade, e que o dano ao veículo particular tenha sido de R$ 12.000,00, não tendo sofrido qualquer lesão o motorista. Por tal quantia será o Estado chamado a responder, pois o policial, no caso, **atuou valendo-se de uma prerrogativa funcional**: ele só estava à direção do veículo oficial em função de seu vínculo com o Estado, ou seja, pelo fato de ser um agente público.

Podemos perceber que essa segunda hipótese amplia consideravelmente a possibilidade de o Estado ser chamado a responder pelos danos suportados por terceiros. Basta que seu agente, ainda que em situação totalmente desvinculada de suas funções, tenha ocasionado um dano a terceiro em um contexto em que se fez presente alguma prerrogativa funcional, algum privilégio ou benefício por ele usufruído justamente pelo fato de ser um agente público.

Neste ponto, deve-se ressaltar que em certas hipóteses a jurisprudência limita esta ampliação do conceito de agente público, para fins de responsabilidade estatal. Ilustrativamente, podemos citar decisão do STF, proferida em 2004, na qual a Corte afastou a responsabilidade do Estado pelos danos sofridos por vítima de disparos de arma de fogo **pertencente à corporação**, utilizada por um **policial** durante seu período de folga. Na ocasião, o Tribunal entendeu que o ilícito decorreu exclusivamente de sentimentos pessoais do agente, totalmente dissociados da função pública. Em face de decisões com esta, em nosso entender devemos trabalhar a matéria da seguinte forma: a atuação do agente público se valendo de prerrogativas funcionais gera para o Estado o dever de indenizar o dano sofrido pelo terceiro, **salvo em algumas hipóteses nas quais tal responsabilidade é afastada pela jurisprudência**.

Prosseguindo na matéria, devemos agora distinguir os atos **comissivos** e os atos **omissivos** dos agentes públicos.

O ato comissivo é um **fazer**, uma **ação**, uma conduta positiva do agente que, diretamente, causa certo resultado. Dirigir um veículo, ingressar no recinto de uma empresa para iniciar um procedimento de fiscalização, vistoriar fisicamente uma mercadoria, realizar uma prisão são alguns exemplos de atos comissivos. Atuando comissivamente, os agentes públicos podem **causar** danos a terceiros, e pelo dano responde o Estado quando o agente estiver atuando na condição de agente público.

O ato omissivo, por sua vez, é um **não-fazer**, uma **omissão**, uma conduta **negativa**. O fiscal que não lavra o cabível auto de infração frente a uma situação de descumprimento da legislação tributária, o policial que deixa de prender dois indivíduos em situação de flagrante delito, o médico de um posto de saúde que deixa sem atendimento um paciente, são alguns exemplos de atuações omissivas. O que importa destacar é que o ato omissivo, ao contrário do comissivo, não **causa diretamente um dano, mas permite que ele ocorra**.

Ilustrando o ponto, basta pensarmos em um médico de um hospital público que nega atendimento a um administrado vitimado por disparos de arma de fogo, o qual vem a falecer em função dos ferimentos. Não foi o médico que causou o dano, a morte. Esta foi causada pelos disparos da arma de fogo. Mas o médico, ao omitir-se ao atendimento, permitiu que o dano ocorresse, permitiu com seu descaso que a situação do administrado se agravasse a ponto de sobrevir sua morte.

Temos, portanto, que a conduta comissiva causa o dano, ao passo que a omissiva não causa diretamente o dano, mas permite que ele ocorra. Tal constatação, por si só importante, é indispensável para analisarmos outro aspecto da responsabilidade do Estado: a possibilidade de o ente estatal responder por atos **lícitos** dos seus agentes. Quando analisarmos as teorias de responsabilidade, voltaremos ao ponto, mas desde já podemos afirmar que tal possibilidade **só existe nos atos comissivos, não se aplicando aos omissivos.**

Enfim, o Estado pode ser responsabilizado por atos **comissivos lícitos ou ilícitos** de seus agentes, mas só responderá pelas suas **omissões ilícitas**.

A omissão **ilícita**, ensejadora da responsabilidade estatal, configura-se quando o agente público **deixa de exercer suas funções em uma situação na qual, por lei, estava obrigado a fazê-lo**, permitindo que o administrado sofra um dano. Foi isso que se verificou no exemplo apresentado anteriormente: o médico deixou de prestar o atendimento a que estava obrigado, permitindo que os ferimentos do administrado, oriundos do disparo de arma de fogo realizado por terceiro, resultassem na sua morte. Com isso, podemos definir a **omissão ilícita** como o **descumprimento, pelo agente público, de seu dever legal de agir**. É esta **omissão juridicamente qualificada** que pode gerar para o Estado a obrigação de indenizar.

A omissão **lícita**, por sua vez, é um mero não-fazer, **é uma não-ação que teve lugar em situação na qual nenhuma ação era obrigatória**. Se, por exemplo, alguém é espancado perante dois técnicos judiciários, não há dever de indenizar para o Estado em decorrência da inércia de seus dois agentes, pois, naquela situação, eles não tinham dever legal de agir.

Em continuidade, na parte final de sua lição, o professor Bandeira de Mello alude a atos **materiais** e **jurídicos**. Atos jurídicos são aqueles que se predispõem a produzir consequências jurídicas, ao passo que os atos materiais não são produzidos visando a esse tipo de consequência. Se um auditor-fiscal da Receita Federal inspeciona fisicamente uma mercadoria, trata-se de um ato material, que não visa diretamente à produção de um efeito jurídico – o agente está apenas inspecionando uma mercadoria. Se o agente constata, pela inspeção, divergência entre os documentos apresentados e a mercadoria, deverá lavrar um auto de infração, um ato jurídico, que, como tal, produz uma consequência jurídica – a saber, a criação de uma obrigação de pagamento para o infrator da legislação tributária.

O que nos importa, aqui, é ressaltar que o Estado pode ser acionado tanto por atos materiais como por atos jurídicos de seus agentes. Assim, o Estado responde, por exemplo, se durante o ato material – a inspeção – o agente danifica a mercadoria; e também se o auto de infração – ato jurídico – era indevido, tendo sido emitido por erro do agente (e desde que a emissão indevida tenha causado dano para o administrado).

Sintetizando os pontos até aqui analisados, podemos concluir que:

1. a responsabilidade extracontratual ou aquiliana do Estado limita-se aos atos unilaterais dos agentes públicos;
2. a responsabilidade do Estado é de natureza civil, e consiste na obrigação de indenizar o dano material e/ou moral suportado pelo administrado;
3. o agente vincula o Estado quando atua na qualidade de agente público, o que ocorre quando está no efetivo exercício de suas funções ou quando age valendo-se de alguma prerrogativa funcional;
4. o agente pode atuar comissivamente, causando dano a terceiro, ou omissivamente, permitindo que terceiro suporte indevidamente um dano;
5. o Estado pode responder por atos comissivos lícitos ou ilícitos de seus agentes; mas só responde pelas suas omissões ilícitas, em que se configura o descumprimento do dever legal de agir;
6. a responsabilidade do Estado abrange os atos jurídicos e os atos materiais dos agentes públicos.

2. Teorias sobre a responsabilidade extracontratual do Estado

Vamos apresentar as principais teorias que, no decorrer da evolução histórica, tentaram fundamentar a responsabilidade extracontratual do Estado, também denominada **aquiliana**. Em seguida, analisaremos com maior atenção uma dessas teorias: a teoria da responsabilidade objetiva, na modalidade risco administrativo.

Analisaremos as seguintes teorias: (1) da irresponsabilidade; (2) dos atos de império e de gestão; (3) da responsabilidade subjetiva; (4) da culpa administrativa; (5) do risco administrativo e (6) do risco integral.

A **teoria da irresponsabilidade** do Estado remonta aos primórdios dos regimes absolutistas, sendo seu valor meramente **histórico**. Segundo esse modelo, o Estado, personificado na figura do rei ou monarca, não poderia, por meio de seus agentes, causar dano aos cidadãos. "*O rei não pode errar*", "*the king can do no wrong*", "*le roi ne peut mal faire*" são frases que sintetizam essa teoria.

Os agentes, ao exercerem suas funções, representam o próprio monarca, e como este não pode praticar ato lesivo aos seus súditos, não podem seus agentes, em consequência, praticar quaisquer atos danosos aos administrados que pudessem acarretar dever de indenizar para o Estado.

Essa, na verdade, não é uma teoria acerca da responsabilidade, mas da irresponsabilidade estatal, como o próprio nome indica, uma vez que, em seus termos, **em**

nenhuma hipótese poderá surgir para o Estado a obrigação de indenizar os cidadãos por atos a eles lesivos, já que o ente estatal, por meio de seus agentes, simplesmente não pode praticar atos dessa natureza.

Seu fulcro é uma definição hoje ultrapassada de **soberania**. Como o Estado é o criador do ordenamento, não poderia agir contra ele; como se encontra em posição incontestavelmente superior à do administrado (chamado, então, súdito), não pode ser obrigado a indenizá-lo, pois isso equivaleria, segundo o entendimento da época, a equiparar o Estado ao súdito, idéia então inconcebível. Enfim, o Estado, personificado no monarca, é o criador da ordem jurídica e é soberano com relação aos administrados. Logo, não poderia atuar contra a ordem que criou nem ser nivelado ao administrado para fins de responsabilização.

Como forma de amainar os rigores da teoria da irresponsabilidade, surgiu a primeira teoria de natureza civilista, que diferenciava, dentre os atos praticados pelo Estado, os **atos de império** e os **atos de gestão**. Os **atos de império** seriam aqueles impostos unilateral e coercitivamente ao administrado, pois produzidos com base em prerrogativas estatais exclusivas, previstas em legislação diferenciada da comum, que assegurava ao Estado uma posição de **supremacia** sobre os particulares. Tais atos, porque calcados no poder soberano do Estado, eram praticados pelo monarca ou por seus agentes de maior escalão hierárquico, **e não poderiam gerar qualquer responsabilização** para o ente estatal.

Já os **atos de gestão** eram aqueles praticados pelo Estado, por meio de seus agentes que não o monarca (este encarnava o próprio Estado, não sendo seu agente), em pé de igualdade com o particular, a partir de uma legislação comum, que tinha como característica primeira a **horizontalidade**, o nivelamento das partes integrantes da relação jurídica. Como produzidos a partir de uma legislação igualizadora, **poderiam acarretar para o Estado o dever de indenizar o administrado**.

Essa teoria representa uma evolução com relação à anterior, uma vez que reconhecia o dever estatal de indenizar os particulares pelos danos oriundos de atos de gestão. Ocorre que, na prática, em inúmeras situações era difícil distinguir se o ato deflagrador do dano enquadrava-se entre os atos de gestão ou entre os atos de império, o que tornava extremamente imprecisa a aplicação dessa teoria. Em função disso, essa teoria foi logo ultrapassada pela teoria da responsabilidade subjetiva, nossa terceira teoria de responsabilidade.

A teoria **da responsabilidade subjetiva** ou da **culpa civil** equipara o Estado aos particulares, para fins de surgimento da obrigação de indenizar. Como estes só respondem por seus atos, em regra, quando atuam de forma **dolosa** ou **culposa**, tal requisito também se faz necessário para a configuração da responsabilidade do Estado. O ente público, assim, só responderia pelos atos lesivos de seus agentes, indenizando o prejudicado, quando este comprovasse que os agentes públicos atuaram com **dolo**, com **intenção** de causar o dano; ou com **culpa**, dando causa a ele por atuarem com **imprudência**, **negligência** ou **imperícia**.

Essa teoria permanece **aplicável até hoje**, estando nela enquadrada:

1. as pessoas jurídicas de **direito privado não prestadoras de serviços públicos**, quanto aos atos **omissivos** e **comissivos** de seus agentes, a saber, as fundações públicas de direito privado, as empresas públicas e as sociedades de economia mista exploradoras de atividade econômica, bem como as entidades paraestatais. Todas essas pessoas jurídicas de direito privado, porque não prestadoras de serviços públicos em sentido próprio, sujeitam-se a esta teoria quanto aos atos omissivos ou comissivos, dolosos ou culposos de seus agentes, que causem (ato comissivo) ou permitam que seja causado (ato omissivo) dano a terceiro;
2. as pessoas jurídicas **de direito público** e as de direito privado **prestadoras de serviço público**, quanto aos atos **omissivos** de seus agentes, a saber, as entidades políticas, as autarquias e as fundações públicas de direito público, em função da sua personalidade jurídica de direito público; os delegatários de serviços públicos e as empresas públicas e sociedades de economia mista prestadoras de serviço público, em função da atividade que exercem. Todas se enquadram nesta teoria quanto às **omissões** de seus agentes que, caracterizando descumprimento de dever legal de agir, permitam que um prejuízo seja suportado por terceiro;
3. as empresas públicas e sociedades de economia mista prestadoras de serviços públicos, quanto aos atos **comissivos** de seus agentes, nessa qualidade, **não produzidos na prestação do serviço público**; e os delegatários de serviços públicos, quanto aos atos **comissivos** de seus agentes que atinjam os **não-usuários** do serviço (adiante voltaremos a este ponto).

A **teoria da culpa administrativa, da falta administrativa, da culpa anônima, da falta do serviço ou de culpa do serviço**, por sua vez, baseia a responsabilização do Estado não na conduta culposa ou dolosa de seu agente, mas **na falta do serviço** prestado, **genericamente** considerada. Abandona-se a visão **individualista** da culpa, calcada na conduta dolosa ou culposa de **certo** agente público, lastreia-se a responsabilização do ente público em um elemento objetivo, a falta do serviço, a qual abrange três modalidades: **mau funcionamento** do serviço, **morosidade do serviço** ou **não-funcionamento** do serviço.

Nessa teoria, não se faz necessária a comprovação de culpa ou dolo **individual** de determinado agente público. Como pondera Di Pietro,

> distinguia-se, de um lado, a culpa individual do funcionário, pela qual ele mesmo respondia, e, de outro, a culpa anônima do serviço público; nesse caso, o funcionário não é identificável e se considera que o serviço funcionou mal, incide, então a responsabilidade do Estado.

Essa é a teoria **atualmente aplicável** aos danos decorrentes de **caso fortuito** ou **força maior**, quando, **aliado ao evento extraordinário**, **imprevisível** e de **força irresistível**, **ocorre a falta do serviço**, em uma de suas três modalidades.

Por exemplo, se uma pessoa é ferida em virtude da invasão de um prédio público (caso fortuito), será o Estado responsabilizado pelo ferimento somente quando o serviço de segurança não funcionar, funcionar mal ou atrasado. Quando não se verificar qualquer uma dessas modalidades de falta do serviço, dando-se o ferimento **exclusivamente em função da própria excepcionalidade da situação**, não surge para o ente público o dever de indenizar.

Bandeira de Mello traz os argumentos suficientes para percebermos que essa não é uma teoria de responsabilidade objetiva, mas sim **subjetiva**.

Ensina o autor que uma responsabilidade é objetiva quando não interessa, para sua configuração, qualquer perquirição acerca de **vício** na conduta ensejadora do dano. Ao contrário, se é indispensável tal análise, está-se perante uma hipótese de responsabilidade subjetiva. Como, de acordo com a teoria da culpa do serviço, o Estado só é responsabilizado quando o serviço não é prestado, é deficientemente prestado ou é tardiamente prestado, não há nenhuma possibilidade de responsabilização do ente público se não se verifica qualquer dessas modalidades de falta, de **culpa** do serviço.

Assim, se, apesar do dano suportado pelo particular, não houver qualquer falta imputável ao serviço, não está o Estado sujeito à responsabilização. Enfim, podemos concluir que a teoria em questão exige uma culpa (é, pois, subjetiva), mas uma culpa **especial**, a culpa do serviço, genericamente considerada, e não a culpa (ou dolo) individual de certo agente público.

A fim de evitar eventuais dúvidas, é necessário diferenciar a incidência atual da teoria da responsabilidade subjetiva e da teoria da culpa do serviço, levando em conta nossa jurisprudência superior.

O critério não é difícil de ser apontado: a teoria da culpa do serviço é aplicada pelos nossos Tribunais, preponderantemente, sob uma perspectiva **negativa**, o que, nesse contexto, significa **a omissão do Estado na prestação de um serviço eficiente**.

Não é a própria falta do serviço que causa o dano, mas o evento extraordinário enquadrado como caso fortuito ou força maior. A omissão administrativa, configurada na não prestação eficiente do serviço, permitiu que o dano ocorresse.

Assim, a teoria da culpa da Administração, segundo nossa jurisprudência majoritária, aplica-se quando não é a falta da Administração a causadora do dano (a falta apenas permite que ele ocorra), mas o evento extraordinário tipificado como caso fortuito ou força maior. No caso, como já afirmado, não é necessário que o lesado comprove culpa ou dolo individual, de certo agente público. Cabe-lhe comprovar a falta do serviço, genericamente considerada.

Em algumas **hipóteses esparsas**, definidas caso a caso pela jurisprudência, amplia-se a incidência desta teoria, de modo a abranger situações em que não se vislumbrou caso fortuito ou força maior. Especificamente, em situações em que o dano foi causado por **terceiro**, tendo havido uma falta na prestação de certo serviço pelo Poder Público, possibilitando que o sujeito causador tivesse condições de levar a cabo o ato lesivo.

Valendo-nos de uma situação utilizada pelo CESPE numa das provas já realizadas para a OAB, imaginemos que um detento no regime semiaberto tenha praticado um crime durante o período em que deveria estar recolhido ao presídio. Se, pelas circunstâncias do caso em concreto, configurar-se efetivamente uma falta do serviço, sob uma ótica de razoabilidade (por exemplo, inúmeras vezes o detento deixou de se recolher ao presídio no horário devido, e a Administração Penitenciária não tomou nenhuma medida a respeito), incidirá a teoria ora analisada. Teremos um ato de terceiro diretamente causador do dano, e a falha do Poder Público na prestação do serviço, a ensejar a ocorrência do evento lesivo.

Quando não há um evento desta natureza, e não se aplica a teoria da responsabilidade objetiva, adiante analisada, temos a incidência da teoria da **culpa subjetiva**, que exige, para sua configuração, a comprovação de dolo ou culpa **individual**, de **certo** agente público.

Tratemos agora das teorias objetivas, nas suas duas modalidades. Para Bandeira de Mello, responsabilidade objetiva

> é a obrigação de indenizar que incumbe a alguém em razão de um procedimento lícito ou ilícito que produziu uma lesão na esfera juridicamente protegida de outrem. Para configurá-la basta, pois, a relação causal entre o comportamento e o dano.

A primeira das teorias do risco, a **teoria do risco administrativo**, vai mais longe que a teoria da culpa administrativa, **não se exigindo qualquer conduta dolosa ou**

culposa do agente público, ou verificação de falta de serviço, em qualquer das suas três modalidades. De acordo com tal teoria, surge para o terceiro direito à indenização pelos prejuízos injustamente sofridos a partir da coexistência de três elementos: (a) ato **comissivo** do agente público, nesta qualidade, **mesmo sem dolo ou culpa**; (b) **dano** a terceiro; (c) **nexo causal**, ou seja, que o dano tenha sido causado pelo ato comissivo do agente público. É uma responsabilidade, segundo Bandeira de Mello, "ancorada na simples relação de causa e efeito entre o comportamento administrativo e o evento danoso".

Por exemplo, se um agente público, dirigindo um veículo oficial em serviço, envolver-se em um acidente com um particular, bastará a este, pela aplicação da teoria, provar a ação do agente (que o agente dirigia o veículo oficial), o dano (os prejuízos no seu veículo), e o nexo causal (que os prejuízos no seu veículo foram causados pela ação do agente ao dirigir o veículo oficial). Configurados esses três elementos, nasce para o Estado o dever de indenizar.

Basta, enfim, **que o terceiro comprove que sofreu prejuízos em função de ato comissivo praticado por agente público, nesta condição**. O Estado, entretanto, se exime da obrigação de indenizar se comprovar culpa ou dolo **exclusivos do particular** (*culpa exclusiva da vítima* é a expressão consagrada). Nesse caso, se foi o particular que deu causa ao dano, ao atuar com dolo ou culpa, não tendo o agente atuado com nenhum desses vícios de conduta, está o Estado **isento** do pagamento de qualquer indenização, devendo, ao contrário, ser indenizado pelo particular.

Essa teoria admite também **redução** na responsabilidade do Estado, na hipótese de *culpa concorrente* (expressão consagrada), que se verifica quando **ambos**, o agente público e o particular, concorrem **culposa ou dolosamente** para a ocorrência do evento lesivo. Nessa hipótese, **reparte-se** o ônus da indenização entre o Estado e o particular, **na proporção** da culpa ou dolo de cada qual (do agente e do particular).

A responsabilidade objetiva do Estado também é **excluída** nas hipóteses de **caso fortuito** ou **força maior**. Definindo-se caso fortuito e força maior, enquanto gênero, como **eventos da natureza ou atos de terceiros**, **externos** à atividade administrativa, extraordinários, imprevisíveis e de força irresistível, eles **excluem o nexo causal** entre a ação do agente e o dano sofrido pelo particular. Como exemplo, podemos citar os furacões, os maremotos, as enchentes e os terremotos, enquanto eventos da natureza; e as guerras, os *arrastões* e as invasões, como atos de terceiros.

Por exemplo, imaginemos que um agente está na direção de um veículo oficial quando, de repente, surge um ciclone e lança o veículo oficial contra o veículo de um particular. No caso, houve uma ação do agente (a direção do veículo) e o dano ao particular, mas é evidente que não há nexo causal entre a ação e o dano, sendo a causa deste exclusivamente o caso fortuito ou a força maior.

Esta é a posição mais tradicional na matéria: **ambos**, o caso fortuito e a força maior, porque excluem o nexo causal entre a ação do agente e o dano, isentam o Estado do dever de indenizar.

Há, todavia, doutrinadores que tratam de maneira diversa a matéria, pois **definem de forma diferente a força maior e o caso fortuito**. É o que fazem, entre outros, Celso Antônio Bandeira de Mello e Maria Sylvia Zanella di Pietro.

Para esses autores, o conceito que antes apresentamos, englobando força maior e caso fortuito, **restringe-se à força maior**. Entendem, assim, que a força maior, seja ela um evento da natureza ou um ato de terceiro, é algo **externo** à atuação administrativa e que, portanto, rompe o nexo causal, isentando o Estado do dever de indenizar.

Já o caso fortuito, na sua lição, é um evento **interno** à própria atuação administrativa, mas que, em virtude da **sua total imprevisão e imprevisibilidade**, fez com que dele se originasse um **resultado também totalmente imprevisto e imprevisível**.

Seria o caso, por exemplo, de um acidente entre um veículo oficial e um particular ocasionado por uma falha no sistema de direção do veículo oficial, sendo que todas as medidas de manutenção obrigatórias tivessem sido diligentemente adotadas pela Administração.

Nessa situação, como o caso fortuito é um fato **interno** à própria ação administrativa (houve falha no sistema de direção do veículo oficial que estava sendo guiado pelo agente público), entendem esses autores que ele **não rompe o nexo causal, surgindo para o Estado o dever de indenizar**, nas hipóteses de responsabilidade **objetiva**.

A fim de evitar dúvidas, na **responsabilidade subjetiva** e na **falta do serviço**, qualquer que seja o conceito de caso fortuito ou força maior adotado, quando o dano advém **exclusivamente** da sua ocorrência, não há dever de indenizar para o Estado.

Apresentada a matéria, podemos sintetizá-la nos seguintes termos:

1º) em se tratando de responsabilidade **objetiva**, se considerarmos caso fortuito e força maior como eventos **externos** à atuação administrativa, eles **excluem o nexo causal**, e são, pois, hipóteses que **isentam o Estado do dever de indenizar**;

2º) em se tratando de responsabilidade **objetiva**, se considerarmos que a força maior é um evento **externo** e o caso fortuito um evento **interno** à atuação administrativa, **a primeira rompe o nexo causal, excluindo a responsabilidade do Estado**; **o segundo mantém o nexo causal, obrigando o Estado a indenizar**;

3º) em se tratando das teorias da **responsabilidade subjetiva** e da **falta do serviço**, qualquer que seja o conceito de caso fortuito ou força maior adotado, quando o dano origina-se **exclusivamente** da sua ocorrência, **não há para o Estado dever de indenizar**.

A teoria da responsabilidade objetiva, na modalidade risco administrativo, é prescrita no art. 37, § 6º, da CF, sendo aplicável às pessoas jurídicas de **direito público** e às de direito privado **prestadoras de serviços públicos**, quanto aos atos **comissivos** de seus agentes. No tópico seguinte voltaremos a ela.

Em prosseguimento, temos a **teoria objetiva na modalidade risco integral**, que representa um exacerbamento da teoria do risco administrativo. Numa lição já tradicional, afirma-se que os elementos constitutivos da responsabilidade são idênticos em ambas: (a) ato comissivo do agente público, nessa qualidade, independente de dolo ou culpa; (b) dano a terceiro; (c) nexo causal. A teoria do risco integral, entretanto, **não prevê qualquer hipótese de exclusão ou redução da responsabilidade do Estado** como o faz a teoria do risco administrativo.

De nossa parte, preferimos afirmar que a teoria do risco integral exige só que terceiro tenha suportado um dano em situação na qual houve uma ação de um agente público, nesta qualidade, **não se exigindo, pois, o nexo causal entre o ato do agente e o dano sofrido pelo terceiro**. Enfim, não se exige que o dano tenha sido causado pela ação do agente público.

Podemos notar que esta teoria, aplicada a um caso concreto, pode levar-nos a conclusões absurdas.

Para corroborar tal afirmação, basta pensarmos em um acidente entre um veículo particular e um veículo oficial em serviço, em que o condutor do primeiro estivesse dirigindo em velocidade acima da máxima permitida e na contramão da via, enquanto o motorista do segundo veículo, agente público, estivesse conduzindo-se de acordo com as regras de trânsito. Mesmo nesse caso, de acordo com a teoria do risco integral, deverá a Administração indenizar o particular.

Na forma como preferimos tratar a matéria, houve dano a terceiro, numa situação em que um agente público, nesta qualidade, praticou uma ação. O fato de, no caso, ter havido dolo ou culpa **exclusivos** do particular e, por outro, lado, não se ter verificado qualquer ação dolosa ou culposa ao agente público, não faz aqui nenhuma diferença: deverá o estado indenizar o particular pelos prejuízos decorrentes de sua própria conduta ilícita. Em função das distorções a que dá causa, a teoria do risco integral **não tem aplicação em nosso regime jurídico**.

Podemos concluir com a seguinte afirmação: enquanto para a teoria do risco integral basta o dano, mesmo que **justo** (oriundo da culpa ou dolo exclusivos do terceiro); a teoria do risco administrativo exige dano **injusto**, ou seja, dano ocasionado sem culpa ou dolo do terceiro, em função de ato praticado por agente público, nessa condição (mesmo sem dolo ou culpa); se o dano for "parcialmente justo", por esta última teoria, reparte-se a responsabilidade entre o terceiro e o Estado.

3. Teoria da responsabilidade objetiva na modalidade risco administrativo

Reza o art. 37, § 6º, da Constituição:

> § 6º As pessoas jurídicas de direito público e as de direito privado prestadoras de serviços públicos responderão pelos danos que seus agentes, nesta qualidade, causarem a terceiros, assegurado o direito de regresso contra o responsável nos casos de dolo ou culpa.

No dispositivo constitucional, estão compreendidas duas regras: a da responsabilidade **objetiva** do **Estado,** sob a modalidade do **risco administrativo**, e a da responsabilidade **subjetiva** (dependente de dolo ou culpa) do **agente público**.

Os principais pontos acerca da responsabilidade objetiva do Estado que merecem nossa atenção são os seguintes:

1º) o art. 37, § 6º, abrange apenas a responsabilidade do Estado decorrente de atos **unilaterais**. A responsabilidade decorrente de atos bilaterais, de natureza **contratual**, segue regras próprias, prescritas na Lei nº 8.666/1993;

2º) são 3 os elementos constitutivos da responsabilidade objetiva: (a) ato **comissivo** do agente público, **nesta qualidade**, **independentemente de dolo ou culpa**; (b) **dano** material ou moral suportado por terceiro; e (c) **nexo de causalidade** entre o ato e o dano. Enfim, uma ação de um agente público, nesta qualidade, que tenha causado dano a terceiro. São esses os elementos constitutivos da responsabilidade objetiva;

3º) como não se exige dolo ou culpa do agente público para a configuração dessa responsabilidade, esta pode surgir até mesmo em atos **lícitos** dos agentes estatais;

4º) a responsabilidade do Estado é meramente **civil**, de natureza patrimonial: consiste na obrigação de indenizar. É o agente público que, conforme o caso, pode responder, por atos ou omissões dolosas ou culposas, nas esferas penal, civil e administrativa;

5º) até este ponto falamos genericamente em Estado. Especificando a amplitude da responsabilidade objetiva, a ela se sujeitam (a) as **pessoas jurídicas de direito público** (União, Estados, Municípios, Distrito Federal e suas respectivas autarquias e fundações públicas de direito público), pelos **atos comissivos de seus agentes, nesta qualidade**; as **empresas públicas e sociedades de economia mista prestadoras de serviços públicos**, pelos **atos comissivos de seus agentes, nesta qualidade, praticados na prestação do serviço**; e os **delegatários de serviços públicos**, pelos **atos comissivos de seus agentes, nesta qualidade, que tenham atingido os usuários do serviço**.

6º) a diferença de tratamento entre as pessoas jurídicas de direito privado prestadoras de serviços públicos deve-se à decisão do STF, proferida em 2004, no RE 262.651/SP, na qual o Tribunal definiu que a **responsabilidade objetiva das concessionárias e permissionárias de serviços públicos alcança somente os usuários do serviço, não alcançando terceiros não usuários**. Como as empresas públicas e sociedades de economia mista não foram atingidas pela decisão, para elas segue o entendimento doutrinário predominante: a responsabilidade objetiva atinge todos os atos comissivos de seus agentes produzidos na prestação do serviço, atinjam usuários ou não usuários do serviço;

7º) a responsabilidade do agente público, qualquer que seja a hipótese, é **subjetiva**, ou seja, **pressupõe dolo ou culpa**. Com isso, é perfeitamente possível que, num caso em concreto, o Estado seja condenado a indenizar o lesado, mas não tenha direito a ressarcimento (para tanto, basta que uma ação de seu agente, nesta qualidade, tenha causado dano a terceiro, sem que na sua produção tenha se configurado dolo ou culpa);

8º) há **exclusão** da responsabilidade do Estado quando restar comprovado, no caso, **dolo ou culpa exclusivos do particular** (*culpa exclusiva da vítima*). Na hipótese de *culpa concorrente* (quando o agente e o particular atuam com dolo ou culpa), a responsabilidade é repartida, proporcionalmente ao dolo ou à culpa do agente e do particular;

10º) se considerarmos **caso fortuito** e **força maior** como eventos **externos** à atuação administrativa, **ambos excluem o nexo causal** e representam, pois, hipóteses que **excluem a responsabilidade do Estado**. Se considerarmos força maior como um evento **externo,** e o caso fortuito, um evento **interno** à atuação da Administração, **a primeira exclui o nexo causal e, portanto, a responsabilidade do Estado**, mas o segundo **não exclui** o nexo causal, configurando-se o dever do Estado de indenizar.

4. Hipóteses especiais de responsabilidade objetiva

4.1. Atos jurisdicionais

Genericamente falando, o Estado **não responde por danos oriundos de atos jurisdicionais**, produzidos pelos magistrados no desempenho de sua função típica.

A exceção incide apenas na esfera **penal**, pois o art. 5º, LXXV, da Constituição determina que "*o Estado indenizará o condenado por erro judiciário, assim como o que ficar preso além do tempo fixado na sentença*".

Desse modo, aquele que, condenado pelo cometimento de infração penal, comprovar posteriormente que não foi autor ou partícipe da mesma, bem como aquele que, corretamente considerado culpado pelo cometimento de ilícito penal, sofrer restrição em sua liberdade por tempo superior ao determinado na decisão condenatória, têm direito à indenização pelo dano injusto que sofreram.

4.2. Atos legislativos

A regra geral, como na hipótese anterior, é a da irresponsabilidade do Estado. Assim, o Estado, em regra, não responde por danos oriundos de atos legislativos. Se uma lei revogar uma isenção, por exemplo, aqueles que até então gozavam do benefício não terão justa causa para buscar uma reparação econômica em virtude da ampliação da sua carga tributária.

Esta regra geral – da irresponsabilidade – só é excepcionada, segundo entendimento prevalente, em duas hipóteses: no caso de **leis inconstitucionais** ou **leis de efeitos concretos**.

No primeiro caso, justifica o dever do Estado de indenizar pelo vício do ato legislativo, que afrontou formal ou materialmente a Constituição. Se esse defeito acarretar dano a terceiros, terão estes direito a obter a respectiva indenização do Estado. Desse modo, declarada a inconstitucionalidade do ato legislativo pelo Poder Judiciário, e comprovado o dano, surge para o Estado o dever de indenizar.

A segunda hipótese, as leis de efeitos concretos, na verdade, não configuram atos legislativos, mas atos de efeitos concretos editados pelo Poder Legislativo, atingindo, pois, destinatários determinados. É essa especificidade de sua incidência que, conforme o caso, gera para o Estado dever de indenizar.

Para apresentar o ponto, trazemos lição de Maria Sylvia Zanella di Pietro:

> Quanto às **leis de efeitos concretos**, que atingem pessoas determinadas, incide a responsabilidade do Estado, porque, como elas fogem às características de generalidade e abstração inerentes aos atos normativos, acabam por acarretar ônus não

suportado pelos demais membros da coletividade. A lei de efeito concreto, embora promulgada pelo Legislativo, com obediência ao processo de elaboração de leis, constitui, quanto ao conteúdo, verdadeiro ato administrativo, gerando, portanto, os mesmos efeitos que este quando cause prejuízo ao administrado, independente de considerações sobre sua constitucionalidade ou não.

4.3. Responsabilidade pelo só fato da obra

Na hipótese de dano decorrente do só fato da obra, a responsabilidade é do Estado, objetiva, na modalidade risco administrativo.

Considera-se que houve um dano oriundo do só fato da obra quando o prejuízo advém da **própria natureza da obra, da sua localização, extensão ou duração**, que acarretam um encargo extraordinário para o administrado. Nesse caso, **não há falta imputável a ninguém**, seja ao Estado, seja ao executor da obra, mas o encargo desproporcional suportado pelo lesado gera para o Estado o dever de indenizar.

Basta pensarmos, por exemplo, numa obra de grande porte, que dure 25 anos, causando inegáveis transtornos aos proprietários dos imóveis adjacentes. Trata-se de um prejuízo decorrente do só fato da obra, pela sua excessiva duração, que, conforme as demais peculiaridades do caso em concreto, pode acarretar para o Estado dever de indenizar.

A fim de evitar dúvidas, a responsabilidade decorrente de **má execução** da obra é imputável ao **executor**, àquele contratado pela Administração para a tarefa. Ademais, como se trata de má execução, a responsabilidade é do tipo **subjetiva**. Enfim, o executor da obra responde quando, por dolo ou culpa na execução, causar dano aos administrados.

4.4. Responsabilidade por danos nucleares

A responsabilidade por **danos nucleares** é prevista em dispositivo à parte da Constituição, o art. 21, XXIII, *d*, segundo o qual "*a responsabilidade civil por danos nucleares independe da existência de culpa*" (deve-se considerar que o dispositivo também compreende o dolo, vício de conduta mais grave que a culpa).

O dispositivo prescreve a responsabilidade **objetiva** no caso de danos nucleares, o que faz a doutrina discutir o motivo da previsão em separado, já que o 37, § 6º, da CF prevê, em termos genéricos, a mesma espécie de responsabilidade.

Embora alguns entendam que é de se aplicar, no caso, a responsabilidade objetiva na modalidade risco integral (que não prevê qualquer excludente da responsabilidade do Estado), entendemos que essa não é a melhor interpretação.

Em nossa opinião, o dispositivo contém **a única hipótese da Constituição em que uma pessoa jurídica de direito privado não delegatária de serviços públicos está sujeita à responsabilidade objetiva (mas na modalidade risco administrativo)**.

Se observarmos, a alínea *c* do inciso XXIII da CF prevê que a União, mediante autorização ou permissão, pode habilitar terceiros a fazerem uso de materiais nucleares, para fins medicinais, de pesquisa, industriais, entre outras atividades análogas. Nesse caso, na condição de autorizatário ou permissionário, poderemos ter uma pessoa jurídica de direito privado não delegatária de serviços públicos (uma **indústria**, por exemplo, usando material nuclear na pesquisa de certo produto), a qual, em face do art. 21, XXIII, *d*, responderá objetivamente pelos danos decorrentes do material nuclear que manuseia.

Devemos ressaltar, todavia, que a doutrina é divergente quanto à interpretação do dispositivo constitucional ora comentado, havendo entendimento, entre outros, que o mesmo estaria contemplando uma hipótese de aplicação da responsabilidade objetiva na modalidade **risco integral**, ou seja, em que não se admitiria excludentes de responsabilidade. Uma ilustre defensora deste posicionamento é a professora Maria Sylvia Zanella di Pietro.

4.5. Pessoas ou coisas sob responsabilidade do Estado

Quando o Estado assume a responsabilidade pela guarda de coisas ou pessoas, responde objetivamente pelo dano que elas vierem a sofrer, independentemente de atuação comissiva de seus agentes, a não ser que ele tenha sido gerado exclusivamente em situação de caso fortuito ou força maior.

Essa hipótese de responsabilidade aplica-se, por exemplo, quanto aos alunos de uma escola pública, aos doentes internados em um hospital público, aos presidiários detidos nas instituições prisionais, às mercadorias retidas em um depósito público etc.

Quando o Estado tem sob sua guarda bens ou pessoas, assume a responsabilidade pela sua integridade física e moral. Logo, responde objetivamente quando qualquer delas for lesionada no recinto sob seu controle. Por exemplo, se um paciente internado em um hospital público vem a sofrer lesões por ato de terceiro, no recinto do hospital, responderá objetivamente o Estado pelo dano que o paciente sofreu, mesmo que, no caso, não tenha havido a participação direta de algum agente público.

A responsabilidade do Estado só é excluída se o dano ocorreu em uma situação caracterizada exclusivamente como caso fortuito ou força maior, ou seja, um evento extraordinário e imprevisível, com força irresistível, que por si só causa o evento lesivo. Assim, se o hospital público foi invadido por um bando armado, que vem a ferir alguns pacientes, excluída está a responsabilidade do Estado pelos danos por eles sofridos, uma vez que o dano adveio tão somente da situação excepcional.

5. Reparação do dano

O lesado pode buscar a reparação do dano na esfera administrativa ou por meio de ação de indenização movida contra o Estado, o qual responderá, quando for o caso, segundo as regras da responsabilidade objetiva.

É ponto de debate a possibilidade de acordo entre o lesado e o Estado, envolvendo o reconhecimento da responsabilidade estatal e o valor da indenização. Alguns entendem plenamente possível esse tipo de acordo, seja na esfera judicial ou administrativa, bastando para tanto o ajuste quanto ao valor da indenização. Outros, em polo oposto, entendem inválido o ajuste, por violador do princípio da indisponibilidade do interesse. Por fim, há aqueles que admitem o acordo, desde que precedido de autorização legislativa, pois com tal anuência restaria resguardado o princípio da indisponibilidade do interesse público.

Em nossa opinião, a jurisprudência e a doutrina majoritárias inclinam-se para a primeira posição, extremamente simples: para que seja possível o acordo basta que ele seja celebrado (não é necessário, pois, autorização legislativa).

Certa doutrina considera que o lesado pode optar por mover a ação não apenas contra o Estado, mas contra o Estado e seu agente, conjuntamente, em litisconsórcio passivo. E há, ainda, aqueles que entendem que a vítima também poderá voltar-se judicialmente apenas contra o agente público, apesar de, nesse caso, ser indispensável a comprovação de que ele atuou na situação de forma dolosa ou culposa.

Ocorre que o STF, em decisão de 15/08/2006 (RE nº 327904/SP) considerou que a **ação regressiva**, objeto do próximo tópico, é uma **prerrogativa do agente público**. Como a ação regressiva é a ação que **o Estado** move contra seu agente, a fim de ressarcir-se do valor a que foi condenado a indenizar, segue-se que o Tribunal afastou a possibilidade de o próprio prejudicado voltar-se diretamente contra o agente, ou contra este e o Estado, em litisconsórcio passivo.

Na perspectiva da Corte, a vítima do evento lesivo deve buscar a reparação do dano perante o Estado, e a este – e apenas a este – cabe voltar-se, regressivamente, contra seu agente.

6. A ação de ressarcimento

Como antes destacado, a responsabilidade do Estado é objetiva, podendo surgir mesmo que seu agente, nesta qualidade, não se tenha conduzido com dolo ou culpa. Mas a responsabilidade do agente, por sua vez, é **subjetiva**, pressupondo, em qualquer hipótese, atuação dolosa ou culposa.

Assim, pode ocorrer que, em dada hipótese, o Estado seja chamado a responder, mas não tenha sucesso em sua tentativa de se ressarcir à custa de seu agente.

De qualquer modo, uma vez condenado a indenizar o lesado, ao Estado cabe voltar-se regressivamente contra seu agente, a fim de ressarcir-se do valor pago. Trata-se, pois, da **ação regressiva**, sobre a qual valem ser feitas as seguintes considerações:

1ª) majoritariamente, não se admite que o Estado promova **a denunciação à lide contra seu agente**, na ação de reparação de danos que lhe move o lesado. Entre outros motivos, porque este, nas hipóteses de responsabilidade objetiva, não tem o ônus de provar dolo ou culpa do agente público, vícios de conduta que devem ser provados pelo Estado. Assim, a denunciação acarretaria um prejuízo injustificado para o lesado, pela maior demora no encerramento do processo, o que, majoritariamente, não se admite. De destacar que o entendimento predominante do STJ, no ponto, é pela possibilidade (não obrigatoriedade) de denunciação;

2ª) as responsabilidades administrativa e penal do agente estão sujeitas a prazos prescricionais, mas não a responsabilidade civil de ressarcimento, pois a Constituição estatui que as ações de ressarcimento movidas pelo Poder Público são **imprescritíveis** (art. 37, § 5º);

3ª) com isso, é perfeitamente possível que a ação regressiva seja interposta contra o agente após ter este cessado o exercício de suas funções, por ter-se aposentado ou ter sido investido em outro vínculo funcional. Da mesma forma, podem ser atingidos os sucessores do agente, no limite do patrimônio transferido.

7. Responsabilidade do agente público

Pelo exercício irregular de suas atribuições, ou pelo abuso no gozo de suas prerrogativas funcionais, o agente está sujeito à responsabilização nas esferas civil, penal e administrativa.

A responsabilidade penal decorre da prática de ato tipificado em lei como crime ou contravenção; a responsabilidade civil origina-se de ação ou omissão dolosa ou culposa do agente, que acarrete prejuízo à Administração ou a terceiros; a responsabilidade administrativa dimana também de ação ou omissão dolosa ou culposa do agente, mediante a qual ele transgrida alguma das diversas normas legais ou regulamentares que direcionam sua conduta administrativa.

Em regra, as instâncias penal, civil e administrativa são **independentes**, podendo, ainda, suas respectivas sanções serem aplicadas de forma **cumulativa**.

Por exemplo, imagine-se um policial que se excede no exercício de suas funções e vem a ferir gravemente um particular. Responderá pela sua conduta perante a Administração Pública, de onde poderá decorrer uma das diversas penalidades previstas nas leis administrativas, tais como a suspensão ou a demissão. Responderá também civilmente, por meio de ação de regresso movida pela Administração, quando se tiver conduzido de forma dolosa ou culposa. Responderá, por fim, na esfera criminal, pelo crime praticado.

Não é necessário, neste ponto da explanação, maior detalhamento no exemplo apresentado. Basta que, por meio dele, percebamos que as instâncias penal, civil e administrativa são independentes, sendo plenamente possível que o agente, **pelo mesmo fato**, seja **absolvido em uma delas e condenado nas demais, ou inocentado em duas e declarado culpado na terceira. É também possível, por óbvio, que o agente seja inocentado ou condenado em todas as instâncias**.

Dessa forma, não depende a punição administrativa do agente, em regra, da definição de sua responsabilidade no juízo crime pelo mesmo fato. Os dois processos tramitarão de forma autônoma, assim como será autônoma a decisão em cada um deles, salvo nos casos em que a decisão na esfera criminal vincula a administrativa.

Há, pois, hipóteses em que a decisão transitada em julgado proferida na esfera criminal **vinculará** as demais instâncias, administrativa e civil. Tal efeito deflui da decisão penal em duas situações: (1) **condenação ou** (2) **absolvição por negativa do fato ou de sua autoria**.

Assim, na primeira hipótese, quando em âmbito penal é o agente condenado, por sentença **transitada em julgado**, **automaticamente** sua responsabilidade em âmbito civil e administrativo é reconhecida.

Ainda, faz coisa julgada nas esferas civil e administrativa a decisão penal definitiva que **absolva** o agente por **negativa de fato** (o fato pelo qual o agente é acusado nem mesmo ocorreu) ou da sua **autoria** (o fato ocorreu, mas não foi o agente seu autor). Tudo o que anteriormente foi dito acerca da vinculação das demais esferas no caso de condenação criminal é válido também neste caso, com a diferença lógica de que aqui é o agente inocentado nas três esferas de responsabilização.

Já a absolvição penal por insuficiência de provas, por ausência de culpabilidade penal ou por **qualquer outro fundamento não vincula** as instâncias civil e administrativa, nas quais poderá, nessas hipóteses, ser reconhecida a responsabilidade do servidor, apesar de sua absolvição na esfera criminal.

Além de tudo o que já afirmamos até este ponto, queremos mais uma vez ressaltar que não se faz necessário para a configuração da responsabilidade administrativa do servidor que este seja condenado no juízo criminal **pelo mesmo fato**. Não é necessário enquadramento em qualquer tipo penal para a imposição de penalidades disciplinares funcionais.

Basta pensarmos em um agente processado criminalmente por dano doloso contra a Administração, que vem ao final ser inocentado sob o fundamento de que, apesar de ter havido o dano e ter sido o agente seu autor, o fato não constitui crime, pois adveio de conduta culposa do agente, e o dano causado por negligência, imprudência ou imperícia (modalidades de culpa) não é crime. Nesse caso, é evidente que o agente poderá ser administrativamente considerado culpado pelo cometimento de dano culposo contra a Administração, caso em que estará sujeito às penalidades disciplinares cabíveis.

Enfim, o mesmo fato pode ser um indiferente penal e, não obstante, constituir um ilícito administrativo ou civil. A decisão penal absolutória que vincula as demais esferas é aquela que declara que **o mesmo fato** pelo qual o agente é administrativa e/ou civilmente acusado não ocorreu ou que não foi o agente seu autor. Decisão que simplesmente declarar que o fato **não é crime** não influi nas demais instâncias de apuração da responsabilidade.

O Supremo Tribunal Federal já se manifestou pela validade desse raciocínio na Súmula nº 18, vazada nos seguintes termos:

> 18 – Pela ***falta residual*** não compreendida pela absolvição no juízo criminal, é possível a punição administrativa do servidor público. (Grifo nosso)

Não foi sumulado o mesmo entendimento quanto à responsabilidade civil, mas não há dúvida de que o mesmo raciocínio aplica-se a ela.

Capítulo 12

SERVIÇOS PÚBLICOS

1. Introdução

A competência para a prestação de serviços públicos é conferida pela Constituição às entidades políticas. A competência específica, para a prestação de cada serviço público (fornecimento de água, luz, gás canalizado, transporte coletivo urbano etc.) encontra-se definida ao longo da Constituição: para a União, principalmente no art. 21; para os Estados, no art. 25; para os Municípios, no art. 30; e para o Distrito Federal, no art. 32, sem esquecer os serviços de competência comum, listados principalmente (mas não só) no art. 23 da Carta Magna.

Já o dispositivo básico na matéria encontra-se no art. 175 da Constituição, vazado nos seguintes termos:

> Art. 175. Incumbe ao Poder Público, na forma da lei, diretamente ou sob regime de concessão ou permissão, sempre através de licitação, a prestação de serviços públicos.
>
> Parágrafo único – A lei disporá sobre:
>
> I – o regime das empresas concessionárias e permissionárias de serviços públicos, o caráter especial de seu contrato e de sua prorrogação, bem como as condições de caducidade, fiscalização e rescisão da concessão ou permissão;
>
> II – os direitos dos usuários;
>
> III – política tarifária;
>
> IV – a obrigação de manter serviço adequado.

Nos termos do art. 175 da CF, a prestação **direta** do serviço público verifica-se quando a atividade é desenvolvida por um órgão da Administração Direta **ou por uma entidade da Administração Indireta**, e a prestação **indireta**, quando o serviço é prestado mediante **delegação** do Poder Público a pessoas físicas ou jurídicas não integrantes da Administração. Desse modo, na sistemática constitucional, a prestação do serviço por uma entidade administrativa, integrante da Administração Pública **Indireta**, é considerada prestação **direta** do serviço.

2. Conceitos de serviço público

Não há definição legal de serviço público. Em âmbito doutrinário, há basicamente três correntes que tentam formular uma definição desse instituto.

Para a corrente **essencialista** ou **materialista**, uma atividade é considerada serviço público quando indispensável à vida em coletividade. Já a corrente **subjetivista** entende como serviço público todo aquele prestado diretamente pelo Estado ou por suas entidades administrativas. A corrente **formalista**, **adotada majoritariamente entre nós**, considera serviço público toda atividade que **é assim definida pelo ordenamento jurídico, e por isso regida pelo regime jurídico-administrativo**, independentemente da análise das características próprias da atividade, se goza ela ou não da nota de essencialidade à vida em coletividade.

No Brasil, portanto, segundo entendem a maioria de nossos doutrinadores, pela análise da atividade em si mesma, não conseguimos concluir se determinado serviço é ou não público, uma vez que há atividades essenciais, a exemplo da saúde, que, quando prestadas por particulares, não são consideradas serviço público, sendo regidas por regime jurídico preponderantemente de Direito Privado. E há atividades de importância secundária, a exemplo das loterias, que são prestadas como serviço público, porque assim são definidas pela legislação, em face do que seu exercício se sujeita ao regime jurídico-administrativo.

Enfim, nossa doutrina majoritária entende que uma atividade é considerada serviço público porque assim definida pela Constituição ou pelas leis administrativas, o que acarreta automaticamente sua sujeição ao regime jurídico de Direito Público.

Na matéria, devemos conhecer o posicionamento de Celso Antônio Bandeira de Mello, segundo o qual são dois os elementos que permitem definir uma atividade como serviço público.

Pelo primeiro, que o referido autor denomina *substrato material da noção de serviço público*, é necessário que a atividade em questão corresponda a uma oferta feita pelo Estado, ou por quem lhe faça as vezes (os delegatários de serviços públicos), aos administrados **em geral**, de alguma utilidade ou comodidade material passível de fruição, de gozo **individual** (fornecimento de água, luz, telefonia etc.).

Pela segunda – denominado pelo autor *elemento formal da noção de serviço público* –, só se considera serviço público aquele prestado **sob regime jurídico-administrativo**, composto por normas e princípios próprios, inconfundíveis com os princípios que alicerçam o regime de Direito Privado.

3. Prestação indireta de serviços públicos

Neste capítulo, trataremos apenas da prestação **indireta** de serviços públicos, ou seja, do exercício da atividade por pessoas não integrantes da Administração, que atuam mediante **delegação** do Poder Público. Na verdade, podemos ter entidades administrativas atuando na área, como delegatárias de serviços públicos inseridos na titularidade de entidade política **diversa** da que as instituiu (por exemplo, empresa pública **estadual** atuando como delegatária de um serviço público cuja titularidade é da **União**), mas, na atualidade, a quase totalidade das delegações é feita à iniciativa privada.

É de se destacar que, em termos genéricos, os serviços públicos podem ser *uti universi* (**coletivos**), quando se destinam à coletividade como um todo, sem possibilidade de mensuração individual da parcela do serviço prestada ou disponibilizada a cada usuário (por exemplo, os serviços de limpeza urbana); ou *uti singuli* (**singulares**), quando é possível tal mensuração (por exemplo, os serviços de transporte coletivo urbano). Como os delegatários de serviços públicos devem ser remunerados (ainda, que, eventualmente, de forma não integral), pelos usuários do serviço, só cabe a delegação de serviços *uti singuli*.

Isto posto, são três as modalidades de prestação indireta do serviço público; em outros termos, são três as **modalidades de delegação de serviços públicos**, a saber, a **concessão de serviços públicos**, a **permissão de serviços públicos** e a **autorização de serviços públicos**.

O art. 175 da Constituição, anteriormente transcrito, determinou que lei específica regulasse a prestação de serviços públicos em duas dessas modalidades, a concessão e permissão. Em cumprimento ao mandamento constitucional, o legislador ordinário editou a **Lei nº 8.987/1995**, que é nossa lei de **normas gerais** sobre **concessão** e **permissão** de serviços públicos.

Trata-se de uma lei de caráter nacional, editada pela União e aplicável a todas as esferas de Governo, sendo os demais entes – Estados, Distrito Federal e Municípios – competentes para dispor sobre normas específicas na matéria, válidas no âmbito de seus respectivos territórios, bem como disciplinar os serviços públicos que lhe foram cometidos pela Constituição.

Nosso objetivo, no decorrer desta unidade, é a análise das principais disposições da Lei nº 8.987/1995.

4. Modalidades de delegação reguladas pela Lei nº 8.987/1995

Como anotamos, são três as modalidades de delegação: a concessão de serviços públicos, a permissão de serviços públicos e a autorização de serviços públicos. A concessão é modalidade mais complexa de delegação, adequada para os serviços públicos que exigem maior investimento para implantação e maior estrutura para a prestação. A seguir, temos a permissão, apropriada para os serviços de porte médio e, por fim, existe a autorização, utilizável para os serviços públicos mais simples.

A Lei nº 8.987/1995 **não regula a autorização de serviços públicos**, tratando somente da concessão e da permissão. Seu art. 2º, incisos II, III e IV, assim define essas duas modalidades de delegação:

> II – **concessão de serviço público**: a delegação de sua prestação, feita pelo **poder concedente**, mediante licitação, na modalidade de **concorrência**, à pessoa **jurídica** ou **consórcio de empresas** que demonstre capacidade para seu desempenho, por sua conta e risco e por **prazo determinado**;
> III – **concessão de serviço público precedida da execução de obra pública**: a construção, total ou parcial, conservação, reforma, ampliação ou melhoramento de quaisquer obras de interesse público, delegada pelo poder concedente, mediante licitação, na modalidade de **concorrência**, à pessoa **jurídica ou consórcio de empresas** que demonstre capacidade para a sua realização, por sua conta e risco, de forma que o investimento da concessionária seja remunerado e amortizado mediante a exploração do serviço ou da obra por **prazo determinado**;
> IV – **permissão de serviço público**: a delegação, a título **precário**, mediante **licitação**, da prestação de serviços públicos, feita pelo poder concedente à pessoa **física** ou jurídica que demonstre capacidade para seu desempenho, por sua conta e risco. (Grifo nosso)

O art. 40 da Lei define as demais características da permissão, asseverando:

> Art. 40. A permissão de serviços públicos será formalizada mediante **contrato de adesão**, que observará os termos desta Lei, das demais normas pertinentes e do edital de licitação, inclusive quanto à **precariedade e à revogabilidade unilateral** do contrato pelo poder concedente.
> Parágrafo único. Aplica-se às permissões o disposto nesta lei. (Grifo nosso)

Em complemento, o art. 2º da Lei nº 9.074/1995, aplicável a todas as esferas da Federação, traz a exigência de **lei autorizativa específica** para a delegação.

A regra é, pois, que a licitação, objetivando a concessão ou permissão, somente pode ser instaurada pelo Poder Executivo se previamente o Poder Legislativo o houver autorizado a tanto, mediante a edição de lei autorizativa específica. A Lei nº 9.074/1995, todavia, dispensa a lei autorizativa para os seguintes serviços públicos:

1. serviços de saneamento básico;
2. serviços de limpeza urbana;
3. serviços públicos referidos como passíveis de serem prestados indiretamente na Constituição Federal, nas Constituições Estaduais e nas Leis Orgânicas do Distrito Federal e Municípios (em termos mais simples, quando o próprio diploma constitucional prevê que o serviço pode ser prestado mediante concessão, permissão ou autorização, conforme o caso).

Sintetizando esses dispositivos legais, podemos arrolar como características das duas primeiras modalidades de delegação de serviços públicos:

1ª) **concessão de serviços públicos, precedida ou não da execução de obra pública**:

a) é celebrada por **contrato administrativo**, sobre o qual incidem as cláusulas exorbitantes;

b) é sempre por **prazo determinado**, admitindo-se a prorrogação;

c) sempre exige **licitação**, na modalidade **concorrência**: deve-se ressaltar que as hipóteses de **dispensa** e **inexigibilidade** prescritas na Lei nº 8.666/1993 **não se aplicam** à concessão (nem à permissão) de serviços públicos, as quais são sempre precedidas de licitação;

d) só pode ser feita a **pessoas jurídicas** ou a **consórcio de empresas** (não a pessoas físicas, ao contrário da permissão);

e) **exige lei autorizativa específica**, exceto nas da Lei nº 9.074/1995.

2ª) **permissão de serviços públicos**:

a) é celebrada por **contrato de adesão**, de caráter **precário, revogável a qualquer tempo pela Administração**;

b) é necessariamente por **prazo determinado**, admitindo-se prorrogação: apesar desta característica não constar dos dispositivos anteriormente transcritos, ela encontra-se prevista no art. 15 da Lei nº 8.987/1995;

c) sempre exige **licitação**, mas **não** necessariamente na modalidade **concorrência**, podendo ser utilizada também a tomada de preços ou o convite, conforme definido em lei de cada ente federado (não se aplicam às permissões de serviço público os limites de valor para as modalidades de licitação prescritos no art. 23 da Lei nº 8.666/1993);

d) pode ser feita a **pessoas físicas** ou jurídicas;
e) **exige lei autorizativa específica**, exceto nas hipóteses ressalvadas no art. 2º da Lei nº 9.074/1995.

Definidas essas modalidades de delegação, cabem duas observações, antes de prosseguirmos na análise da Lei nº 8.987/1995:

Em primeiro lugar, a expressão *poder concedente* é utilizada pela Lei para designar as **entidades políticas** às quais a titularidade do serviço foi outorgada **pela Constituição**. Assim, por exemplo, na literalidade da Lei, a União atua como poder concedente na delegação do serviço de telecomunicações, pois, nos termos do art. 21, XI, da CF, é dela a titularidade do referido serviço público.

Em segundo, vale destacar a regra do parágrafo único do art. 40 da Lei nº 8.987/1995, que estatui: "*Aplica-se às permissões o disposto nesta lei* ". Devemos interpretar esse dispositivo como se nele constasse a expressão "no que couber".

A sistemática da Lei nº 8.987/1995 é simples: ela regula adequadamente a concessão de serviços públicos. Após definir a permissão no art. 2º, menciona somente a concessão ao longo de seu texto, referindo-se novamente à permissão apenas no art. 40. Em vista dessa forma de normatização da matéria, devemos considerar que as normas prescritas para a concessão aplicam-se à permissão, **no que forem compatíveis** com esta modalidade de delegação.

Ao longo da exposição, acatando a sistemática legal, mencionaremos diversas vezes somente a concessão, mas desde já esclarecemos que os comentários que se seguem **aplicam-se também à permissão, salvo se fizermos expressa menção em sentido contrário**.

Isso posto, podemos passar ao exame dos principais dispositivos da Lei nº 8.987/1995.

5. Licitação

A Lei nº 8.987/1995 prescreve, em seu art. 14, que "*toda concessão de serviço público, precedida ou não da execução de obra pública, será objeto de prévia licitação*". Além das normas prescritas na Lei nº 8.987/1995, aplicam-se **supletivamente** as normas da Lei nº 8.666/1993.

Como já destacamos, as concessões e permissões de serviços públicos **sempre devem ser precedidas de licitação**. Os arts. 24 e 25 da Lei nº 8.666/1993 enumeram diversas hipóteses em que a Administração está autorizada a adjudicar diretamente o objeto do contrato, ou seja, celebrar diretamente o contrato, sem a realização de licitação. São as hipóteses de licitação **dispensável** (art. 24) e **inexigível** (art. 25).

Pois bem, tais hipóteses simplesmente não têm, aqui, qualquer aplicabilidade, em face do disposto no *caput* do art. 175 da Constituição, que é taxativo ao asseverar que toda concessão e permissão de serviços públicos deve ser conferida pelo Poder Público "*sempre através de licitação*".

De acordo com o *caput* do art. 15 da Lei nº 8.987/1995, o Poder Público poderá adotar como **critério de julgamento** para a **escolha da proposta vencedora** na licitação: (1) o menor valor da tarifa do serviço público a ser prestado; (2) a maior oferta, nos casos de pagamento ao poder concedente pela outorga da concessão; (3) a combinação, dois a dois, dos critérios 1, 2 e 7; (4) melhor proposta técnica, com preço fixado no edital; (5) melhor proposta em razão da combinação dos critérios de menor valor da tarifa do serviço público a ser prestado com o de melhor técnica; (6) melhor proposta em razão da combinação dos critérios de maior oferta pela outorga da concessão com o de melhor técnica; e (7) melhor oferta de pagamento pela outorga após qualificação das propostas técnicas.

Relembrando, **critérios de julgamento** correspondem aos parâmetros de avaliação eleitos pela Administração como determinantes para a escolha da proposta vencedora da licitação. Ao contrário da regra prevista na Lei nº 8.666/1993 para as licitações em geral, **não constitui regra geral** nas licitações para concessão de serviços públicos o **critério do menor preço** (que seria, no caso, a menor tarifa).

Os §§ 3º e 4º complementam o *caput* do art. 15, esclarecendo que o Poder Público recusará **propostas manifestamente inexequíveis ou financeiramente incompatíveis** com o objeto da licitação e que, em caso de **igualdade** de condições, será dada preferência à proposta apresentada por empresa **brasileira.** De se destacar que, a teor do § 3º do art. 9º, excepcionados os impostos sobre a renda, a criação, a alteração ou a extinção de quaisquer tributos ou outros encargos legais após a apresentação da proposta na licitação, quando comprovado seu impacto na mesma, acarretará a revisão da tarifa, para mais ou para menos, conforme o caso.

O art. 16 da Lei nº 8.987/95 contempla uma regra importantíssima, ao asseverar que a outorga de concessão ou permissão **não terá caráter de exclusividade**, ressalvadas as hipóteses em que uma segunda delegação apresentar-se inviável por motivos técnicos ou econômicos, caso em que será necessário acurada justificação dos motivos que levaram a Administração a esta decisão, pela aplicação do art. 5º da Lei.

Nos termos do art. 17, *caput* da Lei, considerar-se-á **desclassificada** a proposta que, para sua viabilização, necessite de vantagens ou subsídios que não estejam previamente autorizados em lei e à disposição de todos os concorrentes. Em complemento, seu § 1º pune com a desclassificação a proposta de **entidade estatal alheia à esfera político-administrativa do poder concedente** que, para sua viabilização, necessite de vantagens ou subsídios do poder público controlador da referida entidade.

Para o Professor Bandeira de Mello esta última regra refere-se à hipótese em que o serviço será prestado **no local onde se situa a entidade da outra esfera da Administração**, pois não poderia entidade desta natureza prestar serviços fora do território da entidade política a que pertence. Seria o caso, por exemplo, de uma empresa pública de Pernambuco participar de licitação para um serviço público sob competência da União, a ser prestado no território do Estado-membro. Se a licitação dissesse respeito a um serviço na Paraíba, aquela entidade não poderia participar do certame.

O § 2º do art. 17, a fim de evitar possíveis dúvidas acerca da amplitude das regras do *caput* e do § 1º, assevera que se consideram incluídas nas vantagens ou subsídios de que trata o artigo **qualquer tipo de tratamento tributário diferenciado**, ainda que em consequência da natureza jurídica do licitante, que **comprometa a isonomia fiscal** que deve prevalecer entre todos os concorrentes.

Importante inovação na matéria foi promovida pela Lei nº 11.196/2005, que acrescentou o art. 18-A à Lei nº 8.987/95, **permitindo que o edital** estabeleça a **inversão das fases de habilitação e julgamento**, dando-se, primeiro, a seleção da melhor proposta, e, num segundo momento, a análise da documentação de habilitação.

Trata-se de uma das regras mais inteligentes do pregão, modalidade licitatória adequada para a aquisição de bens e serviços comuns. A diferença é que o pregão **sempre é assim**, por aplicação direta da Lei nº 10.520/2002, ao passo que a licitação para as concessões e permissões de serviços públicos **poderá ser assim**, pois a inversão só se aplica se expressamente prevista no edital de licitação. No silêncio do edital incide a sistemática usual da concorrência, com a fase de habilitação precedendo a de julgamento das propostas.

6. Serviço público adequado

A Lei nº 8.987/1995, em obediência ao art. 175 da CF, determinou que toda a **concessão ou permissão de serviços públicos** deve proporcionar aos seus usuários um **serviço adequado**.

Nos termos do art. 6º da Lei, é considerado adequado o serviço público que satisfaz os requisitos de: (a) regularidade; (b) continuidade; (c) segurança; (d) eficiência; (e) atualidade; (f) generalidade; (g) cortesia na prestação; e (h) modicidade das tarifas.

A **continuidade** é não só um dos requisitos do serviço público adequado, mas um verdadeiro princípio administrativo. Seu conteúdo é singelo: impede a paralisação na prestação do serviço, em face de sua indispensabilidade à vida em coletividade.

Há situações, entretanto, em que a Lei **admite a interrupção** da atividade, **sem que se considere violado o princípio da continuidade.** O art. 6º, § 3º, da Lei traz as hipóteses em que a prestação do serviço pode ser licitamente paralisada. Nos seus termos, isso pode ocorrer:

- em situações de **emergência**;
- devido a razões de **ordem técnica** ou de **segurança das instalações**;
- em função **do inadimplemento** do usuário, considerado o interesse da comunidade.

Nas **duas últimas hipóteses**, a interrupção só pode ser feita **após aviso prévio** ao usuário do serviço. De destacar que, por inadimplemento do usuário, entende o STJ que **mesmo serviços efetivamente essenciais**, a exemplo do fornecimento de água ou de energia elétrica, podem ter sua prestação suspensa, até a regularização do débito. O Tribunal só excepciona, no caso, **o próprio Poder Público**, não admitindo a suspensão **quando se trata de serviços essenciais** (os não essenciais, portanto, podem ter a prestação suspensa).

A título ilustrativo, transcrevemos parcialmente, com destaques, a decisão proferida pela Segunda Turma do Tribunal no REsp 460.271-SP:

> "A Turma, por maioria, deu provimento ao recurso e denegou a ordem entendendo que a companhia concessionária **pode cortar o fornecimento de energia elétrica caso o Município torne-se inadimplente**. No caso, o Município impetrou mandado de segurança objetivando a restauração do fornecimento de energia elétrica para os próprios municipais, quais sejam, o Ginásio de Esportes, piscina municipal e respectivo vestiário, Biblioteca Municipal, Almoxarifado, Paço Municipal, Câmara Municipal, Correios, Velório, Oficinas e Depósito. **No entanto serviços essenciais do Município, tais como escolas, hospitais, usinas, repartições públicas, não podem sofrer o corte de energia elétrica**. Precedentes citados".

Em prosseguimento, o conceito de **atualidade** consta no § 2º do art. 6º da Lei nº 8.987/1995, nos termos do qual assim se considera a "*modernidade das técnicas, do equipamento e das instalações e a sua conservação, bem como a melhoria e a expansão do serviço público*".

Com relação à **modicidade das tarifas**, a remuneração pela prestação do serviço deve ser fixada de forma equilibrada, garantindo-se à concessionária ou permissionária um retorno razoável de seu investimento, mas vedando-se a obtenção de lucros extraordinários ou a prática de margens exorbitantes de faturamento. Para assegurar a manutenção do equilíbrio econômico-financeiro dos contratos, esses deverão prever mecanismos de **revisão** das tarifas.

A Lei nº 8.987/1995 não traz definição de qualquer outro requisito do serviço público adequado. Porém, no art. 3º, inciso IV, da Lei nº 9.074/1995, encontramos a definição de generalidade. Em termos conceituais, o requisito assegura o atendimento a todos que, localizados na área de prestação do serviço, satisfaçam os requisitos técnicos necessários para a sua implementação. O dispositivo legal, especificando sua amplitude, define que o serviço público deve ser disponibilizado também nas áreas de reduzida densidade populacional, inclusive as rurais, bem como para a população de menor poder aquisitivo.

7. Direitos do usuário

Os usuários do serviço público, nos termos do art. 7º da Lei nº 8.987/1995, têm em relação ao mesmo os seguintes **direitos**: (a) receber serviço adequado; (b) receber do poder concedente e da concessionária as informações necessárias para a defesa de interesses individuais ou coletivos; (c) obter e utilizar o serviço, com liberdade de escolha entre vários prestadores de serviços, quando for o caso, observadas as normas do poder concedente; (d) levar ao conhecimento do Poder Público e da concessionária as irregularidades de que tenham conhecimento, referentes ao serviço prestado; (e) comunicar às autoridades competentes os atos ilícitos praticados pela concessionária na prestação do serviço.

De forma não sistemática, no art. 22, a Lei prevê outro direito para os usuários, ao asseverar que *é assegurada a qualquer pessoa a obtenção de certidões sobre atos, contratos, certidões ou pareceres relativos à licitação ou às próprias concessões*. A doutrina entende que esse dispositivo consagra o **princípio da transparência**.

8. Encargos da concessionária

A prestação indireta de serviços públicos pelo Estado tem como uma de suas finalidades primárias assegurar a qualidade no atendimento ao administrado, mediante o trespasse da execução do serviço a uma pessoa jurídica, ou mesmo física, que detenha as condições necessárias para tanto.

Tal finalidade pressupõe necessariamente que a legislação estabeleça em termos genéricos quais os encargos, as obrigações a cargo dos concessionários e permissionários de serviços públicos, aos quais serão acrescidas as obrigações constantes em legislação específica e no contrato de concessão ou permissão.

Com tal intuito, a Lei nº 9.897/1995 tratou da matéria em seu art. 31.

Dispõe o referido dispositivo:

> Art. 31. Incumbe à concessionária:
>
> I – prestar serviço adequado, na forma prevista nesta Lei, nas normas técnicas aplicáveis e no contrato;
>
> II – manter em dia o inventário e o registro dos bens vinculados à concessão;
>
> III – prestar contas da gestão do serviço ao poder concedente e aos usuários, nos termos definidos no contrato;
>
> IV – cumprir e fazer cumprir as normas de serviço e as cláusulas contratuais da concessão;
>
> V – permitir aos encarregados da fiscalização livre acesso, em qualquer época, às obras, aos equipamentos e às instalações integrantes do serviço, bem como a seus respectivos registros contábeis;
>
> VI – promover as desapropriações e constituir as servidões autorizadas pelo poder concedente, conforme previsto no edital e no contrato;
>
> VII – zelar pela integridade dos bens vinculados à prestação do serviço, bem como segurá-los adequadamente; e
>
> VIII – captar, aplicar e gerir os recursos financeiros necessários à prestação do serviço.

É válido advertir que no rol não se inclui a fixação da **tarifa** pela prestação do serviço, que, na verdade, não seria uma obrigação, mas uma prerrogativa, se deferida fosse à concessionária.

A tarifa do serviço público prestado é fixada **pelo preço da proposta** vencedora da licitação, a qual será **atualizada** pelas regras de **revisão** previstas na Lei nº 8.987/1995, no edital de licitação e no contrato de concessão. Essa é a norma contida no art. 9º, *caput*, da Lei nº 8.987/1995.

Para fixar bem a questão, o contrato não traz apenas um limite de remuneração, passível de alteração por ato unilateral da concessionária. Ele traz a tarifa efetiva do serviço, de acordo com o preço oferecido na proposta vencedora da licitação e aceito pelo Poder Público. Além disso, o contrato traz normas complementares de revisão do valor das tarifas.

Segundo o inciso VI do art. 31, se previsto no edital de licitação e no contrato de concessão, é da concessionária o ônus decorrente das desapropriações e servidões necessárias para a implantação e prestação do serviço.

Nessa hipótese, caberá ao poder concedente a expedição do ato declaratório de necessidade ou utilidade pública, e à concessionária a promoção de todos os demais atos necessários à efetivação da desapropriação ou à constituição da servidão, sendo de sua responsabilidade o pagamento da indenização.

9. Subconcessão

As concessões de serviço público estão integralmente sujeitas ao caráter *intuitu personae* dos contratos administrativos, que impõe àquele que celebra o contrato com a Administração o dever de executar com suas próprias forças o objeto do contrato, não podendo transferi-lo a terceiros. Tal característica dos contratos administrativos decorre da licitação que, em regra, pressupõe sua celebração, já que nesse procedimento o Poder Público não se limita a selecionar a proposta mais vantajosa às conveniências públicas, mas também a aferir se aquele que a apresentou possui efetivamente condições de cumprir a contento o contrato. Logo, aquele que teve sua proposta selecionada, ao celebrar o contrato, não pode transferir seu objeto a terceiros.

Entretanto, a Lei nº 8.987/1995, **sem excepcionar o caráter personalíssimo da concessão**, autoriza que um terceiro, estranho à concessão, exerça atividades com ela relacionadas, **que não envolvam o próprio serviço concedido**.

Tal possibilidade vem prescrita no art. 25, § 1º, da Lei, que autoriza à concessionária contratar com terceiros "*o desenvolvimento de atividades inerentes, acessórias ou complementares ao serviço concedido, bem como a implementação de projetos associados*". Trata-se de um contrato à parte, autônomo do contrato de concessão, disciplinado pelo regime jurídico de Direito Privado.

Nos termos do art. 25, esse contrato **de nenhum modo afasta a responsabilidade da concessionária pela adequada prestação do serviço público** (até porque o objeto desse contrato não abrange o próprio serviço público), **e de nenhum modo vincula o Poder Público**. Trata-se, pois, de um contrato entre a concessionária e um terceiro, regido pelo Direito Privado e que tem por objeto atividades relacionadas ao objeto da concessão, mas que não compreendem o próprio serviço público delegado.

Podemos citar como exemplo um contrato entre um concessionário do serviço de fornecimento **domiciliar** de água (serviço público) e um terceiro, cujo objeto é o fornecimento de água **engarrafada** (atividade diversa do serviço público). Este contrato de nenhum modo exclui a responsabilidade da concessionária pela prestação do serviço público de fornecimento domiciliar de água, e de nenhum modo vincula o Poder Público.

Também sem excepcionar o caráter personalíssimo da concessão, o art. 26 autoriza a **subconcessão**, ou seja, a **transferência parcial do objeto da concessão**. Nos termos do art. 26 da Lei, são requisitos para a subconcessão:

1. **pedido expresso** da concessionária;
2. **autorização** do poder concedente;
3. **nova licitação, na modalidade concorrência**, para a escolha do **subconcessionário** (como há nova licitação, a subconcessão não excepciona o caráter personalíssimo dos contratos administrativos).

Na subconcessão forma-se uma relação jurídica entre o subconcessionário (aquele a quem foi transferida parte do objeto da concessão original) e o poder concedente, uma vez que **o subconcessionário se sub-roga em todos os direitos e obrigações do subconcedente** (o concessionário, que solicitou a subconcessão), nos limites da subconcessão.

Seria o caso, por exemplo, de um concessionário de 15 linhas de transporte coletivo urbano solicitar ao poder concedente a subconcessão de 3 linhas. O poder concedente, se concordar com o pedido (já que a competência aqui é discricionária), realizará nova concorrência e celebrará o contrato de subconcessão com seu vencedor, tendo por objeto as 3 linhas de transporte coletivo urbano. Com a celebração do contrato, todos os direitos e obrigações dessas 3 linhas passam ao subconcessionário, permanecendo o subconcedente com os direitos e obrigações relativos às 12 linhas restantes.

Apesar de não constar expressamente na Lei, admite-se também a subpermissão, sob as mesmas condições da subconcessão, exceto quanto à necessidade de nova licitação na modalidade concorrência. **É necessária a nova licitação, mas não necessariamente na modalidade concorrência**, uma vez que tal modalidade licitatória não é obrigatória para a própria permissão.

A Lei também admite, no art. 27, a **transferência do controle acionário** da concessionária, desde que após autorização do poder concedente.

Para a transferência do controle acionário, bem como para a subconcessão, o interessado deve preencher as seguintes condições (art. 27, § 1º):

1ª) atender às exigências de capacidade técnica, idoneidade financeira e regularidade jurídica e fiscal necessárias à assunção do serviço; e

2ª) comprometer-se a cumprir todas as cláusulas do contrato em vigor.

A falta de autorização do poder concedente acarreta a decretação da **caducidade** (extinção) da concessão.

Por fim, deve-se destacar que o art. 27 da Lei nº 8.987/1995 foi alterado pela Lei nº 11.196/2005, que a ele acrescentou os §§ 2º, 3º e 4º, instituindo um mecanismo a ser usado no enfrentamento de eventuais **dificuldades financeiras** da concessionária.

Pelos novos termos do dispositivo, o poder concedente, uma vez obedecidos os requisitos estipulados no contrato, **autorizará** (competência vinculada) que os **financiadores** da concessionária **assumam seu controle**, com o intuito de **promover sua reestruturação financeira** e **assegurar a continuidade da prestação dos serviços públicos**.

Para que se ultime a assunção do controle, terão as entidades financeiras, em qualquer hipótese, de cumprir as exigências de regularidade **jurídica** e **fiscal**. Já os requisitos de **capacidade técnica e idoneidade financeira**, relativamente àqueles que foram exigidos da concessionária, podem ser **alterados** pelo poder condedente. Pode ele, também, simplesmente **dispensar** os financiadores de comprovar quaisquer requisitos de capacidade técnica e idoneidade financeira.

A assunção do controle da concessionária pelos seus financiadores não causa qualquer alteração nas responsabilidades da concessionária e de seus controladores para com o poder concedente.

10. Intervenção

Dispõe o art. 32 da Lei nº 8.987/1995:

> Art. 32. O poder concedente poderá **intervir** na concessão, com o fim de **assegurar a adequação na prestação do serviço**, bem como o fiel cumprimento das normas contratuais, regulamentares e legais pertinentes.
> Parágrafo único. A intervenção far-se-á por decreto do poder concedente, que conterá a designação do interventor, o prazo da intervenção e os objetivos e limites da medida. (Grifo nosso)

A norma confere, pois, ao poder concedente, a prerrogativa de intervir na concessão, **assumindo temporariamente o controle da prestação do serviço**, para assegurar sua adequada prestação e, de um modo mais geral, o cumprimento das normas que o regulam. A intervenção, que é formalizada por decreto, **é sempre provisória**, embora a Lei não estabeleça expressamente um prazo máximo para sua duração. Caberá ao decreto definir tal prazo, bem como designar o interventor, o agente público que assumirá a direção do serviço, e fixar os objetivos e os limites da medida.

Consoante o art. 33, após a decretação da intervenção, o poder concedente tem o prazo de 30 dias para instaurar um procedimento administrativo visando à apuração dos motivos que levaram à adoção da medida, bem como à descoberta dos responsáveis pela irregularidade, se comprovada. Esse procedimento tem um prazo fatal para sua conclusão – 180 dias, a contar da sua instauração –, **sob pena de nulidade da intervenção e pagamento de indenização ao concessionário**.

Uma vez encerrado o processo, se não for comprovada qualquer falta imutável ao concessionário, o controle da concessão lhe é restituído, sem pagamento de indenização. Se, ao contrário, for comprovada falta do concessionário, o poder concedente, com discricionariedade, pode decidir pela decretação de **caducidade** (extinção) da concessão ou, mantendo-a em vigor, pela aplicação de **outras penalidades** previstas em lei ou no contrato.

11. Extinção

Diversos motivos podem acarretar a extinção da concessão, como veremos a seguir. A extinção da concessão implica o retorno ao poder concedente de todos os **bens reversíveis**, direitos e privilégios transferidos ao concessionário em função da delegação. Ainda, a extinção causa a **imediata assunção do serviço** pelo poder concedente, que deverá realizar todas as avaliações e levantamentos indispensáveis à regularização da situação jurídica do concessionário e do serviço objeto da concessão. Para tanto, pode o poder concedente **ocupar as instalações** utilizadas para a prestação do serviço e tomar posse de todos os bens a ele vinculados.

Extinta a concessão, **qualquer que seja o motivo da extinção**, deve o poder concedente indenizar o concessionário pela parcela **não depreciada ou amortizada dos bens reversíveis**.

Os bens reversíveis são **aqueles adquiridos pelo concessionário para a prestação do serviço** e que, **ao final da concessão**, por permanecerem sendo necessários para a prestação, **passam automaticamente à propriedade do poder concedente**, que, em contrapartida, deve indenizar o concessionário pela sua parcela não depreciada ou amortizada.

A transferência dos bens para o patrimônio público, ao final da concessão, tem por fundamento o **princípio da continuidade dos serviços públicos**, já que os serviços públicos são uma atividade de natureza permanente. Como os bens reversíveis são necessários à prestação do serviço, e como esta não será mais realizada pelo concessionário, passam a ser de propriedade do poder concedente, novamente o responsável pela execução do serviço, até a escolha do novo concessionário.

Passemos, agora, à análise das diversas modalidades de extinção previstas na Lei nº 8.987/1995.

11.1. Advento do termo contratual

Nessa hipótese o contrato foi **adequadamente cumprido** pelo concessionário, extinguindo-se em virtude do **encerramento de seu prazo de duração**. Essa hipótese de extinção é chamada pela doutrina de **reversão**.

É a hipótese mais corriqueira de extinção da concessão. Extinto o contrato pelo término de seu prazo, o poder concedente passa a ser proprietário de todos os bens vinculados à prestação do serviço – os bens reversíveis –, devendo indenizar o concessionário pela sua parcela ainda não depreciada ou amortizada.

A fim de resguardar o concessionário, a Lei impõe ao poder concedente a obrigação de, antes do término do prazo da concessão, realizar os levantamentos e avaliações necessárias para a determinação do montante da indenização a ele devida. A reversão, por conseguinte (bem como as demais modalidades de extinção), poderá se efetivar de forma **gratuita ou onerosa**, conforme existam ou não, no momento da extinção, parcelas de bens reversíveis a serem depreciadas ou amortizadas.

11.2. Encampação

Encampação é a extinção do contrato de concessão antes do prazo fixado, em virtude de interesse público superveniente à delegação.

A seu respeito, dispõe o art. 37:

> Art. 37. Considera-se encampação a retomada do serviço pelo poder concedente durante o prazo da concessão, por motivo de interesse público, mediante **lei autorizativa específica** e **após prévio pagamento da indenização**, na forma do artigo anterior. (Grifo nosso)

O dispositivo restringiu significativamente a discricionariedade do Poder Executivo para determinar a encampação. Será ainda o Poder Executivo que expedirá o ato de encampação, mas só pode fazê-lo quando o Poder **Legislativo**, por meio de lei autorizativa específica, o autorizar a tanto.

O art. 37 confere ao contratado uma expressiva garantia, pois estabelece como condição para a encampação da concessão o **prévio pagamento** da indenização referente à parcela não depreciada ou amortizada dos bens reversíveis. Certa doutrina advoga ser insuficiente esta indenização, uma vez que **não abarca os lucros cessantes** em decorrência da extinção do vínculo, ou seja, os lucros que o concessionário iria auferir se o contrato permanecesse em vigor durante todo o período inicialmente fixado. Todavia, prevalece na matéria o posicionamento legal, que prevê somente a indenização relativa aos bens reversíveis.

O art. 37 da Lei não é aplicável à permissão de serviço públicos. Esta, em virtude de seu caráter precário, é extinta por **revogação** (não por encampação), que não exige lei autorizativa específica nem pagamento **prévio** de indenização.

11.3. Caducidade

A **caducidade** é a extinção da concessão motivada pelo inadimplemento total ou parcial do contrato pelo concessionário.

A Lei define o procedimento para a decretação da caducidade, que é composto pelas seguintes etapas:

1ª) o poder concedente **comunicará** à concessionária a ocorrência de uma das hipóteses do art. 38, § 1º, da Lei, **dando-lhe prazo** para sanar as irregularidades;

2ª) decorrido o prazo sem a adoção das providências cabíveis, deverá ser instaurado **processo administrativo** para apurar a inadimplência da concessionária, sendo-lhe assegurados o contraditório e a ampla defesa;

3ª) comprovada no processo a falta na prestação dos serviços, o poder concedente, mediante **decreto**, **poderá extinguir** a concessão.

Deve-se observar que a declaração de caducidade é, em regra, ato **discricionário** do poder concedente, pois, perante a comprovação da falta do concessionário, poderá ele imputar-lhe outras penalidades previstas em lei ou no contrato, mantendo em vigor o contrato de concessão.

Nos termos do art. 38, § 1º, o poder concedente **poderá** decretar a caducidade da concessão quando:

1. o serviço estiver sendo prestado de forma inadequada ou deficiente, tendo por base normas, critérios, indicadores e parâmetros definidores da qualidade do serviço;
2. a concessionária descumprir cláusulas contratuais ou disposições legais ou regulamentares concernentes à concessão;
3. a concessionária paralisar o serviço ou concorrer para tanto, ressalvadas as hipóteses decorrentes de caso fortuito ou força maior;
4. a concessionária perder as condições econômicas, técnicas ou operacionais para manter a adequada prestação do serviço concedido;
5. a concessionária não cumprir as penalidades impostas por infrações, nos devidos prazos;
6. a concessionária não atender a intimação do poder concedente no sentido de regularizar a prestação do serviço;

7. a concessionária for condenada em sentença transitada em julgado por sonegação de tributos, inclusive contribuições sociais.

O art. 27 da Lei traz as únicas hipóteses em que o poder concedente é **obrigado** a decretar a caducidade, quando comprovada a falta do concessionário. Trata-se, portanto, de atuação **vinculada** do poder concedente, que terá lugar somente quando ocorrer **a transferência da concessão ou do controle societário da concessionária sem sua prévia anuência.**

Na caducidade, também é devido pagamento de indenização ao concessionário, relativa, mais uma vez, à parcela não depreciada ou amortizada dos bens reversíveis. Entretanto, ao contrário do que ocorre na encampação, o pagamento da indenização não é prévio, sendo realizado somente após a extinção da concessão. Ademais, do valor da indenização inicialmente encontrado deve ser **descontado** o valor das multas eventualmente aplicadas à concessionária e dos prejuízos por ela causados ao poder concedente.

De acordo com o art. 38, § 6º, extinta a concessão por caducidade, não restará para o poder concedente qualquer responsabilidade com relação aos encargos, ônus, obrigações ou compromissos com terceiros ou empregados da concessionária. O dispositivo não excepciona nem mesmo os débitos **previdenciários,** ao contrário da Lei nº 8.666/1993.

11.4. Rescisão

A Lei nº 8.987/1995 só prevê a **rescisão** promovida por iniciativa **da concessionária,** pois a extinção do contrato por inadimplemento total ou parcial, quando promovida pelo poder concedente, é denominada caducidade.

A rescisão, desse modo, segundo o art. 39 da Lei, é a extinção da concessão **em virtude de inadimplemento contratual do poder concedente,** mediante a **interposição de ação judicial** pelo concessionário especificamente com tal finalidade.

Na literalidade da lei, a concessionária somente pode interromper voluntariamente a prestação do serviço **após o trânsito em julgado da decisão condenatória proferida contra o Poder Público,** não sendo aplicáveis aos contratos de concessão de serviços públicos as hipóteses em que a Lei autoriza aos contratados em geral interromper a prestação do serviço por inadimplemento da Administração. Temos, aqui, mais uma aplicação do princípio da continuidade dos serviços públicos.

11.5. Anulação

A anulação é a extinção do contrato de concessão em virtude de vício de legalidade verificado no próprio contrato ou na licitação que o precedeu.

11.6. Falência ou extinção da concessionária e falecimento ou incapacidade do titular de empresa individual

Reza o art. 35, VI, da Lei, que se extingue o contrato de concessão no caso de "*falência ou extinção da empresa concessionária e falecimento ou incapacidade do titular, no caso de empresa individual*".

Devemos notar que a extinção não decorre aqui de um ato do poder concedente, mas do próprio fato previsto no inciso como motivo para o desfazimento do contrato.

12. Autorização de serviços públicos

A autorização de serviços públicos é a modalidade menos complexa de delegação. Não é mencionada no art. 175 da Constituição e, em função disso, não é disciplinada pela Lei nº 8.987/1995. Apenas em alguns dispositivos da Constituição, sem qualquer sistematização, encontramos referência a essa modalidade de delegação, como se verifica no art. 21, XI e XII, e no art. 223 da Carta Magna.

Com isso, as características da autorização de serviços públicos advêm basicamente das lições de nossos doutrinadores, bem como da interpretação a *contrario sensu* de alguns dispositivos aplicáveis à concessão e à permissão.

Na lição de Hely Lopes Meirelles, a autorização deve ser utilizada quando estamos perante **interesses coletivos instáveis** ou **situações de emergência transitória,** para cuja satisfação não se faz necessário um grande investimento para a implantação do serviço nem uma grande especialização do prestador.

Ela é formalizada por **ato administrativo unilateral, discricionário e precário**. Em função de seu caráter precário, é **passível de revogação a qualquer tempo, não conferindo ao delegatário nenhum direito a indenização**. Também em virtude de sua precariedade, **não exige licitação**, pode ser feita por prazo **determinado ou indeterminado** e pode abranger tanto pessoas **físicas** como pessoas **jurídicas**.

Na matéria, vale trazer ao conhecimento a lição de Marcelo Alexandrino, que indica uma hipótese **excepcional e única** em que a autorização é legalmente tratada como ato **vinculado**. Trata-se da **autorização para o serviço de telecomunicações,** figura prevista no art. 31, § 1º, da Lei nº 9.472/1997, nossa Lei Geral de Telecomunicações. É, como afirmado, uma hipótese absolutamente singular em nosso ordenamento jurídico, em que a lei regulou uma autorização outorgando-lhe as características de uma **licença.** No mais, permanece a autorização de serviços públicos como ato discricionário e precário.

Podemos, agora, sintetizar as características dessa última modalidade de delegação:

a) é formalizada por **ato administrativo discricionário e precário, revogável a qualquer tempo sem indenização;**
b) pode ser feita por prazo **determinado ou indeterminado**;
c) **não** exige licitação;
d) pode ser feita a **pessoas físicas ou jurídicas**;
e) **não** exige lei autorizativa prévia, ao contrário da permissão e da concessão.

Capítulo 13

CONTROLE DA ADMINISTRAÇÃO PÚBLICA

1. Conceito

Controle administrativo é a atividade pela qual um Poder controla os atos de natureza administrativa produzidos em seu âmbito ou no âmbito dos demais Poderes.

Em decorrência do princípio republicano, a atividade de controle administrativo é extremamente ampla e diversificada, abrangendo todos os Poderes, toda a Administração, todas as esferas de Governo. É absolutamente impossível, dentro do modelo de organização político-administrativa adotado no Brasil, que um ato produzido pela Administração esteja imune a um ou outro tipo de controle.

2. Classificação

2.1. Conforme o momento de exercício

2.1.1. Controle prévio ou preventivo

Segundo Hely Lopes Meirelles, **controle prévio** "é o que antecede a conclusão ou operatividade do ato, como requisito para sua eficácia".

Trata-se de um controle incidente sobre o ato antes que se inicie sua eficácia, visando justamente a evitar que um ato portador de vícios possa produzir efeitos jurídicos.

A autorização do Senado para que um Estado-membro contraia empréstimos no exterior é um exemplo de controle prévio.

2.1.2. Controle concomitante

Controle concomitante é aquele incidente durante o desempenho de determinada atividade administrativa, simultaneamente com sua realização.

A fiscalização do andamento de um concurso público pelo órgão competente, a fiscalização da adequada prestação de um serviço público pelo seu delegatário, são alguns exemplos que podem aqui ser citados.

2.1.3. Controle subsequente ou corretivo

Controle subsequente é aquele que incide após o processo de formação do ato, após a conclusão do procedimento para sua produção. Ao contrário do controle prévio, que impede que um ato defeituoso produza efeitos jurídicos, o controle subsequente não evita que isso ocorra, pois recai sobre atos já aptos à produção de efeitos jurídicos. Esta espécie de controle impede que um ato defeituoso mas eficaz permaneça produzindo efeitos jurídicos.

Uma decisão do Poder Judiciário anulando um ato produzido é exemplo deste controle.

2.2. Conforme a origem

2.2.1. Controle interno

Controle interno é aquele que um Poder exerce sobre os atos **em seu âmbito praticados**.

Trata-se de um controle realizado na intimidade do mesmo Poder que praticou o ato controlado, **ainda que envolva órgãos ou entidades distintas**.

Desse modo, o controle que o Ministério da Fazenda exerce sobre os demais Ministérios, quanto à regularidade da execução orçamentária; o controle que o Ministério do Meio Ambiente exerce sobre o Ibama; o controle que uma superintendência efetua sobre as delegacias que integram sua estrutura, são alguns exemplos de controle interno.

Devemos notar que o controle finalístico ou tutela, exercido pelas entidades políticas, por meio de seus órgãos centrais, sobre as entidades administrativas por elas criadas, também se insere nesta modalidade de controle.

Em regra, no controle interno aprecia-se não somente a legalidade, mas também o **mérito** do ato administrativo.

2.2.2. Controle externo

Em polo oposto, **controle externo** é aquele que um Poder realiza sobre os atos produzidos pelos **demais Poderes**.

O controle externo existe no âmbito do que se denomina **sistema constitucional de freios e contrapesos**. Segundo o art. 2º da Constituição, os Poderes Legislativo, Executivo e Judiciário são "*independentes e harmônicos entre si*". A primeira parte da expressão destacada contém a regra geral na matéria, que é a atuação independente de cada Poder, livre da ingerência dos demais. A segunda, por outro lado, traz implícita a noção de controle, uma vez que uma atuação harmônica pressupõe equilíbrio entre os Poderes, e é justamente assegurar esse equilíbrio a finalidade do controle externo. Como, contudo, a regra geral é a atuação independente de cada Poder, o controle externo **só existe nas hipóteses expressamente previstas na Constituição**.

Podemos citar, como exemplos de controle externo, a fiscalização pelo Tribunal de Contas dos atos de admissão de pessoal no Poder Executivo (CF, art. 71, III); a necessidade de prévia aprovação, pelo Senado Federal, dos Ministros do Tribunal de Contas da União indicados pelo Presidente da República (CF, art. 52, III, *b*); a anulação pelo Poder Judiciário de um contrato celebrado na esfera do Poder Executivo (CF, art. 5º, XXXV) etc.

3. Modalidades de controle administrativo interno

Controle administrativo interno é aquele executado pelo Poder Executivo e pelos órgãos administrativos do Poder Legislativo e do Poder Judiciário sobre suas próprias condutas, incidindo sobre aspectos de legalidade ou de mérito.

Trata-se de um controle, em regra, integral, no sentido de que é objeto de análise não somente a legalidade, mas também o mérito do ato administrativo.

O controle interno decorre do poder-dever de **autotutela** que a Administração exerce sobre os atos em seu âmbito produzidos, e que tem suas linhas gerais esclarecidas pelo STF na Súmula nº 473, vazada nos seguintes termos:

> 473 – A Administração pode anular seus próprios atos, quando eivados de vícios que os tornem ilegais, porque deles não se originam direitos; ou revogá-los por motivo de conveniência ou oportunidade, respeitados os direitos adquiridos e ressalvada, em todos os casos, a apreciação judicial.

Conforme o órgão que realize o controle administrativo, ele pode ser classificado em quatro espécies:

1. **controle hierárquico próprio**: é aquele realizado pelos órgãos superiores sobre os inferiores, e pelas chefias sobre os atos de seus subordinados, todos integrantes de uma mesma pessoa jurídica. Também é assim considerado o controle realizado pelas **corregedorias** sobre os órgãos, entidades e agentes sujeitos à sua fiscalização. O controle hierárquico é (a) **pleno**, porque envolve análise **de mérito e de legalidade**; (b) **permanente**, porque pode ser exercido **a qualquer tempo**; e (c) **absoluto**, pois **não há necessidade de expressa previsão legal dos controles**;
2. **controle hierárquico impróprio**: é aquele realizado por **órgãos especializados no julgamento de recursos**, como, por exemplo, as Delegacias de Julgamento da Receita Federal, que julgam administrativamente os atos produzidos pela Secretaria da Receita Federal no exercício da atividade de fiscalização. Denomina-se *hierárquico impróprio* esse controle **porque não há relação de subordinação entre o órgão controlador e o controlado**, o que torna necessário **expressa previsão legal do controle**;
3. **controle finalístico**: como estudado anteriormente, é o controle realizado pelas entidades políticas sobre as entidades da Administração Indireta por elas criadas, a fim de, precipuamente, assegurar que pautem sua conduta funcional pelas diretrizes estabelecidas no programa geral de governo e pelas finalidades estabelecidas em suas respectivas leis específicas. É um controle que envolve sempre duas pessoas jurídicas, a entidade política e a entidade administrativa. Logo, não há, aqui, relação hierárquica (que existe apenas no interior de uma mesma pessoa jurídica), o que torna indispensável a **expressa previsão legal do controle**;
4. **controle interno financeiro-orçamentário**: é o controle prescrito no art. 74 da Constituição, exercido por cada um dos Poderes, de forma integrada com os demais (dentro de cada esfera de Governo), com as seguintes finalidades: (a) avaliar o cumprimento das metas previstas no plano plurianual, a execução dos programas de governo e dos orçamentos da União; (b) comprovar a legalidade e avaliar os resultados, quanto à eficácia e eficiência, da gestão orçamentária, financeira e patrimonial nos órgãos e entidades da administração federal, bem como da aplicação de recursos públicos por entidades de direito privado; (c) exercer o controle das operações de crédito, avais e garantias, bem como dos direitos e haveres da União; e (d) apoiar o controle externo no exercício de sua missão constitucional (CF, art. 74). Pela aplicação do princípio da simetria, este controle, com as finalidades acima indicadas, ocorre nas demais esferas de Governo.

4. Controle externo financeiro-orçamentário

O **controle externo financeiro,** a cargo do Poder Legislativo, com o auxílio do Tribunal de Contas, está previsto no art. 70 da CF, nos seguintes termos:

> Art. 70. A fiscalização contábil, financeira, orçamentária, operacional e patrimonial da União das entidades da administração direta e indireta, quanto à legalidade, legitimidade, economicidade, aplicação das subvenções e renúncia de receitas, será exercido pelo Congresso Nacional, mediante controle externo, e pelo sistema de controle interno de cada poder.
>
> Parágrafo único – Prestará contas qualquer pessoa física ou jurídica, pública ou privada, que utilize, arrecade, guarde, gerencie ou administre dinheiro, bens ou valores públicos ou pelos quais a União responda, ou que, em nome desta, assuma obrigações de natureza pecuniária.

Assim, neste tópico nosso objetivo é a análise do controle **externo** financeiro-orçamentário, exercido, dentro de cada esfera de Governo, pelo respectivo Poder Legislativo, com o auxílio dos Tribunais e Conselhos de Contas (lembrando que, a teor da CF, no art. 31, § 4º, desde a sua promulgação não podem os Municípios criar órgãos externos de contas, cabendo, pois, ao Tribunal ou Conselho de Contas do Estado onde se localiza o Município atuar como órgão auxiliar da Câmara Municipal no controle externo financeiro-orçamentário).

Esse controle incide sobre os atos produzidos por **todos os Poderes**, inclusive pelo próprio Legislativo, e trata-se, na sua essência, de um controle de **legalidade** contábil e financeira, incidindo especificamente sobre cinco áreas, a saber: **contábil, financeira, orçamentária, operacional e patrimonial**. Em cada uma delas, cinco aspectos do ato serão objeto de análise: **legalidade, legitimidade, economicidade, aplicação das subvenções e renúncia de receitas**.

O parágrafo único do art. 70 contempla o **princípio da universalidade**, segundo o qual se sujeita ao controle externo toda pessoa física ou jurídica, pública ou privada, que de qualquer modo lide com recursos públicos ou pelos quais a entidade política responda, ou que em seu nome assuma obrigações de natureza pecuniária.

4.1. Competências dos Tribunais de Contas

Os Tribunais de Contas são **órgãos independentes vinculados ao Poder Legislativo**, tendo por missão auxiliá-lo no exercício do controle externo financeiro-orçamentário.

O art. 71 da Constituição estabelece a competência do Tribunal de Contas da União, devendo suas disposições ser aplicadas, em virtude do princípio da simetria, aos demais Tribunais e Conselhos de Contas.

Vamos, a seguir, transcrever o referido dispositivo, acrescentando desde já os comentários, quando necessários.

> Art. 71. O controle externo, a cargo do Congresso Nacional, será exercido com o auxílio do Tribunal de Contas da União, ao qual compete:
>
> I – **apreciar** as contas prestadas anualmente pelo Presidente da República, mediante parecer prévio que deverá ser elaborado em sessenta dias a contar de seu recebimento; (Grifo nosso)

O TCU não julga as contas do presidente, apenas emite um parecer sobre elas. Ao Congresso Nacional cabe julgá-las.

> II – **julgar** as contas dos administradores e demais responsáveis por dinheiros, bens e valores públicos da administração direta e indireta, incluídas as fundações e sociedades instituídas e mantidas pelo Poder Público federal, e as contas daqueles que derem causa à perda, extravio ou outra irregularidade de que resulte prejuízo ao erário público; (Grifo nosso)

Esse inciso confere ao TCU uma competência realmente **decisória**, não meramente opinativa, como no inciso anterior. Ao órgão cabe **julgar** as contas dos administradores e demais responsáveis por recursos públicos, aí abrangidos todos os dirigentes da administração direta e indireta, exceto o chefe do Poder Executivo federal; bem como as contas daqueles que, mesmo sem integrarem a estrutura administrativa, derem causa a perda, extravio ou outra irregularidade de que resulte prejuízo ao erário público, a exemplo dos dirigentes de entidades paraestatais.

Atualmente não pairam dúvidas de que o dispositivo alcança também os dirigentes de **sociedades de economia mista**. Embora o STF tenha excluído essas entidades da fiscalização do TCU em decisão proferida em 2004, em 2006 a Corte alterou esse posicionamento, declarando que tais entidades, apesar de terem seus bens sujeitos a regime preponderantemente de direito privado, estão sujeitas à fiscalização do Tribunal de Contas, já que a composição de seu capital é majoritariamente pública. Portanto, seus dirigentes devem prestar contas perante o TCU.

> III – **apreciar, para fins de registro, a legalidade dos atos de admissão de pessoal**, a qualquer título, na administração direta e indireta, incluídas as fundações instituídas e mantidas pelo Poder Público, excetuadas as nomeações para cargos de provimento em comissão, bem como a das **concessões de aposentadoria, reformas e pensões**, ressalvadas as melhorias posteriores que não alterem o fundamento legal do ato concessório; (Grifo nosso)

Pelos termos do dispositivo, ao TCU, para fins de registro, compete apreciar a legalidade dos atos de admissão de pessoal em toda Administração Pública federal, ressalvados os cargos em comissão. Com a mesma finalidade, ao TCU cabe analisar a legalidade dos atos de concessão de aposentadoria, reformas e pensões, bem como suas alterações posteriores, salvo quando não houver alteração do fundamento legal do ato concessório (é o que ocorre, por exemplo, no caso de reajuste do valor do benefício, que, por não causar alteração no dispositivo legal que serviu de base para a concessão do próprio benefício, não precisa passar pela análise do TCU).

> IV – realizar, por **iniciativa própria**, da Câmara dos Deputados, do Senado Federal, de Comissão técnica ou de inquérito, **inspeções e auditorias** de natureza contábil, financeira, orçamentária, operacional e patrimonial, nas unidades administrativas dos Poderes Legislativo, Executivo e Judiciário, e demais entidades referidas no inciso II; (Grifo nosso)

O dispositivo é taxativo ao assegurar a **independência** do TCU na realização de auditorias e inspeções, que são determinadas por decisão do próprio Tribunal, sem possibilidade de ingerência do Congresso, seja no tocante à decisão quanto à realização da fiscalização, seja no tocante ao teor da avaliação dela oriunda.

> V – fiscalizar as contas nacionais das empresas supranacionais de cujo capital social a União participe, de forma direta ou indireta, nos termos do tratado constitutivo;
>
> VI – fiscalizar a aplicação de quaisquer recursos repassados pela União mediante convênio, acordo, ajuste, ou outros instrumentos congêneres, a Estado, ao Distrito Federal e a Município;
>
> VII – prestar as informações solicitadas pelo Congresso Nacional, por qualquer de suas Casas, ou por qualquer de suas respectivas Comissões, sobre a fiscalização contábil, financeira, orçamentária, operacional e patrimonial e sobre os resultados de auditorias e inspeções realizadas;
>
> VIII – aplicar aos responsáveis, em caso de ilegalidade de despesa ou irregularidade de contas, as sanções previstas em lei, que estabelecerá, entre outras cominações, multa proporcional ao dano causado ao erário;
>
> IX – assinar prazo para que o órgão ou entidade adote as providências necessárias ao exato cumprimento da lei, se verificada ilegalidade;
>
> X – sustar, se não atendido, a execução do ato impugnado, comunicando a decisão à Câmara dos Deputados e ao Senado Federal;

Em caso de ilegalidade de despesa ou irregularidade de contas, o TCU deve aplicar aos responsáveis as sanções previstas em lei, e conferir prazo para que o órgão ou entidade corrija o vício existente no **ato** administrativo (unilateral). Em caso de omissão do órgão ou entidade, ao TCU compete, **diretamente**, **sustar a eficácia** do ato viciado, comunicando a sustação ao Senado e à Câmara de Deputados.

Devemos perceber que **não cabe ao TCU anular o ato**, ou seja, extingui-lo com força retroativa. Ao Tribunal compete apenas suspender sua eficácia, paralisar a produção de seus efeitos jurídicos. Trata-se, pois, de uma atuação com efeitos **proativos**.

> XI – **representar** ao Poder competente sobre irregularidades ou abusos apurados.
>
> § 1º No caso de **contrato**, o ato de sustação será adotado **diretamente pelo Congresso** Nacional, que solicitará, de imediato, ao Poder Executivo as medidas cabíveis.
>
> § 2º Se o Congresso Nacional ou o Poder Executivo, no prazo de **noventa dias**, não efetivar as medidas previstas no parágrafo anterior, **o Tribunal decidirá** a respeito. (Grifo nosso)

Quando se tratar de **contrato** administrativo (ato bilateral), em caso de não-correção do vício no prazo concedido, cabe ao Tribunal, em um primeiro momento, **comunicar o fato** ao Congresso Nacional. Apenas se houver omissão do Congresso ou do Poder Executivo, pelo período de 90 dias, é que o Tribunal passa a ser competente para decidir a respeito da questão.

> § 3º As decisões do Tribunal de que resulte imputação de débito ou multa terão eficácia de título executivo.

Pelo dispositivo, as decisões do TCU que criem **obrigação de pagamento** têm eficácia ou título executivo, ou seja, têm força jurídica suficiente para embasar diretamente uma ação de execução. É desnecessária a interposição de um anterior processo de conhecimento, já que a decisão do TCU faz **prova** do débito.

> § 4º O Tribunal encaminhará ao Congresso nacional, trimestral e anualmente, relatório de suas atividades.

5. Controle jurisdicional da administração

O controle jurisdicional complementa o princípio da legalidade, constituindo um dos alicerces do Estado de Direito. O Poder Judiciário, em face de sua estrutura e de suas prerrogativas, é indiscutivelmente o Poder mais apto para exercer um efetivo controle da Administração Pública, analisando a legalidade dos atos produzidos pelos órgãos e entidades que a integram.

O fundamento para o controle jurisdicional da Administração é o princípio da inafastabilidade da jurisdição, consagrado no art. 5º, XXXV, da Constituição, segundo o qual "*a lei não excluirá do Poder Judiciário lesão ou ameaça a direito*". Nos termos do art. 1º do Decreto nº 20.910, de 06/01/1932 (texto com força de lei, ainda em vigor), as ações judiciais do administrado contra o Poder Público sujeitam-se ao prazo prescricional de **cinco** anos, salvo quanto a direitos reais, cujo prazo prescricional segue as regras da legislação civil.

Em regra, o controle jurisdicional é **posterior**, ou seja, incide sobre um ato já eficaz, que já está produzindo efeitos jurídicos. Todavia, também pode incidir de forma prévia, antes que o ato inicie a produção de seus efeitos, por meio dos instrumentos processuais próprios para tanto, a exemplo do mandado de segurança, que pode ser repressivo, quando interposto para impugnar ato já eficaz, ou preventivo, quando impetrado contra um ato que ainda não iniciou a produção de seus efeitos.

Trata-se de um controle necessariamente **provocado**, em função do princípio da inércia da jurisdição, que impede, em termos praticamente absolutos, a atuação de ofício do magistrado. Já o controle administrativo interno, exercido pelo próprio Poder que produziu o ato, pode-se dar a pedido ou de ofício, pelo princípio da autotutela.

Por fim, é um controle de **legalidade**, em sentido amplo, no qual se analisa a conformidade do ato impugnado com relação às leis e aos princípios administrativos. Nesse ponto, pois, o controle jurisdicional também se diferencia do controle realizado pelo mesmo Poder que produziu o ato, no qual se analisa, via de regra, a legalidade e o mérito do ato produzido.

Apresentados os aspectos mais gerais do controle jurisdicional da Administração, no restante do capítulo trataremos de dois importantíssimos instrumentos de controle da atividade administrativa: a **ação de improbidade administrativa** e o **mandado de segurança**.

6. Ação de improbidade administrativa

6.1. Previsão constitucional

A Constituição, em termos genéricos, qualificou a improbidade administrativa como conduta ilícita, estabelecendo algumas das sanções passíveis de aplicação àqueles que incorrerem nessa modalidade de ilicitude.

O dispositivo que contempla tais prescrições é o § 4º do art. 37, vazado nos seguintes termos:

> § 4º os atos de improbidade administrativa importarão a suspensão dos direitos políticos, a perda da função pública, a indisponibilidade dos bens e o ressarcimento ao erário, na forma e gradação previstas em lei, sem prejuízo da ação penal cabível.

A fim de conferir plena aplicabilidade ao mandamento constitucional, foi promulgada a **Lei nº 8.429/1992**, que **regula as sanções aplicáveis aos autores de atos de improbidade administrativa**, e que constitui nosso objeto de estudo.

6.2. Sujeição passiva

A Lei nº 8.429/1992 considera *agente público* **as pessoas físicas que, a qualquer título, exercem função pública, seja ela em caráter permanente ou transitório, gratuito ou remunerado.** Enfim, basta a condição de pessoa física e o exercício de alguma função pública, e estão preenchidas as condições para que alguém possa ser responsabilizado perante a Lei de Improbidade.

Desse modo, os agentes públicos em geral sujeitam-se às disposições da Lei, sendo suscetíveis de serem penalizados com as sanções nela prescritas, na condição de **autores de atos de improbidade administrativa.**

A fim de afastar qualquer dúvida acerca de sua amplitude, a Lei declara que também se consideram agentes públicos, para fins de improbidade administrativa, as pessoas físicas que exercem atividade, cargo, mandato, emprego ou função (1) nas empresas incorporadas ao patrimônio público; (2) nas entidades para cuja criação ou custeio o Poder Público tenha concorrido ou ainda concorra com mais de 50% do patrimônio ou da receita atual; (3) nas entidades que recebem subvenção, benefício ou incentivo fiscal ou creditício do Poder Público; ou (4) nas entidades para cuja criação ou custeio o Poder Público concorra ou haja concorrido com menos de 50% do patrimônio ou receita bruta anual.

Desse modo, por exemplo, um empregado de uma **organização social** pode praticar um ato de improbidade administrativa, e por isso responder nos termos da Lei, pois as organizações sociais enquadram-se no terceiro tipo de entidade elencado no parágrafo anterior, já que "recebem subvenção, benefício ou incentivo fiscal ou creditício do Poder Público".

A única diferença é que, para os agentes das entidades que recebem subvenção, benefício ou incentivo fiscal ou creditício do Poder Público, ou para os agentes das entidades para cuja criação ou custeio o Poder Público concorra ou haja concorrido com **menos** de 50% do patrimônio ou receita bruta anual (entidades "3" e "4" do penúltimo parágrafo), a **sanção patrimonial** decorrente da aplicação da lei será **limitada à repercussão do ilícito sobre os cofres públicos.** No mais, aplicam-se a eles, na íntegra, as sanções prescritas na Lei de Improbidade.

A Lei, todavia, não se volta apenas contra os agentes públicos, alcançando também os **particulares** que **induzirem** ou **concorrerem** com um agente público para a prática de um ato de improbidade, ou dele se **beneficiarem** de qualquer forma.

Assim, o particular que convencer (induzir) um agente público a praticar um ato de improbidade, ou que praticar um ato de improbidade junto com um agente público (concorrer) é considerado também autor de ato de improbidade administrativa. Ademais também está abrangido pela Lei nº 8.429/1992 o particular que, sem vínculo direto com o ato de improbidade, dele se beneficiar direta ou indiretamente.

Desse regramento resultam duas conclusões: a primeira, já exposta anteriormente, que **um particular pode ser autor de um ato de improbidade**; a segunda, que ele jamais poderá praticar **sozinho** um ato dessa natureza, uma vez que a Lei só pune o particular que convencer um agente público a praticar um ato de improbidade ou que o praticar junto com ele. Não há como, portanto, isoladamente um particular ser autor de um ato de improbidade. É indispensável a presença de um agente público.

Enfim, os agentes públicos, aqueles que atuam nas entidades já mencionadas, os particulares que induzirem ou concorrerem com o agente público na prática de um ato de improbidade, bem como os particulares que dele se beneficiarem de qualquer modo: são esses os **sujeitos passivos** da Lei nº 8.429/1992. Vale ressaltar, apenas, que o particular que apenas se beneficiar do ato não é considerado autor, estando sujeito à Lei somente no que toca à devolução do benefício indevidamente auferido.

Na matéria, é indispensável conhecermos a decisão proferida pelo STF em junho de 2007, quando a Corte declarou **que os agentes políticos passíveis de responder por crime de responsabilidade, nos termos do art. 102, I, *c*, da Constituição, e da Lei nº 1.079/1950, não se sujeitam às disposições da Lei nº 8.429/1992**. Abaixo, transcrevemos parcialmente o acórdão da Corte, proferido na Rcl. nº 2138/DF (*Informativo* nº 471):

> "Após fazer distinção entre os regimes de responsabilidade político-administrativa previstos na CF, quais sejam, o do art. 37, § 4º, regulado pela Lei nº 8.429/92, e o regime de crime de responsabilidade fixado no art. 102, I, c, da CF e disciplinado pela Lei nº 1.079/50, entendeu-se que os agentes políticos, por estarem regidos por normas especiais de responsabilidade, não respondem por improbidade administrativa com base na Lei nº 8.429/92, mas apenas por crime de responsabilidade (...)".

6.3. Espécies de atos de improbidade administrativa

São três as espécies de atos de improbidade, a saber: (1) atos de improbidade administrativa **que importam enriquecimento ilícito** (previstos no art. 9º da Lei); (2) atos de improbidade administrativa **que causam dano ao erário** (previstos no art. 10 da Lei); e (3) atos de improbidade administrativa **que atentam contra os princípios da Administração Pública** (previstos no art. 11 da Lei).

Os atos de improbidade mais gravosos são os que importam enriquecimento ilícito, justificando, assim, a aplicação das penalidades mais severas. Em um nível intermediário, temos os atos de improbidade que causam dano ao erário, punidos de forma mais branda que os que importam enriquecimento ilícito. E, por fim, temos os atos de improbidade que violam os princípios administrativos, comparativamente os ilícitos menos graves, e por isso punidos de forma mais amena. No próximo tópico, apresentaremos as sanções aplicáveis aos autores de atos de improbidade, quando ficará mais clara a diferença.

Como já destacado, as três espécies de atos de improbidade são previstas, respectivamente, nos arts. 9º, 10 e 11 da Lei. No *caput* desses artigos, a Lei traz uma **definição** de cada uma dessas espécies de atos de improbidade, e a seguir elenca, nos respectivos incisos, uma série de condutas que se enquadram na definição.

O elenco legal, todavia, é apresentado após a expressão *e notadamente*, contida no *caput*, devendo ser visto como meramente **exemplificativo**. Com isso, podemos concluir que **uma conduta não expressamente prevista nos incisos dos arts. 9º, 10 ou 11 da Lei pode caracterizar ato de improbidade, desde que se amolde à definição contida nos respectivos** *caput*.

Isso não deve causar espanto, pois os atos de improbidade administrativa, como a própria expressão assinala, **são ilícitos de caráter administrativo**; logo, **não exigem tipificação exaustiva**, obrigatória nos ilícitos de natureza penal.

Eventualmente, uma conduta poderá caracterizar, simultaneamente, ato de improbidade administrativa e ilícito penal, mas isso não deve nos levar à errônea conclusão de que há alguma correspondência necessária. É de se ter bem claro, assim, que uma conduta tipificada como ato de improbidade não tem qualquer enquadramento obrigatório no Código Penal ou na legislação penal especial.

Em encerramento, segue-se o *caput* de cada um dos artigos referidos anteriormente:

> Art. 9º. Constitui ato de improbidade administrativa **importando enriquecimento ilícito** auferir qualquer tipo de **vantagem patrimonial indevida** em razão do exercício de cargo, mandato, função, emprego ou atividade nas entidades mencionadas no art. 1º desta Lei, **e notadamente** (...)
> Art. 10. Constitui ato de improbidade administrativa **que causa lesão ao erário** qualquer ação ou omissão, dolosa ou culposa, que enseje perda patrimonial, desvio, apropriação, malbaratamento ou dilapidação dos bens ou haveres das entidades mencionadas no art. 1º desta Lei, **e notadamente** (...)
> Art. 11. Constitui ato de improbidade administrativa **que atenta contra os princípios da administração pública** qualquer ação ou omissão que viole os deveres de honestidade, imparcialidade, legalidade e lealdade às instituições, **e notadamente** (...) (Grifo nosso)

6.4. Sanções

Como visto, os atos de improbidade administrativa correspondem a ilícitos de natureza administrativa. A Lei nº 8.429/1992, todavia, penaliza sua prática não apenas com sanções de natureza também administrativa, a exemplo da perda da função pública e da proibição de contratar com o Poder Público ou dele receber benefícios fiscais ou creditícios por determinado período, estabelecendo também penalidades de natureza **civil** – multa, ressarcimento ao erário e perda dos bens acrescidos ilicitamente ao patrimônio – e **política** – suspensão dos direitos políticos.

É importante salientar que a ação de improbidade administrativa não tem caráter constitutivo, isto é, **não visa à anulação do ato viciado**, o que pode ser obtido por outras vias processuais, a exemplo da ação popular. A ação de improbidade é essencialmente **condenatória**, pois objetiva a **punição do autor** do ato de improbidade e o **ressarcimento ao erário.**

O art. 12 da Lei estabelece, como **penalidades** pelo cometimento de atos de improbidade administrativa:

1º) para atos que **importem enriquecimento ilícito**: perda dos bens ou valores acrescidos ilicitamente ao patrimônio; ressarcimento integral do dano, quando houver; perda da função pública; suspensão dos direitos políticos de oito a dez anos; pagamento de multa civil de até três vezes o valor do acréscimo patrimonial e proibição de contratar com o Poder Público ou dele receber benefícios ou incentivos fiscais ou creditícios, direta ou indiretamente, ainda que por intermédio de pessoa jurídica da qual seja sócio majoritário, pelo prazo de dez anos;

2º) para atos que **causem prejuízo ao erário**: ressarcimento integral do dano; perda dos valores ou bens acrescidos ilicitamente ao patrimônio, se concorrer essa circunstância; perda da função pública; suspensão dos direitos políticos de cinco a oito anos; pagamento de multa civil de até duas vezes o valor do dano e proibição de contratar com o Poder Público ou dele receber benefícios ou incentivos fiscais ou creditícios, direta ou indiretamente, ainda que por intermédio de pessoa jurídica da qual seja sócio majoritário, pelo prazo de cinco anos;

3º) para atos que **atentam contra os princípios da Administração Pública**: ressarcimento integral do dano, se houver; perda da função pública; suspensão dos direitos políticos de três a cinco anos; pagamento de multa civil de até cem vezes o valor da remuneração percebida pelo agente e proibição de contratar com o Poder Público ou dele receber benefícios ou incentivos fiscais ou creditícios, direta ou indiretamente, ainda que por intermédio de pessoa jurídica da qual seja sócio majoritário, pelo prazo de três anos.

Duas dessas penalidades, a suspensão dos direitos políticos e a perda da função pública, só podem ser aplicadas **após o trânsito em julgado da decisão condenatória**. As demais, a *contrario sensu*, podem ser executadas provisoriamente, antes do trânsito em julgado da decisão.

Além disso, a Lei, no art. 21, prescreve que a incidência das sanções nela prescritas **não depende da efetiva ocorrência de dano ao patrimônio público**, nem da **aprovação ou rejeição das contas pelo órgão de controle interno ou pelo Tribunal ou Conselho de Contas**.

Apenas a segunda modalidade de atos de improbidade, os que causam dano ao erário, pressupõe a ocorrência de dano ao patrimônio público, considerando-se a expressão numa acepção econômica. Logo, as demais modalidades de ato de improbidade podem configurar-se mesmo que não tenha havido qualquer dano ao erário.

Por sua vez, a irrelevância da aprovação ou rejeição das contas pelos órgãos de controle interno ou pelos Tribunais e Conselhos para a aplicação das sanções da Lei nº 8.429/1992 justifica-se principalmente pelo fato de tais atos serem de natureza administrativa. Como a ação de improbidade é judicial, a decisão nela proferida prevalece contra eventual decisão administrativa na matéria.

Por fim, a Lei prevê também medidas de natureza **cautelar**.

Uma primeira medida dessa espécie é a **indisponibilidade de bens** do acusado, medida que pode ser decretada durante a ação de improbidade para assegurar o pagamento da multa civil e demais penalidades de caráter pecuniário, em caso de futura condenação na ação de improbidade, sendo cabível nos casos de dano ao erário ou enriquecimento ilícito. Com a mesma finalidade, a Lei prevê o **sequestro de bens**, medida passível de aplicação nas hipóteses em que há fundados indícios de responsabilidade do agente público ou do particular. Ainda, a fim de assegurar a transparência na apuração dos fatos durante o transcurso da ação de improbidade, a Lei prevê o **afastamento remunerado** do agente do exercício de seu cargo, emprego ou função.

6.5. Declaração de bens e valores

A posse e o exercício dos agentes públicos pressupõem a entrega da **declaração de bens e valores** que formam seu patrimônio (art. 13). A declaração deverá ser anualmente atualizada, bem como na data em que o agente público extinguir ou tiver extinto seu vínculo com a Administração.

Se for o caso, o agente deverá também apresentar a declaração dos bens e valores que compõem o patrimônio do seu cônjuge ou companheiro, filhos ou dependentes econômicos.

A não apresentação da declaração, ou sua apresentação com informações inverídicas, sujeita o agente à penalidade de **demissão a bem do serviço público**.

6.6. Representação

Qualquer pessoa tem o direito de **representar** à autoridade administrativa competente a fim de que seja iniciado processo administrativo objetivando a apuração de ato de improbidade (art. 14).

A autoridade administrativa, uma vez recebida a representação, tem a **obrigação** de apurar os fatos, desde que a peça preencha os requisitos prescritos no art. 14, § 1º: (a) assinatura e identificação do representante; (b) informações acerca do fato e da sua autoria e (c) indicação das provas de que dispõe o denunciante. A representação deve ser feita por escrito, admitindo-se que seja feita na forma oral, desde que reduzida a termo.

Se a autoridade administrativa negar-se a receber a representação poderá ela ser renovada perante o Ministério Público.

6.7. Ação de improbidade

A ação de improbidade administrativa, cuja natureza é de ação **civil** pública, é regulada na parte final da Lei nº 8.429/1992, apresentando como pontos principais:

1º) **legitimidade ativa**: a ação pode ser interposta pelo **Ministério Público e pelas pessoas jurídicas interessadas** (as entidades que foram prejudicadas pelo ato de improbidade). Quando proposta pela pessoa jurídica interessada, **é obrigatória a participação do MP, na condição de fiscal da lei**, sob pena de nulidade do processo. Quando proposta pelo MP, pode a pessoa jurídica interessada **abster-se de contestar a petição inicial ou atuar ao lado do MP, na condição de litisconsorte** "*desde que isso se afigure útil ao interesse público, a juízo do representante ou dirigente da pessoa jurídica*" (Lei nº 4.717/1965, art. 6º, § 3º);

2º) **legitimidade passiva**: agentes públicos e particulares que induzirem ou concorrerem com o agente público na prática de um ato de improbidade, ou dele se beneficiarem de qualquer forma;

3º) **vedação a transação, acordo ou conciliação**: a Lei, face à importância dos interesses em discussão na ação, proíbe peremptoriamente a possibilidade de aplicação desses institutos processuais, determinando que a ação será necessariamente decidida pelo magistrado;

4º) **prescrição**: a ação de improbidade prescreve, (a) no caso de mandato, cargo em comissão e função de confiança, **em até cinco anos**, a contar **do término do exercício**; e (b) em se tratando de cargo efetivo ou emprego público, no prazo definido em lei para faltas disciplinares puníveis com demissão a bem do serviço público;

5º) **competência para o julgamento**: a ação de improbidade deve ser instaurada perante a Justiça Comum, junto ao órgão jurisdicional competente do local do fato, **não se aplicando à ação, no que toca aos agentes políticos, os foros por prerrogativa de função** previstos na Constituição, em virtude da declaração de inconstitucionalidade, pelo STF, das alterações intentadas pela Lei nº 10.682/2002 (a famigerada tentativa de estender os foros por prerrogativa de função, aplicáveis na esfera **penal**, à ação **civil** de improbidade administrativa).

7. Mandado de segurança

O **mandado de segurança** tem previsão no art. 5º, LXIX, da Constituição, vazado nos seguintes termos:

> LXIX – Conceder-se-á mandado de segurança para proteger direito líquido e certo, não amparado por *habeas corpus* ou *habeas data*, quando o responsável pela ilegalidade ou abuso de poder for autoridade pública ou agente de pessoa jurídica no exercício de atribuições do Poder Público

Explicitando o conceito, o mandado de segurança pode ser definido como uma **ação judicial de natureza civil** e **de rito especial**, passível de utilização para a defesa, de forma **preventiva ou repressiva**, de **direitos líquidos e certos** não protegidos por *habeas corpus* ou *habeas data*, **violados ou ameaçados de violação** por **ação ou omissão** ilegal ou abusiva de autoridade pública ou de agente de pessoa jurídica que exerça atribuições típicas do Poder Público. O mandado de segurança é regulado pela Lei nº 1.533/51.

De forma sintética, a seguir apresentamos alguns tópicos do regime jurídico deste remédio constitucional:

1º) **natureza civil**: mesmo se a matéria discutida no mandado de segurança pertencer a outra seara jurídica (penal, trabalhista etc.), a ação permanece de natureza civil;

2º) **natureza residual**: o mandado de segurança só tem cabimento para a defesa de direitos líquidos e certos que não sejam passíveis de proteção via *habeas corpus* ou *habeas data*. Ademais, como assentou o STF na Súmula 101, "o mandado de segurança não substitui a ação popular";

3º) **sujeito ativo (impetrante)**: o sujeito ativo do mandado de segurança é o **titular do direito** líquido e certo lesionado ou ameaçado de lesão. Na lição de Hely Lopes Meirelles, têm legitimidade para ajuizar a ação de mandado de segurança (a) **as pessoas físicas ou jurídicas em geral, nacionais ou estrangeiras**; (b) **as universalidades reconhecidas por lei** (a massa falida, o espólio, o condomínio de apartamentos etc.); **os órgãos independentes, em defesa das suas prerrogativas e atribuições**; d) **os agentes políticos, também na defesa de suas atribuições e prerrogativas**;

4º) **sujeito passivo (impetrado ou autoridade coatora)**: em mandado de segurança o sujeito passivo **é a própria autoridade**, a **pessoa física** que, **munida de poder decisório, produz ou ordena concretamente a produção (ou a não produção) do ato impugnado** (e que, portanto, tem competência para a correção do abuso ou da ilegalidade), e não a entidade em nome da qual ela exerce suas funções ou o órgão em que atua. Nesta condição enquadra-se toda e qualquer autoridade pública, seja qual for o Poder em que ela atue e seja qual for a esfera de Governo a que pertença, compreendidas aqui todas as autoridades da Administração direta e indireta. Da mesma forma, estão incluídos os agentes de entidades privadas que desempenhem atribuições típicas do Poder Público, **exclusivamente no que toca a tais atribuições** (essencialmente, aqui estão compreendidos os agentes das pessoas jurídicas privadas delegatárias de serviço público). Em se tratando de ato praticado por **delegação**, a legitimidade passiva para responder em mandado de segurança é da **autoridade delegada**, não da autoridade delegante (no caso, também não é cabível litisconsórcio passivo). Nos órgãos **colegiados**, considera-se autoridade coatora o respectivo **presidente**. Nos atos complexos, **todas as autoridades** que participaram da produção do ato impugnado são consideradas *autoridade coatora*. E nos atos compostos a autoridade coatora é **somente a autoridade principal**, aquela que define o conteúdo do ato;

5º) direito líquido e certo: é assim considerado o direito fundado em **fatos incontroversos, comprovados cabalmente pelo impetrante já no momento de interposição da ação**, mesmo se a matéria for objeto de intensa discussão doutrinária ou jurisprudencial, ou for considerada *de grande complexidade jurídica*. É em virtude da necessidade de comprovação dos fatos já no início do processo que faz com que em mandado de segurança não exista a fase instrutória;

6º) prazo para interposição: a legislação estabelece em **120 dias** o prazo para a impetração do mandado de segurança, a contar da data em que o interessado teve conhecimento oficial do ato a ser impugnado (em caso de dúvida quanto a seu termo inicial, resolve-se a mesma a favor do impetrante). Este prazo tem natureza **decadencial**, de modo que, como já assentou o STF na Súmula nº 430, não tem seu transcurso afetado por eventual pedido de reconsideração da decisão ou ato impugnado interposto na via administrativa. O STF mitiga o rigor deste prazo apenas na hipótese de ajuizamento perante **juízo** incompetente, caso em que, uma vez reconhecida a incompetência pelo juízo em que foi proposta a ação, assiste ao interessado direito de propor novamente o mandado de segurança, no lapso temporal restante;

7º) hipóteses de cabimento: dentre as hipóteses em que se admite a interposição de mandado de segurança, destacamos a possibilidade de sua propositura contra (a) **atos administrativos**, vinculados ou discricionários; (b) **atos jurisdicionais**, desde que não exista recurso judicial específico contra a decisão que se pretende impugnar, ou que, mesmo havendo recurso, não seja ele dotado de efeitos suspensivos; (c) atos **concretos** produzidos durante o **processo legislativo** (o fundamento para a interposição, no caso, é a ofensa do ato à Constituição, e a legitimidade para tanto é restrita aos **parlamentares** participantes do processo); (d) **leis de efeitos concretos**;

8º) hipóteses de não cabimento: por sua vez, não cabe mandado de segurança contra (a) **decisão judicial transitada em julgado** (STF, Súmula nº 268); (b) ato que seja impugnável por **recurso administrativo com efeito suspensivo**, **independentemente de caução** (Lei nº 1.533/1951, art. 50, I) (de destacar que há autores, como Alexandre de Moraes, que admitem o uso do mandado de segurança nesta hipótese, desde que o interessado tenha deixado transcorrer o prazo para a interposição do recurso administrativo ou tenha renunciado à sua interposição); (c) "despacho ou decisão judicial, quando haja recurso previsto nas leis processuais ou possa ser modificado por via de correição" (Lei nº 1.533/1951, art. 50, II), e desde que, no caso, haja previsão de efeitos suspensivos para a interposição; (d) "ato disciplinar, salvo quando praticado por autoridade incompetente ou com inobservância de formalidade essencial" (Lei nº 1.533/1951, art. 50, III), devendo-se interpretar extensivamente a disposição legal, de modo a abranger todos os elementos de legalidade do ato disciplinar; (e) **lei em tese** (STF, Súmula nº 266); (f) atos *interna corporis*, salvo se o fundamento é ofensa à Constituição Federal. Ainda, considera-se que o mandado de segurança não pode ser usado como **ação substitutiva de ação de cobrança** (STF, Súmula nº 269), já que a ação não produz efeitos patrimoniais pretéritos;

9º) competência: sem adentrar nas minúcias da Constituição na matéria, apenas desejamos destacar que são dois os critérios a partir dos quais se define a competência para o processo e julgamento do mandado de segurança, a saber: (a) a **qualificação da autoridade** coatora (federal, estadual, distrital ou municipal); e a (b) **hierarquia** desta autoridade. Por exemplo, um mandado de segurança interposto contra ato de um delegado da Polícia Civil de Goiás tramitará e será decidido pela Justiça Estadual daquele Estado; se o ato for produzido por um auditor-fiscal da Receita Federal que atua no Paraná, o mandado de segurança contra ele será proposto perante a Justiça Federal no Paraná. Na hipótese de ser atacada uma decisão de uma autoridade administrativa de um dos Tribunais Superiores, ou do próprio STF, o mandado de segurança deverá ser interposto perante a Justiça Jederal no DF, e assim por diante;

10º) o art. 5º, LXX da CF prevê o **mandado de segurança coletivo**, passível de interposição por (1) partido político com representação no Congresso Nacional; (2) organização sindical, entidade de classe ou associação legalmente constituída e em funcionamento há pelo menos um ano, em defesa dos interesses de seus membros ou associados. Sobre o tema, são cabíveis as seguintes considerações: (a) **não se exige a autorização expressa constante do art. 5º, XXI, da Constituição**, para que as associações legalmente constituídas e em funcionamento há pelo menos um ano impetrem o mandado de segurança coletivo; (b) a exigência de um ano de funcionamento é aplicável apenas às associações, não alcançando os sindicatos e as entidades de classe; (c) partido político representado no Congresso Nacional é aquele que tem pelo menos um de seus integrantes em exercício de mandato eletivo na Câmara dos Deputados ou no Senado Federal no momento da impetração do mandado; (d) as organizações sindicais, entidades de classe e as associações podem se valer desta ação **para a defesa de direitos que estejam compreendidos na titularidade dos associados e que existam em razão das atividades por eles exercidas, não se exigindo que tais direitos sejam próprios, exclusivos, da categoria**; (e) os partidos políticos, por sua vez, tem legitimidade mais ampla, podendo se valer da ação contra **atos de autoridade em geral, mesmo que não afetem especificamente seus filiados e que não se refiram a questões políticas** (entretanto, não podem impetrar mandado de segurança coletivo em matéria tributária).

Capítulo 14

BENS PÚBLICOS

1. Introdução

Devemos desde logo delimitar, dentro do conceito de **domínio público**, o de **domínio eminente**, de caráter **não patrimonial**, que corresponde ao **poder geral** que tem o Estado sobre todos os bens que estão dentro de seu território, incidindo sobre (1) **bens públicos**, (2) **bens privados** e (3) bens sujeitos a um **regime especial de propriedade**, a exemplo do espaço aéreo e das águas.

José dos Santos Carvalho Filho, comentando o tema, afirma (destacamos):

> Desse aspecto político, que é inerente ao sentido de domínio eminente, defluem todas as formas de investida que o Estado emprega em relação à propriedade privada. Com efeito, pode o Estado transferir a propriedade privada, por meio da desapropriação, quando há utilidade pública ou interesse social; estabelecer limitações administrativas gerais à propriedade; criar regime especial de domínio em relação a algumas espécies de bens, como os situados no subsolo, nas águas, nas florestas etc. Em outras palavras, **ainda que não sendo proprietário de todos os bens**, o Estado pode instituir regimes jurídicos específicos que afetam fundamente o domínio.

A noção de domínio eminente, como visto, não se pode confundir com a de **domínio patrimonial**, porque esta importa a inclusão daqueles bens que o Estado possui na qualidade de proprietário, tal como se fora uma pessoa privada.

Como ressalta da lição do autor, *domínio público* é expressão que indica, num primeiro sentido, todos os bens que pertencem ao Estado ou que estejam sob sua administração e regulamentação. Neste caso, o adjetivo *público* refere-se ao Estado, ao qual é conferido um poder de dominação geral. Num segundo sentido, o domínio público pode ser compreendido como o conjunto de bens destinados à coletividade, hipótese em que o adjetivo *público* estaria referindo-se à coletividade, ao público, de forma direta ou indireta. A partir disso, afirma que

> Com base no vigente dispositivo do novo Código, podemos, então, conceituar bens públicos como todos aqueles que, de qualquer natureza e a qualquer título, pertençam às **pessoas jurídicas de direito público**, sejam elas federativas, como a União, os Estados, o Distrito Federal e os Municípios, sejam da Administração descentralizada, como as autarquias e as fundações de direito público (...) Referimo-nos a bens de qualquer natureza, porque na categoria se inserem os bens corpóreos e incorpóreos, móveis, imóveis, semoventes, direitos, créditos e ações. Por outro lado, a menção à propriedade a qualquer título funda-se na especial circunstância de que no conceito tanto se incluem os bens do domínio do Estado na qualidade de proprietário em sentido estrito, quanto aqueles outros que, de utilização pública, se sujeitam ao poder de disciplinamento e regulamentação pelo Poder Público.

Celso Antônio Bandeira de Mello, por sua vez, define bens públicos como todos aqueles pertencentes às pessoas jurídicas de direito público, **bem como aqueles que, embora não pertencentes a tais pessoas, estejam afetados à prestação de um serviço público**. Segundo o autor, o domínio público, ou seja, o conjunto de bens públicos, inclui bens que não pertencem ao Poder Público, sendo assim considerados porque participam da atividade administrativa pública, encontrando-se, em vista disso, sob o signo da relação de administração, "que domina e paralisa a propriedade, mas não a exclui". Segundo o autor, a

> (...) noção de bem público, tal como qualquer outra noção em Direito, só interessa se for correlata a um dado regime jurídico. Assim, todos os bens que estiverem sujeitos ao mesmo regime público deverão ser havidos como bens públicos. Ora, bens particulares, quando afetados a uma atividade pública (enquanto o estiverem) ficam submissos ao mesmo regime jurídico dos bens de propriedade pública. Logo, têm que estar incluídos no conceito de bem público.

Nessa unidade trabalharemos com a perspectiva do professor José dos Santos Carvalho Filho, por ser em nossa opinião a que mais se conforma ao regramento legal da matéria. Com efeito, o art. 98 do Código Civil (Lei nº 10.406/2002) considera "públicos os bens do domínio nacional pertencentes às pessoas jurídicas de direito público interno; todos os outros são particulares, seja qual for a pessoa a que pertencerem".

Devemos destacar que a expressão *domínio nacional* utilizada no dispositivo legal deve ser compreendida, nesse contexto, como sinônima da expressão *a qualquer título* utilizada pelo professor Carvalho Filho. Assim, afirmamos que bens públicos são aqueles que, **a qualquer título**, compõem o patrimônio das entidades políticas, autárquicas e fundacionais de direito público, compreendendo a expressão em destaque não só os bens do domínio das pessoas de direito público na qualidade de proprietárias em sentido estrito, mas também os bens **de utilização pública**, que se sujeitam a uma especial regulamentação do Poder Público.

De qualquer modo, ficam excluídos do conceito de bens públicos (são, portanto, bens **privados**) os bens das **entidades de direito privado** integrantes da Administração Indireta, a saber, as empresas públicas, as sociedades de economia mista e as fundações públicas de direito privado.

Adiante analisaremos com mais vagar a matéria, mas desde já cabe destacar que a diferença entre os bens públicos e os bens privados, como não poderia deixar de ser, é o **regime jurídico** aplicável. **Bens públicos** é uma expressão sintética que deve ser interpretada como *bens sujeitos a regime jurídico de direito público*. Da mesma forma, **bens privados** é expressão a ser entendida como significando *bens sujeitos a regime jurídico de direito privado*. A principal diferença entre esses dois regimes são algumas proteções exclusivas do regime publicista, incidentes, portanto, apenas sobre os bens públicos, a saber, a inalienabilidade relativa, a impenhoralidade, a não onerabilidade e a imprescritibilidade.

Isto posto, passemos, então, à análise dos demais temas relacionados aos **bens públicos**.

2. Classificação dos bens públicos

2.1. Quanto à destinação

Tendo por critério as possíveis destinações dos bens públicos, podemos classificá-los em (a) bens de uso comum do povo; (b) bens de uso especial e (c) bens dominicais.

Bens de uso comum do povo são aqueles destinados ao uso dos administrados em geral, sem necessidade, em regra, de qualquer ato formal da Administração consentindo no uso do bem. São exemplos de bens que se enquadram nessa modalidade as praças públicas, as ruas e avenidas, as praias, as pontes e estradas, os mares, entre outros.

Como já afirmado, o uso de tais bens pelos administrados geralmente não está condicionado a qualquer ato expresso concessivo da Administração, já que sua finalidade é justamente atender ao público em geral. Todavia, quando o administrado desejar utilizar-se do bem para alguma finalidade especial, ou de modo privativo, é necessário o consentimento expresso da Administração, em regra sob as formas de permissão e autorização de uso.

Poderá também a Administração, desde que haja previsão legal, condicionar o uso do bem ao pagamento de alguma contraprestação pecuniária, como se observa no pedágio cobrado em algumas rodovias públicas.

Bens públicos de uso especial, por sua vez, são os bens públicos utilizados para o exercício de alguma atividade administrativa. Na expressão de José dos Santos Carvalho Filho, tais bens constituem o **aparelhamento material** de que dispõe a Administração para executar as atividades que lhe incumbem.

Os prédios onde são sediadas as repartições públicas; os veículos oficiais; os móveis e equipamentos da Administração; os aeroportos; as universidades; as escolas públicas; os museus e bibliotecas são alguns bens públicos que se enquadram como de uso especial.

Além dos agentes administrativos, os administrados em geral também têm direito de acesso a tais bens, desde que respeitadas as normas legais e administrativas pertinentes.

Por último, temos os **bens dominicais**, os bens públicos que não estão sendo utilizados em alguma finalidade pública específica, a exemplo dos terrenos da marinha, dos prédios públicos locados a terceiros e da dívida ativa. Geralmente, o Poder Público faz uso desses bens para a obtenção de recursos, a serem aplicados no exercício das atividades administrativas em geral.

2.2. Quanto à disponibilidade

Quanto à **disponibilidade**, os bens públicos podem ser classificados em:

a) bens indisponíveis por natureza;
b) bens patrimoniais indisponíveis;
c) bens patrimoniais disponíveis.

Os **bens indisponíveis por natureza** são aqueles que possuem natureza **não patrimonial**, em função do que não podem ser alienados pelo Poder Público.

Aqui se enquadram a maioria (mas não todos) dos bens de uso comum do povo, a exemplo dos rios, florestas, mares etc.

Os **bens patrimoniais indisponíveis** são aqueles que, embora tenham natureza patrimonial, não podem ser alienados pelo Poder Público enquanto utilizados com uma destinação pública específica.

Aqui se incluem todos os bens de uso especial e os bens de uso comum do povo com valor patrimonial. Exemplo, no primeiro caso, são os prédios públicos e os veículos; no segundo, as praças públicas.

Os **bens patrimoniais disponíveis,** por exclusão, são aqueles que possuem valor patrimonial e não estão afetados a nenhuma finalidade pública específica, em função do que são passíveis de alienação, na forma e nas condições que a lei estabelecer.

3. Afetação e desafetação

Afetação e desafetação são institutos relacionados ao uso dos bens públicos, à sua destinação, em função da qual será possível ou não sua alienação.

O bem público **afetado** é aquele que **está sendo utilizado com uma finalidade pública específica**, em função do que **não pode ser alienado pela Administração.** Essa finalidade pública específica pode ser direcionada (a) à coletividade em geral ou (b) ao exercício das atividades administrativas e à prestação de serviços públicos.

No primeiro caso, estaremos perante um bem **de uso comum do povo**; no segundo, frente a um bem **de uso especial**. Em outros termos, podemos dizer que a afetação indica a finalidade pública na qual estão sendo usados os bens de uso comum do povo e os bens de uso especial. Enquanto tais bens mantiverem tal destinação específica, ou seja, enquanto permanecerem na condição de bens de uso comum ou de uso especial, não podem ser alienados pela Administração.

A **desafetação**, por sua vez, é o contraposto da afetação, e indica que certo bem público **não está sendo usado em uma finalidade pública definida**. Ela indica, portanto, que o bem público integra a categoria dos bens **dominicais**. Um bem dessa categoria, justamente por não estar sendo utilizado para qualquer fim público especial, pode ser alienado pela Administração, nos termos da lei.

Não devemos considerar que a afetação e a desafetação possuem caráter absoluto. Um bem público afetado, porque utilizado em uma finalidade pública determinada, pode ter essa utilização cessada, caso em que passará à condição de desafetado. Seria o caso, por exemplo, de um hospital público que vem a ser desativado pela Administração.

Da mesma forma, um bem público desafetado, porque não está sendo utilizado em qualquer destinação pública específica, pode passar a ter tal destinação, caso em que passará à condição de afetado. É o que ocorreria, por exemplo, se o hospital que foi desativado fosse reaberto pela Administração.

Na primeira hipótese, o bem inicialmente é insuscetível de alienação, mas esta vem a ser possível com sua desafetação. Na segunda, ocorre justamente o oposto: o bem inicialmente podia ser alienado, mas tal possibilidade cessou quando ele passou à condição de afetado.

Enfim, podemos sintetizar a matéria nos seguintes termos: a afetação indica que o bem público enquadra-se como bem de uso comum ou de uso especial, e enquanto mantiver tal destinação pública específica não poderá ser alienado pela Administração. A desafetação, por sua vez, indica que o bem público integra a categoria dos bens dominicais, e enquanto estiver nessa condição, desvinculado de qualquer fim público específico, pode ser alienado pela Administração, observada a forma e as condições postas na lei.

A desafetação de um bem público só não o torna alienável em uma hipótese: quando o bem deixar de ser utilizado em uma finalidade pública determinada, mas simultaneamente passa a ser utilizado em outra. Nessa hipótese, **teremos simultaneamente uma desafetação e uma nova afetação**, o que mantém a inalienabilidade do bem público.

4. Características

Os bens públicos diferenciam-se dos particulares por quatro características: inalienabilidade ou alienabilidade condicionada, impenhorabilidade, imprescritibilidade e não onerabilidade.

4.1. Inalienabilidade (ou alienabilidade condicionada)

Essa característica nada mais é do que a impossibilidade de alienação dos bens de uso comum do povo e dos bens de uso especial, enquanto permanecerem sendo utilizados na sua destinação específica.

Como se nota, apesar de ser usual apresentar-se a inalienabilidade como característica dos bens públicos, na verdade a característica não se aplica aos bens dominicais, cuja nota peculiar é justamente sua alienabilidade.

Atualmente os arts. 100 e 101 do Código Civil disciplinam essa questão, nos mesmos termos já explicitados.

4.2. Impenhorabilidade

A penhora é o ato judicial mediante o qual se vincula determinado bem ao pagamento de um débito, a fim de assegurar a satisfação do credor. Efetivada a medida, se o devedor negar-se a voluntariamente quitar a dívida terá o bem levado a leilão ou a hasta pública, para que, com o valor da alienação, possa o credor ter satisfeito seu direito.

Os bens públicos, sejam móveis ou imóveis, não podem ser penhorados. A Constituição, no art. 100, estabeleceu um regime específico para o pagamento dos débitos das pessoas jurídicas de direito público decorrentes de decisão judicial transitada em julgado. Trata-se do regime de precatórios, que torna desnecessária a incidência do instituto da penhora sobre os bens públicos.

De destacar que, sem que se possa afirmar que os bens das empresas públicas e sociedades de economia mista **prestadoras de serviços públicos** sejam bens públicos, não há dúvida de que os bens destas entidades, utilizados na prestação do serviço, estão protegidos pela impenhorabilidade, pela aplicação do princípio da continuidade dos serviços públicos. Ademais, também em virtude da sua área de atuação, admite-se que a lei que autorizar a criação destas entidades declare impenhoráveis a totalidade dos bens integrantes do patrimônio, pois, ainda que de forma indireta, sua retirada compulsória, para pagamento de débitos da entidade, pode influir negativamente na prestação do serviço. Enfim, sem que se possa afirmar que estamos perante bens públicos, não podemos considerar seu regime jurídico idêntico ao aplicável aos bens das empresas privadas ou das empresas públicas e sociedades de economia mista exploradoras de atividade econômica.

4.3. Não onerabilidade

A **oneração** de um bem é o ato pelo qual seu proprietário vincula-o como **garantia** do adimplemento de determinada obrigação assumida por ele ou por terceiro. Os bens públicos não são oneráveis, pois não podem ser dados em garantia. Isso significa que a hipoteca, o penhor e a anticrese, os denominados *direitos reais de garantia*, são institutos inaplicáveis aos bens públicos, móveis ou imóveis.

Podemos vislumbrar a não onerabilidade como uma consequência da impenhorabilidade. Se os bens públicos não podem ser penhorados, sua oneração seria um ato juridicamente ineficaz.

4.4. Imprescritibilidade

Os bens públicos não podem ser adquiridos por usucapião. Nisso consiste a **imprescritibilidade.**

A usucapião é modo originário de aquisição de propriedade. Trata-se de um instituto de direito privado, regulado pelo Código Civil, que assegura à pessoa que possuir mansa e pacificamente um bem, móvel ou imóvel, por um determinado período de tempo, o direito à sua propriedade.

Tal instituto não se aplica aos **imóveis** públicos, que são declarados pela Constituição, no art. 183, § 3º (quanto aos imóveis urbanos) e no art. 191, parágrafo único (quanto aos imóveis rurais), **insuscetíveis de aquisição por usucapião**.

Os **móveis** públicos, da mesma forma, são imprescritíveis. O art. 102 do Código Civil de 2002, de forma ampla, dispõe que "*os bens públicos não estão sujeitos à usucapião*". Nessa redação genérica estão incluídos tanto os bens imóveis como os móveis.

5. Gestão dos bens públicos

Os bens públicos nem sempre são utilizados pela própria entidade política ou administrativa que detenha sua propriedade. É usual que os bens públicos sejam utilizados por particulares, ou mesmo por outras entidades públicas.

A seguir, apresentamos sinteticamente alguns dos institutos que possibilitam essa utilização.

1. **Autorização de uso**: é um ato administrativo **discricionário** e de caráter **precário,** pelo qual a Administração, de forma **gratuita ou onerosa**, consente que terceiro se utilize **privativamente** de um bem público, visando à satisfação, preponderantemente, de **seu próprio interesse**.

A autorização independe de licitação e, na lição de Maria Sylvia Zanella di Pietro, gera somente **faculdade**, não obrigação de uso do bem, já que nela o interesse preponderante é o do próprio autorizatário, não o da coletividade.

Em função de seu caráter discricionário, a Administração pode avaliar a conveniência e a oportunidade da autorização, sendo-lhe lícito negá-la mesmo àqueles que preencham seus requisitos legais. Ademais, a autorização do uso de bens públicos representa um ato de caráter precário, passível de revogação a qualquer tempo pela Administração, não cabendo em função disso, como regra geral, qualquer indenização ao autorizatário. Na matéria, a doutrina ressalva as autorizações onerosas ou concedidas por prazo certo, cuja extinção por conveniência e oportunidade pode gerar dever de indenização para a Administração.

2. **Permissão de uso**: é, a exemplo da autorização, um ato administrativo de caráter **discricionário** e **precário** pelo qual a Administração, de forma **gratuita ou onerosa,** consente que terceiro use de forma privativa um bem público, visando sobretudo ao interesse **coletivo**.

Quando concedidas sem prazo (simples), são revogáveis independentemente de qualquer indenização; se com prazo (qualificadas), sua revogação antes do termo final fixado implica obrigação de indenizar para a Administração.

Nossa doutrina majoritária aponta a necessidade de licitação para a escolha do permissionário, em obediência ao princípio da impessoalidade, salvo quando a adoção do procedimento for incompatível em virtude das peculiaridades do caso em concreto. Seria o caso, por exemplo, da permissão para instalação de mesas em uma calçada, que logicamente só pode ser concedida ao proprietário do estabelecimento comercial em frente ao qual elas serão dispostas. A Lei nº 8.666/1993, entretanto, não exige licitação para a permissão de uso de bens públicos.

A professora Maria Sylvia Zanella di Pietro enumera três diferenças entre a autorização de uso e a permissão de uso:

1ª) na autorização, visa-se precipuamente ao interesse do próprio beneficiário, ao passo que na permissão sobreleva o interesse da coletividade;

2ª) em função dessa primeira diferença, a autorização não gera dever, mas mera faculdade de uso para o beneficiário. Já a permissão gera dever de uso;

3ª) também em decorrência da primeira diferença, a professora entende que, apesar de tanto a autorização como a permissão terem caráter precário, na autorização este é mais acentuado.

3. **Concessão de uso**: na lição de Maria Sylvia Zanella di Pietro, concessão de uso pode ser definida como um "**contrato administrativo** pelo qual a Administração faculta ao particular a utilização **privativa** de bem público, para que o exerça **conforme sua destinação**".

Como se nota, a principal diferença da concessão de uso, com relação à permissão e à autorização, é sua natureza **contratual**, o que afasta a precariedade. Uma vez celebrado o contrato de concessão de uso, por decisão discricionária da Administração, pode esta rescindi-lo antes do prazo acordado, em virtude de interesse público superveniente, mas **deverá indenizar** o beneficiário da concessão pelos prejuízos diretamente resultantes da extinção antecipada do contrato.

Em obediência ao art. 57 da Lei nº 8.666/1993, o contrato de concessão de uso só pode ser celebrado por prazo determinado. Ademais, segundo José dos Santos Carvalho Filho e Maria Sylvia Zanella di Pietro, a concessão de uso deve ser precedida de licitação, salvo quando o procedimento for inviável em face das peculiaridades de caso em concreto.

4. **Concessão de direito real de uso**: trata-se de um **contrato administrativo** mediante o qual a Administração, **gratuita ou onerosamente**, **por prazo determi-**

nado ou indeterminado, confere ao particular o **direito real resolúvel de uso de um terreno público ou do espaço aéreo que o recobre**, para fins de industrialização, urbanização, edificação, cultivo, entre outras utilizações de interesse social. Na esfera federal, a matéria é tratada no Decreto-lei nº 271/1967, que autoriza a concessão **autônoma** do espaço aéreo, não abrangendo o solo a ele subjacente.

Diferencia-se da concessão de uso principalmente porque confere ao beneficiário um direito de natureza **real**, passível, portanto, como regra geral, de transferência por *ato intervivos* ou *causa mortis*. É, porém, um direito real **resolúvel**, extinguindo-se no caso de o beneficiário utilizar o bem com finalidade diversa da estipulada. Já a concessão de uso, também denominada concessão *simples* de uso, confere ao administrado um direito de caráter meramente **pessoal**, resultando na sua rescisão qualquer tentativa de transferência do direito de uso do bem sem expressa autorização da Administração.

A concessão de direito real de uso é celebrada por escritura pública ou particular, ou por termo administrativo, devendo-se, após a lavratura, ser efetuado o registro da concessão no Registro de Imóveis competente. Nos termos do art. 17 da Lei nº 8.666/1993, a concessão de direito real de uso exige **autorização legislativa** e **licitação** na modalidade concorrência, dispensada esta quando o uso se destina a outro órgão ou entidade da Administração.

Em regra, sua celebração se dá em caráter individual. Mas a legislação admite, em se tratando de programas e projetos habitacionais de interesse social, desenvolvidos por órgãos ou entidades da administração pública com atuação específica nessa área, que o contrato seja celebrado **coletivamente**.

6. Categorias de bens públicos

Encerramos esta unidade apresentando de forma sumária as principais categorias de bens públicos, nos seguintes termos:

a) ilhas: as **ilhas** são geralmente classificadas entre os bens dominicais, podendo ser marítimas, fluviais e lacustres. As **ilhas fluviais** (localizadas nos rios) **e lacustres** (localizadas nos lagos) pertencem à União quando ficam na divisa de nosso território com o território estrangeiro (CF, art. 20, IV); nos demais casos são de domínio do Estado em que se localizarem (CF, art. 26, III). As **ilhas marítimas**, **oceânicas** (quando são localizadas distantes da costa marítima) e **costeiras** (quando são próximas da costa) podem pertencer tanto à União como aos Estados, Municípios, e mesmo a particulares, como prescrevem os art. 20, IV, da CF, na redação dada pela EC nº 46/2005, e o art. 26, II, também da Constituição;

b) águas públicas: as **águas públicas** são aquelas que formam os mares, os rios e os lagos de domínio público. Podem ser de uso comum do povo ou dominicais. São de uso comum os mares; os lagos, rios ou canais navegáveis ou flutuáveis; as correntes de onde eles se originam; as nascentes dos rios; as fontes e reservatórios públicos; os braços de quaisquer correntes públicas que influam em sua navegabilidade ou flutuabilidade. As demais águas públicas são bens dominicais. Pertencem à União se localizadas em terreno federal, se banharem mais de um Estado, se fizerem limites com outros países ou se estenderem a território estrangeiro ou dele provierem (CF, art. 20, III). Nas demais hipóteses pertencem aos Estados;
c) plataforma continental: **plataforma continental** é a extensão das áreas continentais sob o mar até a profundidade aproximada de duzentos metros. A plataforma continental, bem como seus recursos naturais, pertence à União (CF, art. 20, V);
d) terras tradicionalmente ocupadas pelos índios: nos termos do art. 231, § 1º, da CF, as **terras tradicionalmente ocupadas pelos índios** são "*as por eles habitadas em caráter permanente, as utilizadas para suas atividades produtivas, as imprescindíveis à preservação dos recursos ambientais necessários a seu bem-estar e as necessárias à sua reprodução física e cultural, segundo os usos, costumes e tradições*". Pertencem à União, e são incluídas entre os bens **de uso especial**, tendo em vista sua destinação específica;
e) terras devolutas: **terras devolutas** são aquelas que não estão sendo utilizadas em nenhuma finalidade pública. Enquadram-se, portanto, entre os bens dominicais. Encontram-se sob domínio da União as terras devolutas indispensáveis à defesa da fronteira, das fortificações e construções militares, das vias federais de comunicação e à preservação ambiental, definidas em lei (CF, art. 20, II). As demais pertencem aos Estados onde se localizarem. Deve-se destacar que os imóveis compreendidos na **faixa de fronteira** (CF, art. 20, § 2º) não são, necessariamente, bens públicos. Podem até sê-lo, mas, em regra, pertencem a particulares, cabendo à lei regular sua ocupação e utilização. A fim de evitar eventuais dúvidas, transcreve-se a seguir o art. 20, § 2º, da CF: "*A faixa de até cento e cinquenta quilômetros de largura, ao longo das fronteiras terrestres, designada como faixa de fronteira, é considerada fundamental para defesa do território nacional, e sua ocupação e utilização serão reguladas em lei*";
f) terrenos de marinha: **terrenos de marinha**, segundo sua definição legal, são as áreas que, "*banhadas pelas águas do mar ou dos rios navegáveis, em sua foz, se estendem à distância de 33 metros para a área terrestre, contados da linha do preamar médio de*

1831". Os terrenos de marinha pertencem à União (CF, art. 20, VII), e são considerados bens dominicais, salvo se utilizados para algum fim público;

g) terrenos acrescidos: **terrenos acrescidos** são os que se tiverem formado, natural ou artificialmente, para o lado do mar ou dos rios e lagoas, em prosseguimento aos terrenos de marinha. Integram o domínio da União e, em regra, são também bens dominicais;

h) terrenos reservados: **terrenos reservados** são aqueles que, banhados pelas correntes navegáveis, fora do alcance das marés, se estendem até a distância de 15 metros para a parte da terra, contados desde a linha média das enchentes ordinárias;

i) cavidades naturais subterrâneas e sítios arqueológicos e pré-históricos (CF, art. 20, X): são bens dominicais sob especial proteção, sendo de propriedade da **União**.

Capítulo 15

INTERVENÇÃO DO ESTADO NA PROPRIEDADE PRIVADA

1. Introdução

A fim de assegurar **a predominância do interesse público** sobre o privado e o **cumprimento da função social da propriedade**, muitas vezes faz-se necessária a intervenção do Estado na propriedade privada, **limitando e condicionando os interesses individuais**.

A intervenção do Estado na propriedade privada pode ser entendida, pois, como a atividade estatal mediante a qual se conforma o uso da propriedade particular aos interesses superiores da coletividade, mediante institutos que restringem ou condicionam tal uso, a exemplo da servidão administrativa, do tombamento e da requisição.

2. Intervenção restritiva e intervenção supressiva

A maioria dos instrumentos de intervenção estatal na propriedade privada caracteriza-se pela imposição de limitações e condicionamentos ao uso da propriedade, sem suprimi-la de seu dono. Aqui se enquadram a servidão administrativa, o tombamento, a requisição, a ocupação temporária e as limitações administrativas. Reunidas, elas correspondem às modalidades de **intervenção restritiva** na propriedade privada.

Temos, ainda, um instrumento de ingerência estatal ainda mais gravoso, pois implica a transferência coercitiva de uma propriedade particular para o patrimônio público. Trata-se da desapropriação, modalidade de intervenção **supressiva**.

3. Atos de intervenção na propriedade privada

3.1. Limitações administrativas

Segundo Hely Lopes Meirelles, a **limitação administrativa** "é toda imposição **geral, gratuita, unilateral** e de ordem pública condicionadora do exercício de direitos e atividades particulares às exigências do bem-estar social".

As limitações administrativas, portanto, nada mais são do que normas de caráter geral, condicionadoras dos direitos e atividades individuais, impondo aos seus destinatários obrigações positivas, negativas ou permissivas. Em vista de seu caráter geral, incidente sobre toda uma coletividade, as limitações **não são indenizáveis**.

A proibição de construir prédios acima de determinada altura em certas zonas municipais; a obrigação que têm os proprietários de terrenos baldios de efetuarem periodicamente a limpeza de seus terrenos; a obrigatoriedade de as construções observarem um espaço de recuo, a fim de que sejam construídas as calçadas públicas, são alguns exemplos de limitações administrativas.

É o caráter **geral** das limitações administrativas seu diferencial relativamente aos demais atos de intervenção na propriedade privada, que atingem, sempre, destinatários determinados. Logo, os demais atos de intervenção são **específicos**, incidindo sobre destinatários determinados, ao passo que as limitações administrativas são genéricas, alcançando indistintamente toda uma coletividade.

Um ato de desapropriação, por exemplo, incide sobre um bem específico, que passará a integrar o patrimônio público. Já a obrigação de reservar um espaço do terreno para a calçada é uma restrição que atinge todos aqueles que irão construir imóveis.

Enfim, podemos definir as limitações administrativas como atos de caráter **normativo, geral**, pelos quais são impostas **limitações e condicionamentos ao gozo de direitos individuais. Não justificam qualquer pagamento de indenização** pelo Poder Público e, em regra, são caracterizadas pela **definitividade**.

3.2. Ocupação temporária

Ocupação temporária é um instrumento pelo qual o Poder Público **transitoriamente**, de **forma gratuita ou remunerada**, utiliza-se de **imóveis** alheios, para fins de execução de obras públicas ou de prestação de serviços de interesse coletivo.

O uso das dependências de uma faculdade privada para uma campanha de vacinação, ou de um terreno baldio para o depósito dos materiais que serão utilizados na construção de uma escola pública são dois exemplos de ocupação temporária.

Ao contrário da servidão administrativa, que analisaremos adiante, a ocupação temporária tem caráter **transitório**, cessando de vigorar uma vez cessada a utilidade do imóvel para a execução da obra ou para a prestação do serviço. Também de forma diversa da servidão, a ocupação temporária goza de **autoexecutoriedade**. O Poder Público simplesmente declara em ato formal sua necessidade de ocupar certo imóvel para dada finalidade, e pode imediatamente ocupá-lo. Ademais, a ocupação confere ao Poder Público tão somente um direito de natureza **pessoal**.

Sintetizando, podemos concluir que a ocupação temporária é um direito **pessoal** de uso de imóveis alheios, para fins de construção de obras e prestação de serviços públicos. Incide apenas sobre **imóveis** e tem caráter **transitório**, gozando de **autoexecutoriedade**. **Quando vinculada à desapropriação, sempre enseja o pagamento de indenização**; em outras hipóteses, só cabe reparação em havendo **efetivo prejuízo** resultante da execução da medida.

3.3. Servidão administrativa

A **servidão administrativa** pode ser definida como o **direito real de uso** mediante o qual o Poder Público (ou seus delegatários, por ele autorizados) utiliza-se de bens **imóveis** alheios, necessários para a realização de obras públicas ou para a prestação de serviços públicos. Trata-se de instituto que afeta o caráter **exclusivo** do direito de propriedade (pois há dever para o proprietário de suportar que o Poder Público ou seu delegatário use parte do bem), mas não seu caráter absoluto (o domínio do proprietário permanecerá abrangendo a totalidade do imóvel).

A fixação de placas indicativas de logradouros públicos em imóveis privados, a passagem de cabos telefônicos em propriedades rurais, a instalação da estrutura de saneamento básico no subsolo de imóveis particulares são alguns exemplos de aplicação deste instituto.

A servidão administrativa pode incidir também sobre **imóveis públicos**, pertencentes a um **ente territorialmente menor** que aquele que a instituiu. A legislação autoriza que a União constitua servidão sobre os imóveis dos demais entes federados, e que os Estados procedam do mesmo modo com relação aos imóveis dos Municípios localizados em seus respectivos territórios.

A norma básica desse instrumento interventivo encontra-se no art. 40 do Decreto-lei nº 3.365/1941. O diploma como um todo regula as desapropriações por necessidade e utilidade pública, e no referido dispositivo autoriza a instituição de servidões administrativas.

O Poder Público não goza de auto-executoriedade para instituir uma servidão, sendo necessário, para tanto, **acordo administrativo ou sentença judicial**, após a publicação do ato declaratório pelo Poder Público. No primeiro caso, o titular do imóvel e o Poder Público acordam quanto à constituição da servidão, no segundo, o Poder Público interpõe a cabível ação judicial com essa finalidade. Após a celebração do acordo ou o trânsito em julgado da decisão judicial, o Poder Público deve efetuar o pagamento da indenização, quando devida, e, por fim, inscrever a servidão no Registro de Imóveis competente, para que a medida produza efeitos contra todos.

A servidão, ao contrário da ocupação temporária, é um ato de caráter **permanente**, como regra geral. O Poder Público, quando a constitui, não o faz por prazo determinado. Entretanto, fatos supervenientes podem tornar desnecessária sua continuidade, caso em que caberá ao Poder Público extinguir a medida, mediante averbação do ato supressivo no registro do imóvel.

A servidão **pode ensejar pagamento de indenização ao titular do imóvel, quando lhe acarretar efetivos prejuízos; do contrário, não é devida**. Ademais, se determinada no transcurso do processo judicial objetivando sua constituição, o valor do prejuízo causado pela medida deve ser acrescido das parcelas referentes à atualização monetária, juros moratórios e honorários advocatícios.

Em síntese, podemos concluir que a servidão é um direito **real** de uso de bens **imóveis**, de caráter **permanente**, que se constitui mediante **acordo ou decisão judicial**, e que confere ao proprietário do bem **direito à indenização**, na hipótese de suportar **efetivos prejuízos** em virtude de sua instituição.

3.4. Requisição

A **requisição** pode ser definida como o ato **unilateral e autoexecutório** mediante o qual o Poder Público utiliza bens **móveis, imóveis e serviços** de terceiros em **situações transitórias de perigo público imediato ou iminente**. A competência para **legislar** sobre requisição é privativa da União (CF, art. 22, III).

A requisição de imóveis privados para alojar pessoas desabrigadas numa inundação, a requisição de material médico a instituições privadas para combater situações de epidemia são dois exemplos que podem aqui ser citados.

O instrumento tem previsão no art. 5º, XXV, da Constituição, que dispõe:

> XXV – No caso de iminente perigo público, a autoridade competente poderá usar de propriedade particular, assegurada ao proprietário indenização ulterior, se houver dano;

Como se deduz da redação legal, a indenização só é devida na hipótese de a requisição resultar em efetivo prejuízo ao terceiro. Ademais, quando devida, o pagamento é sempre posterior, após a cessação da medida.

Com relação à sua natureza, é um instituto de direito **pessoal**, da mesma forma que a ocupação temporária.

Com isso, podemos sintetizar a matéria afirmando que a requisição é um direito **pessoal** de uso de **móveis, imóveis e serviços** de que se vale **transitoriamente** o Poder Público para fazer frente a **situações de perigo público imediato ou iminente**, sendo a indenização **posterior e condicionada à ocorrência de efetivo prejuízo**.

3.5. Tombamento

O **tombamento** é o instrumento outorgado ao Poder Público para a **proteção do patrimônio histórico e artístico nacional**.

Tal como a requisição, o instrumento tem previsão na Constituição Federal, que dispõe no art. 216, § 1º:

> § 1º O Poder Público, com a colaboração da comunidade, promoverá e protegerá o patrimônio cultural brasileiro, por meio de inventários, registros, vigilância, **tombamento** e desapropriação, e de outras formas de acautelamento e preservação. (Grifo nosso)

O conceito legal de *patrimônio histórico e artístico nacional* é dado pelo art. 1º do Decreto-lei nº 25/1937, que regula o tombamento.

> Art. 1º Constitui o patrimônio histórico e artístico nacional o conjunto de bens móveis e imóveis existentes no país cuja conservação seja de interesse público, quer por sua vinculação a fatos memoráveis da história do Brasil, quer por seu excepcional valor arqueológico ou etnográfico, bibliográfico ou artístico.

Usualmente, o tombamento incide sobre bens nacionais. Pode, entretanto, incidir também sobre bens **estrangeiros**, desde que eles não constem no art. 3º do Decreto-lei nº 25/1937, que traz o elenco de bens estrangeiros que não integram o patrimônio histórico e cultural brasileiro.

Reza o dispositivo:

> Art. 3º. **Excluem-se** do patrimônio histórico e artístico nacional as obras de origem estrangeira:
>
> 1) que pertençam às repartições diplomáticas ou consulares acreditadas no país;

> 2) que adornem quaisquer veículos pertencentes a empresas estrangeiras, que façam carreira no país;
> 3) que se incluam entre os bens referidos no art. 10 da Introdução do Código Civil, e que continuam sujeitos à lei do proprietário;
> 4) que pertençam a casas de comércio de objetos históricos e artísticos;
> 5) que sejam trazidas para exposições comemorativas, educativas ou comerciais;
> 6) que sejam importadas por empresas estrangeiras expressamente para adorno dos respectivos estabelecimentos. (Grifo nosso)

O tombamento, quanto às modalidades de constituição, pode ser **de ofício**, **voluntário** ou **compulsório**.

O tombamento **de ofício** é aquele que recai sobre bens **públicos**. Essa modalidade de instituição é prevista no art. 5º do Decreto-lei nº 25/1937, e segue um procedimento bastante singelo: a autoridade competente notifica o ente político atingido pela medida, e considera-se constituído o tombamento com a inscrição do bem no registro de tombamento.

Ademais, quando incidente sobre imóveis, faz-se necessário também sua inscrição no Registro de Imóveis competente, a fim de conferir efeitos gerais ao tombamento.

As duas outras modalidades de constituição recaem sobre bens **privados**. Dá-se o tombamento **voluntário** quando o próprio titular do bem solicita ao Poder Público a adoção da medida, ou quando, sendo por ele notificado do início do procedimento para sua instituição, com ele consente. Já o tombamento **compulsório** é aquele realizado contra a vontade do proprietário do bem.

Nas modalidades compulsória e voluntária, dizemos que o tombamento é **provisório** quando foi iniciado o processo para sua constituição, mediante a notificação enviada pelo Poder Público ao proprietário do bem (ou quando este solicita a adoção da medida ao Poder Público); e **definitivo** quando o processo chega ao seu término, com a inscrição do bem tombado no registro de tombamento.

O tombamento, uma vez constituído, acarreta diversos tipos de obrigações para o proprietário do bem. Temos, como exemplos de obrigações **negativas**, as de não devastar ou lesar o bem tombado; e como obrigações **positivas**, as de promover as obras necessárias à sua manutenção, quando autorizado a tanto pelo Poder Público, e de comunicar a ele acerca da necessidade de providenciá-las, quando não tiver condições financeiras para tanto. Podemos citar também a obrigação que tem o proprietário de **suportar** a fiscalização do bem tombado pelo órgão técnico competente.

O tombamento, entretanto, não impede o proprietário de alienar ou de gravar o bem, ou mesmo de penhorá-lo durante um processo de execução, pois, na eventualidade de ocorrer a transferência de propriedade, o novo proprietário fica sujeito às mesmas restrições e obrigações. Vale ressaltar que o proprietário, se pretender alienar o bem, deve preliminarmente notificar o Poder Público sobre sua intenção, possibilitando-lhe o exercício de seu **direito de preferência** na aquisição.

Por fim, cabe destacar que o tombamento não confere qualquer direito à indenização para o proprietário do imóvel, pelo fato de representar tão somente uma restrição **parcial** ao direito de propriedade. Se, eventualmente, sua instituição resultar em restrição **absoluta** ao direito de propriedade, a medida passa a ser inadequada. Nessa hipótese, impõe-se ao Poder Público que promova o cabível processo de **desapropriação**, ao final do qual deverá ocorrer o pagamento de justa indenização.

3.6. Desapropriação

Desapropriação é um procedimento pelo qual o Estado ou seus delegatários, após a edição do ato declaratório de necessidade pública, utilidade pública ou interesse social, **transferem para seu domínio a propriedade de um bem, independentemente da vontade do atual proprietário**, ao qual caberá uma **indenização** pela perda da propriedade.

De outro modo, podemos definir a desapropriação como um **modo compulsório de aquisição da propriedade** alheia pelo Poder Público ou por seus delegatários, já que o proprietário atual do bem, uma vez preenchidos os requisitos de aplicação do instituto, não pode impedir a transferência da propriedade. Trata-se de uma **forma originária de aquisição da propriedade**, pois não se vincula a qualquer título anterior de domínio incidente sobre o bem, a qualquer manifestação de vontade do anterior proprietário, no sentido de concordar com a transferência do bem para o patrimônio público. Basta a vontade do Poder Público em adquirir o bem e o pagamento de justa indenização, geralmente prévia e em dinheiro, e aperfeiçoa-se a transferência da propriedade.

São três os fundamentos possíveis para a instauração do procedimento de desapropriação: (a) necessidade pública; (b) utilidade pública e (c) interesse social.

Em termos teóricos, entende-se que há **necessidade pública** quando estamos perante uma situação de **iminente risco** a algum interesse público, para cujo combate é medida **indispensável** a desapropriação; **utilidade pública**, nas situações em que, apesar de não ser imprescindível, é **conveniente e oportuno** o uso do procedimento desapropriatório; e **interesse social** quando o Estado desapropria buscando **assegurar o cumprimento da função social da propriedade**, e com isso reduzir as desigualdades sociais.

A desapropriação pode ter por objeto todo e qualquer bem, seja móvel ou imóvel, material ou imaterial, **desde que possua valor patrimonial**. Assim, por exemplo, é possível a desapropriação de terrenos não edificados, do subsolo, do espaço aéreo, de direitos autorais, de direitos sobre marcas e patentes etc. Não se admite a desapropriação da própria moeda corrente nacional, por ser a expressão de valor dos bens, e não o próprio bem, nem dos atributos legados à personalidade humana, por sua natureza não patrimonial.

Embora o usual seja a desapropriação de bens particulares, a legislação admite que o procedimento alcance **bens públicos de entidades territorialmente menores que a desapropriante**, desde que, além do ato declaratório, haja **autorização do Poder Legislativo** do ente político desapropriante. Assim, a União tem idoneidade para desapropriar os bens de todos os demais entes federados, e os Estados podem fazê-lo com relação aos bens dos Municípios sediados em seus respectivos territórios.

Uma vez ultimado o procedimento de desapropriação, o bem pode ser incorporado ao patrimônio público a título permanente (**integração definitiva**) ou transitório (**integração provisória**).

No primeiro caso, a integração, no contexto do processo desapropratório, é final. O Poder Público, com a integração do bem ao seu patrimônio, utilizá-lo-á diretamente, sem transferi-lo a terceiros.

No segundo, que geralmente ocorre nas desapropriações por interesse social, o bem, após a incorporação ao patrimônio público, é transferido para o patrimônio de terceiros. Nas desapropriações para fins de reforma agrária, por exemplo, a União, em um primeiro momento, integra o imóvel rural ao seu patrimônio, mas a seguir transfere-o para particulares, a quem caberá dar-lhe a devida destinação, explorando-o para fins agrícolas.

3.6.1. Competência

Em tema de desapropriação, existem três tipos de competência: a legislativa, a declaratória e a executória.

A competência para legislar sobre o assunto é **privativa da União**, nos termos o art. 22, II, da CF.

A competência declaratória, para declarar o bem de necessidade pública, utilidade pública ou de interesse social, é outorgada pela Constituição a todos os entes federados: União, Estados, Distrito Federal e Municípios, excepcionadas algumas hipóteses de competência exclusiva, adiante apresentadas.

A competência declaratória, nos termos da legislação, pode ser exercida pelo Poder Executivo, mediante decreto, ou pelo Poder Legislativo. O art. 8º do Decreto-lei nº 3.365/1941, sobre a matéria, dispõe:

> Art. 8º. O Poder Legislativo poderá tomar a iniciativa da desapropriação, cabendo ao Poder Executivo praticar os atos necessários à sua efetivação.

Sobre o tema, vale conhecermos a decisão proferida pelo STF no julgamento da ADI nº 969/DF, em 27/09/2006 (*Informativo* nº 442). A seguir, transcrevemos parcialmente o acórdão em questão (destacamos):

> "**Por invasão da competência privativa da União para legislar sobre desapropriação** (CF, art. 22, II), o Tribunal julgou procedente pedido formulado em ação direta proposta pelo Governador do Distrito Federal para declarar a inconstitucionalidade do parágrafo único do art. 313 da Lei Orgânica do Distrito Federal, que dispõe que as desapropriações dependerão de prévia aprovação da Câmara Legislativa daquela unidade da federação. Entendeu-se que o dispositivo impugnado extrapola o procedimento previsto no Decreto-lei nº 3.365/1941 **e que a decisão político-administrativa de desapropriar um bem titularizado pelo particular é matéria de alçada do Poder Executivo.**"

Portanto, no que nos importa destacar da decisão, temos que diferenciar: o art. 8º do Decreto-lei nº 3.365/1941 autoriza que o próprio Poder Legislativo **expeça o ato declaratório da desapropriação**. Mas, **quando o ato declaratório é expedido pelo Poder Executivo, é inconstitucional lei que condicione sua eficácia à aprovação do Poder Legislativo.**

Por fim, a **competência executória**, para, após a expedição do ato declaratório, **promover a desapropriação**, ultimando a transferência do bem, pode ser titularizada não só pelos entes federados, mas também por suas entidades **da Administração Indireta**, e mesmo por **delegatários de serviços públicos** (estes, desde que autorizados a tanto em lei ou no contrato de delegação, segundo o art. 3º do Decreto-lei nº 3.365/1941).

3.6.2. Previsão constitucional

A desapropriação está contemplada em nível constitucional, a saber, no art. 5º, XXIV, da Constituição, que dispõe:

> XXIV – a lei estabelecerá o procedimento para desapropriação por necessidade ou utilidade pública, ou por interesse social, mediante justa e prévia indenização em dinheiro, ressalvados os casos previstos nesta Constituição.

De forma esparsa, ao longo da Constituição, encontramos outras regras referentes à matéria, cada uma delas destinada a certa modalidade especial de desapropriação.

Temos o art. 182, § 4º, que trata da **desapropriação urbanística**, de **competência exclusiva dos Municípios**, passível de utilização para assegurar o **cumprimento da função social da propriedade urbana**. A seguir, temos o art. 184, que prevê a **desapropriação de imóveis rurais para fins de reforma agrária**, de **competência exclusiva da União**. Por último, temos o art. 243, que trata da **desapropriação confiscatória**, de **competência exclusiva da União**, a qual incide sobre glebas de qualquer região do País onde forem descobertas **culturas ilegais de plantas psicotrópicas**, não conferindo ao expropriado direito a qualquer indenização.

3.6.3. Procedimento de desapropriação

O procedimento desapropriatório decompõe-se em duas fases. Na primeira, a fase **declaratória**, o Poder Público publiciza sua intenção de desapropriar o bem, mediante a expedição do ato declaratório de necessidade pública, utilidade pública ou interesse social. Na segunda, a fase **executória**, o Poder Público (ou seus delegatários, quando autorizados a tanto), pratica todos os atos necessários à efetivação da transferência do bem para o patrimônio público.

A fase declaratória é composta por um único ato, a expedição da *declaração desapropriatória*, que, como já destacado, pode vir contida em um decreto editado pelo chefe do Poder Executivo ou, embora mais incomum, em uma lei editada pelo Poder Legislativo.

A declaração desapropriatória deve conter, como requisitos indispensáveis de validade, (1) a finalidade da desapropriação; (2) a adequada identificação do bem a ser atingido pela medida; e (3) o dispositivo legal que expressamente autoriza a desapropriação.

Com relação ao último requisito, o Decreto-lei nº 3.365/1941 exige que o ato declaratório indique expressamente **a finalidade da desapropriação, segundo as hipóteses definidas na legislação**. O Decreto-lei nº 3.365/1941 enumera as hipóteses de desapropriação por necessidade ou utilidade pública (na verdade, a doutrina procede à diferenciação entre as hipóteses que se enquadram em um dos fundamentos, pois no texto legal consta somente o termo *utilidade pública*); e a Lei nº 4.132/1962 prevê as hipóteses que caracterizam interesse social. Desse modo, não basta ao Poder Público alegar genericamente a finalidade da medida: é indispensável o expresso enquadramento da hipótese em um desses diplomas legais.

Independentemente de qualquer outra manifestação do Poder Público, o ato declaratório produz algumas consequências jurídicas, quais sejam: (1) autoriza aos agentes públicos o acesso ao bem desapropriado; (2) fixa o estado do bem, para fins de definição do montante da indenização; e (3) marca o início do transcurso do prazo para a **caducidade** do ato declaratório.

O prazo de caducidade corresponde ao lapso temporal de que dispõe o Poder Público ou seus delegatários para **promover a desapropriação.** Inicia-se com a publicação do ato declaratório e transcorre até **a celebração do acordo** com o proprietário do bem, **na esfera administrativa**; ou com a **instauração da ação judicial** de desapropriação, quando inexistente acordo administrativo. Com a celebração do acordo ou a interposição da ação interrompe-se o transcurso do prazo.

É de **5** anos o prazo de caducidade, em se tratando de desapropriação por necessidade ou utilidade pública; e de **2** anos, na desapropriação por interesse social. Ultrapassado o prazo sem a celebração do acordo ou a interposição da ação, **caduca** o ato declaratório. Enfim, o ato **perde a eficácia, não servindo mais de fundamento para o processo de desapropriação**. Essa perda de eficácia, contudo, **não é definitiva**, pois admite a legislação que, após 1 ano da caducidade, o Poder Público edite outro ato declaratório objetivando a desapropriação do mesmo bem.

Ultrapassada a fase declaratória, deve o Poder Público dar início à segunda fase do procedimento de desapropriação, a fase **executória**, que objetiva a **efetivação da transferência do bem** para o patrimônio do desapropriante.

Essa fase pode transcorrer integralmente na esfera administrativa, o que ocorre quando desapropriante e desapropriado acordam quanto ao montante da indenização. Nesse caso, celebrado o acordo, sob a forma de escritura pública ou outra admitida em lei, cabe ao Poder Público realizar o pagamento da indenização ajustada e efetuar os demais atos necessários à transferência da propriedade, como, no caso de imóveis, a alteração do registro do bem no Registro de Imóveis competente. Essa hipótese de desapropriação é denominada **desapropriação amigável**, em face do acordo de vontades que a caracteriza.

Se for frustrada a tentativa de acordo, cabe ao desapropriante instaurar uma **ação judicial de desapropriação**.

Sobre essa ação, cabem as seguintes considerações:

1ª) **partes no processo**: trata-se de uma ação movida pelo Poder Público (entidades políticas ou administrativas), contra o proprietário do bem ou aquele que ao menos aparenta possuir tal titulação, sendo obrigatória a participação do Ministério Público, na condição de fiscal da lei. Enfim, o autor da ação é o desapropriante e o réu é o desapropriado, atuando o MP como interveniente obrigatório;

2ª) **pedido**: o pedido na ação é a transferência do bem para a propriedade do desapropriante. Nos termos do art. 13 do Decreto-lei nº 3.365/1941, a petição inicial da ação deverá obrigatoriamente conter o preço que o desapropriante se propõe a pagar (a proposta de preço), e deverá estar instruída com o original ou uma cópia autenticada do contrato ou do diário oficial em que houver sido publicado o ato declaratório e com uma planta ou descrição do bem a ser desapropriado, apresentando suas confrontações, no caso de imóvel;

3ª) **contestação**: nos termos do art. 20 do Decreto-lei nº 3.365/1941, a contestação só poderá versar sobre **vícios processuais** ou **impugnação de preço**, qualquer outro argumento só pode ser apresentado em **ação autônoma**, denominada pela lei *ação direta*. Os **fundamentos** do ato declaratório, da mesma forma, não podem ser apreciados pelo Poder Judiciário na ação de desapropriação, mas apenas em ação autônoma, pois, segundo o art. 9º do Decreto-lei nº 3.365/1941, "*ao Poder Judiciário é vedado, no processo de desapropriação, decidir se se verificam ou não os casos de utilidade pública*";

4ª) **decisão judicial e transferência do bem**: a decisão judicial fixa o montante da indenização. Determinado esse valor, cabe ao Poder Público efetivar o pagamento, adquirindo, então, direito à imissão definitiva na posse do bem, com o que se encerra o processo judicial. Em se tratando de imóveis, cabe ao Poder Público, ainda, proceder às necessárias alterações no registro do bem, fazendo nele constar o novo proprietário;

5ª) **desistência**: pode o Poder Público, no decorrer do processo judicial, entender que não há mais interesse público que justifique a aquisição do bem e, nesse caso, desistir da desapropriação. A desistência da desapropriação é uma **prerrogativa** do Poder Público, exercida independentemente de anuência do desapropriado, ao qual cabe apenas uma indenização pelos prejuízos a ele causados pelo Poder Público. A desistência pode ser formalizada de dois modos: mediante **declaração nos autos do próprio processo de desapropriação** ou pela **revogação do ato declaratório.**

6ª) **direito de extensão**: é o direito que tem o proprietário, **antes do encerramento do processo de desapropriação**, de exigir que o Poder Público adquira **todo o bem**, quando **a parcela remanescente tornar-se inútil, sem valor econômico considerável ou de difícil utilização**. O instituto aplica-se, pois, na hipótese de **desapropriação parcial**, autorizando que o desapropriado requeira sua ampliação de modo a abranger a integralidade do bem, convertendo-a em total, desde que o faça antes da conclusão do processo.

3.6.4. Indenização

O inciso XXIV do art. 5º da Constituição determina que na desapropriação será devido o pagamento de "*justa e prévia indenização em dinheiro, ressalvados os casos previstos nesta Constituição*".

Nos termos do dispositivo, a indenização, como regra geral, deve ser **prévia, justa** e **em dinheiro**.

A indenização **prévia** é aquela que **antecede a transferência da propriedade**, constituindo condição para que isso ocorra. Apenas depois do pagamento da indenização pelo Poder Público torna-se possível a transferência da propriedade para seu patrimônio.

A indenização **justa**, por sua vez, é aquela que compreende (1) o **valor atual do bem**; (2) os **danos emergentes** e os **lucros cessantes**; (3) os **juros moratórios** e **compensatórios**; (4) a **atualização monetária** e (5) as **despesas judiciais** e os **honorários advocatícios**, quando o procedimento for judicial.

O **valor atual do bem** abrange **todas** as **benfeitorias** nele **existentes na data da publicação do ato declaratório**, sejam elas necessárias, úteis ou voluptuárias. As benfeitorias **necessárias** feitas **posteriormente** também estão incluídas na indenização, o mesmo se aplicando às **úteis**, mas estas, somente se autorizadas pelo Poder Público (à falta de autorização não é devida indenização). As benfeitorias **voluptuárias** feitas em data posterior à edição do ato declaratório não são indenizáveis.

Nos termos da Súmula nº 23 do STF, a emissão do ato declaratório **não proíbe a concessão de licenças para a realização de obras** no bem, mas o valor da obra **não integra a indenização**. Ainda, a Súmula nº 479 do STF declara que **as margens dos rios navegáveis** são de domínio público e, portanto, insuscetíveis de expropriação, estando **excluídas de indenização**.

Por fim, temos, como terceira regra geral, que a indenização será paga **em dinheiro**.

Os arts. 182, § 4º, e 184 da Constituição excepcionam a primeira e a última regra, ou seja, trazem hipóteses em que a indenização, **apesar de justa, não será prévia nem em dinheiro.** Trata-se de duas hipóteses em que a desapropriação é usada como **sanção,** incidindo sobre os proprietários de imóveis urbanos e rurais que não os utilizaram em conformidade com sua função social. Enfim, é uma desapropriação motivada pelo **descumprimento da função social da propriedade.**

A primeira hipótese, prevista no art. 182, § 4º, é a **desapropriação para fins urbanísticos,** na qual o pagamento da indenização será feito mediante **títulos da dívida pública,** de emissão anteriormente aprovada pelo Senado Federal, com prazo de resgate **de até dez anos,** em parcelas iguais e sucessivas, sendo assegurado o valor real da indenização e os juros legais.

A segunda hipótese, prevista no art. 184, é a **desapropriação por interesse social para fins de reforma agrária,** que recai sobre imóveis rurais, na qual a indenização é paga por meio de **títulos da dívida agrária,** com cláusula de preservação do valor real, resgatáveis no prazo de **até vinte anos,** a partir do segundo ano de sua emissão. O § 1º do dispositivo ressalva apenas as benfeitorias úteis e necessárias, que deverão ser pagas em dinheiro.

Há, por fim, uma hipótese de desapropriação em que simplesmente **não há pagamento de indenização.** Trata-se da **desapropriação confiscatória,** prevista no art. 243 da CF, utilizada contra glebas de qualquer região do país em que foram descobertas **culturas ilegais de plantas psicotrópicas.**

3.6.5. Imissão provisória na posse

A imissão provisória na posse é o instituto pelo qual ocorre a transferência da **posse** do bem para o Poder Público **durante o transcurso do processo** judicial, antes do pagamento da indenização pela perda da propriedade.

Tem como requisitos (a) a expedição de **declaração de urgência** pelo Poder Público, (b) **pedido expresso** de imissão no processo de desapropriação e (c) **depósito do valor arbitrado em juízo** pelo magistrado. Preenchidos esses três requisitos, a imissão provisória na posse é **direito** do Poder Público, não podendo ser negada pelo magistrado.

Uma vez publicado o ato declaratório de urgência, dispõe o Poder Público do **prazo fatal de 120 dias** para judicialmente requerer a imissão provisória na posse do bem, sob pena de **caducidade** da declaração. Essa hipótese de caducidade não é superável, pois a declaração **de urgência não pode ser renovada.** (Decreto-lei nº 3.365/1941, §§ 2º e 3º).

Não podemos confundir o depósito do valor para fins de imissão provisória com o pagamento da indenização ao final do processo de desapropriação. O valor arbitrado pelo juiz para fins de imissão não corresponde à totalidade da indenização, que só terá seu valor definido ao final do processo, e cujo pagamento confere ao Poder Público direito à imissão **definitiva** na posse do bem, bem como à transferência da propriedade.

3.6.6. Retrocessão

O instituto é tratado no art. 35 do Decreto-lei nº 3.365/1941, que o disciplina nos seguintes termos:

> Art. 35. Os bens expropriados, uma vez incorporados à Fazenda Pública, não podem ser objeto de reivindicação, ainda que fundada em nulidade do processo de desapropriação. Qualquer ação, julgada procedente, converter-se-á em perdas e danos.

Na matéria, valem ser transcritos, também, os arts. 513, 518 e 519 do CC/2002:

> Art. 513. A preempção ou preferência impõe ao comprador a obrigação de oferecer ao vendedor a coisa que aquele vai vender, ou dar em pagamento, para que este use de seu direito de prelação na compra, tanto por tanto.
>
> (...)
>
> Art. 518. Responderá por perdas e danos o comprador, se alienar a coisa sem ter dado ao vendedor ciência do preço e das vantagens que por ela lhe oferecem. Responderá solidariamente o adquirente, se tiver procedido de má-fé.
>
> Art. 519. Se a **coisa expropriada** para fins de necessidade ou utilidade pública, ou por interesse social, não tiver o destino para que se desapropriou, ou não for utilizado em obras ou serviços públicos, caberá ao expropriado **direito de preferência**, pelo preço atual da coisa. (Grifo nosso)

Conjugando os dispositivos, podemos definir **retrocessão** como o **direito de preferência** outorgado ao antigo proprietário para **readquirir o bem desapropriado**, incidente quando o Poder Público, **não tendo dado a ele qualquer destinação de interesse público, pretender aliená-lo a terceiro**. O Poder Público, antes de alienar o bem, deve notificar o proprietário de sua intenção, concedendo-lhe preferência para a aquisição. Se o Poder Público descumprir sua obrigação, cabe ao antigo proprietário **indenização** pelos prejuízos decorrentes da sua falta. É devida também a indenização se o Poder Público, sem alienar o bem, **simplesmente não lhe der qualquer destinação pública**.

Deve-se ressaltar que a forma como definimos a retrocessão, com natureza de direito pessoal, não é unânime na doutrina, havendo diversos doutrinadores que a tratam como um direito **real**, pelo qual o antigo proprietário teria direito, na hipótese, a **reivindicar seu imóvel**, reintegrando-o ao seu patrimônio.

Todavia, à luz das disposições legais anteriormente transcritas, entendemos que se deve considerar a retrocessão como um direito meramente **pessoal**: o ex-proprietário tem direito à **preferência** na reaquisição do bem desapropriado, ou, subsidiariamente, o direito à **indenização** por perdas e danos.

3.6.7. Tredestinação

Tredestinação é a utilização do bem, após sua incorporação ao patrimônio do desapropriante, **com finalidade diversa da explicitada no ato declaratório**. Temos duas modalidades de tredestinação, a lícita e a ilícita.

A **tredestinação lícita** configura-se quando o Poder Público destina o bem **a uma finalidade de interesse público, mas diferente daquela declarada no ato expropriatório**. Como o próprio nome indica, entende-se que o Poder Público atua regularmente nessa situação, uma vez que utilizou o bem visando a alguma finalidade pública. Em vista disso, na tredestinação lícita **não é devida qualquer indenização ao antigo proprietário**.

Já a **tredestinação ilícita** verifica-se quando o Poder Público, uma vez incorporado o bem ao seu patrimônio, **transfere sua propriedade para terceiros** ou, mesmo permanecendo como titular do bem, **permite que terceiros dele se utilizem**, sem que, no caso, esteja em vista a satisfação de algum interesse público.

Como analisamos anteriormente, no caso de nova alienação do bem, tem o antigo proprietário direito à **preferência** na aquisição. Se o Poder Público descumprir a obrigação de notificá-lo de sua intenção, ou, em igualdade de condições, transferir o bem a terceiro, faz jus o desapropriado a uma **indenização** por perdas e danos. Também é cabível a indenização quando o Poder Público, permanecendo como proprietário do bem, permite que terceiros dele se utilizem para a satisfação exclusiva de seus próprios interesses.

Contudo, não é cabível indenização, perante uma tredestinação ilícita, se a desapropriação foi amigável, ou seja, efetivada mediante acordo na esfera administrativa.

3.6.8. Desapropriação indireta

Desapropriação indireta corresponde à situação em que o Poder Público **apropria-se de um bem alheio sem observar algumas das condições de validade do processo desapropriatório**, a emissão do ato declaratório ou o pagamento da indenização.

O mesmo art. 35 do Decreto-lei nº 3.365/1941, antes transcrito, regula as consequências da desapropriação indireta, instituindo o que se denominou de regra do "fato consumado".

Mais uma vez, transcrevemos o dispositivo:

> Art. 35. Os bens expropriados, uma vez incorporados à Fazenda Pública, não podem ser objeto de reivindicação, ainda que fundada em nulidade do processo de desapropriação. Qualquer ação, julgada procedente, resolver-se-á em perdas e danos.

Percebe-se que não há para o ex-proprietário o direito de reivindicar o bem indevidamente incorporado ao patrimônio público, reintegrando-o ao seu patrimônio. A ele resta apenas o direito à **indenização** pelos prejuízos que suportou em virtude da conduta irregular do Poder Público.

O prazo para a interposição da ação indenizatória é de **5 anos**, a contar da incorporação definitiva do bem ao patrimônio público. Transcorrido esse período, incide a prescrição.

3.6.9. Desapropriação por zona

É a lição de Bandeira de Mello (destacamos):

> **Desapropriação por zona** é a **desapropriação de uma área maior que a necessária à realização de uma obra ou serviço**, por abranger a zona contígua a ela, tendo em vista ou reservá-la para ulterior desenvolvimento da obra ou revendê-la, a fim de absorver a valorização extraordinária que receberá em decorrência da própria execução do projeto. Em qualquer caso (dispõe o art. 4º do Decreto-Lei nº 3.365), a declaração de utilidade pública deverá especificar a área que, em tal desapropriação, será utilizada na obra ou serviço e qual aquela que se destina à revenda (porque se valorizará extraordinariamente) ou para ulterior desenvolvimento da obra.

Bandeira considera inconstitucional a desapropriação por zona na segunda hipótese – para fins de revenda – por entender que a CF prevê a contribuição de melhoria no caso de valorização de imóveis particulares em decorrência de obra pública; e, por segundo, porque não pode o Poder Público, entre duas formas de atuação, optar pela mais onerosa para o particular (a perda da propriedade em lugar da tributação).

Diferentemente, Bandeira não vê qualquer inconstitucionalidade na hipótese de revenda efetuada em seguimento à desapropriação para realizar planos de urbanização ou loteamento com a finalidade de construção de distrito industrial (Decreto-lei nº 3.365/1941, art. 5º, *i*, e §§ 1º e 2º), pelos argumentos que expõe.

QUESTÕES DE PROVAS ANTERIORES DA OAB*

***As questões 21, 22, 44 e 45 versam parcial ou integralmente sobre a Lei nº 8.112/1990**

1. **(2007.1) Acerca dos atos administrativos, assinale a opção correta.**
   a) A demolição de uma casa pela administração é considerada ato administrativo discricionário, segundo doutrina dominante.
   b) Um parecer opinativo acerca de determinado assunto emitido pela consultoria jurídica de órgão da administração pública não é considerado, por parte da melhor doutrina, ato administrativo, mas sim ato da administração.
   c) O lançamento tributário de determinado tributo pela administração tributária é ato administrativo vinculado, mas não é dotado de presunção de legitimidade e veracidade, já que o fiscal deve demonstrar, na ação executiva fiscal, a veracidade e a legitimidade de seu ato, sob pena de nulidade.
   d) Considere que um servidor público municipal, ocupante do cargo efetivo de motorista, tenha colidido a viatura oficial em um poste, e que, responsabilizado pelo acidente, tenha sido comunicado dos danos causados e do valor a ser pago. Nessa situação, diante da força auto-executória dos atos administrativos, o município não precisa ingressar com ação de reparação de danos.

2. **(2007.1) Em relação ao controle da administração pública, assinale a opção correta.**
   a) Um ato administrativo que viole a lei deve ser revogado pela própria administração, independentemente de provocação.
   b) A anulação do ato administrativo importa em análise dos critérios de conveniência e oportunidade.
   c) Um ato nulo pode, eventualmente, deixar de ser anulado em atenção ao princípio da segurança jurídica.
   d) A administração tem o prazo prescricional de 5 anos para anular os seus próprios atos, quando eivados de ilegalidade.

3. (2007.1) A respeito dos contratos administrativos, assinale a opção correta.

a) Os contratos administrativos diferenciam-se dos demais contratos privados no que se refere às chamadas cláusulas exorbitantes, como a cláusula que autoriza à administração impor penalidades administrativas.

b) Como os contratos administrativos também se submetem ao princípio da formalidade, eles devem ser obrigatoriamente escritos.

c) A administração pode alterar, de forma unilateral, os contratos que celebrar. No entanto, no que se refere à alteração quantitativa, a lei estabelece, como limite para os acréscimos e supressões nas obras, serviços ou compras, o percentual de 50% em relação ao valor original do contrato.

d) A administração pode rescindir o contrato, de forma unilateral, na ocorrência de caso fortuito ou força maior, não ficando obrigada ao pagamento de qualquer indenização.

4. (2007.1) Quanto às licitações, assinale a opção correta.

a) De acordo com o princípio da adjudicação compulsória, o licitante contratado deve obedecer não apenas aos termos do contrato, mas também às determinações da administração.

b) Nos termos da Constituição Federal, as empresas estatais (sociedades de economia mista e empresas públicas), quando prestadoras de serviço público, podem elaborar ato normativo sobre licitação, observados os princípios da administração pública.

c) A contratação de empresa de publicidade pode ser feita sem licitação, diante da natureza singular do serviço.

d) É dispensável a licitação na hipótese de celebração de contrato de programa entre entes da Federação ou com entidades da administração indireta, para a prestação de serviços públicos de forma associada nos termos do autorizado em contrato de consórcio público ou em convênio de cooperação.

5. (2007.1) Em relação à organização da administração pública, assinale a opção correta.

a) Os dirigentes das empresas estatais que não são empregados dessas empresas não são considerados celetistas.

b) A Receita Federal (fazenda pública) tem natureza jurídica autárquica.

c) Com o fim do regime jurídico único, os funcionários públicos das empresas estatais, quando prestadoras de serviço público, podem, atualmente, ser estatutários.

d) As autarquias, fundações e empresas estatais, de acordo com o princípio da legalidade, devem ser criadas por meio de lei.

6. (2007.1) Acerca das entidades paraestatais e do terceiro setor, assinale a opção correta.

a) As entidades do denominado sistema S (SESI, SESC, SENAI, SENAC) não se submetem à regra da licitação nem a controle pelo TCU.

b) As entidades paraestatais estão incluídas no denominado terceiro setor.

c) As organizações sociais são pessoas jurídicas de direito privado, sem fins lucrativos, instituídas por iniciativa de particulares, para desempenhar atividade típica de Estado.

d) As organizações da sociedade civil de interesse público celebram contrato de gestão, ao passo que as organizações sociais celebram termo de parceria.

7. **(2007.1) A respeito dos agentes públicos, assinale a opção correta.**
   a) Os particulares em colaboração com o poder público são considerados servidores públicos.
   b) Considere que um cidadão ocupe cargo efetivo de professor em determinado município e tenha sido aprovado em concurso público de técnico judiciário, cargo acessível aos que detenham nível médio de escolaridade, em qualquer área do conhecimento. Nessa situação, os dois cargos referidos são acumuláveis.
   c) A demissão de servidor público tem natureza punitiva, enquanto a exoneração não tem esse caráter.
   d) Ao servidor público que tomou posse após a Emenda Constitucional nº 41/2003 serão exigidos para aposentadoria por invalidez os seguintes requisitos: 10 anos de tempo de serviço público, 5 anos no cargo efetivo em que se dará a aposentadoria, idade mínima de 60 anos para os homens e 55 para as mulheres e tempo de contribuição de 35 anos para o homem e de 30 anos para as mulheres.

8. **(2007.1) No que concerne ao TCU, assinale a opção correta.**
   a) O TCU é órgão integrante da estrutura administrativa do Poder Legislativo, com competência, entre outras, para aprovar as contas do presidente da República.
   b) O TCU não detém competência para fiscalizar a aplicação de recursos públicos feita pelas empresas estatais exploradoras de atividade econômica.
   c) As decisões do TCU de que resulte imputação de débito ou multa terão eficácia de título executivo.
   d) O Poder Judiciário não pode anular as decisões do TCU, sob pena de violação do princípio da separação dos poderes.

9. **(2007.1) Quanto à responsabilidade extracontratual do Estado, assinale a opção correta.**
   a) Prevalece o entendimento de que, nos casos de omissão, a responsabilidade extracontratual do Estado é subjetiva, sendo necessário, por isso, perquirir acerca da culpa e do dolo.
   b) A vítima de dano causado por ato comissivo deve ingressar com ação de indenização por responsabilidade objetiva contra o servidor público que praticou o ato.
   c) Não há responsabilidade civil do Estado por dano causado pelo rompimento de uma adutora ou de um cabo elétrico, mantidos pelo Estado em péssimas condições, já que essa situação se insere no conceito de caso fortuito.
   d) Proposta a ação de indenização por danos materiais e morais contra o Estado, sob o fundamento de sua responsabilidade objetiva, é imperioso que este, conforme entendimento prevalecente, denuncie à lide o respectivo servidor alegadamente causador do dano.

10. **(2007.1) Acerca da improbidade administrativa, assinale a opção correta.**
   a) O Ministério Público deve provar, logo na inicial, o ato qualificado como de improbidade administrativa, não bastando que se afirme que o fará ao longo da instrução processual.
   b) Prevalece o entendimento de que a ação judicial cabível para apurar e punir os atos de improbidade de natureza civil deve ser titularizada, com exclusividade, pelo Ministério Público.

c) A competência judicial para apurar ato de improbidade de governador de estado é do STJ.

d) Considere que um ex-servidor público tenha praticado ato de improbidade administrativa, mas somente três anos depois desse ato tenha sido afastado do exclusivo cargo em comissão que ocupava. Nessa situação, o prazo prescricional de 5 anos para que seja proposta a pertinente ação de improbidade tem início com o término do exercício do referido cargo e não, da prática do ato.

11. (2007.2) Acerca dos órgãos públicos, assinale a opção correta.

a) É correto, do ponto de vista da natureza jurídica do órgão, afirmar que "João propôs uma ação de rito ordinário contra a receita federal".

b) Alguns órgãos públicos têm capacidade processual, já que são titulares de direitos subjetivos próprios a serem defendidos.

c) A teoria que melhor explica a relação existente entre o servidor público e a pessoa jurídica do Estado é a teoria da representação, cuja característica principal consiste no princípio da imputação volitiva. Assim, a vontade do órgão público é imputada à pessoa jurídica a cuja estrutura pertence, já que aquele estaria agindo em seu nome.

d) A organização da administração pública direta, no que se refere à estruturação dos órgãos e competência, é matéria reservada à lei.

12. (2007.2) Acerca dos atos administrativos, assinale a opção correta.

a) Se o motivo que determina e justifica a prática do ato é inexistente ou é inválido, inválidos serão apenas os efeitos do ato e não o próprio ato em si.

b) Os elementos do ato administrativo que se referem ao mérito são o objeto e a finalidade.

c) Os atos administrativos são praticados apenas pela administração pública.

d) Os atos de caráter normativo, de decisão de recurso administrativo e os de matérias de competência exclusiva, nos termos da Lei nº 9.784/1999, não são passíveis de delegação.

13. (2007.2) Os motivos para rescisão determinada por ato unilateral e escrito da administração não incluem

a) razão de interesse público, de alta relevância e amplo conhecimento, justificada e determinada pela máxima autoridade da esfera administrativa a que está subordinado o contratante e exarada no processo administrativo a que se refere o contrato.

b) a supressão, por parte da administração, de obras, serviços ou compras, acarretando modificação do valor inicial do contrato além do limite previsto em lei.

c) a lentidão do cumprimento de uma obra, em que a administração comprove a impossibilidade da conclusão da obra, do serviço ou do fornecimento, nos prazos estipulados.

d) o atraso injustificado no início de obra, serviço ou fornecimento.

14. (2007.2) Acerca das definições contidas na Lei de Concessões Públicas (Lei nº 8.987/1995), assinale a opção correta.

a) A criação, alteração ou extinção de quaisquer tributos ou encargos legais, após a apresentação da proposta, mesmo quando não comprovado seu impacto, implica a revisão da tarifa, para mais ou para menos, conforme o caso.

b) Não será desclassificada, ab initio, a proposta que, para sua viabilização, necessite de vantagens ou subsídios que não estejam previamente autorizados em lei e à disposição de todos os concorrentes.

c) A concessão de serviço público é a delegação de sua prestação, feita pelo poder concedente, mediante qualquer modalidade de licitação, à pessoa jurídica ou consórcio de empresas que demonstre capacidade para seu desempenho, por sua conta e risco e por prazo determinado.

d) O serviço público é adequado quando satisfizer as condições de regularidade, continuidade, eficiência, segurança, atualidade, generalidade, cortesia na sua prestação e modicidade das tarifas.

15. (2007.2) Acerca dos bens públicos, assinale a opção correta.

a) Nos casos de programas e projetos habitacionais de interesse social, desenvolvidos por órgãos ou entidades da administração pública com atuação específica nessa área, a concessão de direito real de uso de imóveis públicos poderá ser contratada coletivamente.

b) Os bens das empresas públicas e das sociedades de economia mista que prestam serviço público submetem-se ao regime próprio das empresas privadas.

c) Todas as terras devolutas são bens da União.

d) As cavidades naturais subterrâneas, como as grutas, são bens dos municípios nas quais se encontram, cabendo a esses explorá-los economicamente sem prejuízo da ação fiscalizadora da União, dos estados e do DF.

16. (2007.2) Acerca da desapropriação, assinale a opção correta.

a) Desapropriação indireta é o fato administrativo por meio do qual o Estado se apropria de bem particular, sem a observância dos requisitos da declaração e da indenização prévia.

b) Na desapropriação por interesse social para fins de reforma agrária, serão indenizadas por título da dívida pública não apenas a terra nua, mas também as benfeitorias úteis e necessárias, sendo que as voluptuosas não serão indenizadas.

c) Os bens públicos não podem ser desapropriados.

d) Na desapropriação por zona, devem ser incluídos os imóveis contíguos ao imóvel desapropriado, necessários ao desenvolvimento da obra a que se destina.

17. (2007.2) Acerca da intervenção do Estado na propriedade, assinale a opção correta.

a) O tombamento só pode recair sobre bens imóveis.

b) A vedação de desmatamento de parte da área de floresta em cada propriedade rural é exemplo de limitação administrativa.

c) A servidão administrativa não precisa ser registrada no registro de imóveis.

d) O ato administrativo que formaliza a requisição não é autoexecutório, dependendo de prévia apreciação judicial ou administrativa, assegurando-se ampla defesa e contraditório.

18. **(2007.2) O presidente do STF delegou ao secretário de recursos humanos desse tribunal a atribuição de dispor sobre a promoção na carreira de analista judiciário dos servidores dessa Corte. Um servidor se sentiu preterido nos critérios de direito utilizados na promoção e, em razão disso, contratou advogado para promover as medidas judiciais cabíveis.**
Acerca dessa situação hipotética, assinale a opção correta.
a) O advogado deverá impetrar mandado de segurança contra o presidente do STF e o secretário de recursos humanos, pois há litisconsórcio necessário entre o delegante e o delegatário.
b) O advogado deverá impetrar mandado de segurança contra ato do secretário de recursos humanos perante a justiça federal no DF.
c) O advogado poderá impetrar mandado de segurança contra o presidente do STF perante o próprio STF, porque a delegação não exclui a responsabilização pela prática do ato.
d) O advogado poderá impetrar mandado de segurança contra ato do secretário de recursos humanos perante o próprio STF.

19. **(2007.2) Em relação aos atos administrativos, assinale a opção correta.**
a) Os atos de gestão são os que a administração pratica no exercício do seu poder supremo sobre os particulares.
b) A presunção de legitimidade é atributo apenas dos atos administrativos vinculados.
c) Revogação consiste na supressão de ato legítimo e eficaz realizada pela administração, por considerá-lo inconveniente ao interesse público.
d) A anulação de um ato administrativo, em regra, implica o dever da administração de indenizar o administrado pelos prejuízos decorrentes da invalidação do ato.

Considere a seguinte situação hipotética para responder às questões 20 e 21 (2007.3).
O diretor-geral de determinado órgão público federal exarou despacho concessivo de aposentadoria a um servidor em cuja contagem do tempo de serviço fora utilizada certidão de tempo de contribuição do INSS, falsificada pelo próprio beneficiário. Descoberta a fraude alguns meses mais tarde, a referida autoridade tornou sem efeito o ato de aposentadoria.

20. **Na situação hipotética considerada, o princípio administrativo aplicável ao ato que tornou sem efeito o ato de aposentadoria praticado é o da**
a) autotutela.
b) indisponibilidade dos bens públicos.
c) segurança jurídica.
d) razoabilidade das decisões administrativas.

21. **Considerando a situação hipotética apresentada, assinale a opção incorreta.**
a) O diretor-geral tem o dever de instaurar imediatamente um processo administrativo disciplinar contra o servidor, conforme previsto na Lei nº 8.112/1990.
b) Nesse caso, não cabe sindicância preliminar ou investigatória, pois já estão delimitadas a autoria e a materialidade do fato.
c) Caso o diretor deixe de aplicar pena disciplinar ao seu subordinado, ele estará apenas cometendo uma irregularidade administrativa; já o servidor deverá ser processado criminalmente pela prática, entre outros, do crime de falsificação de documento público.
d) Os proventos de aposentadoria pagos irregularmente ao servidor denunciado que não possam ser reavidos administrativamente pelo órgão público poderão ser objeto de repetição perante a justiça federal.

22. (2007.3) O conselho diretor de uma autarquia federal baixou resolução disciplinando que todas as compras de material permanente acima de cinqüenta mil reais só poderiam ser feitas pela própria sede. Ainda assim, um dos superintendentes estaduais abriu licitação para compra de microcomputadores no valor de trezentos mil reais. A licitação acabou sendo feita sem incidentes, e o citado superintendente homologou o resultado e adjudicou o objeto da licitação à empresa vencedora. Nessa situação, o superintendente

a) agiu com excesso de poder.
b) agiu com desvio de poder.
c) cometeu mera irregularidade administrativa, haja vista a necessidade da compra e o atendimento aos requisitos de validez expressos na Lei de Licitações.
d) cometeu o crime de prevaricação, que consiste em praticar ato de ofício (a licitação) contra expressa ordem de superior hierárquico (a resolução do conselho diretor).

23. (2007.3) Encontra-se sedimentado o entendimento de que ao Poder Judiciário é defeso apreciar o mérito dos atos administrativos, limitando sua atuação quanto à aferição dos aspectos relativos à sua legalidade.
A esse respeito, assinale a opção correta.

a) A garantia constitucional de que ninguém será obrigado a deixar de fazer algo senão em virtude de lei assegura ao administrador público ilimitada discricionariedade na escolha dos critérios de conveniência e oportunidade nos casos de anomia.
b) Embora discricionariedade e arbitrariedade sejam espécies do mesmo gênero e, portanto, legítimas, apenas a segunda é passível de controle de legalidade em sentido estrito.
c) O abuso de poder e a arbitrariedade têm como traço de distinção o fato de que aquele se sujeita ao controle judicial e esta, somente à revisão administrativa.
d) Não há discricionariedade *contralegem*.

24. (2007.3) Considerando que há evidentes elementos de identidade entre ato jurídico e ato administrativo, e que este é espécie do gênero ato jurídico, assinale a opção correta.

a) Existem atos praticados pelos administradores públicos que não se enquadram como atos administrativos típicos, como é o caso dos contratos disciplinados pelo direito privado.
b) Atos administrativos, atos da administração e atos de gestão administrativa são expressões sinônimas.
c) O exercício de cargo público em caráter efetivo é conditio *sine quae non* para prática do ato administrativo.
d) Mesmo nos casos em que o administrador público contrata com o particular em igualdade de condições, está caracterizado o ato administrativo, pois a administração pública está sendo representada por seu agente.

25. (2007.3) No que concerne a cargos públicos, assinale a opção correta.

a) Somente é possível a acumulação de cargos públicos se um deles não for remunerado, como nos serviços voluntários.
b) É possível a acumulação remunerada de dois cargos de enfermeiro.
c) É possível a acumulação remunerada de dois cargos de engenheiro.
d) A acumulação remunerada só será possível se um dos cargos for emprego público e o outro, função pública.

26. **(2007.3) Empresa pública de transporte coletivo firmou contrato com rede de distribuição de combustíveis para que, pelo prazo de 24 meses, fornecesse gás natural veicular para sua frota de ônibus, pagando, por metro cúbico de gás, o valor médio cobrado pelo mercado segundo levantamento feito pela ANP. No nono mês de vigência do contrato, o principal fornecedor de gás ao Brasil teve de suspender o fornecimento do produto devido a graves problemas político-sociais internos. A contratada se vê impossibilitada de cumprir a avença nos termos pactuados. Considerando a situação hipotética acima, assinale a opção correta.**
a) Aplica-se ao caso a teoria da imprevisão.
b) A empresa fornecedora de combustíveis terá de ressarcir a empresa pública pelos prejuízos causados pela paralisação de sua frota por força da cláusula *rebus sic stantibus*.
c) A contratada não deverá arcar com qualquer ônus pelo inadimplemento do contrato por se tratar de fato do príncipe.
d) A empresa pública poderá buscar reparação financeira junto à Corte Interamericana de Direito OEA.

27. **(2007.3) A campanha de prevenção à dengue desenvolvida em todo o território nacional pelo Ministério da Saúde, inclusive com a utilização dos populares fumacês, pode ser classificada como serviço público**
a) social autônomo.
b) *uti singuli*.
c) social vinculado.
d) *uti universi*.

28. **(2007.3) De acordo com o art. 121 da Lei nº 8.112/1990, o "servidor responde civil, penal e administrativamente pelo exercício irregular de suas atribuições". Considerando esse comando legal, assinale a opção correta.**
a) Pode haver responsabilidade civil sem que haja a penal, mas sempre haverá a obrigação administrativa.
b) Sempre que houver a responsabilidade penal, haverá também a responsabilidade civil e a administrativa.
c) A administração não pode aplicar pena de demissão ao servidor em processo disciplinar se este houver sido absolvido em processo criminal.
d) O Estatuto do Servidor Público Federal prevê que as sanções penais, cíveis e administrativas podem ser cumuladas.

29. **(2008.1) No que se refere à acumulação remunerada de cargos públicos, assinale a opção correta.**
a) É permitida a acumulação de dois cargos públicos de professor, quando houver compatibilidade de horários e desde que ambos os cargos públicos sejam de professor do ensino fundamental.
b) A regra da vedação de acumulação de cargos públicos se estende a empregos e funções e abrange as sociedades de economia mista, mas não as sociedades controladas indiretamente pelo poder público.
c) As exceções à regra da vedação de acumulação de cargos públicos, previstas na Constituição Federal, são taxativas.
d) É permitida a acumulação de, no máximo, três cargos públicos de profissionais de saúde.

30. **(2008.1) Relativamente à estabilidade no serviço público, assinale a opção correta.**
   a) São estáveis os servidores públicos que se encontravam, na data da promulgação da Constituição de 1988, em exercício, no serviço público, por quatro anos continuados.
   b) O servidor público estável está sujeito à perda do cargo em virtude de sentença judicial publicada em jornal oficial.
   c) O servidor público estável pode perder o cargo mediante processo administrativo.
   d) O servidor público adquire estabilidade com dois anos de efetivo serviço.

31. **(2008.1) As modalidades de licitação previstas na Lei nº 8.666/1993 não incluem**
   a) pregão.
   b) concurso.
   c) leilão.
   d) tomada de preços.

32. **(2008.1) No que concerne à intervenção do Estado sobre a propriedade privada, é correto afirmar que**
   a) a requisição de bens móveis e fungíveis impõe obrigações de caráter geral a proprietários indeterminados, em benefício do interesse geral, não afetando o caráter perpétuo e irrevogável do direito de propriedade.
   b) o tombamento implica a instituição de direito real de natureza pública, impondo ao proprietário a obrigação de suportar um ônus parcial sobre o imóvel de sua propriedade, em benefício de serviços de interesse coletivo.
   c) a servidão administrativa afeta o caráter absoluto do direito de propriedade, implicando limitação perpétua do mesmo em benefício do interesse coletivo.
   d) as limitações administrativas constituem medidas previstas em lei com fundamento no poder de polícia do Estado, gerando para os proprietários obrigações positivas ou negativas, com o fim de condicionar o exercício do direito de propriedade ao bem-estar social.

33. **(2008.1) Com base nas modalidades de licitação previstas na Lei nº 8.666/1993, julgue os itens abaixo.**
   I. Leilão é a modalidade de licitação realizada entre quaisquer interessados para a venda de bens móveis inservíveis para a administração ou de produtos legalmente apreendidos ou penhorados. Não é cabível, entretanto, para bens semoventes e bens imóveis.
   II. Concorrência é a modalidade de licitação que permite a participação de interessados que, na fase inicial de habilitação preliminar, comprovem possuir os requisitos mínimos de qualificação exigidos no edital para a execução de seu objeto.
   III. Convite é a modalidade de licitação entre, no mínimo, três interessados do ramo, escolhidos e convidados pela unidade administrativa, e da qual podem participar também aqueles que, mesmo não estando cadastrados, manifestem seu interesse com antecedência de até 48 horas da apresentação das propostas.
   IV. Tomada de preços é a modalidade de licitação realizada entre interessados devidamente cadastrados ou que preencham os requisitos para cadastramento até o terceiro dia anterior à data do recebimento das propostas, observada a necessária qualificação.

Estão certos apenas os itens

a) I e II.
b) I e III.
c) II e IV.
d) III e IV.

34. (2008.1) Acerca do controle da administração pública, assinale a opção correta.

a) Cabe à assembléia legislativa de cada estado da Federação exercer o controle financeiro do governo estadual e das prefeituras, com o auxílio do tribunal de contas do estado respectivo.
b) A prerrogativa atribuída ao Poder Legislativo de fiscalizar a receita, a despesa e a gestão dos recursos públicos abrange somente os atos do Poder Executivo, estando excluídos dessa apreciação os atos do Poder Judiciário.
c) No exercício de suas funções constitucionais, cabe ao Tribunal de Contas da União julgar as contas dos administradores e demais responsáveis por dinheiros, bens e valores públicos da administração direta e indireta, bem como as contas daqueles que provocarem a perda, o extravio ou outra irregularidade que cause prejuízo ao erário público.
d) O controle judicial da atividade administrativa do Estado é sempre exercido *a posteriori*, ou seja, depois que os atos administrativos são produzidos e ingressam no mundo jurídico.

35. (2008.1) Suponha que um servidor tenha sido absolvido na instância penal em razão de ter ficado provada a inexistência do ato ilícito que lhe fora atribuído. Nessa situação,

a) em nenhuma hipótese a decisão judicial surtirá efeito na relação funcional, e, em conseqüência, na esfera administrativa.
b) a punição na instância administrativa, caso tenha sido aplicada, não poderá ser anulada.
c) a decisão absolutória não influirá na decisão administrativa se, além da conduta penal imputada, houver a configuração de ilícito administrativo naquilo que a doutrina denomina de conduta residual.
d) haverá repercussão no âmbito da administração, não podendo esta punir o servidor pelo fato decidido na esfera criminal.

36. (2008.1) A respeito da disciplina legal relativa aos contratos administrativos, julgue os itens a seguir.

I. A ilegalidade no procedimento da licitação vicia também o próprio contrato, já que aquele procedimento é condição de validade deste, de modo que, ainda que a referida ilegalidade seja apurada depois de celebrado o contrato, este terá de ser anulado.

II. A faculdade que a administração possui de exigir garantia nos contratos de obras, serviços e compras admite que tal exigência seja feita somente com o licitante vencedor e no momento da assinatura do respectivo contrato, não na fase licitatória.

III. A subcontratação, total ou parcial, do objeto do contrato, a associação do contratado com outrem, bem como a cessão ou transferência, total ou parcial, somente são possíveis se expressamente previstas no edital e no contrato.

IV. Entre as normas referentes ao aspecto formal, inclui-se a que exige a publicação, no Diário Oficial, da íntegra do contrato, no prazo máximo de 30 dias a contar da data da assinatura, como condição para que o contrato adquira eficácia.

Estão certos apenas os itens

a) I e II.
b) I e III.
c) II e IV.
d) III e IV.

37. (2008.1) No que diz respeito à administração indireta, assinale a opção incorreta.

a) Todas as entidades da administração indireta federal, sejam elas de direito público ou de direito privado, estão sujeitas ao controle externo realizado pelo Poder Legislativo, com o auxílio do Tribunal de Contas da União.
b) As pessoas jurídicas de direito privado prestadoras de serviços públicos sujeitam-se à responsabilidade civil objetiva.
c) As entidades da administração indireta, incluindo-se as regidas por normas de direito privado, têm legitimação ativa para propor ação civil pública.
d) As pessoas jurídicas de direito privado prestadoras de serviços públicos atuam com autonomia de vontade, sujeitando-se apenas a normas de direito privado.

38. (2008.2) Assinale a opção incorreta no que se refere à revogação de atos administrativos.

a) Os atos que geram direitos adquiridos não podem ser revogados.
b) Os atos discricionários são, via de regra, suscetíveis de revogação.
c) Os atos que exauriram seus efeitos podem ser revogados, desde que motivadamente.
d) Ao Poder Judiciário é vedado revogar atos administrativos emanados do Poder Executivo.

39. (2008.2) Acerca das espécies de bens públicos, assinale a opção correta.

a) As correntes de água que banhem mais de um estado são bens da União.
b) Os terrenos de marinha acrescidos pertencem ao primeiro ente federado que os descobrir.
c) São bens da União os recursos naturais da plataforma continental, sendo esta medida a partir da costa até o limite de 12 milhas marítimas.
d) As terras devolutas são bens exclusivos da União.

40. (2008.2) No que concerne às responsabilidades do servidor público, assinale a opção incorreta.

a) A responsabilidade administrativa do servidor público sera afastada em caso de absolvição criminal que negue a existência do fato ou de sua autoria.
b) Tais responsabilidades podem ser do tipo civil, penal e administrativo.
c) As sanções civis, penais e administrativas poderão cumular-se.
d) A responsabilidade civil do servidor público é objetiva.

41. **(2008.2) A modalidade de intervenção estatal que gera a transferência da propriedade de seu dono para o Estado é**
a) o tombamento.
b) a desapropriação.
c) a servidão administrativa.
d) a requisição.

42. **(2008.2)**
(...) compartimento na estrutura estatal a que são cometidas funções determinadas, sendo integrado por agentes que, quando as executam, manifestam a própria vontade do Estado.

José dos Santos Carvalho Filho. *Manual de direito administrativo*. 19.ª ed. Rio de Janeiro: Lumen Juris, 2008, p. 13.

O trecho acima se refere ao conceito de
a) agente público.
b) função pública.
c) órgão público.
d) pessoa de direito público.

43. **(2008.2) No que se refere à norma estabelecida na Lei nº 9.784/1999, que versa sobre o processo administrativo no âmbito da administração pública federal, assinale a opção incorreta.**
a) As matérias de competência exclusiva de órgão ou autoridade só podem ser objeto de delegação se houver expressa autorização da autoridade delegante.
b) O processo administrativo pode iniciar-se de ofício ou a pedido de interessado.
c) Os atos administrativos que importem anulação, revogação, suspensão ou convalidação devem ser obrigatoriamente motivados.
d) O servidor ou autoridade que esteja litigando, na esfera judicial, com o interessado em um processo administrativo que envolva as mesmas partes está impedido de atuar nesse processo.

44. **(2008.2) Acerca do Estatuto dos Servidores Públicos Civis da União, assinale a opção correta.**
a) O servidor investido em mandato federal, estadual ou distrital será afastado do cargo, emprego ou função, sendo-lhe facultado optar pela sua remuneração como servidor.
b) O servidor investido em mandato eletivo não poderá ser removido ou redistribuído de ofício para localidade diversa daquela onde exerce o mandato.
c) A responsabilidade civil do servidor decorre de ato comissivo – mas não omissivo – que resulte em prejuízo ao erário ou a terceiros.
d) Será cassada a aposentadoria ou a disponibilidade do inativo que houver praticado falta punível, na atividade, com suspensão ou demissão.

45. **(2008.2) A respeito dos agentes públicos, julgue os itens a seguir.**
I. Na prática de atos de improbidade administrativa, mesmo os que exercem, sem remuneração, mandato, cargo, emprego ou função pública são considerados agentes públicos.

II. As pessoas que, na esfera federal, são contratadas por tempo determinado para atender a necessidade temporária de excepcional interesse público são regidas pela Lei nº 8.112/1990.

III. Os integrantes da Advocacia-Geral da União, os procuradores dos estados e do DF e os defensores públicos são, nos termos da CF, remunerados por subsídios.

IV. O dispositivo constitucional que proíbe a sindicalização e a greve dos militares federais estende-se aos militares dos estados e do DF.

Estão certos apenas os itens

a) I e II.

b) II e III.

c) III e IV.

d) I, III e IV.

46. (2008.2) Assinale a opção correta a respeito da organização da administração pública federal.

a) Os órgãos que compõem a estrutura da Presidência da República, apesar de serem dotados de personalidade jurídica, estão submetidos à supervisão direta do ministro-chefe da Casa Civil.

b) Todas as entidades que compõem a administração pública indireta dispõem de personalidade jurídica de direito público, vinculando-se ao ministério em cuja área de competência estiver enquadrada sua principal atividade.

c) As autarquias destinam-se à execução de atividades típicas da administração pública que requeiram, para seu melhor funcionamento, gestão administrativa e financeira descentralizada.

d) As sociedades de economia mista têm patrimônio próprio e capital exclusivo da União, destinando-se à exploração de atividade econômica que o governo seja levado a exercer por força de contingência ou conveniência administrativa.

47. (2008.2) No que se refere aos poderes dos administradores públicos, assinale a opção correta.

a) O poder de polícia somente pode ser exercido de maneira discricionária.

b) O poder disciplinar caracteriza-se pela discricionariedade, podendo a administração escolher entre punir e não punir a falta praticada pelo servidor.

c) Uma autarquia ou uma empresa pública estadual está ligada a um estado-membro por uma relação de subordinação decorrente da hierarquia.

d) No exercício do poder regulamentar, a administração não pode criar direitos, obrigações, proibições, medidas punitivas, devendo limitar-se a estabelecer normas sobre a forma como a lei vai ser cumprida.

Gabarito:

1. B	6. B	11. B	16. A
2. C	7. C	12. D	17. B
3. A	8. C	13. B	18. B
4. D	9. A	14. D	19. C
5. A	10. D	15. A	20. A

21. C (a alternativa (*a*) tem por base o art. 143 do Estatuto; e a alternativa (*b*) traz um entendimento do CESPE na matéria, não unânime. A alternativa (*c*) está errada porque, pelos dados fornecidos no enunciado, não se pode afirmar que a responsabilidade do diretor é tão só administrativa. Por fim, como neste caso houve má-fé do servidor beneficiário, gerando o dever de restituição, evidentemente o montante que não puder ser reavido na esfera administrativa deverá ser objeto de ação judicial)

22. A
23. D
24. A
25. B
26. A
27. D
28. D (Lei nº 8.112/1990, art. 125)
29. C
30. C
31. A
32. D
33. C
34. C
35. D
36. A
37. D
38. C
39. A
40. D
41. B
42. C
43. A

44. (*b*) (a alternativa correta tem por base o art. 94, § 2º, da Lei nº 8.112/90. As demais alternativas estão erradas por violarem os seguintes dispositivos do referido diploma legal: (*a*) art. 94, I – não há direito à opção pela remuneração como servidor –; (*c*) art. 122, *caput*; (*d*) art. 134)
45. D (com relação ao item II, a Lei nº 8.112/90 regula apenas os servidores federais titulares de cargos efetivos ou em comissão (arts. 2º e 9º). A contratação temporária no âmbito da União, suas autarquias e fundações públicas é disciplinada pela Lei nº 8.745/93)
46. C
47. D

BIBLIOGRAFIA

CARVALHO FILHO, José dos Santos. *Manual de Direito Administrativo*. Rio de Janeiro: Lumen Juris, 2008.

DI PIETRO, Marya Sylvia Zanella. *Direito Administrativo*. São Paulo: Atlas, 2008.

MEIRELLES, Hely Lopes. *Direito Administrativo Brasileiro*. São Paulo: Malheiros, 2004.

MELLO, Celso Antônio Bandeira de. *Curso de Direito Administrativo*. São Paulo: Malheiros, 2007.

MORAES, Alexandre de. *Direito Constitucional Administrativo*. São Paulo: Atlas, 2007.

____. *Direito Constitucional*. São Paulo: Atlas, 2008.

PAULO, Vicente e Marcelo Alexandrino. *Direito Administrativo para Concursos*, Teoria, Jurisprudência e 1100 Questões. Rio de Janeiro: Impetus, 2006.

ROSA, Márcio Fernando Elias. *Direito Administrativo*. São Paulo: Saraiva, 2005.

GRÁFICA
Universal
Impressão e acabamento
Rio de Janeiro - Brasil
(21) 3296-9302/3296-9308
atendimento@graficauniversal.com
www.graficauniversal.com